本书得到国家自然科学基金“货币政策影响企业并购行为及效率的传导机制研究”（项目批准号：71372204）项目的资助

企业并购动因与行为选择实证研究

徐虹　林钟高　著

中国财经出版传媒集团
中国财政经济出版社

图书在版编目（CIP）数据

企业并购动因与行为选择实证研究/徐虹，林钟高著．—北京：中国财政经济出版社，2017.11

ISBN 978－7－5095－7799－8

Ⅰ.①企… Ⅱ.①徐… ②林… Ⅲ.①企业兼并－研究 Ⅳ.①F271.4

中国版本图书馆CIP数据核字（2017）第254203号

责任编辑：温彦君　　　　责任校对：胡永立
封面设计：王　颖　　　　版式设计：录文通

中国财政经济出版社 出版
URL：http：//ckfz.cfeph.cn
E－mail：cfeph@cfeph.cn

社址：北京市海淀区阜成路甲28号　邮政编码：100142
营销中心电话：88190406
天猫网店：中国财政经济出版社旗舰店
网址：https：//zgczjjcbs.tmall.com
北京财经印刷厂印刷
710×1000毫米　16开　18印张　343 000字
2017年11月第1版　2017年11月北京第1次印刷
定价：69.00元
ISBN 978－7－5095－7799－8
（图书出现印装问题，本社负责调换）
本社质量投诉电话：010－88190744
打击盗版举报热线：010－88190414　QQ：447268889

前　言

“天下熙熙，皆为利来，天下攘攘，皆为利往”，诺贝尔经济学奖获得者斯蒂格勒曾这样描述并购在企业发展中的重要作用：没有一个美国大公司不是通过某种程度、某种方式的兼并成长起来的，几乎没有一家大公司主要是靠内部扩张壮大起来的。并购是企业谋求自身发展和行业领导力的重要策略，如果企业想扩大生产经营规模、降低成本费用；提高市场份额、提升行业战略地位；取得先进的生产技术、管理经验、经营网络、专业人才等各类资源，实现公司发展的战略；进入新的行业、实施多元化战略、分散投资风险等等，那么，在它发展的某个阶段可能需要进行并购。然而，基于现实中大量的案例，对企业并购经济后果的看法却莫衷一是。Jensen（1984）认为，并购增加了社会财富、提高了效率、使资源得到最充分和最有效的利用，从而增加了股东所拥有的财富。实践中不乏大量成功的案例，如联想并购 IBM PC 业务、吉利汽车并购沃尔沃、时代公司收购华纳公司、波音公司收购麦道公司等等；但是，另一些学者（Magenheim 和 Mueller，1988；Ravenscraft 和 Scherer，1988）则并不看好企业并购，他们认为一些收购标的公司本身就是很有效率的，但是这些公司被收购以后，其经营并没有得到改善，并购沦为公司股东将财富从劳动力和其他利益相关者手中转移出去的价值再分配手段，并购活动甚至是投机者阴谋的集中体现，在他们身上反映了“赌博社会”的疯狂，且这种疯狂加剧了企业的过度负债，损害了所有者权益，导致形成了一种受到经济不稳定因素影响的脆弱的经济体制，因而实践中也就有了大量并购失败的惨痛教训，如欧洲第一大汽车公司戴姆勒奔驰公司收购美国第三大汽车公司克莱斯勒公司、中国平安参股富通而被迫减值，上汽集团并购双龙出现整合不利，中铝集团入股力拓的无疾而终、可口可乐—汇源并购失败等。从众多的成功和失败案例中，我们能够深刻体会道这样一个道理：成也并购，败也并购。

从国外资本市场发展的经验看，华尔街并购就是一部市场化的并购史。发达国家的企业并购大致经历了以下五个阶段：同行业横向并购、企业上下游纵向并购、企业多元化混合并购以及杠杆收购、战略性并购，通过这五个阶段的并购，完成了产业结构的整合和优化，且每个阶段都有大致的并购动因和主题。但是，从我国目前的企业并购行为看，并购重组市场化程度不够，缺乏鲜明的并购主题，并购模式比较混乱，呈现“春秋战国时代”。当然，我国并购重组市场化程度不高，有其深层次背景和原因，如：国企并购重组行政主导力量还很强，国有上市公司市值考核体系需要完善，地方保护比较严重，A股上市公司估值比较高以及并购重组较为复杂的审批流程等等，这些影响市场化的并购因素都将在改革中不断调整、完善。

自2013年中国民营企业“并购成长”的逻辑初步确立以来，国内并购市场日益风起云涌。发现依靠自身累积发展太慢的企业家，从2014年起纷纷加速并购扩张，2015年，并购更蔚为风潮，产业链上的横向并购、纵向并购乃至合纵连横案例令人眼花缭乱。资深财经记者苏龙飞在《股权战争》一书中，以洋洋洒洒30万字的篇幅，深度剖析了中国企业尤其是民企股权纷争，所列股权争夺案例不可谓不激烈，一场场你死我活的以并购为主要渠道的股权争夺战在中国大地上上演。此外，从2012年到2015年，在政府鼓励企业走出去进行海外并购的政策激励下，2015年中国企业海外并购达到了高峰，2016年的数据继续保持了2015年的增长，并且2016年成为中国企业海外并购跨境交易增长最快的一年，无论是宣布的交易金额还是交易数量都有大幅度的增长。中国企业已经宣布而且有资料有据可查的并购交易2016年达到了438笔，宣布交易金额2158亿元（此处只是统计了500万美元以上的交易）。如果说国内企业之间的并购占据着天时、地利、人和，尤其是政府的意愿和推动，成功实施了并购行为（并购后的经济表现可以暂且不论），那么海外并购由于受到目标公司所在国规则和制度环境的限制，尤其是并购企业文化的巨大差距，则不容乐观，据普华永道数据统计，迄今为止超过50%的中国企业海外并购都不成功。商务部报告也指出，中国企业的海外项目只有13%处于盈利可观状态，63%处于非盈利或亏损。因此，如果把市场比作战场，那么并购就是这个战场最为引人入胜的战役。并购究竟是帮助企业家披荆斩棘、扩大规模、进入新行业、增强竞争优势？还是漏洞百出、伤人伤己呢？从设计并购方案、对目标公司合理定价、并购风险以及并购中的法律法规等多个角度，掌握系统、全面的并购相关知识，在进行并购时，客观、详尽地进行分析评估，采取科学的方法作好企业并购整合规划工作，让并购这把企业发展的利器真正为己所用！

作为国家自然科学基金立项研究项目，本书并不能涵盖所有的并购问题，也不打算评论有关并购活动的理论争议与实践困境，只是基于中国并购活动的政府干预这一显著特征，选择宏观货币政策的变化这一特定制度环境，考察其对企业并购这一市场行为的作用机理和路径。解决这样几个问题：如何看待市场行为与政府行为（货币政策的传导作用）对并购决策的相互作用及其互为影响？如何看待并购支付方式（现金支付或者换股并购）的决策及其经济后果？如何分析纵向并购与横向并购等不同并购模式的选择及其经济后果？企业内部资源配置与外部制度环境的相互关联如何影响企业并购决策及其后果？本书的主要贡献在于：

第一，确立了企业并购决策的宏微观互动框架。中国的宏观经济政策制定具有影响大、变化频、显性与隐性政策并存以及难预测等特点，如货币政策的宽松与紧缩、货币政策的区域异质效应、市场化进程的非均衡发展、银行信贷的“歧视”、地方政府官员的 GDP 晋升机制、产品及要素市场的区域分割等，这些特点凸显了观察宏观经济政策与微观企业行为的互动关系研究在中国的现实意义。通过实证研究，深化宏观经济政策、区域经济发展与企业微观行为互动机理的认识，为我国上市公司频繁出现的同属管辖交易行为提供了新的经验证据和合理的理论解释，进一步丰富和拓展了现有关于企业并购机理及其效应的研究文献。基于宏观层面的股票市场波动与微观层面的 CEO 权力如何交互影响上市公司并购战略的选择及其效果，从一个全新视角诠释了企业面临股票市场冲击时，CEO 权力在企业战略决策过程中所起的作用，是对 Bebchuk 等（2002）提出的“管理层权力论”在企业战略决策层面的重要补充。

第二，从并购角度探讨了政府与市场之间的互动作用。实证检验了企业并购决策中所面临的政府干预行为及其与市场竞争压力的互动作用，将政府行为纳入企业并购决策框架，为深化理解我国现阶段政府行为及其微观作用机制提供新视角，提供了政府行为影响经济增长的微观证据，丰富了政府与企业关系研究。本书以同属管辖并购为特定研究对象，在政府干预成为一国经济发展预设的制度环境下，在市场化进程不断推进的过程中，在政治干预与经济发展对同属管辖并购的博弈中，经济发展水平显然成为同属并购这一经济现象的主要推动力量，并且也取得了较好的并购经济效应，这在一定程度上提供了同属并购具有经济逻辑的证据，也为“市场规则推动企业的经济发展才是正道”提供了经验证据。继 La Porta 等（1998）之后，学者们开始关注政府行为对公司财务决策的影响，但其量化问题一直困扰着该领域的研究。基于政策性负担反映了政府干预的直接经济后果（Lin and Li，2008），以企业承担的“政策性负担”度量政府干预程度，为政府行为的微观度量开拓了新思路。

第三，给出了企业并购支付模式与并购模式选择的理论诠释与经验证据。在转型经济这一特定制度背景下，探讨了银企关系对企业并购支付方式选择的影响，为银企关系在缓解企业融资约束方面提供了新的经验证据。改变了以往单纯从融资约束、外部制度环境等因素研究企业并购支付方式的范式，引入并且细分了银企关系的特征，从“经济关系”和“信任关系”两个不同的视角延伸了融资约束的具体表征，通过深化这些具体表征对并购支付方式的影响研究，对于企业正确理解和运用银企关系提供新的借鉴，丰富和改进了“关系信任”的有关文献；初步确立了并购支付方式与宏观制度背景（货币政策和金融发展水平）的互动框架，提供宏观政策影响微观企业并购行为的机理及其路径，为企业的并购决策提供了重要的宏观政策考量。

本书作为国家自然科学基金立项支持的项目，首先要感谢国家自然科学基金委管理学部的领导以及匿名函评专家和会评专家的支持；在课题研究中得到课题组成员的大力支持，感谢他们对于课题内涵和研究思想的精准把握，感谢他们的精诚合作与努力贡献；我的研究生芮晨、陈洁、王帅帅、毛慧慧、李敏、解伶伶、彭圆圆等也在课题研究中做出了很大的努力，大多数研究生的毕业论文选题也来自这一国家项目，在此谢谢各位同学；感谢发表课题论文的编辑部各位老师，是他们让课题研究成果得以面世；感谢中国财政经济出版社会计分社社长樊清玉女士的大力支持，本专著能够列入贵社出版，尤为荣幸。尽管我们尽力做好研究，但是囿于水平和能力，一定存在不少的问题与遗憾，期待大家批评指正。

徐虹　林钟高

2017 年 9 月

目 录

第一章

绪　论

按照百度百科的解释，企业并购（Mergers and Acquisitions，M&A）包括兼并和收购两层含义、两种方式。国际上习惯将兼并和收购合在一起使用，统称为M&A，在我国称为并购。即企业之间的兼并与收购行为，是企业法人在平等自愿、等价有偿基础上，以一定的经济方式取得其他法人产权的行为，是企业进行资本运作和经营的一种主要形式，主要包括公司合并、资产收购、股权收购三种形式。企业并购的实质是在企业控制权运动过程中，各权利主体依据企业产权作出的制度安排而进行的一种权利让渡行为。并购活动是在一定的财产权利制度和企业制度条件下进行的，在并购过程中，某一或某一部分权利主体通过出让所拥有的对企业的控制权而获得相应的收益，另一个或另一部分权利主体则通过付出一定代价而获取这部分控制权。企业并购的过程实质上是企业权利主体不断变换的过程。

纵观我国的企业并购历史，大体可以分成三个发展阶段，即初创和探索阶段，健康和成熟阶段，强势和爆发阶段。第一阶段主要指1993年至2004年股权机制改革之前，这个阶段总体上讲属于资本市场从诞生到重启的发展阶段，同时伴随着市场兼并重组，由于市场这方面认识比较浅，于是障碍比较多，但是不管怎样这是很重要的一个阶段。第二阶段为2005年到2013年。这个阶段是整个中国资本市场发生巨变的阶段，2006年的股权分置改革，为股票市场的运行扫清了制度上的障碍；而证监会在2006年出台的《上市公司收购管理办法》、2008年发布的《上市公司重大资产重组管理办法》等上市公司并购重组监管制度，为企业并购行为在市场运行方面提供了政策上的支持，于是企业通过并购获得发展、壮大的机会大大提高，市场上各种资本积极参与、介入，显示出清除障碍、以制度规范活跃的重组市场的重要阶段性特征。第三阶段从2014年开始，一方面，整个市场正处于国家经济布局结构的调整、产权结构的调整以及产业内部结构的调整阶段，需要资本市场的力量，这也是资本市场的基本功能；另一方面就是产业自身、企业自身升级换代、产品结构调整等方面的要求，同时社会资本推动力也充足，这样就真正地迎来了并购重组的大时代，这也是本书讨论的核心主题。在这一阶段，一方面，证监会继续进一步规范资本市场的并购重组行为，如号称“史上最严”重组新规——《关于修改〈上市公司重大资产重组管理办法〉的决定》于2016年9月正式发布实施，主要从完善重组上市认定标准；完善配套监管措施，抑制投机“炒壳”；按照全面监管的原则，强化上市公司和中介机构责任，加大问责力度；缩短“冷淡期”等四个方面进行了修订，其目的是引导规范借壳；另一方面，基于“经济新常态”下“供给侧结构性改革”的要求，国家日益重视并购重组对我国实体经济发展的积极作用，尤其是服务实体经济“转方式”、“调结构”方面。通过并购重组服务供给侧改革，助力去产能、去库存，促进产业转型升级；促进技术升级，推动战略性新兴产业发展；助推国有企业改革，支持国有企业做优做强；服务国家扶贫攻坚战略；服务“一带一路”建设，支持上市公司提升国际竞争力。

兼并、接管、重组以及公司控制等戏剧性事件几乎充斥着每天的报纸标题，并已成为公众和公司政策关注的焦点。从某种意义上可以说，收购、兼并、重组和公司控制等活动代表着一种新型的产业力量，这种力量将使中国以及其他国家的创造力与生产力迈向新的高度；而从另外一种角度看，这些活动则被视为损害我国经济的因素，是正在腐蚀中国社会之精髓的贪婪与投机心理更加严重的反映。然而，无论哪种观点正确，这些活动都是现代社会经济金融环境中的主要力量，这是一个利弊共存的领域。

第一节　问题的提出

一、研究的背景

并购重组是企业快速发展的重要手段，随着我国资本市场的进一步完善，我国并购市场呈现井喷式发展。据CVSource投中数据统计，2007－2014年，中国并购交易市场整体呈不断上升趋势，尤其是2013年并购交易规模大幅度上升，2014年并购规模更进一步提高，中国并购市场宣布交易案例达6967起，宣布交易规模 3722.27 亿美元。参见图 1-1。由此可见，并购已成为我国上市公司扩大经营规模、促进企业成长、优势集中和增强市场竞争力的有效手段，更成为中国企业发展乃至经济全球化的显著特征和重要方式。

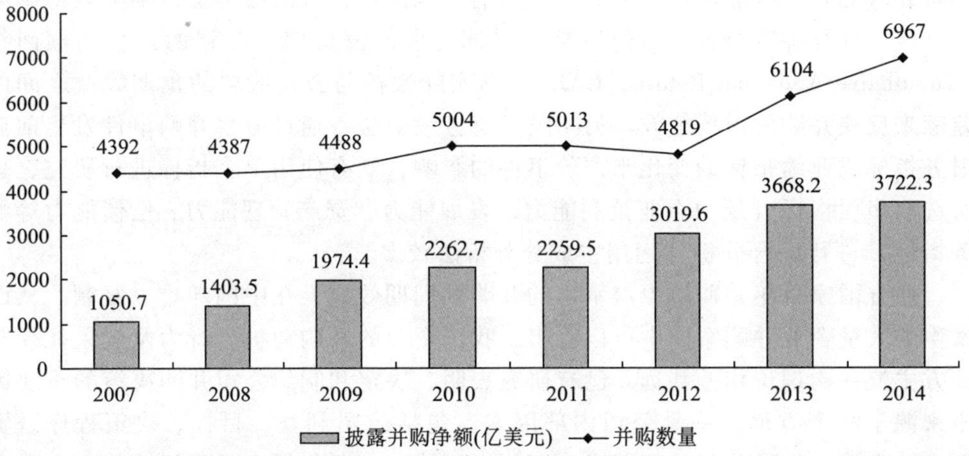

数据来源：CVSource 投中数据

图 1-1　中国企业并购数量和金额

企业并购在西方国家已有 100 多年的历史，并购研究自 20 世纪 60 年代以来也非常活跃，纵观并购研究史，国内外学者关于并购的研究主要围绕并购动因和并购绩效展开，并购动因的研究要相对成熟，基本形成了比较一致的关于企业并购的理论和现实动因体系。企业并购具有复杂性和多变性，难以用一种经济理论解释清楚，不同地区、不同历史时期企业并购的产生、发展及并购方式等都有深刻的社会、政治、经济等原因。威斯通等（1998）是国外对企业并购理论研究的集大成者。按照威斯通的理论和其他文献的研究成果，依据对企业并购持赞同还是反对的观点，可以将国外对企业并购动因的研究分为两大类：一类是效率理论（又称并购赞同论），包括管理协同（Management Synergy）效应理论、经营协同（Operating Synergy）效应理论、财务协同（Financial Synergy）效应理论、多样化（Diversification）经营理论、价值低估（Under Valuation）理论、信息与信号理论、代理成本理论；另一类是非效率理论（又称并购怀疑论），包括管理主义（Managerialism）、自负假说（Hubris Hypothesis）、闲置现金流量理论（Free Cash Flow Theory）、市场势力理论。而并购绩效的研究一直是并购研究的核心和难点之一，无论是绩效衡量的方法和研究结果均存在很大的差异。以美、英为代表的西方国家对并购的研究相对成熟，进入 21 世纪后，随着中国资本市场企业并购事件日益增加，我国学者也在追随西方理论与方法的基础上，展开多维度研究，主要从并购支付方式、并购行业的相关程度、并购企业特征等方面进行。而对于企业并购效率的衡量，国内外相关研究中主要采取两类方法，第一类是事件研究法，即通过研究并购事件发生前后股票市场的股票价格变动来检验股东财富的变化（财富效应）。这类事件研究方法基于两点基本假设：①资本市场的有效性；②研究时能有效排除窗口期内其他因素的影响。这种方法假定窗口期无其他影响时，通过计算并购公告发布前后某段时期（事件窗口期）公司的累积超额回报（Cumulative Abnormal Return，CAR），即实际收益与公司股票的预期收益之间的差额来反映并购的市场绩效。另一类是财务绩效法，通过考察并购事件发生前后财务指标或业绩指标的变化来评价事件的影响，既有使用单个指标进行研究，也有选取多项指标（反映企业盈利能力、发展能力、资产管理能力、偿债能力等财务指标）进行综合分析（运用主成分分析法较多）。

西方国家百年并购历史揭示出的并购顺周期效应，在中国却难以复制。从已发生的大量企业并购案例中可以看出，我国企业的并购动机、行为及效果往往与西方主流并购理论相差甚远。已有研究表明，决定和制约公司并购决策的重要因素来源于两个方面：一是公司内部因素，包括公司利益、目标、决策程序、资源、约束等；二是公司外部因素，即制度环境，主要包括宏观经济政策、金融市场、经营环境、市场条件、监管政策等。之所以基于外部环境变化和企业自身动态能力调整的视角探讨企业并购动因、并购模式（横向还是纵向）与并购支付方式的选择，并进一步拓展研究宏观与微观互动对企业并购决策的影响，其原因在于企业所拥有财务资源的柔性、资产专用性程度、内部控制质量、银企关系、与主要供应商/客户的谈判能力、投资机会等内部资源及约束是诱发企业并购行为的内在驱动因素。但是另一方面，由 LLSV（1997，1998，2002）等兴起的一系列研究表明，一国投资者法律保护水平决定该国资本市场规模和发展水平，在新兴市场尤其是中国，制度环境因素对企业微观行为的影响不容忽视。新兴加转轨经济制度、市场机制不完善、金融市场不发达和监管机制相对滞后等外部制度环境因素则更深层次地制约了企业行为的边界。因此，转型经济条件下特定制度环境与企业内部资源及能力因素对企业并购活动的交互影响机理与效果研究有待拓展与深入，这也正是本书所要研究的基本出发点。

除了上述理论分析，对如下现实问题的观察和反思也是驱动本研究的另一重要原因：

现实问题 1：玩概念、玩运作、高估值的“中国式并购”。近几年来，上市公司重组数量不断增加，随之而来的承诺业绩屡创新高。以 2013 年为例，由于 IPO 审核久未重启等因素，重组并购在 A 股市场大行其道。一个显著的脉络是，并购重组的标的高度迎合二级市场的炒作热点，并制造了以游戏为代表的估值巅峰，如“手游第一股”掌趣科技收购的玩蟹科技估值溢价 28 倍（25.5 亿元），梅花伞拟购的游族信息估值溢价 32.8 倍（38 亿元）。高估值源于并购方描绘的激进业绩前景，如掌趣科技收购的玩蟹科技，2012 年亏损 3.82 万元，其 2013 年至 2016 年的预测净利润分别达 1.2 亿元、1.6 亿元、2 亿元和 2.4 亿元；游族信息 2011 年、2012 年净利润分别为 1266 万元、3747 万元，但据其盈利预测，公司 2013 年至 2016 年净利润将分别不低于 2.85 亿元、3.87 亿元、4.51 亿元、5.22 亿元。由于各种原因，标的资产未能实现业绩承诺的情况并不鲜见，出现了不少业绩补偿方向上市公司进行业绩补偿的案例，同时也出现了不少调整、变更原有盈利补偿方案的情形，“业绩补偿随意变更成儿戏”的情况层出不穷。这类业绩承诺方缺乏契约精神、随意变更盈利补偿方案的行为扰乱了市场秩序，显然不利于重组市场的健康发展。2017 年 2 月 8 日，证监会已明确表示，将加大重大资产重组审核力度，形成监管威慑，强化业绩补偿监管，引导市场估值回归，交易所也对深新华、*ST 建机等变更盈利补偿方案的上市公司发函询问。这里，至少给我们提出了这样一些问题：上市公司如何在并购前对标的资产进行充分、扎实的尽调工作，并进行合理、稳健的估值，降低交易对方的不合理预期？如何在设计并购方案时充分考虑业绩承诺未能完成的情形以及应对措施？对于游戏等新兴的轻资产行业，监管部门如何找到合理的估值参照并加强监管？如何继续完善相关制度，防止业绩承诺方随意更改承诺、逃避承诺，恣意套利？如何加大对随意更改业绩补偿承诺、逃避履行补偿义务等市场失信行为的处罚力度，引导市场良性发展？

现实问题 2：杠杆收购还是“空手套白狼”？在 2017 年初明星投资人赵薇收购万家文化事件中①，因赵薇收购万家股份 29% 股份的资金 30.6 亿元全部来自借款，不仅引起监管层和市场的关注，招致证监会立案调查，还最终因市场对该项目的交易结构和方式存在较大质疑以及拟融资银行的内部风险控制，该收购项目从“控股”到“参股”再到“弃购”，股价也如同“过山车”一般遭遇暴涨暴跌，投资者损失惨重。从收购资金来源的角度来看，此次赵薇收购万家文化，最初启动资金便是自己的 6000 万元，6000 万元资金撬动 30 亿元借款，不排除

① 2016 年 12 月 23 日，万家集团与龙薇传媒签署了《股份转让协议》，万家集团拟将所持有的万家文化 1.85 亿股转让给龙薇传媒，占总股本的 29.135%，转让价高达 30.599 亿元。由于转让价格高企，且转让公司股份比例较高，上述收购案一经披露，就引起监管层和市场的关注。30.6 亿元的收购款从何而来？万家文化在 1 月 11 日发布公告，龙薇传媒称，本次收购所需的 30.6 亿元资金全部来自赵薇方面自筹，其中股东自有资金借款 6000 万元，第三方自有资金借款 15 亿元，筹资成本为年化利率 10%；拟向金融机构股票质押融资 14.999 亿元，目前正在金融机构审批流程中，融资年利率遵守市场化原则，预计 6% 左右。这就意味着赵薇收购万家股份 29% 股份的资金将全部来自借款。之后，交易双方在 2017 年 2 月 13 日进一步签署了“补充协议”，将转让给龙薇传媒的股份总数由原先的 1.85 亿股调整为 3200 万股，转让总价款调整为 5.29 亿元。随后，万家文化遭证监会立案调查。收购过程一波三折最终终止，万家文化的股价从暴涨变暴跌，最“受伤”的或是普通投资者。2016 年 12 月 27 日，万家文化公告这一收购款项高达 30 亿元的收购案，2017 年 1 月 12 日复牌一字涨停报 20.22 元，随后几天再度摸高至 25 元。然而，随着补充协议的披露，收购金额大幅缩减，万家文化的股价在 2 月 16 日开盘后一度跌停，当日大跌 8.49%。3 月 31 日，万家文化最新收盘报价 13.80 元，对比之前的 25 元最高点，下跌 44.80%，接近腰斩。

"空手套白狼"[①] 的嫌疑，即使并购成功，其后期的风险也不容小觑。通过此次事件，至少有以下两点值得我们关注：第一，2006 年股权分置改革的逐步完成、国家有关并购政策的调整以及对换股并购给予明确的法律支持，使得股票支付方式成为可能。我国企业并购支付方式日益多样化，企业可以综合运用现金支付、股票支付等多种形式来支付并购交易的对价。并购支付方式的选择不仅对主并公司股权分布结构、财务杠杠以及公司未来的经营有着重大的影响（Fuller 等，2002)，甚至有可能改变收购公司和目标公司利益分配关系。科学合理并购支付方式的选择，将成为影响企业并购能否成功以及并购双方利益实现的关键因素；第二，自 2016 年以来，监管部门对于上市公司杠杆收购的紧箍咒在逐渐收紧，交易所对多家"易主"的上市公司下发问询函[②]，其中凡涉及资金杠杆的，交易所均要求收购方进行透明披露，并且在进一步明确资金来源的同时，披露其不同来源和途径的资金成本。因此，对于监管机构而言，如何治理目前过度杠杆化的收购乱象？是否应履行相应审批手续做出明文规定对杠杆收购进行约束？是否应针对收购资金来源的正当性以及其中的杠杆率进行严格调查和监管，防范市场风险？对收购方而言，是否也必须严格遵从监管规则，以避免被监管部门调查或整顿，进而影响收购计划的顺利进行？

现实问题 3：并购传染现象。企业并购浪潮呈现出明显的时间集聚和行业集聚的特点，致使某些学者甚至宣称并购如同一种"传染病"，在企业之间蔓延。沿着产业链，国内外供应商产业与客户产业都在接踵而至地进行着战略性并购扩张，大客户与大供应商通过并购共同发展壮大的例子比比皆是。近些年来，中国汽车、钢铁、水泥、机械制造等一系列关联产业发生了大量横向并购活动，以我国汽车制造工业发展为例，其发展就带动了汽车配件产业的发展壮大。从 20 世纪 90 年代中期以后，国内三大汽车集团（一汽、上汽、东风汽车）进行了一系列的横向并购，一汽收购天汽、上汽联合通用兼并柳州五菱、东风汽车与日本日产合资成立新东风汽车有限公司，后又与台湾裕隆汽车成立广州风神汽车。随着

① 2016 年 12 月 26 日，万家文化披露第一份《详式权益变动报告书》时称："自本次交易完成之日起 12 个月内，信息披露义务人（龙薇传媒）拟考虑提议以重大资产重组、发行股份购买资产或非公开发行募集资金购买资产等方式，围绕文化娱乐产业注入成长性较好、盈利能力较强的优质资产，且不排除对上市公司或其子公司的非文化娱乐主业资产和业务进行剥离。"媒体纷纷猜测，赵薇入主上市公司后，或将注入其下属娱乐业务，从而激活公司业绩前景。然而，仅仅过去半个月，赵薇的说法已经大大变化。万家文化在回复函中表示："上述表述内容不构成承诺，截至目前，在未来 12 个月内，上述表述内容尚无明确的计划和时间安排，亦无意向标的或谈判对手方，仅为龙薇传媒表达为全体股东带来良好回报的意愿。为避免引起投资者误解，龙薇传媒已经修改相关表述。"对此市场的看法是："有一种可能是龙薇传媒拿到控股权后，利用明星光环，炒高二级市场股价，高价位的时候抵押股权，或者抛售部分股权，从而获利。"

② 2016 年 11 月以来，多家涉及杠杆收购的上市公司收到交易所下发的问询函，问询内容直指杠杆收购的资金来源，其中包括 *ST 合金、顺威股份、尤夫股份、浔兴股份、步森股份、银鸽投资等上市公司及其收购方皆为交易所重点关注的对象。

三大汽车集团在国内的战略布局基本成型，汽车整车行业的横向并购活动告一段落。从2009年开始，紧随其后国内汽车零部件企业又掀起了横向并购浪潮，潍柴动力收购法国发动机生产商波文、万向集团收购了美国环球控制系统公司、京西重工收购德尔福制动和悬挂业务，潍柴动力、山东工程机械和山汽被合并为山东重工等。此外，作为汽车零部件企业的重要原材料供应商——特钢企业，也发生了大规模的横向并购，中信泰富特钢（重要客户是一汽集团）是中国最大的特钢生产企业，2002年一汽集团并购了天汽集团，两年之后的2004年，中信泰富特钢又并购了大冶特钢。上述现象给我们提出这样一个问题：究竟是哪些因素驱动着“传染式”并购的发生与蔓延？传统的并购模式选择理论还能对此现象做出充分解释吗？

需要认真反思的问题是：随着中国产业整合的深入，政府出台了一系列鼓励优势企业进行资产并购重组的政策，当前从我国现实需求看，淘汰夕阳产业，消化过剩产能以及实施企业走出去战略等都迫切需要运用企业并购这一市场化的配置资源工具。如何掌握不同产业和区域之间的企业并购需求与规律，政府在今后制定产业兼并重组政策的时候，才能有效避免“头痛医头、脚痛医脚”式的盲目调控？才能科学合理地提出产业重组政策？如何监管企业并购行为与支付方式选择，才能有效防范并购风险，避免资金链出现断裂、在资本市场里造成连锁反应、引发资本市场崩溃式的下跌？

基于上述分析，本书所关注的问题是：第一，中国上市公司的并购决策受到哪些因素的驱使？是来自于市场竞争压力的驱动？还是“政治集权”和“财政分权”体制下不可避免地深受政府干预行为产生影响？企业实际业绩状况与组织经营期望的差距是否会对企业并购行为产生影响？企业经理人对实现资本市场期望目标难易程度的感知是否对并购决策产生重要影响？面对外部盈利压力时，企业是否会为了迎合外部经营预期而调整投资战略——增加或减少并购行为？企业是否并购以及能否成功实施并购很大程度上受制于企业是否有足够的资金支持？作为流动性最强的资产，不同的现金持有动机——代理动机与预防动机，对企业的并购是否产生不同的影响？两类动机下的并购效果是否存在显著差异？第二，哪些因素决定了企业是选择以专业化经营为目标的来自同一行业的横向并购，还是以节约交易成本、防止被上下游供应商/客户为“敲竹杠”的纵向一体化并购？高度动态的竞争环境、快速的技术变革、不断增大的研发投入与风险都促使企业将横向并购视作一种重要的外部创新途径。但是，企业的横向并购决策必须综合考量其内外部环境。企业应如何综合考虑其所在行业的竞争结构（外部宏观因素）、资产专用性程度及其在行业中的竞争地位，才能通过横向并购实现行业专属管理资源的拓展使用？才能在组织经验、组织资本与投资机会、管理协同效应和财务协同效应方面实现价值增值的企业战略目标？纵向并购是企业外部扩张的一种重要方式，对节约市场交易成本，形成上下游产业链条的一体化，提高市场控制能力和企业的竞争力，具有重要的作用。作为企业重要的利益相关者，客户谈判能力是否影响以及如何影响企业经营边界选择？地区市场化进程的差异等制度性因素是否以及如何进一步影响客户谈判能力与企业纵向并购行为与效果？第三，并购支付方式的选择不仅对主并公司股权分布结构、财务杠杠以及公司未来的经营和财务安排有着重大的影响（Fuller 等，2002），甚至有可能改变收购公司和目标公司利益分配关系及其企业控制权的力量对比，成为影响并购能否成功和并购双方利益的重要因素。在实践中，企业并购支付方式的选择还受到主并公司融资决策的影响，由于股票市场获得股权融资的难度较大，加之我国金融体系是名副其实的“银行主导型”，信贷资金便成为解决并购资金的主要来源。企业自身的财务柔性特征以及与银行之间的银企关系，将会对并购支付方式选择产生怎样的影响？基于中国的新兴市场特征，制度环境的差异（货币政策的区域效应，不同发展水平的金融市场等）又将如何影响并购支付方式的决策？第四，在新兴加转轨经济制度、宏观经济政策变动频繁、市场机制不完善和金融市场不发达等背景下，尤其是在我国股票市场大涨大跌引发资产价格与融资成本波动、市场预期改变等情况下，企业的并购行为与效应将产生怎样的变化？并购作为企业一项重要的资源配置战略，并购全过程的决策权一般掌控在公司管理层手中，并购决策成为管理层个人利益与公司价值权衡的结果，拥有较高管理权力的 CEO 为了获得高额报酬和控制权收益，具有强烈的并购动机。进一步地，货币政策作为政府宏观调控的重要手段，货币政策宽松或偏紧将直接影响企业、债权人和股东等利益相关者的融资、投资行为以及运营成本等（Getler 和 Gilchrist，1994）。那么，在股票市场波动和 CEO 权力驱动下的上市公司并购行为及效应是否会受到货币政策变动的影响？货币政策从紧是否能更好约束经理的机会主义行为？上市公司并购行为是否更加理性？第五，我国上市公司并购交易中的同属管辖特征明显。究竟是何种原因导致同属并购行为的发生？如何评价同属并购的经济后果？此外，区域经济及金融发展的不平衡，对货币政策的传导机制产生影响，从而有可能使得货币政策在不同地区的实施效率存在明显差异，甚至有可能激化区域金融资源配置的内在矛盾、影响我国经济的区域协调发展，尤其在经济快速发展阶段和区域经济差距逐渐拉大时，货币政策的区域效应表现更为明显。因此，宏观货币政策的区域异质性及其与经济发展水平异质性的联合作用，又会如何进一步影响同属并购行为与后果呢？

二、研究的意义

以上这些问题的探讨，其理论意义在于，以探寻上市公司并购动因、并购模式以及并购支付方式为研究切入点，借鉴战略管理领域的“动态能力理论”，通过构建外部制度环境和企业自身所拥有资源与能力的互动框架，探讨企业如何通过并购决策的制定与调整，建立和重构企业内外部能力、以适应快速变化环境。以打开“企业黑箱”的方式，寻找经济发展的微观源泉提供了理论基础。而现实意义则在于，通过正确地认识外部制度环境和企业自身所拥有资源与能力对上市公司并购行为与效率的影响，一方面有助于为上市公司的并购提供重要的决策依据，提高并购效率；另一方面，也有助于为资本市场的并购重组监管提供有益借鉴，尤其是在并购市场日益火爆、并购支付工具日益多样化以及各类规避监管的违规行为层出不穷的形势下。另外，本研究还进一步拓宽了资本市场会计与财务的研究领域，强化了财务会计理论研究与公司战略管理进一步的融合与发展。

第二节　研究内容与创新

一、研究内容与框架

以上分析表明，无论是企业并购动机抑或是并购模式、支付方式等的选择，都不可避免地受制于企业所面临的制度环境和企业自身所拥有的资源与能力。Peng（2003）认为，制度环境是转型经济中影响公司行为的重要宏观环境因素。在我国由政府主导的计划经济向市场经济转型过程中，经济转型的主线一直是政府与市场关系的不断调整。经济转型过程中制度环境的变化主要体现在两方面：一方面，经济资源的配置由政府主导的再分配体制向市场体制转变；另一方面，是政府对经济活动的直接干预逐渐减少，更多地转向服务、监督和管理，从而表现出政府与市场共存的混合型经济形态（Nee，1992）。即便如此，但由于我国地缘辽阔且改革开放是由沿海向内地逐渐推开，不同地区之间的转型进程存在显著梯度差异，相应地造就了不同地域之间市场化程度、金融发展水平、政府控制与干预程度的差异。一般而言，转型经济国家中企业持续成长的关键障碍往往来源于制度环境带来的不确定性，因为商业环境中的不确定性和权变因素会影响企业内权力和控制权的配置（Pfeffer 和 Salancik，1978）。而根据战略管理的制度观学说，受效率目标驱使的企业同样还关注组织合法性要求（组织的合法性来源于利益相关者的评判，企业行为必须与内外部利益相关者的评价标准保持一致才能获得组织合法性的认可）。因此，作为战略决策主体的企业高层管理者，必须积极寻求组织内外部利益相关者的认同，适应和遵循组织场域中的社会秩序模式，通过调整企业战略行为来遵从和适应制度环境。因此，货币政策、股票市场波动、市场化进程、金融发展水平、产品市场竞争、外部盈利压力（经理人对外部资本市场盈利预期的感知）等构成影响企业并购战略决策的重要外部制度环境因素。

“为什么有的企业比其他企业做得好”是战略管理理论一直不断探索与追寻的问题。Porter的竞争力模型强调外部市场力量、产业因素以及垄断租金的获取。但是大量的实证研究发现，产业内企业之间的利润差异远大于产业间利润的差异，企业的特定资产及其运用能更好地解释企业之间的绩效差异。于是，“基于资源的观点（RBV）”以及Tcece等（1994，1997）从资源基础理论的基点出发，提出的动态能力（（Dynamic Capabilities）理论给出了令人信服的解释。现金持有水平、资产专用性、财务柔性、投资机会、银企关系、客户谈判能力、CEO权力、内部控制等构成影响企业并购战略决策的企业内部资源及能力因素。

基于这一指导思想，本书的研究框架如图1－2所示：

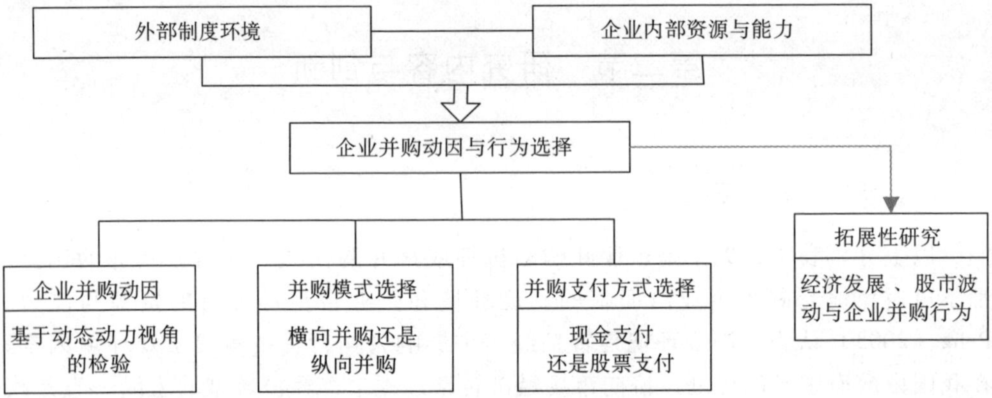

图1－2　研究内容与框架结构

二、研究创新与不足

本书的研究创新主要体现在以下几点：

（1）确立了企业并购决策的宏微观互动框架。中国的宏观经济政策制定具有影响大、变化频、显性与隐性政策并存以及难预测等特点，如货币政策的宽松与紧缩、货币政策的区域异质效应、市场化进程的非均衡发展、银行信贷的“歧视”、地方政府官员的GDP晋升机制、产品及要素市场的区域分割等，这些特点也更凸显了观察宏观经济政策与微观企业行为的互动关系研究在中国的现实意义。基于宏观层面的股票市场波动与微观层面的CEO权力如何交互影响上市公司并购战略的选择及其效果，从一个全新视角诠释了企业面临股票市场冲击时，CEO权力在企业战略决策过程中所起的作用，是对Bebchuk等（2002）提出的“管理层权力论”在企业战略决策层面的重要补充。

（2）从并购角度探讨了政府与市场之间的互动作用，实证检验了企业并购决策中所面临的政府干预行为及其与市场竞争压力的互动作用，将政府行为纳入企业并购决策框架，为深化理解我国现阶段政府行为及其微观作用机制提供新视角，提供了政府行为影响经济增长的微观证据，丰富了政府与企业关系研究。继 La Porta 等（1998）之后，学者们开始关注政府行为对公司财务决策的影响，但其量化问题一直困扰着该领域的研究。基于政策性负担反映了政府干预的直接经济后果（Lin and Li，2008），以企业承担的"政策性负担"度量政府干预程度，为政府行为的微观度量开拓了新思路。

（3）揭示了同属管辖并购的政治经济含义。在政府干预成为一国经济发展预设的制度环境下，在市场化进程不断推进的过程中，在政治干预与经济发展对同属管辖并购的博弈中，经济发展水平显然成为同属并购这一经济现象的主要推动力量，并且也取得了更好的并购经济效应，这在一定程度上提供了同属并购具有经济逻辑的证据，也为"市场规则推动企业的经济发展才是正道"提供了经验证据；深化宏观经济政策、区域经济发展与企业微观行为互动机理的认识，为我国上市公司频繁出现的同属管辖交易行为提供了新的经验证据和合理的理论解释，进一步丰富和拓展了现有关于企业并购机理及其效应的研究文献。

（4）在新兴加转轨这一特定制度背景下，探讨了银企关系对企业并购支付方式选择的影响，为银企关系在缓解企业融资约束方面提供了新的经验证据。改变以往单纯从融资约束、外部制度环境等因素研究企业并购支付方式的范式，引入并且细分了银企关系的特征，从"经济关系"和"信任关系"两个不同的视角延伸了融资约束的具体表征，通过深化这些具体表征对并购支付方式的影响研究，对于企业正确理解和运用银企关系提供新的借鉴，丰富和改进了"关系信任"的有关文献；初步确立了并购支付方式与宏观制度背景（货币政策和金融发展水平）的互动框架，提供宏观政策影响微观企业并购行为的机理及其路径，为企业的并购决策提供了重要的宏观政策考量。

本研究的局限性在于：第一，企业不同的生命周期面临的竞争压力是不同的，比如产品导入期及成长期主要竞争对手是要素市场的竞争者，而产品成熟期企业的主要竞争对手是产品市场的竞争者，本书没有进一步对样本企业的生命周期做出区分；第二，企业横向兼并的动因主要是规模经济动因、管理协同动因和市场垄断动因。从社会总福利的角度而言，这三种动因的作用效果不同，前两种动因增进了企业自身福利，也增加了社会总福利，而第三种动因却在增进企业自身福利的同时，可能损害消费者、竞争对手等其他利益相关者的福利，进而可能损害社会总福利。如果进一步考虑存在垄断扭曲、利益分配、交易成本等因素，则衡量企业横向并购福利效应的标准将更加复杂。另外，本书仅以上市公司的数据反映产品市场竞争程度可能不准确，因为在一个行业内企业面临的竞争不仅来源于上市公司，非上市公司的经营活动也同样影响该行业的竞争程度。由于受到数据的限制，这些问题有待以后根据数据的可得性进一步加以完善。

第三节 文献综述

一、公司并购动因及行为的国内外相关研究

企业并购在西方国家已有100多年的历史，并购研究自20世纪60年代以来非常活跃，纵观并购研究史，国内外学者关于并购的研究主要围绕并购动因和并购绩效展开，并购动因的研究要相对成熟，基本形成了比较一致的关于企业并购的理论和现实动因体系，而并购绩效的研究，无论是绩效衡量的方法还是研究结果均存在很大的差异。

（一）并购动因的国内外文献综述

企业并购具有复杂性和多变性，难以用一种经济理论解释清楚，不同地区、不同历史时期企业并购的产生、发展及并购方式等都有深刻的社会、政治、经济等原因。威斯通等（1998）是国外对企业并购理论研究的集大成者。按照威斯通的理论和其他文献的研究成果，依据对企业并购持赞同还是反对的观点，可以将国外对企业并购动因的研究分为两大类：一类是效率理论（又称并购赞同论），包括管理协同（Management Synergy）效应理论、经营协同（Operating Synergy）效应理论、财务协同（Financial Synergy）效应理论、多样化（Diversification）经营理论、价值低估（Under Valuation）理论、信息与信号理论、代理成本理论；另一类是非效率理论（又称并购怀疑论），包括管理主义（Managerialism）、自负假说（Hubris Hypothesis）、闲置现金流量理论（Free Cash Flow Theory）、市场势力理论。

为什么并购活动会发生？国外学者对此问题进行了大量探索，并取得了丰硕的成果，主要可以分为两类，一是传统的并购动因理论，主要从企业个体角度来解释并购的发生；二是并购浪潮动因理论，包括两个方面：新古典并购浪潮理论和行为金融并购浪潮理论，主要从宏观角度来解释并购的发生，具体如图1-3所示。

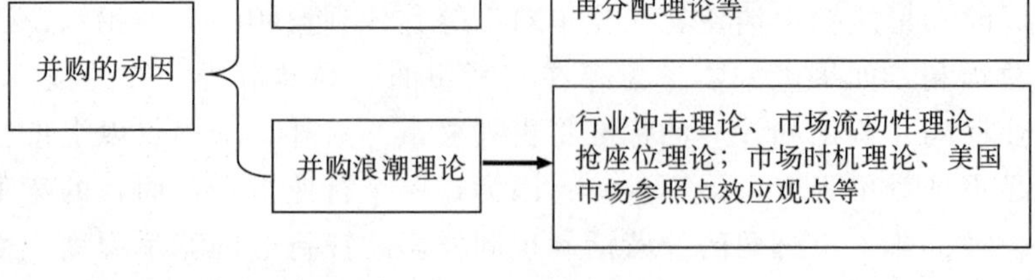

图1-3 并购动因理论

传统的并购动因理论研究。效率理论认为企业进行并购源于进行并购能给收购企业带来效率增进，主要有管理协同效应（Servaes，1991；Mukherjee 等，2004）、经营协同效应（Arrow，1975；Weston 等，2001）和财务协同效应（Higgins 和 Schall，1975；Eckbo，1983；Weston 等，2001）；自大理论认为企业并购活动源于企业高管对于自己能力的过度自信，他们往往高估并购给企业带来的收益和协同效应，从而进行过多的并购（Roll，1986）；市场势力理论认为企业倾向并购是因为并购可以减少企业的竞争者，提高企业在市场上的份额，从而增强企业对经营环境的控制，获取更高的利润（Mullin，1995；Kim 和 Singal，1993）；代理理论认为并购扩大企业规模，而企业规模往往与企业高管的在职消费、晋升机会、名望等正相关，因此基于企业高管私人利益的考虑，高管会加大企业并购的概率（Mueller，1969；Jensen 和 Meckling，1976）；信息与信号理论认为并购活动将会给市场传递这样的信号：目标企业的价值被低估了，因此不管这项并购最终是否予以实现，市场都会重新对目标企业进行估价，且目标企业新的估价较之前都会出现增加（Dodd 和 Ruback，1977；Bradley，1980）；再分配理论认为并购活动并不能给企业带来真正的价值增长，但是，开展并购有机会将其他利益相关者（客户、员工、债权人、政府）的利益转移到股东手中，因此，双方股东往往支持并购活动（Asquith 和 Kim，1982；Dennis 和 McConnell，1986）。

并购浪潮理论研究。行业冲击理论认为并购活动是企业应对行业冲击（技术革命、政府政策、宏观经济冲击）的反应和调整方式（Mitchell 和 Mulherin，1986）；市场流动性理论认为行业冲击对并购浪潮的产生只起辅助作用，决定性作用在于是否有充足的资本流动性（Harford，2005；Alexandrids 等，2012）；抢座位理论认为面临稀缺的优质标的公司，为避免对手抢先并购，所有均衡状态主并公司都会放弃推迟并购策略，采取立即并购策略，因此产生了并购浪潮（Toxverd，2008）；市场时机理论认为资本市场对企业的错误估值，一些企业被过高估值，一些企业被过低估值，将会驱动并购浪潮发生（Shleifer 和 Vishny，2003）；美国市场参照点效应观点认为标的公司先前股价的峰值是并购决策参照点，当股市处于繁荣时期，并购出价很容易达到标的公司股价前期峰值，并购浪潮将会发生（Baker 等，2012）。

我国学者结合我国的特殊国情（转型经济的特殊背景），对我国资本市场上企业发动并购重组动因进行了探讨，主要可以分为三类：

一是政府干预对企业并购决策的影响，出于自身的政策性负担或政治晋升目标，地方政府有动机和能力干预企业并购决策，导致“拉郎配“式的企业并购（方军雄，2008；潘洪波等，2008）。方军雄（2008）研究证实，地方政府干预企业的并购决策，但会因为谈判对手不同而出现差异，更容易干预地方直接控制的企业不易干预中央政府控制的企业；王凤荣等（2011）研究发现地方国有上市公司倾向于进行同属并购，政府干预以及地方保护程度是影响同属并购选择的重要因素；汪炜和陆帅（2015）研究也发现政府控制的企业发生本地并购的可能性更高，非政府控制的企业发生异地并购的可能性更高，地区市场化程度会加剧政府控制的影响。王砚羽等（2014）研究发现，政府之所以能够干预企业的并购决策是因为我国的企业长期处于计划经济体制下，具有政治基因。二是企业出于投机动因进行并购，张新（2003）和李增泉等（2005）从企业上市动机角度进行了分析，分析认为企业发动并购的原因是为了获取上公司的“壳资源”；李善明等（2004）从公司治理的角度入手，分析认为企业实施并购是为了获取税收减免或补贴等优惠政策。三是中国上市公司并购浪潮动因，余瑜和王建琼（2013，2014）研究得出结论，市场参照点效应是驱动我国企业并购浪潮的重要因素，即股市在泡沫破灭后或股市负泡沫进入高峰期时，股市价格指数连续大幅下跌，股市相对低价资产的出现驱动了上市公司并购浪潮发生。

（二）并购模式选择的国内外文献综述

1. 影响企业并购模式选择的动因及经济后果

并购根据并购公司与目标公司所从事业务的相关程度，可分为横向并购、纵向并购和混合并购。横向并购是指两个或更多从事同类业务活动的企业间的并购；纵向并购是指处于生产和经营同一产品不同阶段的企业间的并购，或者说是有上下游关系的企业间的并购；混合并购是指从事不相关类型经营活动的企业间的并购。并购与否和并购方式的决策往往受到并购主体企业实际经营情况的影响。

（1）企业纵向并购动因及效果的国内外相关研究。纵向并购是指主并公司与目标公司在同一产业链上的并购类型，可分为前向并购和后向并购两种情况，其中前向并购更接近原材料，后向并购更接近客户。发生纵向并购的主要动因有：①控制资源：部分纵向并购的目的是通过对上游供应商与原料采购渠道、下游销售商与客户销售渠道的控制，实现经营协同效应与管理协同效应，在这种情况下，对上游企业和下游企业实行纵向并购，提高供应商与原材料采购渠道和销售商与客户销售渠道对主并购方的依赖，更加有利于在市场经营与竞争过程中控制竞争对手的经营活动，在经营活动中拥有更多的话语权，更具有谈判优势。②延伸产业链，提高上下游产业链竞争优势和价值：在日益复杂多变的竞争形势下，企业与企业之间的竞争不仅仅是企业自身实力与市场占有率之间的竞争，供应链或产业链正在成为企业间竞争的主战场。很多在各自领域拥有较大影响力的核心企业，都希望通过整合上游的供应链或下游的销售链，使企业自身在行业内或者相关产业链中拥有核心长效的竞争优势。如果能够实现企业成功并购并且能够通过将各方面的有利资源、资金与管理制度、企业文化等加以很好整合，则确实能够实现产业链的价值在很大程度上得到提升，资源配资在产业链得到优化、快速对市场的反应做出应答、供应链运营成本的下降以及供应链中信息实现共享等。③实现财务协同：并购能够给企业带来多方面的经济效益，包括由于税收法律政策、会计处理原则、企业产权性质和证券交易内在规定的作用等产生的货币效益。

节约交易费用是纵向并购一个最为明显的作用。Monteverde 和 Teece（1982）、Joskow（1985）和 Anderson（1955）分别对汽车产业、能源产业和计算机行业服务等相关产业进行的实证研究都能够为这一观点提供有力的支持。除了能够节约交易费用，还有很多因素促成了纵向并购的发生，在市场垄断的情况下，企业为了防止要素配置的扭曲，会通过纵向并购的方式缓解这样一种困局；在经济体系中，并购的风险并不是只出现在主并方或者被并方，而是在双方之间相互转移，两者皆有可能；通过企业进行纵向并购可以很好地达到一体化的效果，从而能够使得中间产品在“交易”过程中合法避税；以纵向并购为手段实现一体化的目标，采取高进低出或低进高出这样一种差异化的定价方法，通过不同的税率标准实现自身利益最大化，等等。

我国国内企业是以稳定要素资源以及对终端销售渠道的控制，从而实现交易成本（费用）的节约为目的进行纵向并购的。徐荔榕等（1996）从国外经验来看，范围广、成功率高、经济效果好是纵向并购的特点。在我国，纵向并购的发展还处于初级阶段，但从长远看，随着我国经济转轨的进一步深化以及社会主义市场经济的逐步完善，纵向并购大量出现是一种必然趋势。魏明（2005）认为纵向并购对由于资产专用性所造成的机会主义行为有消除或减少的作用。周普（2007）在对企业纵向并购进行研究时，是从交易费用理论的角度进行经济学分析的，通过理论分析与实证研究发现企业纵向并购是由于市场机制的外部协调被更有利的企业管理上的内部协调所代替的，能够实现交易费用的节约，是一种自主式的创新方式。刘斐等（2006）以财务指标为基础的综合评价方法对中国上市公司纵向并购的效率进行实证分析，结果表明：纵向并购虽然在并购当年和并购后一年对企业的正面影响不大，但在并购后两年开始业绩就有了很大的提升。

纵向并购是实现企业外部扩张与资源整合的重要方式之一，能够通过内部治理代替外部交易的方式节约市场交易成本、实现企业之间的优势互补，促进上下游产业链条一体化，提高市场份额的占有率、企业的控制能力以及企业的核心竞争力。现有文献多是从节约交易费用，提高市场竞争力，优化资源配置，实现经营管理的协同以及财务的协同效应等方面对纵向并购动因理论以及绩效等方面进行的研究。

（2）企业横向并购动因及效果的国内外相关研究。横向并购是指处于相同市场层次上的或者具有竞争关系的公司间的兼并和收购活动。效率理论认为横向并购会产生某种形式的协同效应（经营协同、管理协同、财务协同等），有利于改进管理层的经营业绩，增进社会效益。因此，基于效率理论的假设，公司并购行为是市场竞争机制作用下公司的自主行为，目的是实现对资源的优化配置，不应该受到政府的过多干预；而市场势力理论则认为横向并购减少了行业内相互竞争的公司的数量，增加行业内的公司成功共谋的可能性，成功的共谋意味着更高的产品销售价格或者更低的原料采购价格，使得行业利润中含有垄断租金的成分（帕特里克·高根，2004）。市场势力理论为政府在并购市场的管制行为提供了理论支撑，认为政府的管制可以更好地维护市场的竞争机制，减少因横向并购获得的市场支配力对于市场竞争的潜在负面作用（唐要家，2008）。

Fee 和 Thomas（2004）、Shahrur（2005）在考察了横向并购对竞争对手的财富效应影响的同时，进一步考察了横向并购对上游供应商、下游客户财富效应的影响。在效率理论假设下，下游公司通过并购实现的效率提升，会给上游公司带来更加稳定的销售渠道和持续增长的销售量，而效率提升带来的收益会以更低的产品销售价格传递给下游客户。因此，在效率理论假设下，上下游企业在并购宣布时将获得正的累计异常收益率，在并购被否决时获得负的累计异常收益率。在市场势力理论假设下，随着并购后公司市场势力的增强，它们可能通过与水平竞争对手达成共谋来压榨上游供应商和下游客户，例如，通过共同压低原材料的采购价格或者提高产品的销售价格来提升自身的利润空间。因此在市场势力理论假设下，并购参与双方的上游供应商和下游客户在并购宣布时将获得负的累计异常收益率，在并购被否决时获得正的累计异常收益率。实证检验结果是他们也没有发现抑制市场竞争和共谋行为的证据。国内学者也获得了类似的结论，李青原等（2011）的研究支持了"效率理论"而非"市场势力理论"。文章以反垄断法实施以来首个未获通过的并购案——可口可乐并购汇源果汁为例，通过对资本市场中并购参与双方、竞争对手水平和上游公司财富效应的分析探讨横向并购的动因理论。可口可乐收购汇源果汁会引发下游市场更加激烈的竞争，同时，汇源果汁希望通过出售股权实现业务重心上移，也会加剧上游市场的竞争。市场预期可口可乐和汇源果汁的并购会产生协同效应，而非共谋行为。文章在对效率理论实现路径的进一步中发现，可口可乐与汇源果汁存在着管理、经营和财务等多种形式的协同效应，预期的协同效应是可口可乐高价收购汇源果汁的主要动因。

2. 企业同属管辖并购动因及经济后果

完全套用西方学界的理论来解释我国企业的并购动机可能并不妥当，我国资本市场与西方资本市场存在制度性差异。我国企业的所有权结构是公有制占据主体地位，在企业活动中政府干预相当明显，从而我国企业并购活动多数是服务于政府的宏观需求。鉴于政府干预问题的存在，李哲（2007）发现我国资本市场上的公司并购表现出的一个显著的特点是"同属性"并购盛行。理论界现有的文献一致认为，我国特有的这种属地化并购是政府推动产生的，基于我国特殊政治经济背景，政府干预是主要原因。

（1）同属管辖并购动因。一方面，政府有对并购活动干预的动机。地方政府的本职工作是保证辖区内经济和社会的平稳发展，为了维护自身的公众形象，会花费较大的力气支持和帮助当地的较大规模的企业实现较快的发展，并为其提供更好的经济资源支持和政策帮助，提高上市公司的经营业绩；而辖区内那些经营堪危、濒临退市的上市公司，当地政府会想方设法“挽救”，帮助企业渡过难关、继续经营（曾金山和王薇，2008），出现“拉郎配”现象。同时，基于我国政府政绩考核机制原理，考虑辖区内企业亏损和人员下岗对地方经济的影响，以及地方政府与上市公司间既有的共同经济利益，政府会积极帮助企业进行并购重组，在这一过程中获得政绩和税收的双重收益（焦璇，2012；李志军，2014）。

另一方面，政府有对并购活动干预的能力。我国政府是经济的管理者，有责任维护经济市场的正常秩序，要监督国有资产的交易过程，防止国有资产流失情况出现。由于我国的上市公司中国有控股企业较多，政府需要对国有企业的重大资本经营事项监督干预，参与资产剥离的整个过程并对其结果产生各种影响（曾金山，2008）。同时，由于不同产权性质也会产生不同的同属管辖资产剥离交易行为，具体表现为上市公司若是由地方政府控制则更倾向于进行资产剥离同属管辖交易，但是，中央政府控制和非政府控制的上市公司并不倾向于进行资产剥离同属交易（徐虹，2013）。

（2）同属管辖并购的经济后果。对于企业同属并购的经济效果，学术界也做了相关研究，但是对并购后绩效表现的研究结论存在差异。

理论界研究认为同属管辖并购主要受政府干预影响，而多数学术研究支持政府干预是有效的，能对并购绩效起到提升的积极作用。石坚松（2005）认为地方政府可以帮助上市公司提高并购绩效，但是，额外提高的收益一方面来自于被并公司的损失；另一方面可能是政府为了获得其政治利益而愿意付出的相关成本。李志军（2014）研究发现，地方政府为了减少企业的亏损和人员下岗，会主动帮助这些企业进行并购重组，同时为并购企业提供政府补贴和经济优惠待遇，最终实现企业的扭亏为盈，同时也使政府获得政绩和税收的双重收益。除了政府干预的积极作用，同属管辖并购也有自身的优势。同属并购能有效降低并购费用，增加收入，提高并购绩效，还可以带动当地产业的发展，增加地区 GDP（冯素晶和陈海声，2013）。同属管辖并购还可以减小并购后经营管理和企业文化等方面的整合难度（处于同一地区的企业受一样的地方政策和地区文化影响，企业有相似的运营管理模式），减少因地区相隔较远导致信息不对称的出现，降低交易风险（胡琳扬，2012）。因此相比非同属管辖样本组而言，同属管辖样本组的并购绩效更高。

但是，这种同属并购的良好绩效并不能持续下去，胡琳扬（2012）研究发现同属管辖并购后企业并购绩效在并购交易后两年间呈上升趋势，而并购后第三年有微弱下降，从总体上看呈下降趋势。杨安华（2007）使用改进的 DEA 模型结果指数衡量公司并购的中长期价值效应，研究并购双方的管辖属性对并购价值效应的影响。研究结果显示，不论是同属管辖并购还是异属管辖并购，都会给并购双方带来良好的中期的价值增量效应，但是，只有异属管辖并购能获得显著的长期的价值增量效应。说明这种基于政府支持的同属并购并没有从根本上改变上市公司的经营机制，只有跨管辖区域的并购才能真正地提高社会价值。故有研究学者建议国家和地方政府部门制定相应的优惠政策，鼓励企业实行跨区域并购，减少地方保护对跨区域并购的阻碍力度。

对于同属并购，以往文献研究多数关注政府干预对同属并购的推动作用，没有考虑同属并购的其他动因，从宏观大环境研究同属并购的文献更是没有，这是以往研究的一个漏洞，这也说明并购决策的研究还有待补充和完善；另一方面，对于同属并购的经济后果研究，主要是对企业并购后长短期绩效的衡量，且衡量指标较为单一，没有考虑到并购行为作为一种投资行为，是否是一种效率投资，并购经济后果的研究还有待完善。

（三）并购支付方式选择的国内外文献综述

并购支付方式是指并购公司为了得到对目标公司的控制权采用的支付方式，一般分为现金支付、股票支付和混合支付。我国的资本市场发展较晚，造成了我国企业并购支付方式单一、以现金支付为主的现状（胡玲，1998）。随着股权分置改革的完成，使得股票支付逐渐成为并购支付方式的一种。20 世纪 80 年代以来，企业在并购中选择何种支付方式日益受到中外学者的关注，相关学者先后发表了一系列重要文献，从不同方面研究影响企业并购支付方式的选择问题。

1. 并购支付方式选择

从信号传递的角度来看，相比于外部投资者，企业的股东和管理层了解更多关于企业财务状况和经营情况的信息，存在信息不对称的情况。在信息不对称的状况下，主并公司采用现金支付意味着企业有大量的自由现金流量来完成并购，从而向市场传递其经营状况良好的信号，可以使主并方获得较高的收益，其被拒绝的概率也较低，而当主并方采用股票支付时，会向外界传达出企业价值被高估的不良信号（Ross，1977；Myersand 和 Majluf，1984；Vermaelen，1998；Al - sharkas，2010）。Faccio 和 Masulis（2005）的研究表明，并购支付方式与主并购方和被并购方的行业是否相同有关，当并购双方处在同一行业时，主并购方会选择现金支付方式；而当双方所处行业不同时，由于信息不对称，主并购方更倾向于选择股票支付方式。苏文兵、李心合和李运（2009）从信息不对称角度研究了影响企业并购支付方式的因素，研究表明；并购双方企业的相对规模越小，信息不对称程度越小，主并购方越可能选择现金支付方式；与 Faccio 和 Masulis（2005）研究有所不同的是，并购双方是否处在同一行业，对企业在并购时选择何种支付方式没有显著的作用。Roll（1977）认为，当主并购方运用股票支付方式并购目标公司时，会向市场传递主并购方的股票被高估的信号；而当企业回购股份时，则会向市场传递一种信号，即管理层拥有的股票价值被低估了，并且该公司具有比较好的成长性。

从控制权稀释的方面，管理层和股东所持股票的比例大小也影响着企业并购的支付方式，主并购方大股东在选择并购支付方式时会考虑股票支付对控制权稀释带来的影响。Stulz（1988）研究发现管理层持股比重越大，由于不希望降低自身对公司的控制权，所以越不倾向于选择股票支付，而更倾向于在并购时选择现金支付方式（Amihud，1990）。苏文兵、李心合和李运（2009）的研究发现，当主并购方大股东持股比例处在30% -60%时，主并方会选择现金支付方式来规避控制权的稀释，而大股东持股比例小于30%或大于60%时，主并方会倾向于选择股票支付方式来完成并购。Kenneth，Qian 和 Hamid（2013）研究发现较高或较低的管理层持股将使并购企业偏向于现金并购，而持股比例处于中间的管理者更喜欢采用股票或混合支付方式。李善民、陈涛（2009）以我国 2006 -2008 年的并购事件为样本，实证检验了控制权大小与并购支付方式选择的关系；研究发现，主并购方与被并购方是非关联方时，大股东持股比例对主并购方选择股票支付并没有线性的相关关系，然而，当双方是关联方时，大股东持股比例大小与支付方式无关。孙世攀、赵息、李胜男（2013）研究了控制权与并购支付方式之间的关系，发现企业高管持股比例越大，主并购方企业越倾向于使用股票进行支付。严复海和彭丽敏（2014）则运用有序多分类 Logistic 回归模型检验发现关联并购使得收购方控股股东持股比例与股票支付间存在非 U 型的非线性相关关系，非关联并购下收购方控股股东为避免其控制权私利受损，更易进行现金支付。卢宁文（2017）研究发现当收购方大股东持股比例在20% -60%之间时，更倾向于采用现金支付方式。

从未来的投资机会来看，公司在并购后如果有较好的投资机会，则需要大量的现金来满足其对固定资产、无形资产的投资，为了避免出现资金短缺的问题，主并购方会谨慎使用现金支付方式，更多地以股票支付方式来支付并购对价。Myers（1977）认为具有较高投资机会的主并购方更倾向于选择股票对价方式，保持现金持有量来规避公司在并购后出现现金短缺的可能。Faccio 和 Masulis（2005）的研究表明，如果主并公司有良好的未来投资机会需要大量的现金予以满足，会倾向于使用股票支付而不是现金支付来维持自身的现金流量水平。刘淑莲（2012）以 2006 -2009 的并购案例为研究样本，最终的研究发现主并购方未来的投资需求越多，越倾向于选择股票支付方式。Martin（1996），Zhang

(2001)，Swieringa 和 Schauten（2008）研究发现对于未来发展迅速的公司更倾向于股票支付方式，因为并购时采用现金支付可能引发企业资金短缺问题，难以维持企业以后投资所需的资金。

除了以上因素以外，税收因素，经济周期，主并方的财务状况，并购双方的相对规模、产权性质及公司的未来收益也会影响企业并购支付方式的选择。Eckbo（1989）、Bugeja 和 Rosa（2008）研究了国家税收政策与并购支付方式之间的关系，研究表明：由于选择股票支付方式可以使被并购方递延缴纳企业的资本利得税，使得许多目标公司更加倾向于接受股票支付方式。Aloke 和 William（1998）认为，主并方在选择并购支付方式时，一般会考虑一个国家的经济环境是否良好。如果市场经济景气、市场发展较好，那么，主并公司会更倾向于选用股票支付作为并购支付方式（Masulis 和 Nanda，1993）。Carleton，Guilkey，Harris 和 Stewart（1983）研究了主并购方的财务特征与并购支付方式选择之间的关系，研究表明：目标公司市净率越高，股利支付率越高，主并方越有可能选择以股票作为支付方式。Masulis 和 Nanda（1993）发现当企业处于成长时期时，更可能采用股票支付方式。李善民（2009）的研究表明，财务杠杆与股票支付率正相关，即公司的负债水平越高，企业越可能选择股票支付方式。王燕（2003）研究了 50 家上市公司并购支付方式后发现，并购前资产负债率较低的主并方更向于选择现金支付，反之，则更倾向于股票支付（李继伟，2003）。孙世攀等（2013）的研究认为债务容量越大的企业，由于其举债能力强，其更倾向于使用现金支付。Jensen（1986）认为企业拥有大量的现金流将在并购时更倾向于使用现金支付。持有现金较多的企业比其他企业更可能采用现金支付方式进行并购。张晶、张永安（2011）的研究发现，主并公司的产权性质会影响企业并购支付方式的选择，当企业为国有企业时，由于自身的资金雄厚，现金持有量较大，所以会更倾向于采用现金支付方式。Ghosh 和 Ruland（1998）的研究中改变了传统研究以主并购公司为主要研究对象的方法，他们的研究集中于被并购方以及被并购方的管理层的动机上，研究结果发现，当被并购方管理层希望在并购后保持其在公司的影响力时，即在并购后的公司保留其原有职位时，会更倾向于接受股票支付方式。从盈余管理来看，Erickson 和 Wang（1999），Shleifer 和 Vishny（2003），Louis（2004）等人发现并购方会在并购前进行盈余操纵，Kenneth，Qian 和 Hamid（2013），卢宁文等（2017）的研究表明并购方盈余质量越低，越倾向于采用股票支付。

2. 不同的支付方式会对并购双方股东收益的影响

支付方式的选择揭示了未来的投资机会或现金流量情况。现金支付方式表明，并购企业的现有资产可以产生较大的现金流量，或者表明并购企业有能力充分利用目标企业所拥有的或由并购所形成的投资机会产生较大的现金流；相反，股票方式则表明企业现金流量不是很充足。因此，从理论上讲，目标企业采用这两种类型的并购收益均为正值，但一般股票并购的收益要显著低于现金并购所获得的收益。从实证检验结果来看，Gordon 和 Yagil（1981）以及 Travlos（1987）研究发现，采用现金并购比股票并购可以产生更多的超常收益。Pranks 等（1987）以及 Linn 和 Switzer（2001）从目标企业角度也证实了现金并购的超常收益相对较高。Loughran 和 Vijh（1997）发现并购后的 5 年间采用现金支付的主并公司获得了显著正的超常收益，而采用发行股票进行收购的主并公司获得显著负的超常收益。但是，Louis（2002）发现，在采用现金支付方式并购时，并购企业的长期超常收益为零，无显著差异，而股票并购收益则显著为负。陈涛和李善明（2011）以股改后并购事件为研究对象，采用事件研究法来实证检验收购公司在并购首次公告期间的财富效应，且分别检验不同支付方式下的财富效应差异。结果表明，股改之后并购为收购公司股东创造了正的财富效应，股票支付的收购公司所取得的超常收益显著为正，且显著大于现金支付所获得的超常收益。郑竹青等（2016）以 A 股市场上 ST 类公司作为并购目标的样本为研究对象，研究发现现金支付的短期并购绩效高于非现金支付，长期则是相反的。而赵息等（2017）以房地产公司作为研究对象发现采用何种支付方式与并购的短期、中长期绩效之间均无显著性影响关系。

二、公司并购绩效的国内外相关研究

并购绩效的研究一直是并购研究的核心和难点之一，以美、英为代表的西方国家对并购的研究相对成熟。对于企业并购效率的衡量，国内外相关研究中主要采取两类方法。第一类是事件研究法，即通过研究并购事件发生前后股票市场的股票价格变动来检验股东财富的变化（财富效应）。这类事件研究方法基于两点基本假设：①资本市场的有效性；②研究时能有效排除窗口期内其他因素的影响。这种方法假定窗口期无其他影响时，通过计算并购公告发布前后某段时期（事件窗口期）公司的累积超额回报（Cumulative abnormal return，CAR），即实际收益与公司股票的预期收益之间的差额，来反映并购的市场绩效。另一类是财务绩效法，通过考察并购事件发生前后财务指标或业绩指标的变化来评价事件的影响，既有使用单个指标进行研究，也有选取多项指标（反映企业盈利能力、发展能力、资产管理能力、偿债能力等财务指标）进行综合分析（运用主成分分析法较多）。

（一）并购的财富效应与财务绩效

Jensen 和 Ruback（1983）在总结 13 篇研究文献的研究成果后指出，企业兼并中目标企业股东的超额收益率为 20%，而收购企业股东为 0；企业收购中目标企业股东的超额收益率为 30%，收购企业股东为 4%。G. A. Jarrell 和

A. B. Poulsen（1989）对 1963 – 1986 年间的 526 次企业收购事件进行研究后，提出企业收购中目标企业股东的超额收益率为 29%，而收购企业股东则为 1%。Schwert（1996）研究 1975 – 1991 年间 1814 个并购事件后得出，时间窗口内目标公司股东的累积平均超额收益为 35%。这些研究均表明成功的并购活动会给目标公司股东带来正的累积超额收益。而在收购方股东收益方面，研究结论不确定。除了这些研究成果之外，Agrawal 等（1992）在研究了 1955 – 1987 年间 1164 个并购事件后得出，收购公司并购后一年内的累积平均超额收益为 – 1.53%，两年内的累积平均超额收益为 – 4.94%，三年内的累积平均超额收益则为 –7.38%，即并购活动在总体上是不利于并购公司股东的。Schwert（1996）的研究则显示并购公司股东超额收益与 0 没有显著差异。尽管国外近年来的研究普遍显示并购方股东从整体上很难从并购中获利，但 Agrawal 等（1992）认为有将近一半的并购公司股东累积超额收益为正，这一结论部分地解释了为什么仍有许多公司热衷于并购扩张。一些学者们的研究（Fuller et al.，2002；Moeller et al.，2004；Masulis et al.，2007）发现，对于上市公司收购非上市公司或上市公司分部时，收购公司股东会获得显著为正的超额收益率。Fuller 等（2002）将这种正的超额收益主要解释为"流动性效应"，即上市公司收购非上市公司以后，目标公司的流动性迅速增加，导致收购公司能够获得这种流动性的价值；Masulis 等（2007）的进一步研究发现，收购方公司的一些特征也会影响股东超额回报，如果收购方是竞争性行业的公司、公司的董事长与总经理两职分离以及公司董事会的经验更加丰富，则收购公司股东能获得更高的超额收益；此外，Fuller 等（2002）的研究还发现，如果上市公司收购的目标同样是上市公司时，收购公司股东则会遭受财富损失。从跨国并购来看，Hemer – ling（2006）研究了 16 个中国企业海外并购案例，发现其中 56% 的海外并购为投资者创造了价值。而 Luedi（2008）在研究 1995 – 2007 年间中国的 56 个企业海外并购案例后发现 56% 的海外并购并没有获得财富效应。继而，顾露露和 Reed（2011）通过评估 1994 – 2009 年间的 157 个中国企业海外并购案例的短期和中长期绩效后发现，从中长期来看，其整体上取得了非负的超常收益。Dang 和 Henry（2015）对东南亚 8 个国家的跨国并购和境内并购研究发现不管是跨国并购还是国内并购，并购企业均能在并购后得到长期的股票异常收益。国内的研究结论与国外基本一致。自 1993 年的"宝延事件"拉开上市公司收购兼并的序幕后，我国资本市场上的并购活动也渐渐活跃起来，特别是 1997 年以来更是表现出波澜壮阔之势。陈信元和张田余（1999）采用非正常收益模型，检验了股票市场对各种重组活动短窗口（31 天）的市场反应，发现股票市场的确对重组公告有所反应，但是对各种重组形式的反应程度存在差异。股权转让、资产剥离和资产置换类公司的股价在公告前呈上升的趋势，随后逐渐下降，有的甚至降到比重组前还要低的水平；兼并收购类公司市场反应与其他重组方式不同，在观察的窗口内没有显著的非正常报酬，即股价没有出现明显波动，市场对公司的兼并收购并没有反应；冯根福和吴林江（2001）以1995-1998年间的样本为对象，采用以财务指标为基础的综合评价方法衡量上市公司并购前后的业绩变动，发现并购绩效整体上有一个先降后升的过程；张新（2003）的研究表明，并购重组为目标公司创造了价值，目标公司股票溢价达到29.03%，超过20%的国际平均水平；对收购公司股东却产生了负面影响，收购公司股票溢价为-16.76%；对目标公司和收购公司的综合影响，也即社会净效应不明朗；朱红军和汪辉（2005）分析了并购对目标公司的长期财富效应，认为目标公司在并购后5年获得了巨大的超额收益。并购溢价越高，并购产生的协同效应越大，目标公司的长期财富效应也越大。另外，并购后目标公司在组织形式和产权性质上的变化也会提高公司治理效率，从而增加目标公司的长期财富效应。金桩等（2006）选取（-15，30）为时间窗口，对资产重组样本公司进行事件收益分析后发现，我国上市公司在资产重组过程中出现了非常明显的短期累计超常收益，但不同的重组方式之间产生了截然不同的重组绩效，资产剥离的累计超常收益最高，达到4.33%；股权转让的累计超常收益次之，达到2.41%；资产置换在非常短的时期内出现了超常收益，到时间窗内的最后一日时，已经接近0的水平；而收购兼并的超常收益最低，至最后一日时，累计超常收益基本稳定在-7.87%左右。即：对流通股股东而言，资产剥离类重组带来较高的事件收益，是绩效最高的一种重组方式，而收购兼并则是绩效最差的一种重组方式。同时，样本公司累计超常收益的大小，受到样本公司自身的经营业绩以及流通股规模的影响，相对而言，业绩较差公司和流通盘较小公司的反应更为强烈，出现了累计超常收益的较大波动；杜兴强和聂志萍（2007）采用事件研究法对1998-2003年间中国上市公司的2128起广义上的并购交易进行的实证研究表明，在[-30，30]的事件窗内，总样本并购活动的确会引起显著的短期财富效应变动。分类研究发现，股权收购和股权转让类的子样本、目标公司的子样本、公用事业类和综合类的子样本、规模小于10%的子样本、现金支付方式的子样本、国有股比重最大和法人股比重最大的子样本，均在事件期内取得显著为正的超常收益，但累计超常收益率均不超过3%。翟进步等（2010）的研究发现收购兼并不仅给收购公司股东带来显著的财富效应，而且其中蕴含的未来预期现金收益增加也得到一定程度实现，且与实际财务绩效具有一致性。张妮（2010）选取2006年沪、深股市完成资产重组活动的上市公司为样本，研究比较91家样本公司在重组当年与重组前一年、重组后两年的财务指标体系的变化。结果表明，整体上A股上市公司资产重组的绩效不显著。通过对收购兼并、股权转让、资产剥离和资产置换类重组事件的分类研究，发现重组类型以及关联交易行为会对资产重组绩效产生不同程度的影响；收购兼并对上市公司的经营有短期的拉动作用，但这种效应不能持续。李青原（2011）以1998－2008年间发生的、上市公司作为收购方的国内非关联股权标的纵向并购事件为研究对象，以地点相近性、研发支出密度和契约密度衡量公司纵向并购双方的资产专用性。结果发现，并购交易双方资产专用性越高，收购方公司财富效应越大，且随着并购双方纵向关联程度的增加及它们所在地区产权保护程度的降低，资产专用性与公司纵向并购财富效应间的正相关性越强。赵宇华（2012）以2004－2010年间中国A股上市公司29起跨境并购为样本，研究发现并购公告能显著提高股东财富，并购当日的超额收益为2.04%，［－10，1］日的累计超额收益为2.52%。与之不同的是，倪中新（2014）以我国2007－2010年间A股上市企业发起的134起海外并购为样本，研究发现中国的海外并购效率整体上呈弱势状态，且在不同的区位及行业中，绩效表现层次不一。张春红（2015）以我国2009－2013年间A股市场上市公司重大并购重组为研究对象发现从整体来看，上市公司并购重组对股价的影响为正，上市公司并购短期内同样也显著正向影响股价的波动。对股东来说，其效益在短期、中期都是正的。随着互联网的快速发展，企业并购也同样受到影响。王康和方亚妮（2017）以我国2012－2014年间沪、深A股124个“互联网＋”概念股并购事件为样本，运用事件研究法对其短期股价效应进行了实证研究，发现收购公司的流通股股东并不能明确得到并购溢价，且股东财富很有可能减少。这可能是因为这类企业的并购重组不仅要在资产上进行整合，更需要在文化、人员及信息等各方面全面整合。

（二）并购行业的相关程度与并购绩效

西方并购绩效理论认为，并购行业的相关性越高，越能体现并购双方的协同作用，实现规模经济效应，降低生产与经营成本，而且行业相关程度高的并购更容易实现行业专属管理能力向目标企业的转移，并购行业的相关性与并购绩效正相关。Singh和Montgomery（1984）最早利用股票事件研究法对相关并购与非相关并购进行比较，通过对1970－1978年间203家并购企业的实证研究结果表明，对于并购企业而言，相关并购所创造的价值比不相关并购要高，但是对目标企业的影响仍然不明确。后来，许多学者沿着Singh的研究思路，大致采用了四个不同的细分标准严格地界定并购行业的相关性：（1）混合与非混合；（2）水平、垂直与混合；（3）行业交叉水平（Level of Overlap）；（4）企业集中度（Coorate Focus）变化。他们利用这些不同的衡量标准得出了三种不同的结论：（1）相关并购优于非相关并购。例如，Healy等（1992）以行业交叉水平为检验标准，发现行业交叉水平高相对于行业交叉低的并购有更加出色的业绩表现；（2）相关并购与非相关并购在长期绩效和股东创造价值方面无显著差异。Grossman和Hart（1986）从交易费用角度探讨了横向并购和纵向并购的协同效应。一方面，企业内部化可以减少企业在寻找贸易伙伴、订立合同、执行交易、讨价还价、监督合同执行等方面的交易费用；另一方面，技术和工艺流程的不可分性、外部环境的不确定性等能通过纵向并购得到消除和降低。Ghosh（2001）及 Linn 和 Switzer（2001）以企业集中度为标准，发现企业集中度与长期经营绩效之间不存在正相关关系；（3）非相关并购比相关并购创造的价值更高。Agrawal 等（1992）以混合与非混合为检验标准，发现混合型（多样化）并购的长期股价水平要高于非混合型（集中型）并购。Megginson 等（2002）认为，导致上述检验结果不同的根本原因，在于样本、时间跨度、控制变量以及研究方法存在差异。因此，他们提出用赫芬达尔指数来测量并购行业相关性程度的变化，并对 1977－1996 年间发生的 204 起战略并购样本进行了实证检验。他们发现，并购前后企业集中度变化的大小与长期并购绩效显著正相关，在并购后三年内，集中度每减少 10%，会导致股东财富减少 9%，经营绩效降低 1%，而且企业价值缩水 4%，经营现金流减少 1.2%。Ellis 等（2011）的研究发现并购企业间的相关性对并购绩效存在显著的正相关性，相关性越大，并购绩效越好。洪道麟等（2006）的研究发现并购事件中的收购方长期绩效显著为负，且非相关并购（多元化）是造成这种现象的主要原因，而同业并购对收购方公司的长期绩效没有显著影响。周小春和李善民（2008）以问卷调查收集的 63 家上市公司所从事的并购交易为样本，发现行业相关度仅对并购价值创造正的间接影响，但是行业相关度会影响并购后资源的重整。盛明泉和张春强（2011）对多元化并购和非多元化并购两种不同的并购类型的价值效应进行了实证分析，发现多元化并购后初期，企业面对一个崭新的行业，需要一个整合过程，我国企业这方面的能力有限，因此会在短期出现绩效下降的现象，但是，随着资源的有效整合，协同效应的发挥，经营风险的分散等正面因素的作用，会带来一定的价值提高，即呈现先降后升的趋势。张睿（2012）研究发现横向、纵向和混合并购下的公司绩效各不相同，且我国上市公司并购绩效的持续性不足。余鹏翼和王满四（2014）研究认为并购双方行业的差异越小，收购公司的绩效就越好，相关行业的并购带来了并购绩效的提高。宋淑琴和代淑江（2015）的研究发现，相关并购的并购绩效优于非相关并购，且相关并购中管理者过度自信能够显著提高并购绩效，非相关并购中管理者过度自信则显著降低并购绩效。周士元（2012）研究发现纵向与横向并购的绩效好于混合并购的绩效，但差异不显著。混合并购在并购前后的业绩呈总体下降的趋势。从技术并购来看，张弛等（2017）利用 2006－2015 年中国企业发生的 219 起技术并购数据，研究发现横向技术并购抑制了企业绩效，纵向技术并购反而有助于提升企业绩效，混合技术并购对企业并购绩效影响不显著。

（三）并购企业特征与并购绩效

西方学者认为并购企业自身特征如成长性等对并购绩效产生影响。Lang 等（1989）通过检验发现，并购企业宣告期的股票回报率与托宾 Q 正相关；Anderson 等（1993）首次利用市净率对 1966－1987 年间发生的 670 个并购样本进行了长期绩效检验，也得出了同样的结论；Papadakis（2005）认为影响并购绩效的因素主要为公司外部环境（如高度竞争市场和技术更新）、并购自身特征（管理者自大和支付溢价程度）、主并公司的特征（并购经验、并购双方相对规模和决策过程规范）。具体来看，Meschi 和 Metais（2006）研究法国企业的美国并购案发现企业的并购经验与并购绩效有着倒 U 型关系，这可能是因为管理者不断学习到一定程度后便会过度自信。Aktas、Bodt 和 Rol（2011）研究发现在 CEO 的并购决策中，他们的经历影响到了学习的过程，不管是理性的 CEO 还是过度自信的 CEO 都会从市场上学习。国内研究关注较多的是并购企业与被并购企业之间的关系，特别是关联方并购对并购绩效的影响。国务院发展研究中心企业研究所课题组（2009）在总结我国资本市场并购重组的特点时指出，我国资本市场上的并购重组有很大部分是母公司主导的并购重组或者政府主导的并购重组，母公司通过并购重组将其非上市的资产注入上市公司或将上市公司的资产剥离，以实现上市公司资产规模增加、质量改善、结构优化等目的，或者实现主业整体上市及法人整体上市；政府也常常对其管辖范围内的企业进行某种方式的重组整合，以改善上市公司质量、增强上市公司的融资功能，或者实现行业板块的某种整体目的。一些地方政府甚至通过行政划转的方式来转移上市公司的国有股，推进区域内的结构调整。方军雄（2008）考察了地方政府干预的背景下不同所有权性质与企业并购决策的关系，研究发现，地方政府直接控制的企业更易实施本地并购、更多地实施无关的多元化并购，而中央政府控制的企业则可以突破地方政府设置的障碍，实现跨地区并购。贺建刚和刘峰（2004）从市场反应角度对上市公司的重大资产收购关联交易行为的财富效应实证检验表明，大股东确实存在通过向上市公司出售资产的关联交易方式进行利益输送。在事件公告日后（尤其是在 +5 天之后），市场获得了显著的负超额报酬；李增泉等（2005）选取我国资本市场 1998－2001 年间发生的 416 起上市公司收购兼并非上市公司事件为研究样本，实证考察了控股股东和地方政府的支持或掏空动机对上市公司长期绩效的影响。结果表明，当公司具有配股或避亏动机时进行的并购活动能够在短期内显著提升公司的会计业绩，而无保壳之忧时进行的并购活动目的在于掏空资产，会损害公司的价值，但掏空行为对公司的会计业绩却没有显著影响；潘红波等（2008）的研究发现，地方政府干预对盈利样本公司的并购绩效有负面影响，而对亏损样本公司的并购绩效有正面影响；李姝等（2009）对上市公司和大股东之间的重大资产收购关联交易的市场反应进行检验后，证实大股东确实存在通过关联交易“掏空”上市公司的行为，损害了投资者的利益；邓建平等（2011）以 1997－2000 年间我国 285 个国有企业首次公开发行股票后三年发生的 312 起并购重组事件作为研究样本，考察了我国上市公司发生关联并购重组的根源与后果。

研究发现，影响我国上市公司发生关联并购重组的根源是股份制改造模式；关联并购重组并不为股东创造财富，为股东创造财富的是非关联并购重组的样本；在完整改造的公司中，非关联并购重组的财富效应好于关联并购重组。源于中国经济制度背景的特殊性，大量上市公司是由集团公司改制而成的，它们和关联方多是上下游关系，各方面联系都比较密切。因此，上市公司若并购其关联方，便能取得互补性资源，这有利于并购绩效的提高（席鑫等，2010；陈仕华等，2013）。从最终控制方来看，张翼等（2015）对中国上市公司并购后业绩变化的分析表明：并购交易双方若属于同一控制关系时，并购绩效会产生负面作用，但这种作用并不显著。赵息等（2017）以我国 2008—2010 年沪、深股并购事件的房地产业上市公司作为研究样本，研究发现非同一控制并购显著正向影响收购公司并购后的中长期绩效。

三、制度环境对公司并购行为及其效率影响的国内外相关研究

近年来，学术界日趋关注当代中国企业在国家治理转型以及社会变迁中所扮演的角色。尽管研究视角不尽相同，但研究者多将社会组织所处的制度环境视为研究的基石。目前，学界已形成一种广为接受的理论思路。即基于制度文本分析的方法，研究多聚焦于 20 世纪 90 年代以来形成的中国社会组织管理体制，认为这套体制暗含诸多约束性机制，由此，企业在登记、注册以及资源供给等方面受到限制。这些思路遵循“国家—社会”的宏观理论逻辑，展现了清晰的线性因果机制。

（一）政府干预对公司并购行为及其效率的国内外文献综述

对于企业来说，政府干预在经营与发展过程中的影响备受各界的关注。国外关于政府干预的研究主要集中在政府干预与企业产权配置、政府行为、政治关联等方面（Shleifer 和 Vishny，1994；Megginson 和 Netter，2001；Djankov 和 Murrell，2002）。国外学者对政府干预对并购影响的研究结论不尽相同。Shleifer 和 Vishny（1994，1998）等人研究发现，政府管理人员在完成好自身的社会管理目标外，还会利用其权利达成政治目标，如通过属于政府的企业为其政治支持者进行利益输送。他们还指出特别是在法律不完善的地区，政府会干涉企业的经营活动，以此来牟取利益，并将此其称为政府的“掠夺之手”。然而，Fuller 等（2002）、Masulis 等（2007）持相反观点，其研究认为企业的并购活动受到政府干预的影响较少，它们是交易双方基于市场准则达成的自由协议。并且他们发现，在市场化程度越高、法律越完善的地方，企业并购活动受到政府干预的影响较少。与之一致，Faccio（2006）在研究全球 47 个国家案例后发现其中有 70%多的企业存在政府干预的问题，并且主要集中分布在资本市场发展不完善、腐败较严重的新兴市场国家。Faccio 等（2006）指出政府干预企业经营活动在任何国

家和地区都是普遍存在的现象。Chernykh（2008）明确提出政府除了给企业并购提供引导，还以终极控股股东身份决定着企业的并购决策。另外，因政府又承担着大量社会责任，自然有动机有能力将其社会目标强加到企业头上（Boubakri等，2011）。关于政府干预对并购绩效影响的研究，Bradley 和 Desai（1988）、Agrawal（2000）通过事件研究发现并购后企业的绩效有一定提高。而另一些人的结论则相反，认为并购能使企业的规模相应扩大，但绩效却并没有提高，企业管理能力同样也没有得到提升，但高管人员并购后收入却得以翻倍（Goldberg，1983）。Blanchard 和 Shleifer（2001）从 1989 年以来中、俄经济发展的不同水平指出中国政府帮助企业发展，政府支持反而减少了政府攫取。因而从企业来看，政府干预并购的既有“掠夺性”效应，也有“支持性”效应。（Shleifer 和 Vishny，1994，1998；Cheung 等，2004）。早期学者主要从国有股占比对并购绩效影响的角度探讨政府干预并购的效果，进而指出政府干预并购的动机。国有企业中政府以“国有股”持有企业股份并绝对控股，Edwards 和 Weichenrieder（2004）认为当企业股权集中且存在控股大股东时，会因为大股东对管理层的监督从而减少对所有股东利益的侵害，反而有利于公司价值的提升。然而，政府更会通过干预并购以追求政治目标，导致企业偏离价值最大化的目标，产生对企业的“掠夺”效应（Shleifer 等，2000）。当然，政府也会在必要时通过实施反补贴对公司进行利益输送，但即使如此，政府“扶持”企业的目的依然是为了以后可以继续实施“掏空”行为（Riyanto 和 Toolsema，2008）。同样地，Peng 等（2011）研究证明政府会向其控股企业提供支持以此来保持“壳”资源和获取再融资资格，但支持过后通常是更严重的掏空行为。更明确地，Shleifer（1998）指出，地方政府利用政府所有权追求政治目标，这会导致国有企业的低绩效。Djankov 等（2002）研究发现私有化之后公司的绩效要明显优于私有化之前，从而进一步说明政府干预不仅没有提高反而降低了企业绩效，这种干预是无效率的。

国内外政府干预在企业并购中的影响有着较大差别。国外的市场机制相比来说先进许多，他们的研究更有广泛性，而我国独特的经济发展模式导致政府成为企业并购行为的内在构成因素。中国的并购问题也成为带有中国特色的问题，适合具体问题具体分析。我国学者的研究虽然起步较晚，但更符合中国国情。周黎安（2004）指出，我国不同地区的地方官员不仅为 GDP 和利税进行竞争，同时也在为晋升竞争。这便使得地方官员在考虑竞争利益时不仅需要计算经济收益，还要计算晋升博弈中的政治收益。方军雄（2008）研究证明地方国企的并购决策明显受到并购方所有权性质的影响，并且相关性显著。地方国有企业发生的大多数是本地并购和多元化并购，这是因为在地方政府的干预下，企业进行本地并购能得到更优惠的政策，企业能从这种并购中获得超额收益，而央企则更多地实施异地并购和非多元化并购。统计表明，虽然我国异地收购逐年增加，但是相对于本地收购，异地收购的数量微乎其微，1998－2001 年间发生的 416 起上市公司并购案中只有 46 起是异地并购，比重为 11.06%（李增泉、余谦、王晓坤，2005）。降低失业率、帮助本地企业“脱贫解困”等政治上的考虑，也促使地方政府倾向对其控制的国企进行并购（陈信元、黄俊，2007）。我国国有企业并购交易更多的是基于政府官员自身利益，通过提升政绩以此实现地方官员的政治晋升目标（潘红波等，2008）。另外，法律不完善下控制权的滥用，即控股股东“掏空”下属公司的行为则使地方政府更加担忧异地并购可能导致的恶果（李增泉、余谦、王晓坤，2005；刘少波，2007）。鉴于国有产权的不可转让，企业经营者没有相应的激励去提升公司价值，反而做大本地企业规模更加吸引地方官员（陈信元、黄俊，2007），而扩大企业规模最便捷的方式便是并购。谭劲松等（2009）分析指出地区的市场环境、制度环境水平会影响地方政府的干预动机，地区间差异性的市场发展水平能够影响到政府实施并购的阶段，即是初级的针对亏损企业的被动式并购重组阶段，还是更高级的产业主导下的并购重组阶段。郑雨乔（2012）结合我国新兴市场和转轨经济的双重特点，提出我国政府干预国有企业并购及其特定动因。邬德政（2015）认为为实现资源配置的高效率，政府通过国企改革、并购等手段直接或间接干预国企的生产经营，促进经济社会发展。关于政府干预对并购绩效的影响结果，国内学者的观点不尽一致。周昌仕（2008）研究发现政府控制会影响公司并购模式和绩效。张新（2003）认为我国低效率企业并购的出现，往往是受体制因素的影响，而政府干预其实是体制因素的具体表现。根据一份来自上海财经大学的市场调查报告显示，在 2008 年有大约 84% 的上市公司被地方政府直接或间接控制，地方政府成为了大部分上市公司的最终控制人。黄兴孪、沈维涛（2009）从我国国有公司的内部控制人和政府控制这一双重治理特征出发，分析研究上市公司的并购绩效，实证表明地方政府控制的地方国企的并购绩效要次于中央控制的国有企业的并购绩效；且适度干预下的并购绩效反而不会下降从而说明适度干预是优于过度干预的。与之不同的是，潘红波、夏新平、余明桂（2008）研究发现地方政府干预对中央政府控制的国有企业并购绩效没有产生影响。吴晓求（2007）认为我国的并购带有鲜明的政府主导色彩，因为地方政府是上市公司的终极控制人，所以公司重要活动必须符合地方政府的利益。国有企业并购使得经理控制权的损失难以补偿，导致了许多无效率兼并的发生。尽管地方政府的干预具有私利性，但从企业角度看，章卫东等（2012）认为政府干预的掠夺与支持效应并存，潘红波和余明桂（2011）、胡国柳（2015）等进一步指出政府干预的支持效应占主导地位。潘洪波（2008）在论证“政府掠夺之手”和“政府支持之手”的过程中发现，地方政府干预对盈利企业并购有负面影响，对亏损企业并购有正面影响。研究结果还表明，当地财政赤字越严重、失业率越高、地方政府对企业的干预越强，收购公司的收益越低。蔡琳（2011）以我国上市公司2007－2009年间并购事件为样本，研究发现政治干预与央企和民企的并购绩效的相关性较弱；与盈利的地方国企的并购绩效负相关、与亏损的地方国企的并购绩效正相关。按照行业的相关性，企业并购可以划分为相关并购和无关多元化并购（李善民、周小春，2007），相关并购包括相关行业的横向并购和相关行业上下游的纵向并购，这有助于主并企业获得规模经济和范围经济，而多元化并购通常是政府干预下的结果（陈信元、黄俊，2007），无助于企业绩效的改善。陈信元等（2007）研究发现政府扶持亏损企业主要通过扩大企业规模、实行纵向并购等，在经济不发达的地区这种干预更加频繁，然而，政府主导的这种多元化经营没有为企业带来多元化利润，相反使得公司涉足到并不熟悉的领域，降低了资产的收益率，损害了公司利益。由此得出政府主导的带有政治目的的多元化经营是无效率的。从国内文献回顾中可以发现，政府干预下的“拉郎配”并购更多地体现地方政府的政策性目标以及个人私利（陈信元、黄俊，2007），无论是基于“掏空”动机还是“支持”动机，政府干预下的“拉郎配”式的企业并购都无助于公司绩效的持久改善（李增泉、余谦、王晓坤，2005），无助于竞争优势的获得（宋献中、周昌仕，2007）。

（二）产品市场竞争对公司并购行为及其效率的国内外文献综述

国外关于产品市场竞争对并购影响的研究主要从行业竞争程度来看，且研究结论多为一致。Slusky 和 Caves（1991）认为同一行业内的公司进行并购，更容易获得经营协同效应，同行业的公司大多是基于这种原因进行的并购。公司喜欢进行同行业并购，特别是产品市场竞争激烈的行业（Hoberg，Phillips；2010），因为经理人员在自己熟悉的行业领域更容易做出成绩。Williems（1971）认为，企业不断进行并购并以此扩大规模不是为了提升效率，而是为了增强其市场势力，追求在市场上的垄断地位。通过横向并购，可以扩大公司的生产经营规模，增强公司的市场势力，同时，还减少了行业中公司的数目，提高了行业集中度。在竞争激烈的行业中，公司的这种并购动机更为强烈。Hoberg 和 Phillips（2010）认为公司喜欢进行相关性并购，特别是产品市场竞争激烈的行业。对于产品市场竞争对并购绩效的影响，Tittenbrun（1996）通过对85篇有关产权与效益的经济文献的回顾发现产品市场结构会影响公司业绩，即公司业绩与市场竞争程度有关。从行业竞争程度来看，基于代理成本的研究认为由于经理和股东之间的代理问题，经营者的个人目标与股东的公司价值最大化目标不一致。而竞争有助于减少代理成本、缓解代理冲突，使得公司经营者为在竞争中获取超额利润而努力（Stephen J.，Nickell；1996）。若产品市场竞争不够激烈，则经营者通常会为了私利背离股东期望收益，而如果处于激烈的产品市场竞争中，公司将难以产生超额利润，经营者也会面对更大的生存压力，从而努力提高公司利润（Machlup，1967）。基于产权性质来看，Martin 和 Parker（1997）发现在竞争激烈的行业中，私有化能够明显提高公司业绩；而在垄断市场上私有产权对公司的平均收益影响不大。Ernesto（2002）通过检验保加利亚、罗马尼亚和波兰三国所有权和竞争压力对公司绩效影响的数据，发现竞争压力都使得公司获得了较好的业绩，并且在私有化的公司中，竞争压力对绩效的影响更显著，也就是说，在竞争激烈的行业实行私有化能更好地提升公司业绩。Geiger 等（2014）发现对于不同的行业集中度（分散与相对集中），企业并购动因差异明显，对于并购方来说，行业集中度较低的公司（产品市场竞争较激烈）并购效果优于行业相对集中的公司。从公司竞争优势来看，Roll（1986）的自大假说认为公司经理在并购时容易产生自大情绪，对并购前景过于乐观，对目标公司支付过度，从而产生较差的并购绩效。而处于竞争优势地位的公司，凭借资源、技术、资金等优势，使得并购绩效优于竞争劣势公司。但从长远来看，由于管理者的自大而对目标公司过度支付从而导致并购公司资金紧张，企业整合困难，因此，绩效逐渐下降。最终，竞争优势公司的并购绩效并没有优于劣势公司。从全球并购来看，Brakman 等（2005）对美国、英国、荷兰、法国、澳大利亚五国的研究表明，跨境并购多发生于具有较强比较优势的领域（强出口领域），无论是并购方还是被并购方，这些国家的企业跨境并购平均有一半以上发生在具有比较优势的领域，其中美国达到了60%。

国内关于产品市场竞争对并购影响的研究相对较少。张志勇（2013）对我国2007—2008 年间沪、深两市发生并购的354 家上市公司研究后发现，在竞争激烈行业的公司更易进行相关并购，而竞争不激烈行业中的公司更多地实行多元化并购；并且同一行业中，处于竞争优势地位的公司更喜欢进行相关并购，在竞争激烈的行业中更为明显。徐虹等（2015）研究发现，随着产品市场竞争程度和资产专用性的增加，上市公司会相应增加进行横向并购的可能性，但产品市场竞争和资产专用性增加到一定程度以后，上市公司进行横向并购的可能性反而下降。从并购动机来看，企业并购的动机主要有协同动机和代理动机。基于不同动机的并购绩效是有差异的，协同动机下的并购公司绩效较好，代理动机下的并购公司虽然在并购当年绩效增加显著，但随后其绩效持续下降（夏新平，邹朝辉，潘红波；2007）。张志勇（2013）认为产品市场竞争强度影响并购动机，并购动机影响并购类型，并购类型再影响并购绩效。所以，并购类型在不同的竞争强度下，对并购绩效的影响是不同的。在竞争激烈的行业中，并购类型对并购绩效的影响并不显著，在竞争不激烈的行业中，多元化并购的短期绩效相对较好，而相关并购的较长期绩效较好；竞争激烈行业中的公司并购绩效较好，因为激烈的竞争可以减少因代理动机和自大动机产生的并购活动，产品市场竞争作为企业的外部治理机制，确实减少了公司的代理问题；处于竞争优势地位的公司在并购当期绩效较好，而在并购后三期，其并购绩效并没有优于竞争劣势地位公司的并购绩效，反而较差。徐虹等（2015）的研究认为相对于产品市场竞争程度低的行业来说，产品市场竞争程度高的行业中的公司进行横向并购有助于提升企业价值，尤其是在资产专用性高投入的公司，横向并购更有利于提高公司价值；进一步研究还发现，企业自身的行业竞争地位对横向并购行为和并购绩效均产生一定影响。产品市场竞争通过产品市场上的价格信息以及激烈的市场竞争带给公司经营压力和破产威胁，使得公司经理人得到有效的监督和约束，进而影响并购绩效。

（三）货币政策对公司并购行为及其效率影响的国内外文献综述

国外关注宏观经济政策与公司并购关系的研究始于并购活动顺周期特征的发现。西方国家经验表明，并购活动与经济周期呈现出一定的相关性，并购活动是顺周期的。全球五次并购浪潮中，无一例外的是每次并购浪潮都与当时的经济周期的变动相关联。Nelson（1959，1966）发现，在频率较高的并购活动之后总会跟随长期较低频率的并购活动，他的观点得到 Scherer 和 Ross（1990）、Blair 等（1991）、colbe 和 white（1993）、Scott C. Linn（1997）等的支持；但是，也有一些学者认为并购浪潮并不存在，如 Shughart 和 Tollison（1984）的研究发现并购数量遵循随机游走或一阶自回归过程，因此认为并购浪潮并不存在；Barkoulas（2001）通过实证研究也认为，美国并购活动没有严格周期性，表现为非周期循环。国内关于我国总体并购浪潮假说的理论与实证研究非常少见，唐绍祥（2006）对我国并购浪潮假说进行检验发现，三状态马尔科夫区制转移模型和我们对并购浪潮的定义能够正确地描述我国总体并购活动，我国总体并购活动呈浪潮式发展，并购活动具有周期性，而拒绝认为并购活动遵循随机游走过程。

进一步，西方学者发现企业并购活动的顺周期特征来源于并购活动与金融市场、货币政策以及实体经济间的密切联系。即：货币金融领域内的变化对企业并购活动所带来的影响是不可忽视的力量。在对货币金融领域变化与并购活动频率关系的相关研究后发现货币金融领域变化对并购活动的影响集中反映在货币供应量、利率和股价指数上。利率通过影响公司的资本成本而影响并购活动，货币供应量一方面能通过影响利率而影响并购活动；另一方面则通过改变用于并购可得的流动资产数量而对并购产生影响。货币金融领域变化与并购活动存在着这样一种规律：高涨的股市刺激了并购活动，特别是通货膨胀时期，实物资产的增值速度很快，如果此时市场利率较低，而股市价格相对较低，则在股市上收购上市公司从而间接地购买实物资产就变得有利可图。Nelson（1959、1966）、威斯通（1953）、马克汉姆（1955）、贝克迪（1986）、Chien - Chung Nieh（2002）等认为并购与股票价格正相关；Beckenstein（1979）、Melicher（1983）等则认为并购与股票价格负相关；Melicher 等（1983）、贝克迪（1986）、Nelson（1959、1966）等的研究发现并购与利率负相关；此外，一些研究还关注了货币金融领域变化对并购行为特征的影响。Andrade 等（2001）的研究表明：自 1973 年美国爆发第四次并购浪潮以来，经济发展水平逐渐提高，金融市场日臻完善，股票对价越来越受到并购公司的青睐；Netter 等（2011）研究发现，在 1992 年至 2009 年间 SDC 发布的 311894 项美国公司并购案中，采用现金和股票作为支付方式的并购交易数量占总并购交易数量的比率分别为 62.1% 和 24.1%。Boateng 等，(2014) 在研究宏观经济因素对英国 1987—2008 年跨境并购的影响时发现 GDP、广义货币供应量、股票价格和实际汇率对其产生积极影响，而通货膨胀率和利率往往有负面影响。国内在此方面的研究尽管处于起步阶段，但近几年来关于货币政策对企业并购影响的有限文献却为本项目的研究提供了重要的基础。如唐绍祥(2007) 检验了 GDP 增长率、货币供应量、利率、股价及汇率对我国总体并购活动的影响。发现我国的并购周期与经济周期具有较强的相关性，在大部分时间里并购周期领先于参考的经济周期约 4 个季度。然而，相关程度没有达到西方发达国家的水平；利率与并购活动之间存在显著的负相关关系，并购活动的周期波动在很大程度上要受到利率的影响；货币供应量与并购活动有长期均衡关系，短期内货币供应量对并购活动的影响微乎其微，但在 4 期后显示出与并购活动正相关关系；股票指数和汇率对总体并购活动有负面影响，但是影响程度很弱。短期内股价指数对并购活动有着负的影响，即股价指数升高，并购活动短期内会有所下降，但这种影响的幅度很小。傅传锐（2012）认为企业总体并购活动与金融市场间的联动被视为总体并购活动顺周期式波动的重要原因，其研究发现：企业并购活动与分别代表股票市场、货币市场的实际股票价格指数、实际利率间存在长期协整关系，并且存在从实际股价指数、实际利率到并购活动的因果关系，也存在从并购活动到实际利率的因果关系、从实际利率到实际股价指数的因果关系。在短期内，实际股价指数对并购活动存在稳定的正向影响，实际利率对并购活动存在先为正、后为负的影响。刘淑莲等（2012）以 2006—2009 年间沪、深 A 股上市公司 265 例并购交易为研究样本，综合考虑微观公司特征变量与宏观经济冲击变量的双重影响下，影响上市公司并购对价方式选择决策的驱动因素。研究发现：并购公司在选择交易支付方式时的主要关注焦点有公司债务融资能力、目标公司的信息不对称状况、公司未来投资需求以及宏观经济发展水平和货币政策的影响等。从跨国并购来看，陈泽等（2013）选取 2001 年至 2010 年我国制造业跨国并购的案例，研究发现我国制造业企业海外并购主要受我国制造业发展情况、国民经济发展状况、对外开放程度、外汇汇率、货币政策等因素的影响，并且发现货币政策越宽松，海外并购数量就会越多。杨波、张佳琦（2016）利用我国 1990—2013 年海外并购的数据，研究发现通胀率和股价指数对海外并购的影响不明显，但 GDP、货币供给、汇率及利率则显著影响企业的海外并购，且按照 GDP、汇率、货币供应量、利率影响力排序，当 GDP 水平越高、人民币升值、货币供应越宽松、利率越低时，中国企业的海外并购交易越活跃。

第二章

企业并购动因：基于动态能力视角的检验

当代企业面临的一个最突出问题是外部环境变化迅速，资源、能力等企业赖以生存的基础在遭遇环境变化以后，往往就不再是企业竞争优势的来源，甚至有可能成为企业进一步成长的障碍。因此，在动荡的外部环境中，企业如何才能获得持续成长，就成为摆在企业管理者和研究者面前的一个重要课题。

长期以来，如何赢得并保持竞争优势一直都是企业战略管理领域的核心问题。资源基础观（RBV）认为，持续的竞争优势来源于企业所拥有和控制的各种资源和能力，而作为企业持续竞争优势来源的资源和能力必须具备所谓的“VRIN”属性[①]。然而，在日益动态变化的环境中，RBV 理论却遭遇了自己的理论边界。这主要表现为 RBV 理论无法回答以下现实问题：为什么有些企业能够在快速变化、不可预测的环境中继续保持竞争优势，而有些原本成功的企业却无可奈何地衰落了？在不断变化的环境中，企业如何才能获得持续的竞争优势？

企业所面临的经营环境变化，迫使我们不得不重新审视企业可持续竞争优势的来源。动态能力理论于是应运而生，并被用来探索企业在动荡变化的环境中实现不断成长的途径。Teece（1994，1997）等在战略框架中引入了企业动态能力的概念，并构建了相应的分析框架。从理论渊源看，动态能力理论可追溯到演进经济学关于企业演进的相关理论，而当前的动态能力概念则是在整合了以往独特胜任力（Distinctive Competence）、组织惯例（Organizational Routine）、建构知识（Archi-

① “VRIN”属性，即所谓的价值性、稀缺性、难以模仿性和不可替代性，是据以赢得竞争优势的资源的基本属性。

tectural Knowledge）、核心胜任力（Core Competence）和组合能力（Combinative Capability）等理论观点的基础上提出的。按照 Teece 等（1997）的观点，“动态”一词是指为了与动态变化的外部环境保持一致，企业延续或重构自身胜任力的能力；而“能力”一词则强调了战略管理在正确处理、整合和重构企业内外部组织知识、资源和技能以适应环境变化方面的关键作用。Teece（2007）进一步将动态能力分解成感知环境及企业本身在商业生态系统中的位置、抓住机会以及对威胁进行管理并不断实现转型的三个过程。Heimeriks 和 Duysters（2007）的研究为上述理论找到了经验证据，他们通过对 150 个企业高层管理团队的访谈发现，通过不断更新企业并购运作惯例的机制和并购的经验，极大地提高了并购绩效。

就并购这一企业重大投资战略而言，企业并购具有复杂性和多变性，难以用一种经济理论解释清楚，不同地区、不同历史时期企业并购的产生、发展及并购方式等都有深刻的社会、政治、经济等原因。基于外部环境变化和企业自身动态能力调整的观点，本章将从以下三个视角探讨企业并购动因：第一，西方的企业并购多是基于市场化原则形成的，而在我国“政治集权”和“财政分权”体制下诱发的地方政府恶性竞争——“为 GDP 增长而竞争”，地方政府因为自身的政绩考虑而进行“拉郎配”式的企业并购活动，这往往违背了市场化原则。因此，近年来政府干预对企业并购的影响成为我国多数学者关注的热点话题，在我国转轨经济背景下，上市公司的并购决策不仅受到来自市场竞争压力的驱动，也不可避免地深受政府干预行为的推动。那么，大量的企业并购究竟是源于地方政府干预还是市场竞争压力？第二，企业并购行为不仅关系着企业的经营风险和盈利能力，而且是实现企业价值最大化目标的重要手段。虽然企业实际业绩状况与组织经营期望的差距会对企业并购行为产生影响，但是，外部资本市场如证券分析师盈余预测也会对企业的经营产生期望，企业经理人对实现资本市场期望目标难易程度的感知也同样对并购决策产生重要影响。在新兴加转轨经济的背景下，面对外部盈利压力时[①]，企业是否会为了迎合外部经营预期而调整投资战略——增加或减少并购行为？第三，从内部看，现金被视为企业的“血液”资源，对企业的健康持续运营和发展具有重要的战略意义。考虑到未来经营环境的复杂性与不确定性，企业往往倾向于在当前积累现金以应对未来的不时之需、分散未来现金流风险或者利用未来有利的投资机会。而企业是否并购以及能否成功实施并购很

① 外部盈利压力来源于证券分析师与管理层盈利预测的偏差。证券分析师对我国资本市场的影响主要包括两个方面：（1）对企业外部投资者的投资决策产生影响。证券分析师的主要工作就是利用其优于一般投资者的信息收集途径和专业知识背景，多渠道收集、评估公共和私人信息（包括企业股票信息、企业经营信息以及所在行业发展信息和宏观经济信息等），对上市公司的未来前景进行分析，向投资者发布其对公司盈余的预测和投资建议，而这已成为投资者判断和决策的重要依据（张烨等，2009；曹胜，2010）。

大程度上受制于企业是否有足够的资金支持。已有研究表明，企业持有大量现金的两大主要动机是预防动机和代理动机，那么，代理动机下的现金持有与预防动机下的现金持有对企业的并购是否产生不同的影响？两类动机下的并购效果是否存在显著差异？

第一节　企业并购：政府行为抑或市场主导？

一、问题的提出

企业并购是产权自由交易、资本自由流动的重要表现形式，是商品经济的必然产物。在西方发达国家，企业并购重组多之又多，一些大型跨国集团发展历程就是一部企业的并购史。在我国，自从1993年“宝延事件”和“中策现象”发生以来，我国资本市场的并购事件就连续不断，以致到了今日已成为一股不可遏制的浪潮。改革开放以来，中国经济取得了举世瞩目的成就。在我国转轨经济的体制背景下，政府行为成为影响企业并购决策的重要因素（Chen等，2011）。基于政府财政分权体制改革所造成的政府对企业的有力控制，使得政府有可能通过干预其并购决策将经济发展与社会责任等目标施加于企业①。

在企业并购问题研究过程中，最吸引学者的便是对于并购动因和并购绩效的研究。众多研究表明，并购之后的企业绩效，尤其是长期绩效甚至为负。这就引发出一个悖论，既然企业绩效在并购之后会降低，那究竟是什么原因促使企业进行并购呢？我国有大量的国有企业，它们构成我国经济的命脉，在特殊的体制背景下，又有何种特殊的并购动因呢？尽管国外学者有关企业并购的研究文献已较为充足，但将这些理论移植到我国国有企业并购研究中却出现了“并购绩效悖论”等“水土不服”的问题。这是因为西方国家的企业并购是基于市场化原则形成的，而我国地方政府基于自身的政绩考虑而进行“拉郎配”式的企业并购活动则往往违背了市场化原则。

综上所述，由于经济转型所造成的政府对国有企业的“超强控制”，使政府出于政治目标会对国有企业的并购决策进行干预；与此同时，市场竞争的存在使

① 在1978年之后，中国财政体制经历了财政权从中央政府向地方政府下放的过程。在此过程中，地方政府成为独立的财政主体，须为辖区内的财政支出负责，但也获得了财政收入的支配权（Oi，1992）。与此同时，像经济发展、就业、社会养老、社会稳定等社会目标也落在了地方政府肩上。为了顺应经济改革的需要，中国开始了政府官员激励模式改革，地方政府官员的考核标准由以政治指标为主转变为以经济绩效指标为主。在此背景下，地方政府官员强烈希望发展地方经济从而实现财政收入、经济增长和社会稳定等一系列目标。

得企业是否并购受到较大影响；二者相互作用。因此，将企业所面临的政府干预行为和市场竞争压力置于同一框架内来分析上市公司是否并购的行为溯因，或许对理解现阶段我国国有企业改革更有意义。

基于此，本节从并购角度探讨了政府与市场之间的互动作用，实证检验了政府干预行为和市场竞争强度对企业并购决策的影响。主要贡献有三：其一，提供了政府行为影响经济增长的微观证据，丰富了政府与企业关系研究。中国是一个转型经济国家，制度环境正处于变革之中，探究政府行为与经济增长之间的关系，一直以来都是学术界的热点，但是，政府行为对经济增长的作用机理仍未被很好地理解。将政府行为纳入企业并购决策框架，为深化理解我国现阶段政府行为及其微观作用机制提供了新视角。其二，从微观角度考察了政府行为，为研究宏观公共治理与微观公司治理关系建立了纽带。继 La Porta 等（1998）之后，学者们开始关注政府行为对公司财务决策的影响，但其量化问题一直困扰着该领域的研究。基于政策性负担反映了政府干预的直接经济后果（Lin 和 Li，2008），以企业承担的“政策性负担”度量政府干预程度，为政府行为的微观度量开拓了新思路。其三，以处于转型过程中的中国为例，研究政府与市场的交互作用对上市公司并购的影响，丰富并拓展了企业并购理论。本节检验了企业并购决策中所面临的政府干预行为及其与市场竞争压力的互动作用，为全面理解转轨经济制度背景下制度特征对企业并购的影响提供了新证据。

二、理论分析与研究假设

（一）政府干预与企业并购

根据消除亏损企业理论，孙福全（1995）认为企业并购的重要动因之一就是来自政府机构的干预，原因在于政府寄希望于这种兼并可以更好地带领亏损企业发展，从而以好带差，使得劣势企业的生产效率得以提高。以企业并购来实现政府消除亏损的目的，也是中国企业并购的一大特色。乌文秀在 1998 年提出了破产替代理论，他认为企业破产可能会引起社会动荡，大面积大幅度的企业破产是中国经济难以承受的，尤其是一些承担国民经济发展重任的国有企业。因而，稳定大局的任务要求政府对企业并购进行干预，这样既能实现企业重组，也可减少社会动荡。另外，国有资产的保值、增值是中国经济发展的一个重要问题，而国有资产多由政府支配，政府驱动下的企业并购，有助于国有资产在不同地区、产业甚至在所有制之间进行优化配置，这对于提高资源的利用效率颇有益处，同时也是资源优化配置理论的要求。基于以上分析，我们提出如下假设：

假设 1：政府干预越多，上市公司进行并购的可能性越大。

（二）产品市场竞争与企业并购

竞争强度作为产品市场竞争一个最基本的维度，衡量了公司所处行业的竞争激烈程度以及在行业内所处的竞争地位，代表了一种外部竞争环境。在面临不同程度的竞争压力时，企业一方面由于自身所处行业的特性以及其在行业内所处的竞争地位，在面对需求下降的风险时，拥有不同程度的缓冲能力，效益下降程度及经营压力也不尽相同，企业的并购决策受到的影响也自然不同；另一方面，不同竞争强度的竞争环境，给企业提供了有差异的发展空间，产品市场竞争依据不同的行业及公司特质，对并购活动发挥着不同作用，导致企业并购出现不同之处。

从公司层面来看，一个公司若处于优势地位，其自由现金流的拥有量便可能会更多，根据自由现金流假说，管理者基于其扩张目的，不愿意将多余的现金以股利的形式付给股东；另外，竞争优势公司因其资源的充分性和融资环境的优越性，这为并购扩张提供了便利条件和可能性。根据市场势力理论，一个公司要想在行业中获得绝对的垄断权，需要强大的市场势力作为后盾，垄断权所带来的好处多之又多，垄断利润的保持和原有竞争地位的巩固便是其中之一二，维持竞争优势地位是有竞争优势的企业要时刻关注的问题。市场集中度的提高可以使市场势力更加强大，它降低了竞争程度，有利于公司稳固在行业中所处的地位，而并购可以带来市场集中度的提高。一般来说，一个公司的营业额越高它的规模便越大，竞争力也就越强。当公司拥有较高的市场占有率时，在行业范围类它的竞争力也就更强，处于竞争优势地位，其面对外部需求的意外变动时有更强的灵活性，利用较为宽松的资金状况进行并购从而减小亏损的可能性也就变大；反之，说明公司的竞争劣势比较明显，面临着激烈的外部竞争，对来自外部市场的冲击没有能力应对，当公司利润因为各种原因大幅下降时，公司受压力所迫只能被收购或破产清算。

从行业层面来看，Williems（1971）认为，企业持续不断的并购是为了增强市场势力。对于竞争激烈的行业来说，公司的这种并购动机更为强烈。处于竞争性行业的公司，由于超额利润的存在，使得该行业的公司在遭遇意外的需求下降或者整体经济下滑的风险时，为争得最大利益而更易进行并购重组。另外，作为公司的外部治理机制，产品市场竞争可以有效降低管理者和股东之间的代理冲突。Shleifer 和 Vishny（1997）认为，产品市场竞争对于经济效率提高的作用极大。在一个激烈竞争的行业当中，一个企业的管理者如果经常倾向于非盈利项目的投资，该企业在本行业中的竞争力便会越来越小，最终可能面临淘汰。对于我国来说，国有企业多为垄断性的，而民营企业在改革开放和市场经济的推动下不断发展，竞争激烈，为了得到更多经济利益、增强自身实力更有进行并购重组的可能性。

基于以上分析，我们提出如下假设：

假设 2：企业竞争优势越明显，上市公司越有可能进行并购；对于非国有企业来说，行业间竞争越激烈，进行并购的可能性越大。

（三）政府干预程度及其与市场竞争强度的互动作用

当市场竞争压力与政府干预同时存在时，便会出现市场规则发挥作用和政府干预力量谁大谁小的问题，二者相互交织，政府的做法间接影响企业整体收益，而高管为了公司的整体利益以及由此带来的个人收益便有足够的动力来抵制政府的掠夺。因此，政府与市场博弈的结果直接影响到并购决策。

张新（2003）认为，我国大部分上市公司并购重组交易的直接动机可以用体制因素主导下的价值转移与再分配理论来解释。该理论认为，在我国大量的并购当中，一些并购根本不符合资源优化配置和价值创造原则，但是由于政府干预的存在，为了给并购双方或者其中任意一方带来价值提升，只能通过转移其他利益方的利益来实现，实质上来讲，这是利益的再次分配。此外，基于我国对上市公司的一些监管要求——满足一定的盈利要求才能获得再融资资格和保住上市地位，对于亏损上市公司来说，并购重组是其避免被退市的选择之一；而上市公司所在地的地方政府因地方利益等的考虑，往往支持这种并购重组。故而，有竞争优势的企业便乐于接受那些亏损企业，进行并购选择。另外，地方政府通过干预那些本身实力就强的企业进行并购，实现“强强联合”，也更易实现地方经济的发展和政府官员的晋升目标。综上所述，政府干预在竞争优势企业中对并购的影响应该更强。

在中国，垄断性行业主要包括石油石化、电信、电力、烟草、铁路、航空、武器、银行等8个行业。这些行业多为中央政府直接管辖，因而地方政府对其施加影响极其有限。而在竞争激烈行业中，市场化程度比较高，政府在其间难以发挥主导作用，从而对企业经营决策的干预能力也较弱，但由于地区管辖特征、产权等因素，这些企业或多或少地受到地方政府的干预，在“政治晋升锦标赛”的激励和推动下，地方政府不遗余力地推动当地经济建设，出于私利激励，政府官员与这些企业建立起各种联系，为了实现政治目标或谋求个人私利，他们对并购决策进行各种干预。同时，在激烈的竞争中这些企业为了更好地生存、获取更多的资源，也会主动去寻求政治关联。因此，政府对企业并购决策的干预，可能在竞争激烈行业中表现更加明显。

通过以上分析，我们提出以下假设：

假设3：相对于竞争劣势公司而言，在竞争优势公司中政府干预对并购的影响更大；相对于竞争性行业而言，在垄断性行业政府干预对并购的影响较弱。

三、研究设计

（一）样本选择与数据来源

以2007年至2012年我国沪、深主板上市公司为研究样本，在剔除了金融类上市公司、ST 公司和数据缺失样本后，最终获得了 4106 个公司年度数据。为了排除极端值的影响，对模型所有连续变量进行了上下 1% 分位的极端值处理。上市公司并购数据来源于 CSMAR 数据库。

（二）模型设定与变量定义

1. 是否并购的度量

以 CSMAR 数据库中的数据为来源，并经 EXCEL、STATA 软件的加工处理，得到了所需要上市公司是否并购的数据，是否并购（Merger）作为虚拟变量，我们将企业进行并购设为 1，否则为 0。

2. 政府干预行为的衡量

一般认为，政府干预越严重，企业所承担的政策性负担便会越多。本节参照林毅夫等（2004）的研究，采用政策性负担作为政府干预行为的替代变量，建立模型（1）来估计政策性负担的大小：

$$Ci_t = \beta_0 + \beta_1 Size_{t-1} + \beta_2 Lev_{t-1} + \beta_3 Roa_{t-1} + \beta_4 Growth_{t-1} + \beta_5 Tangible_{t-1} + \sum Zone + \sum Industry + \sum Year + \delta \quad (1)$$

模型（1）中，被解释变量 Ci_t 表示资本密集程度，残差 δ 表示企业实际资本密集程度与最优资本密集程度的差，正残差代表战略性负担，也即企业实际资本密集程度大于最优资本密集程度；负残差代表社会性负担，即实际资本密集程度小于最优资本密集程度。政策性负担（Ovci）以残差 δ 的绝对值作为最终取值。

3. 市场竞争压力的衡量

借鉴李维安和韩忠雪（2013）的度量方法，以赫芬德尔指数（HHI）来表示行业间竞争，通常来说，HHI 的值越大，说明其面临的市场竞争强度越低，垄断性越强。具体的 HHI 由某公司在某行业中占的市场份额的平方和表示：

$$HHI = \sum_{i=1}^{n} \left(\frac{X_i}{X}\right)^x \quad (2)$$

对于行业内竞争，市场占有率理论指出，在一个比较明确的目标市场中，市场占有率更高的企业，因其成本和利润优势，竞争地位要优于其他竞争者。另借鉴张志勇（2013）的方法，运用市场占有率，即公司销售额与行业销售总额的比值来表示公司的竞争地位：

$$Power = X_i / X \quad (3)$$

其中，$X = \sum X_i$，X_i 为公司 i 的销售额。

4. 多元回归模型

为了验证本节的研究假设，建立模型（4）、模型（5）：

$$Merger = \alpha_0 + \alpha_1 Ovci + \alpha_2 Hhi + \alpha_3 Ovci \times Hhi + \sum Control + \lambda \quad (4)$$

$$Merger = \mu_0 + \mu_1 Ovci + \mu_2 Power + \mu_3 Ovci \times Power + \sum Control + \kappa \quad (5)$$

模型（4）中，因变量 Merger 表示是否并购，Ovci 为政策性负担，Hhi 为行业间竞争。政策性负担（Ovci）的回归系数 α_1 和行业间竞争（Hhi）的回归系数 α_2 分别表示政府干预行为所导致的政策性负担和行业间竞争所造成的竞争压力与是否并购（*Merger*）的相关性，政策性负担与行业间竞争的交互项（*Ovci* × *Hhi*）的回归系数 α_3 用来表示政府干预与行业间竞争对企业并购的交互作用。*Control* 是一组控制变量，包括：市场化进程（*Market*）、高管薪酬水平（*Comp*）、独立董事比例（*Indep*）、第一大股东持股比例（*Shr*1）、自由现金流量比率（*Fcf*）、公司规模（*Size*）、资产负债率（*Lev*）、资产收益率（*Roa*）。对于模型（5），可依此类推。为了防止异方差和序列相关的影响，本节在公司层面上对所有回归系数的标准误差都进行了 *Cluster* 处理。

上述模型中各变量的定义及计算如表 2－1 所示。

表 2－1　　　　变量定义

变量名称	变量符号	变量描述
是否并购	Merger	公司是否进行了并购
资本密集程度	Ci	固定资产净值（每百万元）与员工人数之比
公司规模	Size	总资产的自然对数
资产负债率	Lev	总负债与总资产之比
资产收益率	Roa	净利润与总资产之比
成长性	Growth	销售收入增长率＝（本期销售收入－上期销售收入）/上期销售收入
资产结构	Tangible	固定资产净值与总资产之比
地区虚拟变量	Zone	其中，0 为东部地区，1 为中西部地区
行业虚拟变量	Industry	按证监会的分类标准，一共分为 18 个行业
年度虚拟变量	Year	控制不同年份宏观经济因素的影响
产权性质	State	若上市公司的最终控制人为政府时取 1，否则取 0
政策性负担	Ovci	本节以政策性负担代替政府干预行为。表示企业实际资本密集程度与最优资本密集程度的偏离
行业间竞争	Hhi	赫芬德尔指数：某行业中所有公司所占市场份额的平方和。该数值越小，竞争性越强，反之，垄断性越强
行业内竞争	Power	竞争地位，用市场占有率表示，即公司销售额与行业销售总额的比值；该数值越大，竞争优势越强
自由现金流量比率	Fcf	经营现金净流量与总资产之比
高管薪酬水平	Comp	薪酬最高的前三位高管薪酬的自然对数
独立董事比	Indep	独立董事人数与董事会规模之比
市场化进程	Market	公司所处省（市、自治区）市场化进程总得分①
所有权结构	Shr1	第一大股东持股比例（取小数）

① 数据来源：樊刚，王小鲁．2010．中国市场化指数：各地区市场化相对进程 2009 年报告．北京：经济科学出版社．

四、实证结果与分析

（一）描述性统计与相关性分析[①]

本节研究全样本为4106个，其中国有企业2604个，非国有企业1502个。表2－2报告了主要变量的描述性统计，相对于非国有企业来说，政府对国有企业进行了更多的干预影响，国有企业总体来说垄断性更强，竞争优势也更明显。表2－3报告了主要变量的相关性分析结果，政府干预与市场竞争压力均能引起企业并购，不考虑其他因素影响时，政府干预越多并购可能性越大，公司竞争优势越明显越有可能进行并购；垄断性行业、竞争优势企业可能面临更严重的政府干预。

表2－2　主要变量的描述性统计

变量	全体样本		国企样本		非国企样本		国企、非国企比较	
	均值	中值	均值	中值	均值	中值	均值检验	中值检验
Merger	0.4006	0.0000	0.3967	0.0000	0.4075	0.0000	0.0108	0.0000
Ovci	0.8865	0.6515	0.9846	0.7331	0.7165	0.5564	－0.2681***	－0.1767***
Hhi	0.0565	0.0159	0.0633	0.0252	0.0500	0.0146	－0.0103***	－0.0106***
Power	0.0015	0.0007	0.0018	0.0010	0.0011	0.0004	－0.0007***	－0.0006***
Fcf	0.0484	0.0483	0.0522	0.0509	0.0417	0.0434	－0.0105***	－0.0075***
Comp	13.8000	13.8159	13.8671	13.8780	13.6836	13.6760	－0.1836***	－0.2020***
Indep	0.3643	0.3333	0.3635	0.3333	0.3658	0.3333	0.0023	0.0000
Market	8.6215	8.7600	8.5781	8.7600	8.6967	8.7600	0.1186*	0.0000**
Size	21.4497	21.3834	21.6565	21.5593	21.0913	21.0469	－0.5652***	－0.5124***
Lev	0.5351	0.5493	0.5210	0.5381	0.5596	0.5637	0.0386***	0.0256***
Roa	0.0406	0.0353	0.0421	0.0356	0.0382	0.0345	－0.0039*	－0.0011**
Shr1	0.3580	0.3376	0.3905	0.3904	0.3016	0.2641	－0.0889***	－0.1263***
N	4106	4106	2604	2604	1502	1502		

注：均值检验采用 *t－statistic* 检验方法，中值检验采用 *Wilcoxon* 检验方法；***、**、*分别表示显著性水平为1%、5%、10%。

① 限于篇幅，描述性统计与相关性检验不再列示表格。

表 2-3　　主要变量的相关性分析

	Merger	Ovci	Hhi	Power	Fcf	Comp	Indep	Size	Lev	Roa	Shr1	Market
Merger												
Ovci	0.0409 ***											
Hhi	0.0563 ***	0.3367 ***										
Power	0.1027 ***	0.2615 ***	0.2353 ***									
Fcf	-0.0129	0.1848 ***	0.0882 ***	0.0441 ***								
Comp	0.1254 ***	0.0506 ***	-0.0245 *	0.3223 ***	0.0392 **							
Indep	-0.0447 ***	-0.0188	-0.0159	0.0124	-0.0491 ***	0.0035						
Size	0.1087 ***	0.3229 ***	0.0623 ***	0.5521 ***	0.0792 ***	0.3979 ***	-0.0078					
Lev	0.0505 ***	-0.0547 ***	0.0256	0.0782 ***	-0.1031 ***	0.0138	-0.0187	0.0679 ***				
Roa	0.1001 ***	0.0310 **	0.0733 ***	0.0982 ***	0.2133 ***	0.3034 ***	-0.0093	0.0913 ***	-0.1242 ***			
Shr1	0.0619 ***	0.1095 ***	0.1019 ***	0.1708 ***	0.0610 ***	0.0594 ***	0.0121	0.1808 ***	-0.0217	0.1888 ***		
Market	0.0168	-0.0512 ***	-0.0631 ***	0.0953 ***	-0.0421 ***	0.2757 ***	-0.0400 **	0.1477 ***	-0.0553 ***	0.0533 ***	0.0435 ***	

注：***、**、* 分别表示显著性水平为 1%、5%、10%。

表 2－4　　政府干预、行业间竞争与是否并购的回归结果

变量	全样本				国企样本				非国企样本			
	(1)	(2)	(3)	(4)	(5)	(6)	(7)	(8)	(9)	(10)	(11)	(12)
Intercept	−4.3544***	−6.8805***	−4.4748***	−0.4680*	−4.6623***	−7.7267***	−4.8259***	−0.3435	−3.5042***	−5.9512***	−3.6052***	−0.5817
	(−6.46)	(−6.46)	(−6.60)	(−1.76)	(−5.29)	(−5.66)	(−5.45)	(−1.00)	(−3.30)	(−3.30)	(−3.38)	(−1.38)
Ovci	0.1108***		0.0836*	0.1153*	0.1784***		0.1458***	0.1838***	−0.0397		−0.0654	−0.0014
	(2.69)		(1.95)	(1.93)	(3.77)		(2.96)	(2.69)	(−0.45)		(−0.72)	(−0.01)
Hhi		−1.0750	0.8511**	3.5548***		1.2435	1.0816**	4.0042***		−9.4161*	0.8287	4.2153***
		(−0.41)	(2.24)	(3.86)		(0.41)	(2.38)	(3.06)		(−1.82)	(1.08)	(2.95)
Ovci × Hhi				−1.6440***				−1.6307*				−2.1494**
				(−2.69)				(−1.94)				(−1.96)
Private	0.1772**	0.2127***	0.1805**	0.1301								
	(2.47)	(2.87)	(2.51)	(1.24)								
Fcf	−0.9652**	−0.8617**	−0.9794**	−0.7384	−1.5815***	−1.7888***	−1.6443***	−2.5212***	−0.1000	0.3334	−0.0618	1.9229**
	(−2.35)	(−2.02)	(−2.39)	(3.86)	(−2.91)	(−3.10)	(−3.03)	(−3.19)	(−0.16)	(0.50)	(−0.10)	(2.02)
Comp	0.2977***	0.2831***	0.3049***	0.2681***	0.3136***	0.3560***	0.3238**	0.3561***	0.2704***	0.1671**	0.2764***	0.1248
	(6.33)	(5.24)	(6.44)	(3.48)	(4.85)	(4.86)	(4.98)	(3.51)	(3.87)	(2.01)	(3.93)	(1.04)
Indep	−1.9681***	−1.9399***	−1.9434***	−1.6320*	−1.5489*	−1.2522	−1.4772*	−0.6495	−2.7125**	−2.8708**	−2.7317**	−2.7428*
	(−3.04)	(−2.93)	(−3.01)	(−1.79)	(−1.91)	(−1.50)	(−1.82)	(−0.57)	(−2.50)	(−2.55)	(−2.52)	(−1.72)
Market	−0.0302	−0.0215	−0.0287	−0.0099	−0.0551*	−0.0368	−0.0554*	−0.0538	−0.0144	−0.0067	−0.0115	0.0628
	(−1.29)	(−0.88)	(−1.22)	(−0.29)	(−1.76)	(−1.11)	(−1.77)	(−1.18)	(−0.40)	(−0.18)	(−0.32)	(1.18)

续表

变量	全样本				国企样本				非国企样本			
	(1)	(2)	(3)	(4)	(5)	(6)	(7)	(8)	(9)	(10)	(11)	(12)
Size	0.0597 (0.61)	0.1284 *** (3.52)	0.1752 *** (4.67)	0.1787 *** (3.37)	0.1009 (0.67)	0.1006 ** (2.28)	0.0948 * (1.72)	0.1612 ** (2.52)	0.0265 (0.17)	0.2179 *** (3.18)	0.3013 *** (4.29)	0.1880 * (1.86)
Lev	0.5474 *** (3.29)	0.3945 ** (2.31)	0.5298 *** (3.18)	0.0806 (0.34)	0.8385 ** (3.68)	0.6143 ** (2.54)	0.8275 *** (3.63)	0.3389 (1.06)	0.1223 (0.49)	0.1183 (0.44)	0.0862 (0.34)	-0.4918 (-1.28)
Roa	2.3945 *** (4.17)	2.0915 *** (3.56)	2.3142 *** (4.00)	0.4619 (0.53)	1.9340 ** (2.38)	1.3982 * (1.68)	1.7702 ** (2.17)	-0.1129 (-0.10)	2.9394 *** (3.51)	2.9085 *** (3.32)	2.9178 *** (3.46)	1.6667 (1.15)
Shr1	0.7236 *** (3.25)	0.6552 *** (2.84)	0.6991 *** (3.14)	0.7068 ** (2.16)	0.5286 * (1.95)	0.3882 (1.35)	0.4777 * (1.76)	0.4391 (1.11)	1.2091 *** (3.07)	1.2064 *** (2.95)	1.2237 *** (3.10)	1.0611 * (1.70)
行业、年度和地区	控制	控制	控制	控制	控制	控制	控制	控制	控制	控制	控制	控制
Pseudo R^2	0.0237	0.0390	0.0247	0.0265	0.0242	0.0392	0.0260	0.0362	0.0322	0.0585	0.0327	0.0401
N	4106	4106	4106	2031	2604	2604	2604	1356	1502	1502	1502	675

注：因变量为是否并购（Merger），表中数据为各自变量的回归系数，括号内为t值，并经White异方差修正；***、**、*分别表示显著性水平为1%、5%、10%。

表 2 - 5　　政府干预、行业内竞争与是否并购的回归结果

变量	全样本				国企样本				非国企样本			
	(1)	(2)	(3)	(4)	(5)	(6)	(7)	(8)	(9)	(10)	(11)	(12)
Intercept	-4.3544 *** (-6.46)	-5.1520 *** (-4.65)	-3.7184 *** (-5.33)	-0.2661 (-1.33)	-4.6623 *** (-5.29)	-5.5928 *** (-3.86)	-4.0909 *** (-4.49)	-0.0810 (-0.32)	-3.5042 *** (-3.30)	-5.7862 *** (-3.25)	-3.6052 *** (-3.38)	-0.1548 (-0.46)
Ovci	0.1108 *** (2.69)		0.0762 * (1.79)	0.0966 ** (2.08)	0.1784 *** (3.77)		0.1453 *** (2.93)	0.1412 *** (2.68)	-0.0397 (-0.45)		-0.0582 (-0.66)	-0.0068 (-0.06)
Power		102.7929 *** (3.45)	63.9216 *** (3.36)	1.3064 (0.05)		89.0274 ** (2.40)	52.1557 ** (2.31)	-38.6831 (-1.33)		112.6775 ** (1.98)	69.3682 * (1.94)	82.1347 (1.36)
Ovci × Power				22.1419 * (1.65)				29.9670 ** (2.04)				3.1484 (0.06)
Private	0.1772 ** (2.47)	0.2242 *** (3.03)	0.2005 ** (2.78)	0.1956 ** (2.34)								
Fcf	-0.9652 ** (-2.35)	-0.8983 ** (-2.11)	-0.9540 ** (-2.32)	-1.2749 ** (-2.55)	-1.5815 *** (-2.91)	-1.7894 *** (-3.10)	-1.5541 *** (-2.86)	-1.7446 *** (-2.73)	-0.1000 (-0.16)	0.2855 (0.43)	-0.1151 (-0.18)	-0.4151 (-0.51)
Comp	0.2977 *** (6.33)	0.2564 *** (4.69)	0.2525 *** (5.18)	0.3343 *** (5.34)	0.3136 *** (4.85)	0.3252 *** (4.36)	0.2734 *** (4.09)	0.4642 *** (5.67)	0.2704 *** (3.87)	0.1398 * (1.65)	0.2280 *** (3.13)	0.1330 (1.33)
Indep	-1.9681 *** (-3.04)	-1.9714 *** (-2.98)	-2.0211 *** (-3.12)	-2.2260 *** (-2.97)	-1.5489 * (-1.91)	-1.2722 (-1.53)	-1.6036 ** (-1.97)	-1.7851 * (-1.95)	-2.7125 ** (-2.50)	-2.9176 *** (-2.59)	-2.7139 ** (-2.50)	-2.8066 ** (-2.06)
Market	-0.0302 (-1.29)	-0.0184 (-0.75)	-0.0304 (-1.29)	-0.0330 (-1.23)	-0.0551 * (-1.76)	-0.0281 (-0.84)	-0.0554 * (-1.77)	-0.0720 ** (-2.09)	-0.0144 (-0.40)	-0.0111 (-0.29)	0.0157 (0.10)	0.0078 (0.18)

续表

变量	全样本				国企样本				非国企样本			
	(1)	(2)	(3)	(4)	(5)	(6)	(7)	(8)	(9)	(10)	(11)	(12)
Size	0.0597	0.0302	0.0518	0.1877***	0.1009	0.0069	0.1897	0.1722**	0.0265	0.1404*	0.3013***	0.2760*
	(0.61)	(0.66)	(0.53)	(3.38)	(0.67)	(0.12)	(0.79)	(2.61)	(0.17)	(1.82)	(4.29)	(1.35)
Lev	0.5474***	0.3441**	0.4874***	0.6648***	0.8385**	0.5655**	0.7628***	0.9593***	0.1223	0.0874	0.0988	0.2913
	(3.29)	(2.01)	(2.93)	(3.08)	(3.68)	(2.33)	(3.34)	(3.43)	(0.49)	(0.33)	(0.39)	(0.83)
Roa	2.3945***	2.0080***	2.4158***	1.3305*	1.9340**	1.3732*	1.9731**	0.6212	2.9394***	2.6973***	2.9219***	2.0460*
	(4.17)	(3.42)	(4.21)	(1.78)	(2.38)	(1.65)	(2.43)	(0.63)	(3.51)	(3.10)	(3.49)	(1.73)
Shr1	0.7236***	0.5105**	0.6409***	0.6325**	0.5286*	0.2592	0.4559*	0.7093**	1.2091***	1.0724***	1.1315***	0.6174
	(3.25)	(2.18)	(2.86)	(2.43)	(1.95)	(0.88)	(1.67)	(2.26)	(3.07)	(2.58)	(2.84)	(1.28)
行业、年度和地区	控制	控制	控制	控制	控制	控制	控制	控制	控制	控制	控制	控制
Pseudo R^2	0.0237	0.0411	0.0258	0.0242	0.0242	0.0408	0.0257	0.0314	0.0322	0.0589	0.0339	0.0226
N	4106	4106	4106	3079	2604	2604	2604	2100	1502	1502	1502	979

注：因变量为是否并购（Merger），表中数据为各自变量的回归系数，括号内为t值，并经White异方差修正；***、**、*分别表示显著性水平为1%、5%、10%。

表 2-6　　政府干预、行业间竞争与是否并购的回归结果

变量	全样本				国企样本				非国企样本			
	(1)	(2)	(3)	(4)	(5)	(6)	(7)	(8)	(9)	(10)	(11)	(12)
Intercept	-4.4102*** (-6.47)	-6.6053*** (-6.14)	-4.5359*** (-6.62)	-0.4401* (-1.65)	-4.7435*** (-5.34)	-7.5485*** (-5.51)	-4.9220*** (-5.51)	-0.2674 (-0.78)	-3.5473*** (-3.28)	-5.3423*** (-2.92)	-3.6439*** (-3.36)	-0.6337 (-1.50)
Ovcil	0.0981** (2.46)		0.0716* (1.73)	0.0967* (1.71)	0.1597*** (3.52)		0.1272*** (2.70)	0.1565** (2.43)	-0.0360 (-0.41)		-0.0579 (-0.65)	0.0279 (0.21)
Hhi		-1.6507 (-0.61)	0.9378** (2.44)	3.4900*** (3.73)		0.8769 (0.29)	1.1739** (2.56)	4.2821*** (3.32)		-11.4406** (-2.11)	0.9042 (1.16)	4.0834*** (2.80)
Ovcil × Hhi				-1.4903** (-2.46)				-1.6813** (-2.13)				-2.0670* (-1.81)
Private	0.1705** (2.36)	0.2084*** (2.79)	0.1749** (2.41)	0.1190 (1.12)								
Fcf	-0.8489** (-2.05)	-0.7261* (-1.69)	-0.8679** (-2.10)	-0.6062 (-1.01)	-1.4803*** (-2.71)	-1.6960*** (-2.92)	-1.5499*** (-2.84)	-2.4268*** (-3.06)	0.0718 (0.11)	0.5758 (0.85)	0.1093 (0.17)	2.1383** (2.22)
Comp	0.3004*** (6.32)	0.2791*** (5.11)	0.3080*** (6.44)	0.2696*** (3.47)	0.3233*** (4.95)	0.3616*** (4.88)	0.3347*** (5.09)	0.3636*** (3.56)	0.2636*** (3.72)	0.1536* (1.83)	0.2694*** (3.77)	0.1232 (1.01)
Indep	-1.8366*** (-2.82)	-1.8306*** (-2.74)	-1.8095*** (-2.78)	-1.4582 (-1.59)	-1.5542* (-1.90)	-1.2926 (-1.54)	-1.4780* (-1.81)	-0.5906 (-0.51)	-2.3662** (-2.16)	-2.5339** (-2.22)	-2.3874** (-2.18)	-2.2867 (-1.40)
Market	-0.0299 (-1.26)	-0.0215 (-0.88)	-0.0285 (-1.20)	-0.0112 (-0.33)	-0.0592* (-1.88)	-0.0418 (-1.26)	-0.0599* (-1.90)	-0.0606 (-1.32)	-0.0091 (-0.25)	-0.0001 (-0.00)	-0.0063 (-0.17)	0.0660 (1.23)

续表

变量	全样本				国企样本				非国企样本			
	(1)	(2)	(3)	(4)	(5)	(6)	(7)	(8)	(9)	(10)	(11)	(12)
Size	0.0439 (0.45)	0.1241*** (3.36)	0.0357 (0.36)	0.1735*** (3.28)	0.1504 (1.19)	0.0971** (2.17)	0.1481 (1.17)	0.1596** (2.51)	-0.0214 (-0.14)	0.2092*** (3.03)	-0.0336 (-0.21)	0.1800* (1.77)
Lev	0.5235*** (3.07)	0.3397* (1.94)	0.4999*** (2.92)	0.0258 (0.11)	0.8348*** (3.59)	0.5831** (2.37)	0.8193*** (3.52)	0.2764 (0.85)	0.0666 (0.26)	0.0093 (0.03)	0.0208 (0.08)	-0.5162 (-1.34)
Roa	2.4664*** (4.20)	2.1605*** (3.60)	2.3826*** (4.03)	0.2670 (0.30)	1.8950** (2.29)	1.3338 (1.57)	1.7176** (2.06)	-0.3824 (-0.32)	3.2045*** (3.72)	3.2149*** (3.59)	3.1949*** (3.69)	1.5577 (1.07)
Shr1	0.6866*** (3.06)	0.6058*** (2.60)	0.6557*** (2.91)	0.6727** (2.04)	0.4961* (1.82)	0.3435 (1.19)	0.4379 (1.60)	0.3936 (0.99)	1.1904*** (2.98)	1.1690*** (2.83)	1.2018*** (3.01)	1.1262* (1.78)
行业、年度和地区	控制	控制	控制	控制	控制	控制	控制	控制	控制	控制	控制	控制
Pseudo R^2	0.0230	0.0385	0.0241	0.0247	0.0236	0.0389	0.0258	0.0351	0.0318	0.0600	0.0325	0.0385
N	4040	4040	4040	2002	2570	2570	2570	1340	1470	1470	1470	662

注：因变量为是否并购（Merger），表中数据为各自变量的回归系数，括号内为t值，并经White异方差修正；***、**、*分别表示显著性水平为1%、5%、10%。

表 2-7 政府干预、行业内竞争与是否并购的回归结果

变量	全样本				国企样本				非国企样本			
	(1)	(2)	(3)	(4)	(5)	(6)	(7)	(8)	(9)	(10)	(11)	(12)
Intercept	-4.4102***	-4.9226***	-3.7588***	-0.2966	-4.7435***	-5.5301***	-4.1540***	-0.0713	-3.5473***	-5.3490***	-2.9495***	-0.2984
	(-6.47)	(-4.41)	(-5.34)	(-1.47)	(-5.34)	(-3.79)	(-4.52)	(-0.28)	(-3.28)	(-2.97)	(-2.64)	(-0.88)
Ovcil	0.0981**		0.0683*	0.0919**	0.1597***		0.1308***	0.1266**	-0.0360		-0.0511	0.0247
	(2.46)		(1.67)	(2.08)	(3.52)		(2.78)	(2.52)	(-0.41)		(-0.58)	(0.23)
Power		105.0638***	64.6057***	-0.7537		86.9383**	53.3389**	-39.5950		121.1566**	70.0112*	68.5024
		(3.51)	(3.41)	(-0.03)		(2.33)	(2.37)	(-1.39)		(2.12)	(1.95)	(1.20)
Ovcil × Power				22.7808*				30.3279**				14.3619
				(1.76)				(2.15)				(0.27)
Private	0.1705**	0.2215***	0.1946***	0.1847**								
	(2.36)	(2.96)	(2.68)	(2.20)								
Fcf	-0.8489**	-0.7658*	-0.8418**	-1.1526**	-1.4803***	-1.6972***	-1.4573***	-1.6188**	0.0718	0.5273	0.0544	-0.2638
	(-2.05)	(-1.78)	(-2.03)	(-2.29)	(-2.71)	(-2.92)	(-2.67)	(-2.52)	(0.11)	(0.78)	(0.08)	(-0.32)
Comp	0.3004***	0.2520***	0.2541***	0.3391***	0.3233***	0.3318***	0.2819***	0.4726***	0.2636***	0.1249	0.2204***	0.1339
	(6.32)	(4.56)	(5.16)	(5.37)	(4.95)	(4.40)	(4.18)	(5.74)	(3.72)	(1.46)	(2.99)	(1.33)
Indep	-1.8366***	-1.8546***	-1.8965***	-2.1062***	-1.5542*	-1.3061	-1.6147**	-1.7802*	-2.3662**	-2.5784**	-2.3686**	-2.4004*
	(-2.82)	(-2.78)	(-2.91)	(-2.79)	(-1.90)	(-1.56)	(-1.98)	(-1.94)	(-2.16)	(-2.26)	(-2.16)	(-1.75)
Market	-0.0299	-0.0186	-0.0300	-0.0266	-0.0592*	-0.0336	-0.0569*	-0.0700**	-0.0091	-0.0047	-0.0122	0.0259
	(-1.26)	(-0.76)	(-1.27)	(-0.99)	(-1.88)	(-1.00)	(-1.81)	(-2.03)	(-0.25)	(-0.12)	(-0.34)	(0.58)

续表

变量	全样本				国企样本				非国企样本			
	(1)	(2)	(3)	(4)	(5)	(6)	(7)	(8)	(9)	(10)	(11)	(12)
Size	0.0439 (0.45)	0.0232 (0.50)	0.0328 (0.33)	-0.0197 (-0.17)	0.1504 (1.19)	0.0052 (0.09)	0.1346 (1.06)	0.1512 (1.08)	-0.0214 (-0.14)	0.1256 (1.61)	-0.0277 (-0.17)	-0.3005 (-1.48)
Lev	0.5235*** (3.07)	0.2858 (1.63)	0.4577*** (2.68)	0.6464*** (2.94)	0.8348*** (3.59)	0.5327** (2.16)	0.7524*** (3.22)	0.9108*** (3.20)	0.0666 (0.26)	-0.0218 (-0.08)	0.0385 (0.15)	0.3117 (0.86)
Roa	2.4664*** (4.20)	2.0723*** (3.46)	2.4965*** (4.25)	1.4248* (1.86)	1.8950** (2.29)	1.3055 (1.54)	1.9383** (2.34)	0.5114 (0.51)	3.2045*** (3.72)	2.9706*** (3.35)	3.1964*** (3.72)	2.5197** (2.08)
Shr1	0.6866*** (3.06)	0.4563* (1.93)	0.5994*** (2.64)	0.5956** (2.28)	0.4961* (1.82)	0.2162 (0.73)	0.4186 (1.52)	0.6597** (2.09)	1.1904*** (2.98)	1.0197** (2.43)	1.1081*** (2.75)	0.6137 (1.27)
行业、年度和地区	控制	控制	控制	控制	控制	控制	控制	控制	控制	控制	控制	控制
Pseudo R^2	0.0230	0.0407	0.0251	0.0238	0.0236	0.0405	0.0253	0.0305	0.0318	0.0601	0.0336	0.0240
N	4040	4040	4040	3043	2570	2570	2570	2077	1470	1470	1470	966

注：因变量为是否并购（Merger），表中数据为各自变量的回归系数，括号内为t值，并经White异方差修正；***、**、*分别表示显著性水平为1%、5%、10%。

表 2-8　政府干预、行业间/行业内竞争与是否并购的回归结果

变量	被解释变量 Merger									
一阶段回归		二阶段回归	(1)	(2)	(3)	一阶段回归		二阶段回归	(4)	(5)	(6)
perGDP	-8.3064*** (-12.32)	Ovci	0.1516*** (3.47)	0.1298*** (3.04)	0.1533*** (3.41)	perGDP	-8.3064*** (-12.32)	Ovci	0.1516*** (3.47)	0.1267** (2.00)	0.0846* (1.74)
S-output	-0.2908*** (-6.03)	Hhi		-0.0861 (-0.63)	1.3096*** (4.49)	S-output	-0.2908*** (-6.03)	Power		2.0213 (0.24)	2.4273 (0.41)
S-employ	0.5144*** (9.29)	Ovci × Hhi			-0.8614*** (-3.68)	S-employ	0.5144*** (9.29)	Ovci × Power			2.2779 (0.59)
Private	-0.1233*** (-5.10)	Private	0.0673*** (3.55)	-0.0445** (-2.27)	0.0659** (2.26)	Private	-0.1233*** (-5.10)	Private	0.0673*** (3.55)	-0.0443** (-2.26)	0.0659*** (2.68)
Fcf	1.4688*** (11.65)	Fcf	-0.4276*** (-3.63)	-0.4036*** (-3.55)	-0.2798* (-1.91)	Fcf	1.4688*** (11.65)	Fcf	-0.4276*** (-3.63)	-0.4062*** (-2.97)	-0.3559*** (-2.85)
Comp	-0.0184 (-1.07)	Comp	0.0622*** (5.52)	0.0607*** (5.30)	0.0886*** (5.28)	Comp	-0.0184 (-1.07)	Comp	0.0622*** (5.52)	0.0598*** (5.24)	0.0816*** (5.56)
Indep	-0.1862 (-0.81)	Indep	-0.4262*** (-2.88)	-0.4294 (-2.92)	-0.4147 (-1.97)	Indep	-0.1862 (-0.81)	Indep	-0.4262*** (-2.88)	-0.4280*** (-2.90)	-0.5452*** (-3.14)
Market	-0.0051 (-0.51)	Market	-0.0040 (-0.73)	-0.0037 (-0.67)	-0.0001 (-0.02)	Market	-0.0051 (-0.51)	Market	-0.0040 (-0.73)	-0.0035 (-0.62)	-0.0071 (-1.12)
Size	0.0166 (0.45)	Size	0.0142 (0.62)	0.0136 (0.60)	-0.0092 (-0.27)	Size	0.0166 (0.45)	Size	0.0142 (0.62)	0.0124 (0.55)	0.0070 (0.26)

续表

变量	被解释变量 Merger										
一阶段回归		二阶段回归	(1)	(2)	(3)	一阶段回归		二阶段回归	(4)	(5)	(6)
Lev	−0.2037*** (−2.91)	Lev	0.1428*** (3.58)	0.1532*** (3.84)	0.0490 (0.89)	Lev	−0.2037*** (−2.91)	Lev	0.1428*** (3.58)	0.1499*** (3.55)	0.1757*** (3.32)
Roa	−0.3372* (−1.65)	Roa	0.6088*** (4.56)	0.6255*** (4.65)	0.0220 (0.11)	Roa	−0.3372* (−1.65)	Roa	0.6088*** (4.56)	0.6193*** (4.59)	0.3143* (1.78)
Shr1	0.2386*** (2.85)	Shr1	0.1235** (2.21)	0.0955* (1.75)	0.2210*** (2.84)	Shr1	0.2386*** (2.85)	Shr1	0.1235** (2.21)	0.0891 (1.59)	0.1617** (2.59)
行业、年度和地区	控制	行业、年度和地区	控制	控制	控制	行业、年度和地区	控制	行业、年度和地区	控制	控制	控制
_cons	4.7944*** (11.28)	_cons	−0.5613*** (−3.56)	−0.4811*** (−3.10)	0.2101** (2.50)	_cons	4.7944*** (11.28)	_cons	−0.5613*** (−3.56)	−0.4709*** (−2.65)	0.3630*** (4.92)
Pseudo R^2/R^2	0.1128	Pseudo R^2/R^2	0.0000	0.0026	0.0000	Pseudo R^2/R^2	0.1128	Pseudo R^2/R^2	0.0000	0.0040	0.0227
Wald chi2/F	35.44***	Wald chi2/F	138.28***	144.33***	68.86***	Wald chi2/F	35.44***	Wald chi2/F	138.28***	145.46***	107.11***
N	4106	N	4106	4106	2031	N	4106	N	4106	4106	3079

表 2-9a　政府干预、行业间竞争与是否并购的回归结果

变量	全样本				国企样本				非国企样本			
	(1)	(2)	(3)	(4)	(5)	(6)	(7)	(8)	(9)	(10)	(11)	(12)
Intercept	-4.7233*** (-6.04)	-7.5689*** (-6.20)	-4.8538*** (-6.18)	-0.5842** (-1.99)	-5.0076*** (-4.99)	-8.0247*** (-5.35)	-5.2277*** (-5.17)	-0.3392 (-0.89)	-4.1274*** (-3.27)	-8.4604*** (-3.86)	-4.1930*** (-3.31)	-0.9002** (-1.98)
Ovci2	0.1286*** (2.85)		0.1065** (2.29)	0.1083* (1.71)	0.1828*** (3.54)		0.1572*** (2.97)	0.1772** (2.46)	-0.0105 (-0.11)		-0.0351 (-0.35)	-0.0207 (-0.13)
Hhi		-1.4460 (-0.54)	0.7891** (1.98)	3.5586*** (3.34)		0.8585 (0.28)	1.0230** (2.17)	4.2512*** (2.83)		-9.7106* (-1.73)	0.8007 (0.92)	4.3095** (2.56)
Ovci2 × Hhi				-1.6643** (-2.46)				-1.7570* (-1.88)				-2.3593* (-1.92)
Private	0.1888** (2.26)	0.2050** (2.39)	0.1905** (2.27)	0.1450 (1.29)								
Fcf	-0.5087 (-1.05)	-0.2263 (-0.45)	-0.5266 (-1.09)	-0.2273 (-0.35)	-1.1542* (-1.86)	-1.1596* (-1.73)	-1.2261** (-1.98)	-1.9107** (-2.26)	0.5812 (0.74)	1.2250 (1.47)	0.6367 (0.80)	2.5486** (2.42)
Comp	0.3065*** (5.51)	0.3079*** (4.85)	0.3144*** (5.62)	0.2336*** (2.80)	0.3405*** (4.59)	0.4069*** (4.84)	0.3553*** (4.75)	0.3323*** (3.10)	0.2561*** (3.00)	0.1288 (1.24)	0.2596*** (3.03)	0.0667 (0.49)
Indep	-1.9987*** (-2.71)	-2.1861*** (-2.88)	-1.9824*** (-2.69)	-1.5828* (-1.66)	-1.8945** (-2.07)	-1.6704* (-1.78)	-1.8156** (-1.98)	-0.7179 (-0.60)	-1.7622 (-1.37)	-2.5039* (-1.82)	-1.8188 (-1.40)	-2.4895 (-1.46)
Market	-0.0142 (-0.52)	0.0004 (0.02)	-0.0121 (-0.44)	0.0086 (0.23)	-0.0654* (-1.81)	-0.0424 (-1.10)	-0.0659* (-1.82)	-0.0569 (-1.15)	0.0500 (1.15)	0.0664 (1.41)	0.0540 (1.23)	0.1216** (2.12)

续表

变量	全样本				国企样本				非国企样本			
	(1)	(2)	(3)	(4)	(5)	(6)	(7)	(8)	(9)	(10)	(11)	(12)
Size	0.0203 (0.18)	0.1471*** (3.28)	0.0084 (0.08)	0.1909*** (3.19)	0.2114 (1.48)	0.0962* (1.84)	0.2054 (1.44)	0.1597** (2.29)	−0.2541 (−1.37)	0.3502*** (3.68)	−0.2725 (−1.46)	0.2387* (1.92)
Lev	0.8412*** (3.85)	0.4476* (1.90)	0.8170*** (3.73)	0.1764 (0.60)	1.0120*** (3.66)	0.6180** (2.01)	0.9814*** (3.54)	0.4276 (1.16)	0.5642 (1.54)	0.1663 (0.40)	0.5245 (1.41)	−0.5512 (−1.08)
Roa	1.9999*** (2.79)	1.2731* (1.75)	1.9281*** (2.69)	0.3099 (0.31)	1.4423 (1.51)	0.5047 (0.51)	1.2147 (1.26)	−0.4821 (−0.38)	2.6592** (2.38)	2.2712* (1.95)	2.7273** (2.42)	2.2144 (1.21)
Shr1	0.6781*** (2.67)	0.5027* (1.87)	0.6480** (2.54)	0.6846* (1.94)	0.6792** (2.22)	0.4820 (1.45)	0.6210** (2.02)	0.5584 (1.31)	0.6863 (1.45)	0.4651 (0.92)	0.6954 (1.46)	0.4830 (0.70)
行业、年度和地区	控制	控制	控制	控制	控制	控制	控制	控制	控制	控制	控制	控制
Pseudo R^2	0.0232	0.0389	0.0241	0.0247	0.0256	0.0407	0.0275	0.0335	0.0284	0.0645	0.0290	0.0444
N	3117	3117	3117	1818	2056	2056	2056	1243	1061	1061	1061	575

注：因变量为是否并购（Merger），表中数据为各自变量的回归系数，括号内为t值，并经 White 异方差修正；***、**、* 分别表示显著性水平为1%、5%、10%。

表 2－9b　　政府干预、行业内竞争与是否并购的回归结果

变量	全样本				国企样本				非国企样本			
	(1)	(2)	(3)	(4)	(5)	(6)	(7)	(8)	(9)	(10)	(11)	(12)
Intercept	-4.7233***	-5.7133***	-4.2442***	-0.3214	-5.0076***	-6.0104***	-4.5940***	-0.1024	-4.1274***	-8.2234***	-3.6867***	-0.3080
	(-6.04)	(-4.26)	(-5.26)	(-1.43)	(-4.99)	(-3.55)	(-4.41)	(-0.36)	(-3.27)	(-3.61)	(-2.82)	(-0.79)
Ovci2	0.1286***		0.1087**	0.1080**	0.1828***		0.1646***	0.1406**	-0.0105		-0.0201	0.0154
	(2.85)		(2.36)	(2.14)	(3.54)		(3.09)	(2.46)	(-0.11)		(-0.21)	(0.12)
Power		94.4***	45.7106**	-19.1852		76.0297*	35.6197	-54.0388*		91.7948	49.0159	39.2148
		(2.84)	(2.22)	(-0.70)		(1.85)	(1.46)	(-1.66)		(1.39)	(1.25)	(0.59)
Ovci2 × Power				28.5572**				38.1649**				7.5802
				(2.03)				(2.46)				(0.13)
Private	0.1888**	0.2193**	0.2051**	0.2083**								
	(2.26)	(2.55)	(2.44)	(2.23)								
Fcf	-0.5087	-0.2723	-0.4725	-0.7499	-1.1542*	-1.1658*	-1.1083*	-1.2657*	0.5812	1.1653	0.5806	0.1935
	(-1.05)	(-0.54)	(-0.98)	(-1.34)	(-1.86)	(-1.74)	(-1.79)	(-1.79)	(0.74)	(1.40)	(0.73)	(0.21)
Comp	0.3065***	0.2812***	0.2738***	0.3600***	0.3405***	0.3781***	0.3118***	0.4695***	0.2561***	0.1055	0.2271**	0.1551
	(5.51)	(4.38)	(4.77)	(5.12)	(4.59)	(4.40)	(4.06)	(5.22)	(3.00)	(1.01)	(2.58)	(1.35)
Indep	-1.9987***	-2.1819***	-2.0690***	-2.3226***	-1.8945**	-1.6718*	-1.9514**	-2.0278**	-1.7622	-2.5578*	-1.8220	-2.2278
	(-2.71)	(-2.88)	(-2.81)	(-2.83)	(-2.07)	(-1.78)	(-2.13)	(-2.04)	(-1.37)	(-1.86)	(-1.41)	(-1.42)
Market	-0.0142	0.0037	-0.0133	-0.0241	-0.0654*	-0.0333	-0.0628*	-0.0707*	0.0500	0.0611	0.0481	0.0458
	(-0.52)	(0.13)	(-0.48)	(-0.81)	(-1.81)	(-0.85)	(-1.74)	(-1.87)	(1.15)	(1.30)	(1.11)	(0.90)

续表

变量	全样本				国企样本				非国企样本			
	(1)	(2)	(3)	(4)	(5)	(6)	(7)	(8)	(9)	(10)	(11)	(12)
Size	0.0203 (0.18)	0.0413 (0.72)	0.0050 (0.05)	0.0229 (0.37)	0.2114 (1.48)	0.0058 (0.08)	0.1954 (1.37)	-0.0139 (-0.19)	-0.2541 (-1.37)	0.2713** (2.53)	-0.2648 (-1.43)	0.1856 (1.45)
Lev	0.8412*** (3.85)	0.4037* (1.72)	0.7577*** (3.44)	0.7316*** (2.74)	1.0120*** (3.66)	0.5733* (1.86)	0.9356*** (3.35)	1.0884*** (3.32)	0.5642 (1.54)	0.1350 (0.32)	0.4996 (1.35)	0.1373 (0.29)
Roa	1.9999*** (2.79)	1.2043* (1.66)	1.9843*** (2.78)	0.8818 (1.03)	1.4423 (1.51)	0.4925 (0.50)	1.4611 (1.53)	0.9074 (0.82)	2.6592** (2.38)	2.0300* (1.75)	2.5955** (2.32)	0.5181 (0.36)
Shr1	0.6781*** (2.67)	0.3705 (1.36)	0.6060** (2.36)	0.5715** (1.97)	0.6792** (2.22)	0.3728 (1.10)	0.6186** (2.01)	0.6753* (1.94)	0.6863 (1.45)	0.3491 (0.68)	0.6222 (1.30)	0.5222 (0.95)
行业、年度和地区	控制	控制	控制	控制	控制	控制	控制	控制	控制	控制	控制	控制
Pseudo R^2	0.0232	0.0408	0.0244	0.0245	0.0256	0.0419	0.0264	0.0316	0.0284	0.0638	0.0295	0.0261
N	3117	3117	3117	2580	2056	2056	2056	1799	1061	1061	1061	781

注：因变量为是否并购（Merger），表中数据为各自变量的回归系数，括号内为t值，并经White异方差修正；***、**、*分别表示显著性水平为1%、5%、10%。

（二）回归结果及分析

表2-4、表2-5报告了政策性负担（*Ovci*）、行业间竞争（*Hhi*）、行业内竞争（*Power*）和是否并购（*Merger*）的回归结果。表2-4的第1列、第5列以及表2-5的第1列、第5列表明对于全样本及国有企业来说，政策性负担（*Ovci*）与是否并购（*Merger*）显著正相关，即政府干预越多，上市公司进行并购的可能性也就越大；从回归系数来看，国企样本组的回归系数总大于全样本，说明政府干预对并购的影响力度在国有企业中更大，这主要是因为国企的优势地位和垄断性特征，如我国的石油、电信等政府直接控制的行业，因其所有权、经营权等完全归属中央管制，而在中国这样的特殊国情下，其并购决策受到政府的影响也就更大。而对于非国有企业来说，政府干预对其并购决策的影响未通过显著性检验，说明非国企在进行并购选择时受到政府的影响及其有限，而更多地受市场规则的支配。以上结果支持了假设1，即政府干预越多，上市公司进行并购的可能性越大。

从表2-4的第2列、第6列可看出对于全样本和国有企业来说，行业间竞争（*Hhi*）与是否并购（*Merger*）相关性不显著，表明行业的竞争激烈程度对并购决策的影响有限；第10列表明在非国有企业中，行业间竞争（*Hhi*）与是否并购（*Merger*）显著负相关，即竞争越激烈的行业越倾向于进行并购。在相关性分析中，行业间竞争（*Hhi*）与是否并购（*Merger*）的相关性为正，这可能是因为研究样本中国有企业所占份额颇大，整体相关性受到国有样本影响。另外，回归分析中控制变量对相关性的影响也不容忽视。从表2-5的第2、6、10列可知，行业内竞争（*Power*）和是否并购（*Merger*）显著正相关，也就是说，不管是国有企业还是非国有企业，只要公司实力强，竞争优势明显，其进行并购的可能性也就更大。这与相关性分析的结果一致，也验证了假设2，即企业竞争优势越明显，上市公司越有可能进行并购；对于非国有企业来说，行业间竞争越激烈，进行并购的可能性越大。

政策性负担（*Ovci*）和行业间竞争（*Hhi*）对是否并购（*Merger*）的交互影响如表2-4的第4、8、12列所示。这三列的回归结果表明相对于竞争性行业而言，垄断性行业中政府干预对并购的影响较弱，该结果意味着在目前推进并购市场化进程中，尤其要关注竞争性行业并购中的政府干预问题；政策性负担（*Ovci*）和行业内竞争（*Power*）对并购决策的交互影响如表2-5的第4、8、12列所示，第4、第8列表明从全样本及国企样本来看，相对于竞争劣势公司而言，在竞争优势公司中政府干预对并购的影响更强，而且主要体现在国有企业中，从回归系数的大小可看出它对国有上市公司的影响力度之大；在第12列中，政策性负担（*Ovci*）和行业内竞争（*Power*）的交互影响未通过显著性检验，说明以上影响在非国有企业中表现不明显。以上的分析表明假设3是成立的，即相对于竞争性行业而言，在垄断性行业政府干预对并购的影响较弱；相对于竞争劣势公司而言，竞争优势公司中政府干预对并购的影响更大。

（三）稳健性检验

为了使研究结果更有说服力，本节进行了以下稳健性检验：（1）以托宾 *Q* 来替代成长性重新回归检验，检验结果如表 2－6 和表 2－7；（2）为了消除内生性问题的影响，根据 *Lin* 和 *Li*（2008）研究成果，政府工业优先的赶超战略对政府干预有影响，因而本节选取了各省（直辖市、自治区）的第二产业产值占比（*S－output*）、第二产业就业人数占比（*S－employ*）和人均 *GDP*（*perGDP*）作为工具变量进行了检验，检验结果如表 2－8；（3）考虑到政府干预程度可细分为战略性负担和社会性负担，而战略性负担源于企业被迫进入具有比较优势发展战略的行业，与地方经济增长相挂钩，而目前我国地方国有企业最易受到政府干预影响，战略性负担可以更加有力地表达政府干预程度。因此，剔除模型（2）的负残差（社会性负担），仅选取正残差（战略性负担）作为政策性负担（*Ovci*）的取值再次进行回归检验，检验结果如表 2－9。经过上述检验，主要研究结果无显著变化，说明本节的研究是稳健的。

五、研究结论

本节的研究发现，政府干预与市场竞争压力均在一定程度上影响上市公司的并购决策，但二者的交互作用对并购的影响会因产权以及行业内竞争/行业间竞争程度的不同而存在显著差异。具体而言，政府干预越强，企业竞争优势越明显，上市公司越有可能进行并购，但上述影响主要存在于国有企业中；在非国有企业中，行业间竞争越激烈，上市公司越有可能进行并购；从政府干预与市场竞争压力对并购的交互作用看，相对于竞争性行业而言，垄断性行业中政府干预对并购的影响更弱；相对于竞争劣势公司而言，竞争优势公司中政府干预对并购的影响更大。本节的研究结果表明，中国在特殊转轨经济背景及市场经济运行基本制度与基础机制不够完善的情况下，竞争性行业并购中的政府干预问题应该受到更多的重视。

内生于我国经济转型的制度背景，财政分权改革与国有企业改革造成了政府对国有企业的超强控制和市场竞争加剧，政府干预行为、市场竞争压力因此成为上市公司并购决策的两大重要行为溯因。政府可能出于经济发展、稳定就业等目标，推动国企加快并购；市场则因为本来所有的机制及市场规则诱发企业并购。与此同时，政府作为监管当局，对市场垄断行为具有约束作用。本节的研究结果表明，在如中国这样的转轨经济中，在市场经济运行基本制度与基础机制有待完善的情况下，市场化改革仍需坚持渐进式改革策略，稳步推进宏观经济与微观企业的和谐发展。具体来说，政府应发挥好其宏观调控作用，以社会整体经济发展为出发点和归结点，运用调节手段和调节机制，实现资源的优化配置，为微观经济运行提供良性的宏观环境，使市场经济得到正常运行和均衡发展。利用经济政策、经济法规、计划指导和必要的行政管理。出于政府干预对市场竞争的影响，政府应通过法律手段来限制垄断和反对不正当竞争。可以使用税收和补贴的手段，也可以通过合并相关企业的方法使外部性“内部化”，并纠正市场的信息不对称。对于小型微利企业及刚创业型劣势企业，可加大政府干预力度，促进并购完成。

随着我国资本市场的不断完善与市场化进程的持续推进，并购这种让企业以较快速度获得所需资源的方式得到了越来越广泛的应用。处于转轨经济的我国对于这种源于西方的现代资本运作方式的应用会受到一些国情方面的非市场化因素影响。特别是对于地方国有企业而言，地方国资委作为其终极控制人，一方面是股权拥有者，一方面又是行政管理者，在这些特殊而具体的制度背景下，我国的并购活动受到政府干预的深刻影响。我国学者对于政府干预对公司并购的影响，基本形成了较为统一的观点，即政府干预对并购决策有推动作用。但本节的研究只是验证了这种推动作用，却没有详尽表明并购效果，还有待于进一步深入研究。

第二节　外部盈利压力、内部控制与上市公司并购

一、问题的提出

企业并购行为不仅关系着企业的经营风险和盈利能力，而且是实现企业价值最大化目标的重要手段。企业并购是一种先进行投入、后获取收益的行为，具有效率不确定、收益跨期性和信息不对称等特征。研究企业并购行为的文献，主要集中在并购行为的动机及其效率（方军雄，2008；万良勇和胡璟，2014；*Bruner*，2002；李善民和朱滔，2005）方面，而且偏重于资本市场（如融资约束）的“硬约束”对企业并购的影响（方明月，2011；赵立彬，2013），从资本市场的经营期望视角对企业并购行为的“软约束”研究仍较为匮乏。虽然有学者检验了企业实际业绩状况与组织经营期望的差距对企业并购效率的影响（邹木玶，2007；张伟，2007；*Kahneman* 和 *Tversky*，1979；*Sebora* 和 *Cornwall*，1995），但是却忽略了外部资本市场也会对企业的经营产生期望，如证券分析师盈余预测（*Zhang* 和 *Gimeno*，2010；王菁和程博，2012；*Lee* 和 *Chang*，2014），忽略了经理人对实现资本市场期望目标难易程度的感知（也即外部盈利压力）对并购决策的影响。在新兴加转轨经济的背景下，面对外部盈利压力时，我国企业是否会为了迎合外部经营预期而调整投资战略——增加或减少并购行为？这成为本节关注的一个重要方面。

外部盈利压力与企业并购之间的关系是否还受到其他因素的影响？这就是本节关注的内部控制和管理层权力对上述关系影响的存在性及其影响强度。作为一种内部治理机制，内部控制在缓解代理冲突、降低信息不对称、提高监督激励力

度、放松融资约束、提高投资效率和控制风险等方面具有明显优势（徐虹等，2014*a*），那么，内部控制质量的高低是否对外部盈利压力与企业并购之间的关系产生影响？同时并购作为企业最为重要的一项资源配置战略，其决策权一般掌控在公司高管手中，整个并购的全过程——做出并购决定、接管并购目标公司、并购后双方的整合等等，高管都在其中发挥着至关重要的作用，并且公司高管对于是否采取并购战略行为，往往更多考虑的是私人利益，而非企业价值的最大化。不仅如此，高管权力的大小还会影响企业内部控制治理功效的发挥（刘启亮等，2013；牟韶红等，2014），高管权力是研究企业并购决策中重要的、不可忽略的重要因素。也就是说，基于内部控制在企业重大投融资决策方面的影响，内控质量能否发挥其内部治理的作用，降低外部盈利压力对企业并购决策的影响？企业高管作为并购决策的主要参与者，他们的行为动机是否以及如何对企业并购活动产生影响？因此，有必要进一步检验内部控制对外部盈利压力与企业并购决策的影响，是否因高管权力大小而有所不同。

基于以上分析，本节考察了外部盈利压力对企业并购行为的影响，并从内部控制和高管权力双重视角进一步检验其对外部盈利压力与企业并购行为两者关系的调节作用。本节可能的贡献：（1）将资本市场的经营期望纳入企业并购的研究框架，考察了由内外部经营期望差距而形成的盈利压力与企业并购行为之间的关系，丰富了公司并购理论的研究，为今后在中国情境下企业并购决策的研究提供了一个新的研究视角；（2）确立了内外环境之间的互动关系，从一个全新的视角厘清了公司治理内外机制之间的作用机理。从企业外部的盈利压力和企业内部的内部控制、高管权力之间交互影响的角度研究它们对公司并购行为的综合影响无疑是一个全新的视角，为公司治理内外部机制的互动作用机理提供了新的证据；（3）本研究拓展和深化了企业建立内部控制效率视角方面的文献。通过分析上市公司内部控制对企业并购行为的影响，丰富了内部控制在企业投资决策活动中作用的文献。

二、理论分析与研究假设

（一）外部盈利压力对企业并购的影响

外部盈利压力来源于分析师与管理层盈利预测的偏差[①]，这种偏差作为一种

① 外部环境的不确定、信息不对称、利益的不一致以及难以观察的企业经营管理行为等，导致投资者、投资分析师以及公司管理层等对公司未来盈利预期必然存在分歧。公司管理层的盈利预期是基于内外部环境变化、行业其他公司以及公司以往业绩的综合判断，分析师则通过收集、评估公共和私人信息（包括股票市场信息、企业披露的过去盈利和未来发展前景的信息以及产业发展前景和宏观经济等），对上市公司的未来前景进行分析，向投资者发布其对公司会计盈余的预测（Cheng 等，2006）。但由于“乐观偏差”与“羊群行为”的存在（Dechow 等，2000；吴东辉，薛祖云，2005），分析师的盈余预测普遍高于企业内部经营预期，从而形成外部盈利预测偏差。

信息差异和信号传递，将直接影响管理层包括并购在内等投融资决策行为，当然，也会同时影响外部投资者对企业未来盈利能力的判断，并使之采取相应的并购谈判策略，以应对这些偏差。具体分析如下：

首先，外部盈利压力越大，并购可能性越小。面对分析师与管理层由于盈利预测偏差导致的外部盈利压力，管理层出于自身职业生涯与个人声誉、薪酬等方面的考虑，管理层大多通过各种途径提高短期业绩，以迎合资本市场上的期望绩效。这些途径包括，加强与分析师的沟通引导盈利预测、利用会计手段进行盈余管理迎合盈利预测甚至改变公司重大投资决策管理盈利预测等。已有研究发现，在面临外部盈利压力时，管理层存在以牺牲股东长远利益为代价，但是能快速提高短期业绩的投资行为（*Osma* 和 *Young*，2009；*Zhang* 和 *Gimeno*，2010；*Gentry* 和 *Shen*，2013），如采用削减研发投资（*Lee* 和 *Chang*，2014；谢震和艾春荣，2014）、减少、延迟或取消包括并购在内的各种投融资计划（王菁和程博，2012）等手段，以缓解外部盈利压力。

其次，并购行为的减少，还源于并购本身的特征及其风险，因为这些风险会进一步加剧外部投资者对企业未来盈利能力的不信任，引致并购活动的参与程度减低。众多经验证据表明，虽然企业热衷并购，但大多数企业并购后的效果并不像当初设想的一样，并不成功（杨道广等，2014）。不仅并购失败案例比比皆是，且大量实证检验还发现并购将导致收购企业短期绩效下降。因此，当管理层在面临外部盈利压力时，其理性的选择就是减少甚至停止并购，以防止企业短期经营业绩的进一步下滑，加剧与分析师盈利预测的差距。

再次，作为企业的一项重大投资决策，并购具有产出不确定、收益跨期性的特征。虽然一项正确的并购决策有助于改善公司的长期绩效、增加股东财富，但是，从并购决策的做出到并购的完成，时间周期长、其间有大量不确定性风险因素存在，确定被并购企业、并购对象估值、制定并购方案、并购方案实施、并购后进行整合等环节中都充满了各种不确定性风险（赵息和张息栓，2013*a*），只要其中任何一个环节出现问题都可能导致并购失败，而并购失败又可能引发一系列严重后果，如公司股票下跌、高管被更换等。

最后，企业的并购活动存在顺周期特征，受到宏观经济增长以及产品市场需求等因素的影响，经济越低迷、产品市场需求越少，企业并购活动越少，不仅如此，经济低迷、产品市场需求萎缩还将引发企业经营困境，企业很难满足外部盈利预期，企业也被迫削减开支，维持基本的经营支出，减少甚至终止并购等投资支出。基于上述分析，我们预计管理层所感知的外部盈利压力下越大，为了满足、迎合市场预期，企业可能会减少、延迟甚至取消并购计划。据此提出研究假设4：

假设4：外部盈利压力越大，企业进行并购的可能性越小，并购频率越低。

（二）内部控制对外部盈利压力和企业并购之间关系的影响

（1）内部控制与外部盈利压力。良好的内部控制可以提升会计信息质量，增加信息披露的可信度，改善企业的信息环境，降低利益相关者（企业股东、外部投资者）与企业管理层之间的信息不对称（*Ashbaugh - Skaife* 等，2013）。公开信息是分析师盈利预测的重要依据，公司年报更是分析师进行盈利预测时借助的最重要信息来源，而内部控制有效性的高低直接影响着企业财务报告的可靠性，企业内部控制越有效，其会计信息质量越高。此外，内控好的企业更有动机披露内部控制信息以区别于内控差的企业，有助于分析师了解企业实际经营状况、盈利能力和投资机会，更准确地判断企业未来收益或风险的状况，同时内部控制信息的披露，可以向市场传递信号，大大减弱了分析师在进行盈利预测时所面临的不确定性，有助于提高分析师盈利预测的准确性（徐虹等，2014*b*），减少分析师盈余预测与企业内部经营预期之间的差距，缓解管理层面临的外部盈利压力。

（2）内部控制与企业并购。高质量的内部控制通过有效缓解并购过程中的信息不对称（黄寿昌和杨雄胜，2010；*Ashbaugh - Skaife* 等，2013）、利益冲突和意见分歧（杨道广等，2014）等，利用相互制衡的决策机制（杨雄胜，2005）、严格的控制与监督活动、畅通的信息与沟通渠道等活动能有效抑制管理者的机会主义行为（杨德明等，2009）、减少决策偏误，减轻代理问题。即：当公司具有良好的内部控制制度时，外部盈利压力诱发的管理层为提高短期业绩（如利用会计手段进行盈余管理、有目的地发布信息引导分析师盈利预测、削减研发投入等）的自利行为可得到有效的抑制。此外，内部控制制度从本质上来说就是一种内在制度安排（包括激励和监督方面的制度安排），这种安排有助于增加群体决策的能力和质量，及时发现并捕捉有助于实现企业价值最大化的战略机会。李万福等（2011）认为，在良好的激励和监督机制下，群体决策更加科学，能更好地识别与本企业在战略目标、关键资源及产业链等方面具有一致性或互补性的并购目标，从而保证了并购目标选择的质量；不仅如此，内部控制的核心是防范和控制风险，高质量的内部控制还有助于规避和应对企业并购过程中的各类风险，保证并购过程的顺利实施，降低并购失败的风险，实现并购价值。

综上所述，资本市场和经理人对企业经营期望差距越大，经理人感受到的盈利压力越大，即便发现有利于增加企业价值的并购机会，实施并购行为也不是经理人的最优选择。但由于高质量的内部控制不仅能够缓解外部盈利压力，还有助于形成科学的决策机制、约束管理层的自利行为，迫使管理层不得不放弃短视行为，从公司和股东利益最大化角度进行并购决策。据此提出研究假设5：

假设5：高质量内部控制弱化了外部盈利压力与企业并购之间的负相关关系。

三、研究设计

（一）模型设置

为了验证提出的假设 4 和假设 5，参考国内外有关并购行为的研究文献（方军雄，2008；万良勇和胡璟，2014），我们构建了如下模型[①]：

$$P = \beta_0 + \beta_1 Gap + \beta_2 Icid + \beta_3 Gap \times Icid + \beta_4 Soe + \beta_5 Size + \beta_6 Lev + \beta_7 Growth + \beta_8 Ocf + \beta_9 Esh + \beta_{10} Salary + \beta_{11} Shr1 + \beta_{12} Shr2 - 10/1 + \beta_{13} Duality + \beta_{14} Gdp + \sum Year + \sum Ind + \varepsilon \quad (6)$$

根据假设 4，预期模型（6）的 *Gap* 的回归系数 β_1 显著为负；根据假设 5，预期模型（6）的交互项 $Gap \times Icid$ 的回归系数 β_3 显著为正。

（二）变量定义

（1）并购行为（*P*）。本节借鉴万良勇和胡璟的研究，采用并购概率（*P*1）和并购频率（*P*2）两个变量来表征公司并购行为。*P*1 为虚拟变量，如果该年度内公司发生并购，取值为 1，否则为 0；*P*2 为连续变量，表示该年份公司发生并购的次数，若该年份未发生并购，则取值为 0。

（2）外部盈利压力（*Gap*）。本节依据 *Zhang* 和 *Gimeno*，王菁和程博的测量方法衡量企业外部盈利压力。用当年分析师发布的关于公司每股收益预测平均值作为资本市场绩效预期。外部盈利压力表示分析师和经理人对特定年份公司绩效预期的差距。

首先，根据第 *t* 年每股收益的变化率（$\Delta EPS_{i,t}/P_{i,t-1}$）和 t+1 年超额收益率（$CRET_{i,t+1}$）预测企业第 t+1 年的每股收益变化率（$\Delta EPS_{i,t+1}/P_{i,t}$），如公式（1）所示。

$$\Delta EPS_{i,t+1}/P_{i,t} = \alpha_{j,t} + \beta_{1j,t}\ (\Delta EPS_{i,t}/P_{i,t-1}) + \beta_{2j,t} CRET_{i,t+1} + \varepsilon \quad (1)$$

其中 ΔEPS 为每股收益变动额，P 为年末股票收盘价，CRET 为超额累计报酬率。

其次，采用普通最小二乘法，分行业回归，根据估计系数计算每股收益的期望变动额（$E[\Delta EPS_{i,t+1}]$），如公式（2）所示。

$$E[\Delta EPS_{i,t+1}] = [\hat{\alpha}_{j,t} + \hat{\beta}_{1j,t}(\Delta EPS_{i,t}/Pi,t-1) + \hat{\beta}_{2j,t} CRET_{i,t+1}]^{*} P_{i,t} \quad (2)$$

然后计算潜在每股收益，*T*+1 期的潜在每股收益等于 *T* 期每股收益加上 *T*+1 期的每股收益的期望变动额，如公式（3）所示。

$$Potential\ EPS_{i,t+1} = EPS_{i,t} + E[\Delta EPS_{i,t+1}] \quad (3)$$

最后，计算外部盈利压力，外部盈利压力等于外部分析师的预测与企业潜在每股收益之间的差值，如公式（4）所示。

① 由于并购概率（P1）为虚拟变量，并购频率（P2）为截尾数据，因而分别运用 Logit、Tobit 模型回归。

$$\text{Gap(Earning Pressure)} = F_{i,t+1} - EPS_{i,t+1} \tag{4}$$

（3）内部控制（*Icid*）。关于内部控制水平的衡量，近年来大部分学者均采用了“迪博·内控指数”，借鉴已有研究（牟韶红等，2013；徐虹等，2014*a* 等）的做法，本节也采用由中山大学和深圳迪博公司联合研发的“中国上市公司内部控制指数”，该指数越高，表明内控越好。

参考国内外关于并购行为的有关文献（方军雄，2008；万良勇和胡璟，2014），本节还在模型中控制了以下变量：产权性质（*Soe*）、公司规模（*Size*）、负债率（*Lev*）、成长能力（*Growth*）、现金流（*Ocf*）、高管薪酬（*Salary*）、高管持股比例（*Esh*）、第一大股东持股比例（*Shr*1）、股权制衡（*Shr*2－10/1）、两职合一（*Duality*）、地区生产总值（*Gdp*）、行业变量（*Industry*）和年度变量（*Year*），模型中所有的控制变量均为（*t*－1）期。具体变量说明见表2－10。

表2－10　　变量定义

变量类型	变量名称	变量代码	变量定义
被解释变量	并购概率	P1	虚拟变量，在某年份内发生并购为1，否则为0
	并购频率	P2	公司在某一年份发生并购次数
解释变量	外部盈利压力	Gap	根据前述方法计算而得
	内部控制质量	Icid	迪博内部控制指数，将指数进行了除以100的处理
	外部盈利压力与内部控制的交乘项	Gap × Icid	外部盈利压力与内部控制虚拟变量交乘，其中，内部控制质量好取值为1，内部控制差取值为0
控制变量	产权性质	Soe	虚拟变量，公司当年的最终控制人的所有权性质，最终控制人为国有股东，取值为1，否则为0
	公司规模	Size	公司上年末的总资产取自然对数
	负债率	Lev	公司上年末的负债/总资产×100%
	成长能力	Growth	公司上年末的营业收入增长率
	现金流	Ocf	公司上年末经营性现金流量/总资产
	高管持股比例	Esh	公司上年末高管持股数/总股数
	高管薪酬	Pay	公司上年末高管前三名薪酬总额
	第一大股东持股比例	Shr1	公司上年末的第一大股东持股比例
	股权制衡	Shr2－10/1	公司上年末的第2－10大股东持股比例总和/公司第一大股东持股比例
	两职合一	Dual	上年末董事长与总经理是否两职合一，是为1，否则为0
	地区生产总值	Gdp	公司所在地区上年末的国民生产总值的自然对数
	行业变量	Ind	虚拟变量，根据证监会对制造业的二级分类标准进行分类，用来控制行业因素的影响
	年度变量	Year	虚拟变量，用来控制宏观经济因素的影响

（三）样本选择

本节选取沪、深A股2008－2013年的上市公司样本，并进行了如下剔除：(1) 选择上市公司是主并方的并购样本；(2) 剔除金融类公司样本；(3) 剔除业务类型为债务重组的并购样本，剔除重组类型为资产剥离、债务重组、资产置换、股份回购的并购样本；(4) 剔除交易总额小于100万元的并购样本；(5) 将分次购入目标公司股权以实现并购视为一次并购事件；(6) 剔除关联并购样本；(7) 由于*CSMAR*数据库将房地产公司购买地产也归入并购业务，本节将之剔除；(8) 剔除有数据缺失的样本。为消除极端值的影响，对除虚拟变量以外的所有连续变量进行了1%的缩尾处理（*Winsorize*）。

四、实证检验与分析

（一）描述性统计

主要变量描述性统计如表2－11所示。在表2－11中，*P*1的均值为0.296，意味着平均而言，我国上市公司中每100家公司中有29.6家公司发生了并购，由此说明我国上市公司的并购行为非常普遍；*P*2的均值为0.444，说明平均而言我国上市公司中每家公司发生并购的次数为0.444次；外部盈利压力的均值为0.012，中位数为0.007，可以看出，我国上市公司总体存在外部盈利压力；内部控制的均值为7.122，最小值为4.845，最大值为9.579，说明上市公司之间内部控制质量存在明显差异。

表2－11　　主要变量的描述性统计

变量	观测值	均值	最小值	中位数	最大值	标准差
P1	4731	0.296	0.000	0.000	1.000	0.457
P2	4731	0.444	0.000	0.000	4.000	0.818
Gap	4731	0.012	－0.058	0.007	0.156	0.032
Icid	4731	7.122	4.845	7.025	9.579	0.897
Soe	4731	0.679	0.000	1.000	1.000	0.467
Size	4731	22.174	19.731	22.023	25.81	1.215
lev	4731	0.522	0.100	0.535	0.887	0.178
Growth	4731	0.287	－0.551	0.172	4.854	0.653
Ocf	4731	0.057	－0.194	0.056	0.273	0.082
Esh	4731	0.001	0.000	0.000	0.013	0.001
Pay	4731	13.836	11.791	13.854	15.697	0.781
Shr1	4731	0.381	0.094	0.369	0.768	0.157
Shr2_10/1	4731	0.624	0.029	0.418	2.995	0.603
Dual	4731	0.110	0.000	0.000	1.000	0.313
Gdp	4731	27.954	25.51	27.98	29.30	0.758

（二）相关性分析

研究模型中变量的相关系数矩阵参见表 2-12。从表 2-12 可知，外部盈利压力 *Gap* 与企业并购概率 *P*1、企业并购频率 *P*2 均显著负相关，说明外部盈利压力越大，企业越不倾向于并购；内部控制 *Icid* 与企业并购概率 *P*1、企业并购频率 *P*2 均显著正相关，说明企业内部控制越好，企业发生并购的可能性越大。此外，外部盈利压力 *Gap* 与内部控制 *Icid* 显著负相关，说明我国上市企业内部控制越好，企业面临的外部盈利压力越小，也进一步验证了良好的内部控制降低了信息不对称，使得企业的外部经营期望与实际盈利更趋于一致。上述相关性分析结果初步验证了本节的研究假设。另外，模型的解释变量之间的相关系数都比较低，说明解释变量之间的多重共线性较小。

表 2-12　　主要变量相关系数表

变量	【1】	【2】	【3】	【4】	【5】	【6】	【7】	【8】	【9】	【10】	【11】	【12】	【13】	【14】	【15】
P1	1														
P2	0.836^{C}	1													
Gap	-0.030^{B}	-0.029^{B}	1												
Icid	0.082^{C}	0.099^{C}	-0.052^{C}	1											
Soe	-0.085^{C}	-0.084^{C}	0.006	0.057^{C}	1										
Size	0.056^{C}	0.074^{C}	0.019	0.477^{C}	0.216^{C}	1									
Lev	0.071^{C}	0.081^{C}	0.173^{C}	0.020	0.052^{C}	0.326^{C}	1								
Growth	0.036^{B}	0.037^{B}	0.003	0.076^{C}	-0.024	0.061^{C}	0.082^{C}	1							
Ocf	-0.017	-0.031^{B}	-0.032^{B}	0.166^{C}	0.065^{C}	-0.032^{B}	-0.212^{C}	0.046^{C}	1						
Esh	0.002	0.0101	-0.009	0.044^{C}	-0.115^{C}	0.049^{C}	0.003	-0.014	-0.027^{A}	1					
Salary	0.075^{C}	0.095^{C}	-0.077^{C}	0.319^{C}	0.030^{B}	0.446^{C}	0.056^{C}	0.010	0.020	0.074^{C}	1				
Shr1	-0.037^{B}	-0.043^{C}	-0.060^{C}	0.168^{C}	0.265^{C}	0.308^{C}	0.014	0.109^{C}	0.056^{C}	-0.094^{C}	0.016	1			
Shr2_10/1	0.045^{C}	0.059^{C}	0.021	0.008	-0.232^{C}	-0.094^{C}	-0.013	-0.007	0.001	0.094^{C}	0.109^{C}	-0.677^{C}	1		
Dual	0.025^{A}	0.039^{C}	0.001	-0.002	-0.143^{C}	-0.091^{C}	-0.032^{B}	-0.010	-0.020	-0.001	0.024	-0.117^{C}	0.076^{C}	1	
Gdp	-0.012	-0.000	0.020	0.082^{C}	-0.082^{C}	0.125^{C}	-0.000	-0.031^{B}	-0.037^{B}	0.076^{C}	0.279^{C}	-0.017	0.006	0.041^{C}	1

注：表中列示的是 *Pearson* 检验，*A*、*B*、*C* 分别表示在 10%、5%、1% 水平上显著。

（三）回归结果及分析

外部盈利压力对企业并购行为影响的回归结果如表 2-13 中回归（1）、回归（3）所示。表 2-13 回归（1）中，外部盈利压力 *Gap* 与企业并购概率 *P*1 显著负相关，回归（3）中外部盈利压力 *Gap* 与企业并购频率 *P*2 显著负相关，且均通过了 10% 的显著性水平检验，表明在控制其他影响因素的情况下，外部盈利压力越大，企业进行并购的可能性越小，并购频率越低，支持了研究假设 4。

内部控制对外部盈利压力和企业并购行为/频率之间关系影响的回归结果如表2－13中回归（2）、回归（4）所示。表2－13回归（2）、回归（4）中，外部盈利压力 *Gap* 的系数在1%水平上显著为负，这个结果与上文的研究结果是一致的，外部盈利压力与内部控制的交互项 *Gap* × *Icid* 的系数在5%水平上显著为正，说明高质量内部控制弱化了外部盈利压力与企业并购行为/频率之间的负相关关系，支持了研究假设5。

观察模型中的控制变量可以看出，资产负债率、营业收入增长率、高管薪酬均与企业并购显著正相关，而产权性质、地区生产总值与企业并购显著负相关。上述实证检验结果与以往的研究基本保持一致。

表2－13　外部盈利压力、内部控制与企业并购

VARIABLES	*P1*		*P2*	
	(1)	(2)	(3)	(4)
Gap	−1.8522* (−1.70)	−4.2796*** (−2.73)	−2.2876* (−1.86)	−4.9465*** (−2.88)
Icid		0.1642*** (3.37)		0.2201*** (4.08)
Gap × *Icid*		4.9164** (2.35)		5.4936** (2.33)
Soe	−0.4551*** (−5.90)	−0.4533*** (−5.86)	−0.5407*** (−6.23)	−0.5372*** (−6.22)
Size	0.0850** (2.31)	0.0054 (0.13)	0.1064** (2.56)	0.0019 (0.04)
Lev	0.5815*** (2.65)	0.6874*** (3.10)	0.7176*** (2.91)	0.8533*** (3.44)
Growth	0.1006** (2.00)	0.0853* (1.68)	0.1199** (2.18)	0.0995* (1.81)
Ocf	−0.2030 (−0.47)	−0.5002 (−1.14)	−0.4175 (−0.85)	−0.8325* (−1.68)
Esh	−15.6881 (−0.65)	−18.4194 (−0.76)	−8.0556 (−0.29)	−10.6269 (−0.38)
Pay	0.2124*** (3.91)	0.1850*** (3.39)	0.2650*** (4.41)	0.2282*** (3.81)

续表

VARIABLES	P1		P2	
	(1)	(2)	(3)	(4)
Shr1	-0.5606* (-1.78)	-0.6574** (-2.07)	-0.5732 (-1.61)	-0.6971* (-1.95)
Shr2_10/1	-0.0141 (-0.18)	-0.0294 (-0.38)	0.0228 (0.27)	0.0037 (0.04)
Dual	0.0914 (0.86)	0.0851 (0.81)	0.1865 (1.55)	0.1736 (1.45)
Gdp	-0.0900* (-1.87)	-0.0971** (-2.02)	-0.1046* (-1.94)	-0.1140** (-2.13)
_cons	-2.6495* (-1.79)	-1.4342 (-0.95)	-3.4925** (-2.10)	-1.9154 (-1.14)
年度/行业	控制	控制	控制	控制
observations	4731	4731	4731	4731
Wald chi2/F	216.28***	234.77***	6.99***	7.27***
PescudoR^2/R^2	0.0405	0.0444	0.0277	0.0307

注：*** 表示在1%的水平上显著，** 表示在5%的水平上显著，* 表示在10%的水平上显著。已对回归方程中的异方差问题进行了检验和处理，括号内提供的 *T* 值经过异方差稳健修正。

（四）内生性检验

考虑到内部控制可能的内生性对研究结论的影响，本节采用二阶段模型（*Heckman*）控制内生性问题导致的自选择偏误。本节参考 *Doyle* 等的研究，第一阶段设置模型如下（因变量为 *Dum_Icid*，内部控制的虚拟变量，大于中位数为1，否则为0）：

$$Dum\_Icid = \beta_0 + \beta_1 Foreign + \beta_2 Mrkindex + \beta_3 Soe + \beta_4 Size + \beta_5 Roa + \beta_6 Lev + \beta_7 Dual + \sum Year + \sum Ind + \varepsilon \quad (7)$$

将第一阶段自选择模型（*Pobit* 回归）估计得到的逆米尔斯系数 *IMR*（*Inverse Mills Ratios*）作为控制变量，放到模型（7）与其他变量一起进行第二阶段回归。

表2－14是控制上市公司内部控制质量内生性问题后的 *Heckman* 二阶段回归结果。如表2－14的（2）、（3）列所示，外部盈利压力与内部控制的交互项 *Gap* ×*Icid* 的系数依然在5%水平上显著为正，主要研究结果不变。此外，逆米尔斯系数（*IMR*）在回归中并不显著，说明样本不存在严重的自选择和内生性问题，回归结果稳健。

表 2－14　　外部盈利压力、内部控制与企业并购

一阶段回归：	*Dum_ Icid*	二阶段回归：	*P*1	*P*2
	(1)		(2)	(3)
Foreign	0.1016 (1.12)	*Gap*	－4.3526*** (－2.77)	－4.9950*** (－2.90)
Mrkindex	0.0368*** (3.31)	*Icid*	0.1900*** (3.35)	0.2200*** (3.82)
Soe	－0.0545 (－1.15)	*Gap* * *Icid*	5.3137** (2.46)	5.7894** (2.39)
Size	0.6161*** (26.25)	*Soe*	－0.4523*** (－5.85)	－0.5365*** (－6.21)
Roa	8.8031*** (16.84)	*Size*	－0.0072 (－0.16)	－0.0076 (－0.15)
Lev	0.4785*** (3.26)	*Lev*	0.7049*** (3.17)	0.8668*** (3.48)
Dual	－0.1235* (－1.84)	*Growth*	0.0834 (1.64)	0.0980* (1.78)
		Ocf	－0.5071 (－1.16)	－0.8363* (－1.69)
		Esh	－18.4330 (－0.76)	－10.7804 (－0.39)
		Pay	0.1825*** (3.34)	0.2256*** (3.77)
		*Shr*1	－0.6547** (－2.06)	－0.6946* (－1.94)
		*Shr*2_10/1	－0.0279 (－0.36)	0.0052 (0.06)
		Dual	0.0835 (0.79)	0.1724 (1.44)
		Gdp	－0.0982** (－2.04)	－0.1147** (－2.14)
		IMR	－0.0502 (－0.89)	－0.0387 (－0.60)

续表

一阶段回归：	Dum_Icid (1)	二阶段回归：	P1 (2)	P2 (3)
		_cons	-1.4342 (-0.95)	-1.7945 (-1.06)
年度/行业	控制	年度/行业	控制	控制
observations	4731	observations	4731	4731
Wald chi2/F	1479.09 ***	Wald chi2/F	235.05 ***	7.09 ***
$PescudoR^2/R^2$	0.2255	$PescudoR^2/R^2$	0.0446	0.0308

注：*** 表示在1%的水平上显著，** 表示在5%的水平上显著，* 表示在10%的水平上显著。已对回归方程中的异方差问题进行了检验和处理，括号内提供的 T 值经过异方差稳健修正。

五、进一步检验：区分高管权力的分样本检验

前文的研究结果表明，相对于内控差的企业而言，在内控好的企业中，外部盈利压力与企业并购之间的负相关关系会得到有效缓解。事实上，内部控制作用的发挥，会受到高管权力的影响（刘启亮等，2013；牟韶红等，2013）。因此，本节进一步检验外部盈余压力与企业并购的关系是否以及如何受到公司高管权力结构配置的影响。

尽管有部分学者理论上阐述，高管权力越大，越有可能促进内部控制的良好运行（刘启亮等，2013；牟韶红等，2013）。因为高管权力越大的公司，资源的调配效率越高，因而不仅可以制定良好的内部控制制度，而且一旦发现缺陷也可以及时完善，公司内部控制制度的执行更加有效。但是更多的研究证据认为，高管权力与内部控制有效性成反比，高管权力越大，越不利于企业内部控制的有效性执行。众所周知，公司的内部控制制度是由经理层制定，由董事会审批通过的，因此高管在制定内控制度时肯定会朝着对自己有利的方向发展，拥有更大权力的高管更有动机和能力这样做；同时，即使公司制定了良好的内控制度，过大的高管权力（*CEO* 兼任董事长）也会削弱董事会的影响（*Jensen*，1993），降低董事会的制衡效率（树友林，2011），内部控制对过度投资的抑制作用受制于高管权力，内部控制制度的设计和实施沦为形式甚至成为代理问题的一部分，更多的是“装饰”或“摆设”（干胜道和胡明霞，2014）。中航油新加坡公司就是最典型的例证。一些实证研究也提供了支持上述观点的经验证据，如刘启亮等（2013）研究发现，内部控制会对会计信息质量产生提升作用，但这种效用受制于高管的权力配置结构，仅在非高管集权公司样本组，公司的内部控制质量与会计信息质量显著正相关；赵息和张西栓（2013*a*）研究发现内部控制与高管权力显著为负，过大的高管权力会抑制内部控制的有效性；赵息和张西栓（2013*b*）

研究发现，高管组织权力、能力权力会对企业内部控制的有效性产生显著的消极作用，但所有权权力会对内部控制的有效性产生正面影响；张帆（2014）研究也发现有效的内部控制能够提高企业的会计稳健性，但高管权力集中会抑制这一作用。综上，过大的高管权力会制约内部控制制度的有效性。因此我们推论：高质量内部控制弱化外部盈利压力与企业并购之间的负相关的影响，仅出现在高管权力小的上市公司样本中。

借鉴以往研究，本节对企业高管权力做如下界定：高管权力（*Power*）①。对于高管权力指标（*Power*）的衡量，学者们尚未取得一致意见。本节在综合已有文献的基础上，借鉴卢锐（2007）权力模型的思路，分别用两职合一（*Dual*）、高管在位期限（*Tenure*）与股权制衡度（*Disp*）得到的综合权力指标 *Power* 作为解释变量，其中，$Dual + Tenure + Disp \geqslant 2$，*Power* 取值为 1，否者为 0。在考察高管权力大小的影响时，为了避免高管权力与企业内部控制之间的内生性问题，我们对“高管权力”变量进行了滞后期处理。

表 2－15 进一步检验了高管权力不同的企业，内部控制对外部盈利压力与企业并购行为/频率之间关系的影响是否存在显著差异。在表 2－15 中，我们将总样本分为高管权力大与高管权力小两个子样本，在高管权力大样本中，如表 2－15 中回归（1）、回归（3）所示，外部盈利压力与内部控制的交互项 $Gap \times Icid$ 的系数为正但没有通过显著性检验，表明高管权力较大时，内部控制对企业并购行为没有显著影响；而在高管权力小的样本中，如表 2－16 中回归（2）、回归（4）所示，外部盈利压力与内部控制的交互项 $Gap \times Icid$ 的系数至少在 5% 的水平上显著为正，表明高管权力较小时，高质量内部控制有助于减弱外部盈利压力与并购行为/频率之间的负相关关系。由此本节推论得到验证。

表 2－15　外部盈利压力、内部控制与企业并购（高管权力的调节作用）

VARIABLES	*P1*		*P2*	
	(1)	(2)	(3)	(4)
	高管权力大样本 (*power* = 1)	高管权力小样本 (*power* = 0)	高管权力大样本 (*power* = 1)	高管权力小样本 (*power* = 0)
Gap	−8.6903** (−2.12)	−3.7362** (−2.20)	−10.4407** (−2.18)	−4.2485** (−2.33)

① 变量定义：两职合一（Dual），董事长与总经理是否两职合一，是为 1，否则为 0；高管在位期限（Tenure），总经理任职期限，高于中位数为 1，否则为 0；股权制衡度（Disp），第二到第十大股东所持股份之和与第一大股东所持股份的比率，当比值大于 1 时，说明公司股权比例相对分散，大股东对管理层的监督缺乏动力和责任心，高管权力较大，取值为 1，否则为 0。

续表

VARIABLES	P1		P2	
	(1)	(2)	(3)	(4)
	高管权力大样本 (power = 1)	高管权力小样本 (power = 0)	高管权力大样本 (power = 1)	高管权力小样本 (power = 0)
Icid	0.2109 * (1.79)	0.1516 *** (2.78)	0.2955 ** (2.18)	0.1988 *** (3.39)
Gap × Icid	3.8086 (0.67)	5.5568 ** (2.45)	2.3929 (0.37)	6.6038 *** (2.64)
Soe	-0.4888 *** (-2.79)	-0.4635 *** (-5.30)	-0.6553 *** (-3.12)	-0.5283 *** (-5.58)
Size	0.1169 (1.01)	-0.0193 (-0.41)	0.1018 (0.77)	-0.0261 (-0.51)
Lev	0.9205 * (1.75)	0.6639 *** (2.69)	0.9898 (1.61)	0.8441 *** (3.14)
Growth	-0.2818 (-1.32)	0.0975 * (1.87)	-0.2410 (-0.85)	0.1081 ** (1.97)
Ocf	1.2301 (1.03)	-0.7524 (-1.57)	1.0778 (0.76)	-1.1410 ** (-2.18)
Esh	-46.4743 (-1.17)	-10.9447 (-0.34)	-41.2427 (-0.84)	-6.1874 (-0.18)
Pay	0.0817 (0.64)	0.2168 *** (3.49)	0.2337 (1.54)	0.2355 *** (3.62)
Shr1	-1.3319 (-1.22)	-0.5594 (-1.63)	-1.2095 (-0.89)	-0.5607 (-1.49)
Shr2_10/1	-0.0849 (-0.50)	0.0277 (0.27)	-0.1820 (-0.92)	0.0569 (0.51)
Dual	-0.0301 (-0.16)	0.3214 * (1.75)	-0.0906 (-0.39)	0.3747 * (1.92)
Gdp	-0.1243 (-1.06)	-0.1017 * (-1.89)	-0.2304 (-1.56)	-0.1001 * (-1.75)
_cons	-1.4275 (-0.41)	-1.2977 (-0.76)	-0.4428 (-0.10)	-1.8774 (-1.04)
年度/行业	控制	控制	控制	控制
observations	829	3902	829	3902
Wald chi2/F	58.67 **	205.93 ***	2.09 ***	6.37 ***
PescudoR^2/R^2	0.0630	0.0489	0.0428	0.0328

注：*** 表示在1%的水平上显著，** 表示在5%的水平上显著，* 表示在10%的水平上显著。已对回归方程中的异方差问题进行了检验和处理，括号内提供的 T 值经过异方差稳健修正。

六、稳健性检验

为了增加上述结论的稳健性，本节还进一步做了以下测试：

（1）考虑到公司的决策可能是当年年底作出的，本节又进一步借鉴谢震和艾春荣（2014）做法，采用上一年10月至当年9月分析师发布的关于公司每股收益预测平均值作为资本市场绩效预期，主要研究结果不变，结果见表2-16。

（2）借鉴刘启亮等（2013）的做法，选择将董事长和总经理两职合一的企业视为高管权力大的企业，其余为高管权力小的企业，主要研究结果不变，结果见表2-17。

（3）对回归模型进行了按年度和公司层面的 *Cluster* 处理，研究结果不变；同时，还考察了各模型中变量的 *VIF* 值，发现所有变量的 *VIF* 值都小于3，表明模型中变量之间的多重共线性较小。

表2-16　外部盈利压力、内部控制与企业并购稳健性检验

VARIABLES	*P1*		*P2*	
	(1)	(2)	(3)	(4)
	全样本	全样本	全样本	全样本
Gap	-2.1101 * (-1.79)	-3.8639 ** (-2.39)	-2.3462 * (-1.77)	-4.1883 ** (-2.32)
Icid		0.1535 *** (3.03)		0.2136 *** (3.81)
Gap × Icid		4.0857 * (1.91)		4.4838 * (1.84)
Soe	-0.4364 *** (-5.47)	-0.4354 *** (-5.45)	-0.5237 *** (-5.86)	-0.5190 *** (-5.84)
Size	0.0919 ** (2.38)	0.0167 (0.38)	0.1207 *** (2.78)	0.0186 (0.38)
Lev	0.7121 *** (3.07)	0.7959 *** (3.41)	0.8583 *** (3.29)	0.9736 *** (3.72)
Growth	0.1099 ** (2.29)	0.0988 ** (2.04)	0.1372 ** (2.55)	0.1227 ** (2.28)
Ocf	-0.4446 (-0.99)	-0.7294 (-1.61)	-0.5951 (-1.17)	-1.0003 * (-1.96)
Esh	-17.6343 (-0.73)	-20.6006 (-0.84)	-10.2608 (-0.36)	-13.3316 (-0.47)

续表

VARIABLES	P1		P2	
	(1)	(2)	(3)	(4)
	全样本	全样本	全样本	全样本
Pay	0.1945 ***	0.1709 ***	0.2410 ***	0.2082 ***
	(3.47)	(3.04)	(3.83)	(3.32)
Shr1	-0.5913 *	-0.6646 **	-0.6188 *	-0.7186 *
	(-1.80)	(-2.01)	(-1.67)	(-1.94)
Shr2_10/1	-0.0071	-0.0187	0.0276	0.0119
	(-0.09)	(-0.24)	(0.32)	(0.14)
Dual	0.0945	0.0902	0.1953	0.1824
	(0.87)	(0.83)	(1.57)	(1.48)
Gdp	-0.1033 **	-0.1104 **	-0.1125 **	-0.1224 **
	(-2.08)	(-2.23)	(-2.04)	(-2.24)
_cons	-2.4134	-1.2731	-3.4852 **	-1.9154
	(-1.59)	(-0.83)	(-2.05)	(-1.14)
年度/行业	控制	控制	控制	控制
observations	4408	4408	4408	4408
Wald chi2/F	193.75 ***	208.26 ***	6.31 ***	6.51 ***
PescudoR^2/R^2	0.0389	0.0422	0.0273	0.0301

表 2-17　外部盈利压力、内部控制与企业并购（高管权力的调节作用）稳健性检验

VARIABLES	P1		P2	
	(1)	(2)	(3)	(4)
	高管权力大样本 (power=1)	高管权力小样本 (power=0)	高管权力大样本 (power=1)	高管权力小样本 (power=0)
Gap	-5.3786	-4.0100 **	-7.3693 **	-4.4213 **
	(-1.26)	(-2.38)	(-1.48)	(-2.42)
Icid	0.3218 **	0.1359 ***	0.3400 **	0.1945 ***
	(2.25)	(2.58)	(2.24)	(3.38)
Gap × Icid	2.3622	5.1356 **	2.7675	5.7199 **
	(0.35)	(2.32)	(0.37)	(2.31)
Soe	-0.5690 ***	-0.4619 ***	-0.7945 ***	-0.5204 ***
	(-2.44)	(-5.54)	(-3.10)	(-5.64)
Size	0.0523	0.0032	0.1277	-0.0061
	(0.36)	(0.07)	(0.78)	(-0.12)

续表

VARIABLES	P1		P2	
	(1)	(2)	(3)	(4)
	高管权力大样本 (power = 1)	高管权力小样本 (power = 0)	高管权力大样本 (power = 1)	高管权力小样本 (power = 0)
Lev	0.2583 (0.38)	0.7168*** (3.02)	0.1921 (0.25)	0.8918*** (3.39)
Growth	0.1513 (0.99)	0.0811 (1.50)	0.1533 (0.95)	0.0952 (1.62)
Ocf	-2.9866 (-2.22)	-0.2248 (-0.48)	-3.6856** (-2.59)	-0.5145 (-0.98)
Esh	-66.8622 (-0.83)	-12.5354 (-0.50)	-84.2781 (-0.94)	-2.9137 (-0.10)
Pay	0.1153 (0.74)	0.2130*** (3.59)	0.1575 (0.90)	0.2460*** (3.87)
Shr1	-0.5571 (-0.52)	-0.6262* (-1.85)	0.0380 (0.03)	-0.7234* (-1.92)
Shr2_10/1	-0.3254 (-1.35)	0.0049 (0.06)	-0.2599 (-0.95)	0.0347 (0.38)
Gdp	-0.0416 (-0.27)	-0.1092** (-2.13)	-0.0676 (-0.38)	-0.1272** (-2.27)
_cons	-3.8981 (-0.81)	-1.2370 (-0.77)	-5.2088 (-0.96)	-1.4502 (-0.82)
年度/行业	控制	控制	控制	控制
observations	521	4210	521	4210
Wald chi2/F	49.26*	214.29***	1.69***	6.92***
Pescudo R^2/R^2	0.0747	0.0471	0.0526	0.0321

七、研究结论

本节以我国2007－2012年沪、深A股非金融类上市公司为研究样本，对外部盈利压力、内部控制与企业并购行为之间的关系进行了理论探讨和实证验证。实证结果表明：(1) 企业面临的外部盈利压力越大，企业越不倾向于并购；(2) 相对内部控制差的企业而言，在内部控制好的企业中，外部盈利压力越大，企业并购的可能性反而增加；(3) 高管权力抑制了内部控制的执行效率。

本研究的主要启示有：(1) 分析师偏重于企业短期业绩的预测，而仅以企业的业绩是否达到分析师盈余的预测来评价企业，考核经理人，会促使经理人更关注当期利益，不利于企业的长远发展，因此，亟需制定一套科学的企业业绩评估体系；（2）本节的研究对于加强国内企业对内部控制制度的重视和建设，提高上市公司内部控制效率具有重要现实意义；（3）本节的研究也进一步表明企业内部形成良好权力配置结构的意义和重要性。

在本节研究中也发现了一些问题：第一，内部控制由控制环境、风险评估、控制活动、信息与沟通和监督五大要素构成，本节没有具体分别从五要素对外部盈利压力与企业并购行为之间的关系进行检验；第二，*Finkelstein*（1992）将高管权力划分为组织上的权力、所有权权力、专家权力和声望权力四个方面，本节没有进一步对样本企业的高管权力做出区分。这些问题有待于研究数据的获取，在未来研究中进一步深化。

第三节　现金持有水平、内部控制与企业并购

一、问题的提出

据和讯网报道，截至2013年年底，全球企业持有近7万亿美元现金，这几乎是10年前数值的两倍以上，而在本节的研究样本中（2008－2014年），我国上市公司期末现金及现金等价物占账面总资产比重的均值为18%，也就是说，上市公司的账面资产接近1/5以现金及现金等价物的形式存在。根据以往的研究，预防动机或代理动机是企业持有大量现金的两大主要动机[①]。基于现金持有的预防动机认为，持有现金有助于降低外源融资成本，保证企业在不降低当前经营业绩的情况下支持企业的成长（*Mikkelson* 和 *Partch*，2003）。如果企业考虑到未来经营环境的复杂性与不确定性，那么，企业有必要在当前积累现金以应对未来的不时之需、分散未来现金流风险或者利用未来有利的投资机会。*Liu*（2003）的研究发现，在融资约束程度较高的公司，其现金持有量与投资机会显著正相关，即融资约束程度越高公司的现金持有预防性动机越明显；基于现金持有的代理动机则认为，现金是流动性最强且极易被代理人随意使用的资产，当企业持有大量现金时，控股股东或管理层为了增加控制权私利，他们可能更倾向于对净现值为负的项目进行过度投资（*Jensen*，1986），因此，持有高额现金的企业更可能实施有损股东财富的多元化并购（*Harford*，1999）。张芳芳和刘淑莲（2015）的研究发现，相对于现金持有不足的公司，超额现金持有的公司更有可能发动并购，且与企业长期并购绩效负相关，这些研究支持了现金持有超额公司并购的代

① 已有关注现金持有水平的文献主要从预防性动机、交易性动机、税收动机、代理成本动机等方面对企业保持高流动性的动机进行分析和考察（Bates 等，2009）。

理动机。而据来自普华永道发布的《2013 年中国地区企业并购回顾与 2014 年前瞻》行业分析报告显示，中国地区企业并购交易金额在 2013 年增长了 28%，达到 2600 亿美元，创下历史新高，其中交易金额大于 10 亿美元的交易有 43 宗，高于 2012 年的 30 宗。如此巨大规模的并购交易必须有强大的资金支持，是否并购以及能否成功实施并购很大程度上受制于企业是否有足够的资金支持。因此，我们所关注的第一个问题是：代理动机下的现金持有与预防动机下的现金持有对企业的并购是否产生不同的影响？两类动机下的并购效果是否存在显著差异？

问题的另一个方面，并购作为企业扩张和资源配置的重要形式，是牵动着企业所有利益相关者切身利益及其利益分配的重大事项和重要决策，其决策过程必然要受制于内外制度和治理机制的约束，在这众多的制度约束中尤以内部控制显得更为直接。作为一种内部治理机制，内部控制在缓解代理冲突、降低信息不对称、提高监督激励力度、放松融资约束、提高投资效率和控制风险等方面具有明显优势（林钟高等，2014）。但是，国内外已有内部控制经济后果的研究主要集中于内部控制对融资成本、盈余质量、审计费用以及投资效率等方面的影响（*Ashbaugh - Skaife* 等，2009；*Kim* 等，2011；*Altamuro* 和 *Beatty*，2006；*Hoitash* 等，2009；李万福等，2011；方红星和金玉娜，2013）。尽管有少量的文献（杨棉之和孙超，2014；*Byington* 等，2006；*Vijag Karan* 和 *Mohsen Sharifi*，2006；陈蕾，2005）研究认为高质量的内部控制可以提升企业并购绩效，但是，高质量的内控能否有效遏制不同现金持有动机驱动下的并购决策尚未有文献述及。因此我们认为，如果考虑现金持有动机的不同，或许能为内部控制对企业并购影响的研究结论提供新的经验证据。

鉴于以上分析，本节以我国沪、深 *A* 股 2008 - 2014 年上市公司为研究样本，实证检验现金持有水平和企业并购之间的关系以及内部控制在其间的调节作用。本节可能的贡献：（1）丰富了现金持有与企业并购的相关研究。首次从现金持有的代理动机和预防动机角度出发，厘清了现金持有水平影响企业并购决策的机理与路径，并进一步提供了高质量内控是否有助于遏制现金持有代理动机诱发的企业并购行为的经验证据；（2）拓展了内部控制经济后果的文献。本节从一个新的视角（现金持有动机），提供了内部控制缓解企业股东与管理层之间代理冲突的经验证据，进一步丰富和发展了内部控制和代理冲突研究领域的文献；（3）从实践价值看。本节对企业内部控制建设、现金持有政策以及并购决策等企业实践和内部控制政府监管具有指导意义。

二、理论分析与研究假设

（一）现金持有动机与企业并购及其绩效

现金被视为企业的“血液”，对企业的健康、持续运营和发展具有重要的战略意义。现金持有水平是一项重要的公司财务决策，与公司投资、融资等财务行为均有着直接的关系。基于现金持有的预防动机认为，由于信息不对称及代理问题的存在，融资约束和融资成本是影响公司现金持有动机的主要因素。企业会出于预防性动机而持有现金以捕捉未来投资机会。如 *Liu*（2003）的现金持有预防动机模型发现，融资约束程度越强的公司，其投资机会与现金持有呈显著正相关，其现金持有的预防性动机越强；与非融资约束企业相比，存在融资约束的企业更倾向于储备较多的现金（*Almeida* 等，2004）；*Denis* 和 *Sibilkov*（2010）研究发现，公司较高的现金持有水平与融资约束和非融资约束公司的投资水平均显著正相关，但非融资约束公司的投资边际价值显著更小。作为实现快速扩张成长的并购，是国内外企业最热衷的投资方式，*Menno*（2011）研究发现，受到融资约束影响的英国上市公司减少了实施并购的可能性；*Almazan* 等（2010）的研究发现，为了能够抓住并购机会，准备进行并购的公司持有更多的现金、维持宽松的财务资源，以应对并购资金需求。

然而，现金是流动性最强的资产，当企业持有大量现金时，在控制权私利的驱动下，管理层或大股东可能更倾向于对净现值为负的项目进行过度投资，现金容易异化成大股东或管理层“资源转移”的对象（*Jensen*，1986）。由于较高的现金持有量能够降低企业对外部市场融资的依赖，使得企业经理人免于资本市场严格的监管，进而经理人可以选择对自己有益的项目进行投资。当企业持有大量的现金时，经理人为了构建自己的商业帝国或为了增强自身权威进行盲目投资、过度并购，将有损于股东价值最大化的实现，正如 *Jensen*（1986）所指出，购并是管理层花费现金的一种主要方式，自由现金流理论意味着拥有大量自由现金流的公司为了建立“经理帝国”，更倾向于进行低效率或降低价值的并购活动以及其他的在职消费行为。代理冲突是引发高额现金持有、盲目并购的根源所在，已有国外文献提供了企业代理成本与现金持有之间密切相关的经验证据。如 *Rechardson*（2006）的实证研究发现超额现金持有会导致过度投资。*Harford*（1999）则发现持有高额现金的公司更可能实施减损股东价值的多元化并购。*Malmendie* 和 *Tate*（2008）的研究表明，存在充裕内部现金流的企业，过度自信的管理层更易实施并购投资活动。在我国，也有大量文献研究表明，企业自由现金流越高，过度投资行为越为严重，投资效率越低。如张会丽和陆正飞（2012）发现，在公司总体持现水平一定的条件下，控股子公司持有现金比率越高，集团公司整体的过度投资行为越严重，投资效率越低。张芳芳和刘淑莲（2015）研究表明相对于现金持有不足的公司，超额现金持有的公司更可能从事并购活动。

因此，基于上述分析，无论是基于现金持有的预防动机（管理者为了及时抓住有利的投资机会），还是基于现金持有的代理动机（管理者滥用自由现金流），持有高额现金的企业更倾向于并购，尽管如此，相比预防动机而言，管理层滥用自由现金流而发起的并购绩效更差。综上，提出以下研究假设：

假设6：限定其他条件，预防动机下和代理动机下的现金持有水平均与企业并购显著正相关，但是相对于预防动机而言，代理动机下的并购绩效更差。

（二）内部控制对不同动机下持有现金与并购行为关系的调节作用

正如前文所分析，企业持有高额现金既有可能是出于预防动机，也有可能是出于代理成本动机，内部控制对企业基于不同动机的高现金持有水平下并购决策的影响可能存在明显差异。当企业基于预防动机而持有现金时，一方面企业面临良好的成长与投资机会，充裕的现金持有为公司战略性资本投资提供了稳定的资金支持，有助于公司捕捉有利的投资机会而获取更高的市场份额；另一方面，这些企业的管理层可能决策更加稳健，在此情形下，高质量内部控制有助于形成企业内部良好的投资决策机制，敦促管理层做出科学的并购决策。

根据高层梯队理论（*Upper Echelons Theory*），有限理性管理者的战略选择是一个非常复杂的决策过程，受到决策者认知、价值观和个人偏好的影响。经理的私人收益（各种货币和非货币收入以及社会地位）随着公司规模的扩大而增加（*Jensen*，1993），根据自由现金流理论，当企业内部存在严重的代理冲突时，通常表现为企业基于代理成本动机而持有高额现金，经理可能滥用自由现金流盲目扩张投资、构建“经理帝国”（*Kothari* 等，2009）。随着代理冲突的增加，如果经理在企业经济决策制定过程中缺乏必要的监督和控制机制，使得经理有足够的机会去从事机会主义行为。理论上而言，高质量内部控制可以改善信息质量，提高信息透明度，降低代理成本（*Kim* 等，2011）。因为从理论原始禀赋层面看，内部控制是由企业董事会、监事会、经理层和全体员工实施的、旨在实现控制目标的内部约束制度，本质上是一套包括激励和监督在内的内部交易契约制度安排，试图通过明确企业内部契约各方的权力制衡机制和科学决策授权体系，达到有效控制、限制经理人的不恰当投资行为（包括主观的和非主观的），激励经理人做出最优投资决策，提高投资效率。内部控制本身是代理的产物，同时又具有风险防控功能，因此从理论上说，内部控制有助于抑制高现金持有水平下的过度并购行为。如张会丽和吴有红（2014）的研究发现，内部控制质量的改善有助于防范企业内部对自由现金流的滥用，抑制企业的过度投资行为，能够显著提高企业的现金持有价值，内部控制在缓解企业现金持有的代理成本与预防性动机之间的矛盾冲突中发挥着重要的战略作用。

如果进一步从内部控制组成要素看，也可以发现高质量的内部控制对于代理动机的现金持有并购行为有较大的抑制作用。首先，对风险的防范与控制是内部控制的核心问题，高质量内部控制通过强化风险评估程序，对是否并购、并购目标选择、根据企业现金持有状况采取何种并购支付方式、如何有效整合相关资源等进行有效评估，从而规避和控制并购活动中的风险，提高并购效率；其次，内部控制可以对并购公司的控制环境进行优化，因为并购而导致公司员工、中层管理人员甚至高管的工作岗位、职业发展机会等变动，公司的文化和治理结构也会随之变化，内部控制的环境再造可以重塑公司的文化，优化高管团队的配置与协调，完善公司的治理体系；再次，高质量内部控制企业中，权力制衡与决策机制并举，严格的控制与监督活动并用，能有效抑制公司管理层的机会主义行为（杨德明等，2009），减少决策偏误；最后，畅通的信息与沟通机制能缓解并购过程中的信息不对称，使得企业内部员工之间的内部沟通以及上下级之间的信息反馈顺利实现，不仅有助于消除分歧，增强对目标的理解，还有助于企业内部各环节、各要素之间通过信息收集、提取并购相关信息并将之传递到相应的岗位和人员，使其及时掌握并购进程，调整并购策略，促进并购按照期望的方向进行（*Habeck* 和 *Kroge*，2000），提高并购效率。

综上，提出以下研究假设：

假设 7：限定其他条件，在“高增长率、高现金持有量”组（预防动机组），内部控制抑制现金持有与企业并购之间关系的作用不明显；在“低增长率、高现金持有量”组（代理动机组），高质量内部控制能有效抑制高现金持有导致的企业并购。

三、研究设计

（一）模型设置

为了验证本节所提出的假设 6 和假设 7，构建了以下模型：

$$Merger = \beta_0 + \beta_1 Cash + \beta_2 Icid + \beta_3 CI + \beta_4 Growth + \beta_5 Size + \beta_6 Lev + \beta_7 Rind + \beta_8 Tatr + \beta_9 Tenure + \beta_{10} Dual + \beta_{11} Disp + \beta_{12} Soe + \sum Year + \sum Ind + \varepsilon$$

$$\Delta Roa/\Delta Roe = \beta_0 + \beta_1 Dum\_AG + \beta_2 Dum\_type + \beta_3 Scale + \beta_4 Age + \beta_5 Size + \beta_6 Lev + \beta_7 Rind + \beta_8 Tatr + \beta_9 Tenure + \beta_{10} Dual + \beta_{11} Disp + \beta_{12} Soe + \sum Year + \sum Ind + \varepsilon$$

（二）变量定义

（1）被解释变量。企业并购（*Merger*）：即指企业并购与否（本节特指主并企业），本节用虚拟变量表示，即企业发生并购用 1，反之则为 0；

并购绩效（ΔRoa/ΔRoe）：并购后一年与并购前一年总资产收益率/净资产收益率的变化值。

（2）解释变量：现金持有水平 Cash、代理动机 Dum_AG、内部控制质量 Icid。

现金持有水平（*Cash*）：借鉴纳鹏杰和纳超洪（2012）的研究，采用企业年末现金及现金等价物持有量，并用总资产进行标准化处理。为确保因果关系的顺序，现金持有水平指标采用并购事件上一年年底的统计数据；

为了识别企业现金持有究竟是“预防动机”还是“代理成本动机”，需要对研究样本进行分组。本节沿用 Lehn 和 Poulson（1989）的方法[①]，以未分配现金流量（*CF*）和投资机会（*GR*）的中位数为标准进行分组匹配。具体见表 2－18：

表 2－18　　样本分组原则

低 *GR*，	$GR < GR_{中位数}$	高 *GR*，$GR > GR_{中位数}$
高 *CF*	$CF > CF_{中位数}$	高 $CF > CF_{中位数}$
低 *CF*	$CF < CF_{中位数}$	低 $CF < CF_{中位数}$

代理动机（Dum_AG）：代理动机设为 1，预防动机设为 0；

内部控制质量（*Icid*）：采用迪博内部控制指数来衡量，该指数越大，代表内部控制质量越高，本节将其除以 100 进行标准化处理。

（3）控制变量：为了控制其他因素对企业并购的影响，本节借鉴卢锐（2008）、刘淑莲、张广宝和施继坤（2012）、傅颀、汪祥耀和路军（2014）、李维安和陈刚（2015）等的研究，选取企业规模（*Size*）、资产负债率（*Lev*）、独董比例（*Rind*）、总资产周转率（*Tatr*）、高管任期（*Tenure*）、董事长和总经理是否两职合一（*Dual*）、股权制衡度（*Disp*）、产权性质（*Soe*）、年度（*Year*）、行业（*Ind*）等控制变量，具体说明如表 2－19：

表 2－19　　变量定义表

变量名称	变量代码	说明及计算
企业并购	Merger	企业是否发生并购，是为 1，否则为 0
现金持有水平	Cash	并购前一年末现金及现金等价物持有量，用总资产进行标准化处理
内部控制质量	Icid	采用迪博内部控制指数作为内部控制质量的替代变量，该指数越高，说明内部控制质量越好，文中除以 100 进行标准化处理
并购绩效	△Roa/△Roe	采用并购后一年与并购前一年的总资产收益率/净资产收益率的变化值
代理动机	Dum_AG	虚拟变量，代理动机设为 1，预防动机设为 0
现金持有水平和内部控制指数的交乘项	CI	用现金持有水平和内部控制指数的交乘项来验证内部控制质量能否抑制并购决策中可能会出现的代理动机，为了避免模型中引入交互变量可能引发的多重共线性问题，对变量 *Cash* 和 *Icid* 进行去中心化处理（变量 *Cash* 和 *Icid* 分别减各自的中位数）

---

① 本节沿用 Lehn 和 Poulson（1989）的方法分别衡量未分配现金流量和投资机会，即：未分配现金流（CF）＝折旧前的营业性利润－税收总额－短期和长期负债的利息总额－优先股股利－普通股股利；投资机会（*GR*）＝（主营业务收入$_t$－主营业务收益$_{t-1}$）/主营业务收入$_{t-1}$。其中，等式中的未分配现金流量用总资产进行标准化处理。

续表

变量名称	变量代码	说明及计算
企业成长能力	Growth	企业营业收入增长率
企业规模	Size	并购前一年末总资产取自然对数
资产负债率	Lev	并购前一年末的总负债/总资产×100%
独立董事比例	Rind	并购前一年独立董事人数与董事会总人数的比值
总资产周转率	Tatr	并购前一年的总资产周转率
高管任期	Tenure	并购前一年的高管任期
两职合一	Dual	虚拟变量，董事长和总经理两职合一取1，否则为0
股权制衡度	Disp	并购前一年第二至第十大股东所持股份之和与第一大股东所持股份的比率
产权性质	Soe	产权性质，若为国企取1，否则为0
并购标的物类型	Dum_type	股权标的设为1，其他为0
并购规模	Scale	并购金额/总资产
年度变量	Year	虚拟变量，用来控制宏观经济因素的影响
行业变量	Ind	虚拟变量，根据证监会对制造业的二级分类标准进行分类，用来控制行业因素的影响

（三）样本选择

本节以沪、深两市 *A* 股上市公司 2008 年至 2014 年数据为研究样本，按照以下原则剔除部分数据：（1）金融、保险业上市公司；（2）数据缺失公司；（3）剔除已退市和未披露当年年度报告的公司；（4）为了检验代理动机与预防动机对企业并购绩效的不同影响，将非预防、代理动机样本删去，仅保留代理动机与预防动机的并购样本。为了消除极端值的影响，本节对模型中所有连续性变量进行了上下 1% 水平的 *Winsorize* 处理。本节所使用的并购数据来源于国泰安 *CSMAR* 并购重组数据库，其他财务数据、公司治理数据等来源于 *CSMAR* 与 *WIND* 数据库，数据处理采用 *Stata*13。

四、实证检验与分析

（一）模型主要变量的描述性统计与相关性分析

从表 2－20 的描述性统计的结果中可以看出，企业并购（*Merger*）的均值为 0.36，说明我国上市公司并购偏好比较明显；现金持有水平（*Cash*）的均值为 0.18，最大值为 1.092，最小值为 0.003，可以看出，不仅不同公司间的现金持有水平存在明显差异且总体持有水平较高；内部控制指数（*Icid*）的最大值为 9.406，最小值为 0，中位数为 6.816，说明不同公司间内部控制质量是有差异的；并购绩效（$\Delta Roa/\Delta Roe$）的均值为 －0.0058/－0.0056，说明总体而言企业并购后绩效普遍下滑；代理动机（*Dum_AG*）的均值为0.4015，说明在并购样本中基于代理动机的并购略低于预防动机；企业成长能力（*Growth*）的最大值为5.894，最小值为0.057，标准差为0.684，中位数为0.883，说明不同公司的成长性是有显著差异的。

表 2－20　　描述性统计

变量	*Obs*	*Mean*	*Min*	*Median*	*Max*	*Std.*
Merger	8412	0.360	0	0	1	0.480
Cash	8412	0.180	0.003	0.132	1.092	0.171
Icid	8412	6.641	0	6.816	9.406	1.269
ΔRoa	1517	－0.0058	－0.2379	－0.0052	0.2787	0.0621
ΔRoe	1517	－0.0056	－0.4907	－0.0083	0.8279	0.1551
Dum_AG	1517	0.4015	0	0	1	0.4904
Dum_type	1517	0.6196	0	1	1	0.4856
Scale	1517	0.1138	0.0004	0.0165	3.1603	0.4036
Growth	8412	0.981	0.057	0.883	5.894	0.684
Size	8412	22.027	18.833	21.912	25.925	1.361
Lev	8412	0.538	0.083	0.539	1.556	0.227
Rind	8412	0.367	0.273	0.333	0.571	0.053
Tatr	8412	0.711	0.046	0.590	2.970	0.532
Tenture	8412	0.615	0	1	1	0.487
Dual	8412	0.127	0	0	1	0.333
Disp	8412	0.626	0.026	0.412	3.116	0.617
Soe	8412	0.625	0	1	1	0.484

主要变量的系数矩阵参见表2－21。现金持有水平（*Cash*）和企业并购（*Merger*）呈显著正相关（通过1%的显著性检验），说明企业持有高水平的现金更容易发生并购。企业成长能力（*Growth*）和企业并购（*Merger*）也呈显著正相关（通过1%的显著性检验），说明高成长性的公司也更可能通过并购实现企业的快速扩张与发展；内部控制指数（*Icid*）与企业并购（*Merger*）也呈显著正相关（通过1%的显著性检验），说明高质量的内部控制有助于企业形成科学的决策机制，帮助企业寻找良好的投资机会并作出决策。但是，相关系数矩阵表只能作为解释变量与被解释变量之间关系的一种参考。要深入研究解释变量与被解释变量之间的关系，还必须考虑其应相关因素的影响进行多元回归分析。

表 2-21　　　　主要变量相关系数表

变量	Merger	Cash	Icid	Growth	Size	Lev	Rind	Tatr	Tenture	Dual	Disp	Soe
Merger	1											
Cash	0.074***	1										
Icid	0.114***	0.118***	1									
Growth	0.051***	0.015***	0.074***	1								
Size	0.159***	-0.006	0.391***	-0.091***	1							
Lev	0.059***	-0.210***	-0.147***	0.128***	0.129***	1						
Rind	0.014	0.028***	-0.008	0.022	0.073***	0.026**	1					
Tatr	-0.036***	0.077***	0.129***	-0.011	0.025**	0.058***	-0.043***	1				
Tenture	-0.012	-0.017	0.089***	-0.028**	0.052***	-0.087***	-0.008	0.021*	1			
Dual	-0.018	0.016	-0.059***	-0.006	-0.113***	-0.004	0.037***	-0.027**	0.045***	1		
Disp	0.016	0.079***	-0.067***	0.015	-0.092***	0.020*	-0.013	-0.021*	0.022**	0.070***	1	
Soe	-0.037***	-0.010	0.127***	-0.020*	0.280***	0.009**	-0.022**	0.092***	-0.004	-0.158***	-0.216***	1

注：表中列示的是 pearson 检验，*** 表示在 1% 水平上显著，** 表示在 5% 水平上显著，* 表示在 10% 水平上显著。

（二）多元回归分析

表 2-22*a* 和 2-22*b* 给出假设 6 的实证检验结果，我们首先对全样本进行回归，回归结果显示现金持有水平（*Cash*）和企业并购（*Merger*）在 1% 的水平上呈显著正相关关系。我们进一步将全样本按现金持有水平（*Cash*）和企业成长能力（*Growth*）的中位数进行了分组检验，在高成长性、高现金持有水平组（预防动机组），现金持有水平（*Cash*）和企业并购（*Merger*）在 1% 的水平上显著正相关，在低成长性、高现金持有水平组（代理动机组），现金持有水平（*Cash*）和企业并购（*Merger*）也在 1% 的水平上显著正相关。但是，预防动机组的现金持有水平（*Cash*）和企业并购（*Merger*）之间的系数高于代理动机组（1.032 > 0.794），说明相对于代理动机而言，预防动机下企业现金持有与并购的关系更紧密。上述实证结果表明，无论是在预防动机组还是代理动机组，现金持有水平（*Cash*）和企业并购（*Merger*）都呈显著正相关关系。进一步观察表 2-22*b* 可以发现，无论是以 ΔRoa 还是 ΔRoe 作为并购绩效的代理变量，相对于预防动机而言，代理动机下的并购绩效更差。因此，本节的假设 6 得到验证。

表 2-22a　　现金持有水平与企业并购

变量	被解释变量（Merger）					
	全样本		高成长性、高现金持有组（预防动机组）		低成长性、高现金持有组（代理动机组）	
	系数	Z 值	系数	Z 值	系数	Z 值
Cash	0.898***	6.28	1.032***	4.06	0.794***	2.78
Growth	0.180***	5.19	0.032	0.65	-0.077	-0.26
Size	0.296***	14.75	0.209***	5.68	0.260***	5.93
Lev	0.195*	1.68	0.113	0.54	0.022	0.09
Rind	-0.484	-1.07	-2.628***	-3.02	0.143	0.14
Tatr	-0.069	-1.37	-0.109	-1.29	-0.265**	-2.01
Tenture	-0.034	-0.68	-0.128	-1.39	-0.073	-0.69
Dual	-0.057	-0.78	-0.162	-1.13	-0.052	-0.35
Disp	0.033	0.84	0.054	0.72	0.061	0.73
Soe	-0.374***	-6.97	-0.344***	-3.39	-0.517***	-4.47
_cons	-7.099***	-14.81	-3.987***	-4.35	-6.155***	-5.86
年度/行业	控制		控制		控制	
observations	8412		2289		1911	
Wald CHI^2	590.75		142.77		112.29	
Prob > CHI^2	0.0000		0.0000		0.0000	
$PseudoR^2$	0.0537		0.0458		0.0455	

注：*** 表示在 1% 水平上显著，** 表示在 5% 水平上显著，* 表示在 10% 水平上显著。

表 2-22b 代理动机与企业并购绩效

变量	被解释变量（ΔRoa）		被解释变量（ΔRoe）	
	系数	T 值	系数	T 值
Dum_AG	-0.019***	-5.65	-0.050***	-5.95
Dum_type	-0.003	-0.83	0.008	1.04
Scale	0.021***	5.25	0.068***	6.87
Age	-0.0001	-0.31	-0.001	-1.31
Size	-0.004**	-2.55	-0.010***	-2.66
Lev	0.027***	2.82	0.070***	2.88
Rind	-0.028	-0.94	-0.054	-0.71
Tatr	0.005	1.55	-0.019**	-2.29
Tenture	0.003	0.97	-0.001	-0.06
Dual	-0.007	-1.50	0.005	0.48
Disp	-0.003	-1.28	-0.007	-1.05
Soe	0.004	1.22	0.003	0.31
_cons	0.093**	2.03	0.276**	2.40
年度/行业	控制		控制	
observations	1517		1517	
F	6.92***		6.87***	
Adj_R^2	0.1172		0.1164	

注：*** 表示在 1% 水平上显著，** 表示在 5% 水平上显著，* 表示在 10% 水平上显著。

表 2-23 是对假设 7 的回归检验结果。从表 2-23 中可以看出，在高成长性、高现金持有量组（预防动机组）中，内部控制质量与现金持有水平的交乘项与并购决策虽然也是负向关系，但是未通过显著性检验；然而，在低成长性、高现金持有量组（代理动机组），内部控制质量与现金持有水平的交乘项在 10% 的水平上与并购决策呈显著负相关，说明在代理动机组，高质量内部控制能有效抑制高现金持有导致的企业并购。由此，假设 7 得到验证。

表 2-23 现金持有水平、内部控制质量与企业并购

变量	被解释变量（Merger）			
	高成长性、高现金持有组（预防动机组）		低成长性、高现金持有组（代理动机组）	
	系数	Z 值	系数	Z 值
Cash	1.090***	4.02	0.940***	3.15
Icid	0.064	1.17	0.066	1.13
CI	-0.247	-0.84	-0.612*	-1.84
Growth	0.022	0.46	-0.128	-0.43
Size	0.181***	4.05	0.236***	4.65

续表

变量	被解释变量（Merger）			
	高成长性、高现金持有组（预防动机组）		低成长性、高现金持有组（代理动机组）	
	系数	Z值	系数	Z值
Lev	0.175	0.82	0.151	0.60
Rind	-2.604***	-2.99	0.195	0.19
Tatr	-0.128	-1.48	-0.272**	-2.05
Tenture	-0.138	-1.49	-0.080	-0.75
Dual	-0.159	-1.11	-0.052	-0.35
Disp	0.054	0.72	0.062	0.76
Soe	-0.345***	-3.39	-0.506***	-4.36
_cons	-3.827***	-4.07	-6.162***	-5.77
年度/行业	控制		控制	
observations	2289		1911	
Wald CHI^2	144.66		116.18	
Prob > CHI^2	0.0000		0.0000	
$PseudoR^2$	0.0464		0.0471	

注：*** 表示在1%水平上显著，** 表示在5%水平上显著，* 表示在10%水平上显著。

（三）进一步检验：缓解代理冲突是内部控制发挥作用的路径吗？

内部控制作为公司治理契约在企业内部的延伸，尤其强调通过业务流程的规范设计强化对企业内部权力运作的约束、监督与控制，以规范制度的形式保证企业业务流程的合理安排、内部利益各相关方权力的优化配置与制衡，是减少股东和管理层之间代理问题、实现良好公司治理的基础性保障。

前文的研究发现高质量内部控制抑制了代理动机下持有现金引发并购，但是内部控制发挥这种抑制作用的路径是否如上述理论所分析的——减少股东和管理层之间代理问题？为此，本节以“管理费用率”指标来衡量公司股东与管理层的代理冲突，对代理动机组（低成长性、高现金持有量组）子样本进行检验。如果内控发挥作用的机理与路径确实是缓解公司股东与管理层的代理冲突影响，那么预期在高代理冲突组中，高质量内部控制的抑制作用更为显著。

对于中国上市公司而言，不同所有权性质的公司代理问题并不相同。非国有企业的代理问题不同于 Jensen（1976）所提出的股东与管理层之间利益冲突问题，因为在非国有上市公司治理结构中，大股东对于上市公司具有绝对控制权，公司管理层往往是大股东自己或者大股东派出的代表，即便是聘请了职业经理人，大股东也有足够动力和能力对管理层进行有效监督，所以非国有企业内的第一类代理冲突问题可能并不严重。但是，中国国有上市公司却在一定程度上类似于股权分散的美国上市公司，已有研究发现，中国国有企业普遍存在“所有者缺位”、“内部人控制”问题，即实际上公司管理层对国有上市公司具有强控制力，因此，国有控股公司的股东与管理层之间代理冲突更为突出。为此，我们将样本按照产权性质进行分组，对代理动机组（低成长性、高现金持有量组）进一步检验。

如表2－24第（1）、（2）列所示，通过按照“管理费用率”分组检验发现：当公司存在比较严重的代理冲突时（在管理费用率高于25%分位数组中）高质量内控可以有效抑制代理动机下高现金持有引起的并购，但是当公司代理冲突较小时（在管理费用率低于25%分位数组中），内部控制的抑制作用不明显。

如表2－24第（3）、（4）列所示，通过按照产权性质分组检验发现：在第一类代理冲突比较严重的国有控股公司中，高质量内控可以有效抑制代理动机下高现金持有引起的并购；但在第一类代理冲突不严重的民营企业中，内控对代理动机下高现金持有引起并购的抑制作用并不明显。上述实证结果表明缓解股东与管理层之间的代理冲突，确实是内部控制发挥作用的机理与路径。

表2－24　　按管理费用率和产权性质分组检验

变量	被解释变量（Merger）			
	管理费用率		产权性质	
	管理费用率低于25%分位数组（1）	管理费用率高于25%分位数组（2）	国有企业（3）	非国有企业（4）
	系数（Z值）	系数（Z值）	系数（Z值）	系数（Z值）
Cash	2.016*** (3.23)	0.501 (1.41)	0.546 (1.31)	1.406*** (3.01)
Icid	0.056 (0.36)	0.096 (1.50)	0.099 (1.20)	0.013 (0.16)
CI	－0.688 (－0.88)	－0.825** (－2.17)	－0.802* (－1.74)	－0.201 (－0.39)
Growth	0.737 (1.17)	－0.480 (－1.38)	－0.417 (－1.03)	0.009 (0.02)
Size	0.236** (2.09)	0.223*** (3.75)	0.153** (2.27)	0.364*** (4.15)
Lev	－0.075 (－0.12)	0.253 (0.90)	0.033 (0.09)	0.318 (0.90)
Rind	－3.467 (－1.59)	1.463 (1.26)	0.106 (0.08)	1.001 (0.59)

续表

变量	被解释变量（Merger）			
	管理费用率		产权性质	
	管理费用率低于25%分位数组（1）	管理费用率高于25%分位数组（2）	国有企业（3）	非国有企业（4）
	系数（Z值）	系数（Z值）	系数（Z值）	系数（Z值）
Tatr	-0.302 (-1.40)	-0.313 (-1.56)	-0.491** (-2.50)	-0.052 (-0.27)
Tenture	0.101 (0.45)	-0.130 (-1.06)	-0.052 (-0.38)	-0.158 (-0.90)
Dual	0.016 (0.04)	0.067 (0.41)	-0.398 (-1.58)	0.177 (0.89)
Disp	0.118 (0.60)	0.108 (1.18)	0.119 (1.01)	-0.030 (-0.25)
Soe	-0.850*** (-3.26)	-0.351*** (-2.60)	—	—
_cons	-6.216*** (-2.74)	-6.426*** (-4.98)	-4.563*** (-3.21)	-9.089*** (-4.83)
年度/行业	控制	控制	控制	控制
observations	476	1434	1176	734
Wald CHI^2	79.42	66.88	75.16	54.45
Prob > CHI^2	0.0000	0.0002	0.0000	0.0029
PseudoR^2	0.1278	0.0363	0.0508	0.0557

注：*** 表示在1%水平上显著，** 表示在5%水平上显著，* 表示在10%水平上显著。

（四）稳健性检验

为了增强研究结论的可靠性，我们还做了以下一系列稳健性检验：（1）借鉴Opler等（1999）的方法，以上市公司上年末现金及现金等价物余额除以上年末非现金资产的比率衡量现金持有水平（Cash），主要研究结果不变，结果见表2-25和表2-26；（2）以企业成长能力（Growth），用托宾Q替换营业收入增长率来衡量企业成长能力，主要研究结果不变，结果见表2-27和表2-28；（3）采用并购当年和并购后一年总资产收益率/净资产收益率的平均值与并购前一年的变化值（ΔRoa、ΔRoe）度量并购绩效，主要研究结果不变，结果见表2-29和表2-30；（4）对管理费用率按照中位数分组，主要研究结果不变，结果见表2-31。

表 2-25　现金持有水平与企业并购

变量	被解释变量（Merger）					
	全样本		高成长性、高现金持有组（预防动机组）		低成长性、高现金持有组（代理动机组）	
	系数	Z 值	系数	Z 值	系数	Z 值
Cash	0.424***	3.45	0.420**	1.96	0.319	1.26
Growth	0.179***	5.17	0.017	0.34	-0.013	-0.04
Size	0.305***	15.21	0.214***	5.80	0.264***	6.00
Lev	0.141	1.20	0.018	0.09	-0.038	-0.16
Rind	-0.476	-1.05	-2.556***	-2.94	0.192	0.19
Tatr	-0.068	-1.33	-0.109	-1.28	-0.260**	-1.96
Tenture	-0.048	-0.98	-0.146	-1.59	-0.091	-0.87
Dual	-0.054	-0.74	-0.175	-1.22	-0.049	-0.33
Disp	0.044	1.13	0.076	1.02	0.071	0.87
Soe	-0.367***	-6.82	-0.330***	-3.24	-0.494***	-4.26
_cons	-7.190***	-14.94	-3.848***	-4.18	-6.040***	-5.73
年度/行业	控制		控制		控制	
observations	8411		2288		1911	
Wald CHI^2	563.91		131.54		109.57	
Prob > CHI^2	0.0000		0.0000		0.0000	
PseudoR^2	0.0513		0.0422		0.0444	

注：*** 表示在 1% 水平上显著，** 表示在 5% 水平上显著，* 表示在 10% 水平上显著。

表 2-26　现金持有水平、内部控制质量与企业并购

变量	被解释变量（Merger）			
	高成长性、高现金持有组（预防动机组）		低成长性、高现金持有组（代理动机组）	
	系数	Z 值	系数	Z 值
Cash	0.496**	2.22	0.452*	1.75
Icid	0.088	1.58	0.107*	1.74
CI	-0.406	-1.50	-0.728**	-2.42
Growth	-0.001	-0.03	-0.040	-0.13
Size	0.176***	3.91	0.229***	4.48
Lev	0.103	0.48	0.115	0.46
Rind	-2.529***	-2.91	0.256	0.25

续表

变量	被解释变量（Merger）			
	高成长性、高现金持有组（预防动机组）		低成长性、高现金持有组（代理动机组）	
	系数	Z 值	系数	Z 值
Tatr	-0.132	-1.53	-0.265**	-2.00
Tenture	-0.159	-1.72	-0.097	-0.91
Dual	-0.174	-1.21	-0.047	-0.31
Disp	0.076	1.02	0.072	0.87
Soe	-0.325***	-3.18	-0.483***	-4.15
_cons	-3.636***	-3.84	-6.107***	-5.67
年度/行业	控制		控制	
observations	2288		1911	
Wald CHI^2	135.85		116.51	
Prob > CHI^2	0.0000		0.0000	
PseudoR^2	0.0436		0.0472	

注：*** 表示在 1% 水平上显著，** 表示在 5% 水平上显著，* 表示在 10% 水平上显著。

表 2-27　　现金持有水平与企业并购

变量	被解释变量（Merger）					
	全样本		高成长性、高现金持有组（预防动机组）		低成长性、高现金持有组（代理动机组）	
	系数	Z 值	系数	Z 值	系数	Z 值
Cash	0.971***	6.57	0.658*	1.74	1.045***	4.43
Tobinq	0.019	1.02	-0.264	-1.14	0.009	0.33
Size	0.305***	13.21	0.144***	2.78	0.328***	7.31
Lev	0.256**	2.06	0.227	0.64	0.378*	1.85
Rind	-0.437	-0.95	-1.175	-1.14	-1.291	-1.44
Tatr	-0.064	-1.22	-0.202	-1.68	-0.082	-0.90
Tenture	-0.043	-0.87	0.004	0.04	-0.173*	-1.89
Dual	-0.059	-0.79	-0.182	-0.94	-0.115	-0.91
Disp	0.014	0.34	0.159	1.76	-0.054	-0.74
Soe	-0.375***	-6.86	-0.488***	-3.85	-0.401***	-4.10
_cons	-7.177***	-13.16	-3.000**	-2.27	-7.024***	-6.60
年度/行业	控制		控制		控制	
observations	8223		1699		2413	
Wald CHI^2	584.08		102.73		171.43	
Prob > CHI^2	0.0000		0.0000		0.0000	
PseudoR^2	0.0544		0.0451		0.0535	

注：*** 表示在 1% 水平上显著，** 表示在 5% 水平上显著，* 表示在 10% 水平上显著。

表 2-28 现金持有水平、内部控制质量与企业并购

变量	被解释变量（Merger）			
	高成长性、高现金持有组（预防动机组）		低成长性、高现金持有组（代理动机组）	
	系数	Z 值	系数	Z 值
Cash	0.912 **	2.06	1.175 ***	4.77
Icid	0.071	0.93	0.111 **	2.15
CI	-0.566	-1.23	-0.556 **	-1.98
Tobinq	-0.260	-1.12	0.012	0.46
Size	0.110 *	1.70	0.294 ***	5.86
Lev	0.339	0.93	0.522 **	2.44
Rind	-1.108	-1.08	-1.244	-1.39
Tatr	-0.214 *	-1.77	-0.105	-1.14
Tenture	0.001	0.01	-0.190 **	-2.07
Dual	-0.195	-1.00	-0.109	-0.86
Disp	0.160 *	1.76	-0.052	-0.71
Soe	-0.481 ***	-3.79	-0.397 ***	-4.05
_cons	-2.840 ***	-2.08	-7.122 ***	-6.51
年度/行业	控制		控制	
observations	1699		2413	
Wald CHI^2	105.28		178.19	
Prob > CHI^2	0.0000		0.0000	
PseudoR^2	0.0462		0.0556	

注：*** 表示在1%水平上显著，** 表示在5%水平上显著，* 表示在10%水平上显著。

表 2-29 代理动机与企业并购绩效

变量	被解释变量（△Roa）		被解释变量（△Roe）	
	系数	T 值	系数	T 值
Ag	-0.020 ***	-6.33	-0.056 ***	-6.18
Dum_type	-0.002	-0.82	0.009	1.11
Scale	0.020 ***	5.47	0.060 ***	5.73
Age	-0.0001	-0.38	-0.001	-1.23
Size	-0.006 ***	-4.36	-0.012 ***	-3.06
Lev	0.028 ***	3.13	0.068 ***	2.62
Rind	-0.029	-1.04	-0.062	-0.77
Tatr	0.002	0.67	-0.028 ***	-3.10
Tenture	0.001	0.28	-0.007	-0.87

续表

	被解释变量（△Roa）		被解释变量（△Roe）	
变量	系数	T 值	系数	T 值
Dual	-0.008 *	-1.92	0.001	0.09
Disp	-0.002	-0.85	-0.010	-1.50
Soe	0.002	0.78	-0.002	-0.23
_cons	0.148 ***	2.03	0.353 ***	2.87
年度/行业	控制		控制	
observations	1517		1517	
F	6.67 ***		5.43 ***	
Adj_R^2	0.1128		0.0903	

注：*** 表示在1%水平上显著，** 表示在5%水平上显著，* 表示在10%水平上显著。

表 2-30　　代理动机、内部控制与企业并购绩效

	被解释变量（△Roa）		被解释变量（△Roe）	
变量	系数	T 值	系数	T 值
Ag	-0.020 ***	-6.40	-0.056 ***	-6.17
Ag × Icid_cen	0.008 ***	3.08	-0.001	-0.13
Dum_type	-0.002	-0.75	0.009	1.10
Scale	0.020 ***	5.63	0.060 ***	5.71
Age	-0.0001	-0.46	-0.001	-1.22
Size	-0.007 ***	-5.21	-0.012 ***	-2.79
Lev	0.032 ***	3.56	0.067 ***	2.57
Rind	-0.026	-0.95	-0.062	-0.77
Tatr	0.002	0.66	-0.028 ***	-3.10
Tenture	0.001	0.20	-0.007	-0.86
Dual	-0.007 *	-1.83	0.001	0.08
Disp	-0.002	-0.83	-0.010	-1.50
Soe	0.003	0.94	-0.002	-0.23
_cons	0.189 ***	4.27	0.348 ***	2.69
年度/行业	控制		控制	
observations	1517		1517	
F	6.79 ***		5.27 ***	
Adj_R^2	0.1178		0.0897	

注：*** 表示在1%水平上显著，** 表示在5%水平上显著，* 表示在10%水平上显著。

表 2-31　按管理费用率分组检验

变量	被解释变量（Merger）			
	管理费用率低于 50% 分位数组		管理费用率高于 50% 分位数组	
	系数	T 值	系数	T 值
Cash	1.354***	3.02	0.545	1.26
Icid	0.026	0.29	0.106	1.34
CI	-0.263	-0.50	-0.835*	-1.83
Growth	0.231	0.53	-0.370	-0.85
Size	0.257***	3.31	0.219***	2.88
Lev	0.0717	0.16	0.180	0.55
Rind	0.752	0.54	-0.101	-0.07
Tatr	-0.276*	-1.69	-0.418	-1.45
Tenture	-0.024	-0.16	-0.109	-0.73
Dual	-0.060	-0.26	-0.011	-0.06
Disp	-0.094	-0.73	0.215*	1.93
Soe	-0.685***	-4.10	-0.226	-1.31
_cons	-6.612***	-4.02	-5.642***	-3.40
年度/行业	控制		控制	
observations	953		953	
Wald CHI^2	96.39		45.33	
Prob > CHI^2	0.0000		0.0595	
PseudoR^2	0.0771		0.0375	

注：*** 表示在 1% 水平上显著，** 表示在 5% 水平上显著，* 表示在 10% 水平上显著。

五、研究结论

本节利用 2008—2014 年沪、深 A 股上市公司数据，探讨了现金持有水平和企业并购决策的关系以及内部控制对不同现金持有动机下企业并购决策的影响。实证研究表明：（1）无论是基于预防动机还是代理动机持有现金，高现金持有水平的企业更倾向于进行并购，由此证实了现金持有水平或者融资约束是企业并购决策的重要影响因素；（2）尽管高现金持有水平的企业更倾向于进行并购，但是相对预防动机而言，代理动机诱发的并购效果更差；（3）引入企业内部控制后发现，高质量内部控制抑制了基于代理动机持有现金企业的并购决策，对于基于预防动机持有现金企业的并购决策无显著影响。也就是说，高质量内部控制有助于抑制不好的动机（管理层滥用自由现金流的代理动机），促进股东财富最大化的实现。为了进一步探究内部控制抑制代理动机驱动下企业并购决策的路径与机理，文章进一步以“管理费用率”指标作为公司股东与管理层代理冲突的代理变量，以产权性质的不同所反映出的代理问题差异，对代理动机组（低成长性、高现金持有量组）进一步检验，研究发现当公司第一类代理冲突较大时（管理费用率高于25%分位数组和国有企业组），高质量内控可以有效抑制代理动机下高现金持有引起的并购。上述研究结果表明，降低股东与管理层之间代理冲突，是高质量内部控制抑制代理动机下持有现金企业并购决策的内在机理。本节的研究发现了内部控制在企业并购决策中发挥作用的路径，为当前监管层大力推进企业内部控制建设的必要性提供了经验证据，不仅为上市公司如何确定合理的现金持有水平提供借鉴，也为监管层和企业的公司治理改进提供了有益的政策参考。

第三章

企业并购行为：并购模式与支付方式的研究

纵观西方企业发展史，就是一部企业的并购发展史。正如美国经济学家乔治·丁·斯蒂格勒所指出："没有一个美国大公司不是通过某种程度某种方式的兼并而发展起来的，几乎没有一家大公司主要是靠内部扩张成长起来的"。随着市场竞争的日益激烈，并购成为企业在市场竞争中快速做大做强的必然选择。并购虽然是企业达到迅速扩张的一个有效途径，但扩张本身并不是企业的最终目的。并购必须是并购双方以各自的核心竞争优势为基础，出于企业自身发展战略的需要，实现公司发展战略目标，通过优化资源配置的方式在适度范围内继续强化企业核心竞争力，产生协同效应，创造大于各自独立价值之和的新增价值的活动。企业的终极目标是股东财富最大化，从这个角度讲，我国这二三十年来的企业盲目并购的案例比比皆是（如国内著名的"三九集团"盲目并购导致企业破产）。因此，在实施并购前，企业首先要分析自身的条件、要求，结合外部企业、市场的情况及相关法规、政策，再作出是否进行并购、选择什么样的目标企业、采用什么样的并购模式（横向还是纵向）以及并购支付方式、并购后如何整合等方面的决策，以达到预期的目的。因此，企业并购能否实现其发展战略，通过资源优化配置、产生协同效应、创造 1 +1 >2 的价值增值效应，取决于两类重要的并购行为决策，其一是并购模式或并购类型的选择；其二是并购支付方式的选择。

企业并购起源于西方国家，从 19 世纪末开始，企业并购至今已有一百多年的历史，其间经历了五次并购浪潮。第一次以横向并购[①]为主，发生在 19 世纪末 20 世纪初；第二次以纵向并购[②]为主，发生在 20 世纪 20 年代；第三次以混合并购为主，发生在 20 世纪 50 - 60 年代；第四次并购规模进一步扩大，发生在 20 世纪 70—80 年代；第五次并购浪潮以强强联合的大规模跨国横向并购为主，发生在 20 世纪 90 年代至今，既有以专业化经营为目标的来自同一行业的横向并购，也有以节约交易成本、防止被上下游供应商/客户为“敲竹杆”的纵向一体化并购。从目前西方国家的企业并购趋势看，横向并购依然占主导地位，且以大规模横向并购居多，通过横向并购谋求强强联合[③]。而从目前国内的企业分布状况以及市场竞争的激烈程度看，在未来相当长的一段时间内，国内企业可能仍以强弱联合的横向并购为主要并购方式，未来随着多轮的强弱联合、企业布局变化以及国际竞争的加剧，最终将会朝着强强联合的趋势发展，即并购双方有着各自的技术、管理优势，通过强强联合，实现技术领域、管理领域的互补，从而加强企业的综合实力，提高竞争力。

除了面临横向并购与纵向并购的选择外，如何恰当地选择支付方式也是企业并购过程中关注的重要议题。所谓并购支付方式，是并购企业为了获取对目标企业的控制权而选择的支付方式，其内容主要包括现金支付、有价证券支付、股票支付以及这几种支付方式混合使用的金融合约形式。支付方式的选择不仅关系着企业当前并购是否能够顺利完成，还对企业的未来发展产生重大影响。20 世纪 90 年代以来，随着全球企业并购浪潮的兴起，在资本市场发展较好的欧美国家，金融产品的多样化，使得并购支付方式种类逐渐变得丰富，并购支付方式发生了巨大的变化。并购支付方式在 20 世纪 80 年代主要以现金支付为主，到了 90 年代转变为股票和现金支付方式平分秋色的局面。

囿于资本市场发展的限制以及政策方面的原因，中国企业并购支付方式比较单一，主要以现金支付为主，并且围绕国有股、法人股不流通的公司控制权市场，出现一些特殊的支付方式，比如承担债务式、资产折股式等，而常出现于西方企业并购市场中的股票支付、有价证券支付等方式在我国并购市场上较少运用。由于并购需要消耗大量自由现金流，使得很多规模不大的企业可能由于现金流而放弃并购。然而，随着 2006 年股权分置改革的逐步完成和国家有关并购政策的调整，为企业并购扫清了制度性障碍，我国企业的并购支付方式日益多样化，企业可以运用现金支付、股票支付等多种形式来支付并购交易的对价。不同

① 横向并购（又叫水平并购）是指并购双方处于同一或横向相关企业，生产经营同种或技术相关的产品之间的并购。

② 纵向并购（又叫垂直并购）则是指并购双方有投入—产出关系，在生产和销售的连续性阶段互为购买者和销售者之间的并购。

③ 如波音与麦道的并购，就是利用它们各自在民用客机和军用飞机领域的技术优势，联合起来对付强大的对手空中客车公司，从而在竞争中占据主动。

的支付方式不仅涉及企业的内外部融资、交易成本以及控制权稀释问题，还会向资本市场传递不同的信号，影响公司股票的价格，进而影响企业价值和股东财富。因此，如何在并购中选择合适并且有利于企业自身当前和长远利益的支付方式，需要企业根据自身的条件进行抉择。

第一节　产品市场竞争、资产专用性与上市公司横向并购

横向并购①已经成为企业并购的主流形式，据 Wind 数据显示，在 2007 - 2012 年沪、深 A 股上市公司发生的境内并购事件中，横向并购比例超过 50%，最高比例接近 2/3。然而，现有的国内外文献基本都是基于不完全契约理论的研究范式，探讨资产专用性程度与企业纵向并购的关系，其研究成果大多表明，资产专用性和机会主义行为是促使企业纵向一体化的重要动因，用资产专用性理论研究横向并购的文献则几乎空白。事实上，企业并购决策与产品市场竞争和资产专用性因素关系紧密，但是以往的研究中，学者们都是分别从产品市场竞争或资产专用性视角研究公司并购决策，且在资产专用性与企业并购的研究中，更多是从节约交易费用的角度关注其对企业纵向并购（资产一体化）的影响，未将产品市场竞争、资产专用性和公司横向并购联系到一起进行研究。因此，本节另辟蹊径，以研发投入作为资产专用性的替代变量，探讨资产专用性程度是否影响企业横向并购行为及其绩效。根据经济学中的“捕食”（Predation）模型，在产品市场竞争比较激烈的行业，经营收益率越低，面临比较高的财务和经营风险，出现财务危机的概率就越高，此时处于竞争优势的企业往往会主动发起价格战或营销战，降低了整个行业的收益率，进而会直接导致竞争劣势企业的破产清算。由于行业规模经济、资产专用性要求等技术因素的差别，各行业内部的竞争程度呈现出差异化的特征，公司要赢得竞争优势就必须进行以研发投入为主的专用性投资。专用性投资越高的公司，越易获得超额利润。通过加大研发等专用性资产的投入，实施差异化战略，提高公司产品的差异化程度，在激烈的市场竞争中赢得竞争优势，从而取得产品市场竞争的主导地位。本节的研究发现：随着产品市场竞争程度和资产专用性的增加，上市公司进行横向并购的可能性会相应增加，但产品市场竞争和资产专用性增加到一定程度后，上市公司进行横向并购的可能性反而下降；相对于产品市场竞争程度低的行业，产品市场竞争程度高行业的企业

① 横向并购又称水平并购，是指生产、经营同一或相似产品的同行业企业进行的并购行为，实质上是竞争对手之间的并购（千春晖，2004）。早在 19 世纪末 20 世纪初的第一次并购浪潮中，横向并购成为主流的并购形式。当前的第五次并购浪潮仍以横向并购为主流并购形式。企业并购形式的发展经历了以横向并购为主流、以纵向并购为主流、以混合并购为主流又重新回归到以横向并购为主流。

进行横向并购有利于提升企业价值，尤其在高专用性资产投入的企业，横向并购更有助于企业的价值提升；进一步研究还发现企业所处的行业竞争地位对横向并购行为和绩效均产生一定影响。

本节的贡献在于：（1）从资产专用性视角研究企业横向并购行为，开拓了横向并购理论的新领域。理论界用来解释横向并购的理论主要是协同效应理论（包括经营协同和金融协同）和市场优势理论（包括减少行业竞争者数量、相对集中了行业中的生产能力、降低了行业内经营不善的企业退出障碍），本节首开资产专用性理论的研究视角，拓展了横向并购的文献；（2）确立了内外环境之间的互动关系，从一个全新的视角厘清了公司治理内外机制之间的作用机理。从企业外部的产业竞争环境（产品市场竞争）和企业内部的资产结构（资产专用性）之间交互影响的角度研究它们对公司横向并购行为及其绩效的综合影响无疑是一个全新的视角，为公司治理内外部机制的互动作用机理提供了新的证据。在实践中，本节的研究有助于帮助企业科学地进行并购决策和资产专用性投资决策，获得可持续竞争优势，提升公司价值。

一、理论分析与假设提出

（一）产品市场竞争、资产专用性与企业横向并购行为

1. 产品市场竞争与横向并购行为

产品市场竞争激烈通常表现为行业竞争者数量较多且势均力敌，市场增长率较低，但企业的生产能力远远超过市场需求，企业被迫采取价格战/营销战进行竞争，导致行业内所有企业只能保持最低的利润水平，企业的现金流和营业利润随之下降。为了能在日益激烈的产品市场中取得竞争优势，适合公司发展战略和核心技术的横向并购行为有利于降低产品成本，改善产品质量和实现差异化战略，从而在激烈的行业竞争中发展壮大自己，并让自己成为行业中的“领头羊”。进一步从公司治理角度看，在中国资本市场上，在其他治理机制相对弱化的情况下，产品市场竞争对上市公司而言是一种比较强的外部治理机制，能够较为有效地促使管理层努力工作，降低代理成本。一方面，在竞争激烈的产品市场上，标尺竞争的存在迫使公司经理层必须努力工作，否则他们很可能会受到严重处罚，甚至被更换；另一方面，随着产品市场竞争激烈程度的增加，企业面临的经营风险也越高，企业因经营管理不善而面临破产或被兼并的概率大大提高，公司经理层自身的效用也会因此受到损失。在激烈的产品市场竞争压力下，经理层更倾向于通过购买优质资产乃至并购竞争对手，扩大规模，降低成本，获得相对行业竞争对手更好的投资机会、更快的市场份额增长。因此，在激烈的产品市场竞争压力之下，企业进行横向并购的动机越强。

2. 资产专用性与横向并购行为

提高核心竞争力是国内外企业并购的主要动机之一。创新[①]可保持竞争优势，更是促进企业可持续发展的重要条件。资源基础观认为专用性/异质性的资源是公司组织所拥有的有价值资源，是公司获取核心竞争力和维持可持续竞争优势的主要来源之一。Lev 和 Sougiannis 的研究发现，企业研发投入等专用性资产的增加，能够提高企业的无形资产以及产品附加值，从而使企业在市场上更具有竞争力，获得更高的利润，且研发投入与企业利润、股价超额收益之间存在显著的正相关联系。这表明企业专用性资产的投入对于企业产品有着重要的提升价值作用，有助于增强和维持企业的竞争优势地位。然而，产业组织理论认为，单个企业不可能完全依靠自身研发能力来满足技术需求，更不可能独自控制所有的技术，并且高昂的研发投入和巨大的研发风险是单个企业难以承担的。通过并购积极获取外部技术是必要的战略选择，因为并购双方可以重组研发部门，减少重复研发，并有助于提高行业进入壁垒，阻止潜在进入者的威胁。“熊彼得假说”认为，大型企业可以利用其雄厚的实力与财力（人力资源与财务资本）加大研发活动，获得研发组合所带来的协同效应，而小型企业则囿于自身资源只能“望洋兴叹”。其次，研发激励理论认为，事后是否存在并购，对企业事前研发投入的激励将产生影响。通过企业间的横向并购活动，如以扩大市场份额为目的而收购直接竞争对手，或以拓展企业产品线为目的而收购其他企业，一方面可以有效整合并购双方资源并集中优势，优化研发资源配置、分散研发风险、减少研发费用浪费；另一方面可以降低研发成本，促进新产品的不断开发和升级换代，提升企业创新能力，推动企业迅速发展[②]。Arora 和 Gambardella 发现企业内部研发能力越强，其通过研发并购获取外部技术的倾向也越强；Nicholls – Nixon 和 Woo 的研究则表明，当企业拥有较强的外部技术吸收能力（Absorptive Capacity）时，才会产生较好的研发并购效应。特别地，如果企业的战略动机是成为市场领导者，那么，企业对研发成果的独占性要求很高，而独占性能否实现取决于企业对研发过

① 根据熊彼得的创新理论，创新分为制度创新和技术创新，本节主要关注技术创新——研发投入。

② 以医药行业为例，随着加入 WTO 以后知识产权保护体系的不断完善，国际药企在专利药方面的优势将越来越明显。由于中国有庞大的消费人群，立足于非专利药生产和销售的医药企业仍然有相当大的生存空间，但若想成为具有国际竞争力的医药企业，新药研发能力是无法回避的问题。事实上，共同承担新药研发的投入及风险成为推动上个世纪 80 及 90 年代许多大型国际医药企业合并案的主要力量。我们认为，下一次医药企业并购重组浪潮到来的时候，无论是国内药企之间的重组，还是借助外资力量，获得新药研发能力都将成为其核心驱动因素。对此，国家经贸委在医药行业 15 年规划中提出：计划用 5 年左右的时间，在现有大型企业的基础上通过股票上市、兼并、联合、重组等方式，着力培养 10 个销售额达 50 亿元以上的大型医药企业集团。

程控制力的大小，研发并购对研发过程的控制力更强，实现独占性的可能性更大[①]。最后，从市场势力理论看，由于高市场集中度降低了行业竞争程度，通过加大研发投入和提升研发能力获得行业竞争优势企业往往更倾向于通过横向并购提高市场集中度、实现其市场势力的增强，进而使企业获得一定程度上的垄断权，从而有利于企业保持垄断利润和原有的竞争优势。此外，这些行业中处于竞争优势地位的公司，通常拥有较强的核心竞争力，如果盲目地进行并购，可能会使自由现金流流出其核心经营领域，甚至削弱公司的核心竞争力。因此，通过加大专用性资产投入，提高核心竞争力、赢得竞争优势地位的公司进行横向并购的动机越强。

3. 产品市场竞争与资产专用性投入对横向并购行为的联合影响

高度动态的竞争环境、快速的技术变革、不断增大的研发投入与风险都促使企业将横向并购视作一种重要的外部创新途径。一方面，受到行业规模经济和资产专用性要求等因素的影响，行业内部各企业的竞争地位存在明显差异，企业为了获得竞争优势通常都会进行专用性投资，并通过发起横向并购，应对未预期经济变化而引发企业最优边界调整，在短期内实现低成本快速资本扩张，增强企业整体实力，巩固市场占有率，形成规模收益的递增，促使行业相对集中，有效地降低竞争激烈程度，使行业内企业保持较高利润率；另一方面，在激烈的产品市场竞争压力下，为了巩固现有竞争地位、赢得持续竞争优势，企业通过加大研发投入[②]，投资于专用性较高的资产，实现特定产品生产环节的专业化，积累消费者需求、产业发展方向、研发以及生产组织等方面的知识，从而更好地针对消费者需求进行创新，并通过横向并购减少技术竞争，通过实施产品差异化战略，提供全面的专业化生产服务，更好地满足不同市场的需要，给企业带来利润的增长。因此，横向并购是企业通过规模经济效应实现快速扩张、获得行业竞争优势地位的一种有效途径。但是，该竞争战略在提升企业竞争能力的同时也会带来一些负面效应。首先，该竞争战略降低了公司资产的流动性和抵押保证能力。由于

① Brander 和 Spencer（1983）曾经指出，R&D 除了降低企业边际成本、提高企业竞争优势这个显而易见的目的外，还另有重要的策略性考虑——在寡头竞争中（如古诺竞争），通过不可撤回的、为了降低成本而进行的研发投入，可以作为一种提高产量的可信承诺（Credible Commitment）。然而，此分析乃是建立在如下假设之上：R&D 只会改变行业中互相竞争的企业的成本结构，却不会改变企业所在行业的市场结构本身。比如，该理论假设，因研发而引起的企业间相对成本或效率的改变，并不会使得行业中两个对手企业产生合并成一家公司的激励，以取得更大的竞争优势。诚然，根据前人的工作（Salant et al.，1983），在一个多寡头竞争的市场中，倘若各企业的边际成本差异不是特别大，则该市场结构是较为稳定的。换言之，若企业实力相当，则并无任何一个企业有激励去“吃掉”其竞争者。在此种情况下，视市场结构为恒定尚有据可循，然而，倘若由于研发投入提高效率，导致的企业间边际成本差别过于巨大，则两个企业便有可能因为各种动机（比如技术或者管理的协同效应）进行合并（周默涵和柳庆刚，2013）。

② 市场结构——竞争程度、垄断力量和企业规模——是影响企业研发投入最重要的因素之一（Kamien 和 Schwartz，1975）。

专用性资产具有有限的可重新调配性，专用性资产投资一旦做出之后，若再改作其他用途就可能丧失全部或部分原有的价值，且价值的丧失是不可弥补的。产品市场竞争加大了企业破产清算的概率，企业破产清算时其专用性资产的买主通常是行业外其他购买者或同行业竞争对手，由于专用性资产流出本行业时资产的不可重复利用性决定了其较低的清算价值，变现时价值损失更大；其次，在激烈的产品市场竞争中，资产专用性高的企业往往面临更高的经营风险。当资产专用性程度上升到一定程度后，企业资源过于集中在某一产业，容易形成对某一产业市场的高度依赖，一旦该行业因竞争激烈而出现动荡或企业自身产品的竞争力减弱，企业将会面临巨大的经营风险，抵抗风险能力较弱。受到市场容量及技术的"瓶颈"问题的制约，如果企业只发展单一产业难免会使其发展空间受到限制，也会造成企业的富余资源闲置；最后，在激烈产品竞争压力下，企业被迫向创新活动投入更多的资源，因而也会面临更高的创新风险。由于企业只针对特定产品进行研发，而技术创新又是高投入、高风险的项目，企业很容易因为某个开发项目的失败而陷入资金和经营的双重困境中。随着公司产品市场竞争程度的加剧以及公司专用性资产投入的加大，公司资产抵押价值下降，经营风险、流动性风险及创新风险进一步上升，企业并购失败的风险也进一步放大。

因此，资产专用性是一把影响企业根据产品市场竞争程度动态调整横向并购决策的"双刃剑"。限定其他变量保持不变时，随着公司产品市场竞争程度和资产专用性增加，企业横向并购的可能性会增加；当产品市场竞争程度和资产专用性进一步增加，并对企业的经营风险、流动性风险及创新风险等发生实质性影响后，在内外多重压力之下，企业进行横向并购的可能性反而下降。综上所述，提出如下假设：

假设1：限定其他因素，随着产品市场竞争程度和资产专用性的增加，上市公司进行横向并购的可能性会相应增加，但产品市场竞争和资产专用性增加到一定程度后，上市公司进行横向并购的可能性反而下降。

（二）产品市场竞争、资产专用性与横向并购绩效

从目前国内外文献的研究情况来看，关于横向并购是否能够为企业带来业绩上的提高这一问题还存在一定分歧，主要研究结论包括横向并购创造企业价值、并购后企业绩效明显改进；横向并购不具有价值，并购后企业绩效没有显著改善；以及横向并购降低企业价值三种结论。为什么出现上述不同的研究结论，除了并购绩效指标选择的差异，是否忽略了一些其他的重要影响因素？我们认为，作为现代公司治理的有机组成部分，产品市场竞争及其治理效应大多通过产品市场上的价格信息与竞争机制所产生的破产威胁，对公司经理人发挥着有效的监督作用。因此，产品市场竞争程度可能是影响企业横向并购价值创造的一个重要因素。

SCP 分析范式①认为市场结构影响公司行为，从而决定公司绩效。产品市场竞争激烈，竞争带来利润空间的下降，企业的成长只能通过产业内部的整合实现。Shin 认为横向并购会减弱市场竞争从而给行业内其他企业带来收益，行业越集中，这种收益越明显，则并购企业越难通过并购获得收益；相反，当市场变得越分散时（产品市场竞争更激烈时），企业通过并购更容易获得收益。横向并购产生两种直接效应——提高行业集中度和实现规模经济。适度的行业集中有利于企业发挥规模效应、提高效益，但过度集中反而会导致垄断，从而影响效率。在横向并购动因的研究中，普遍的观点认为：在行业分散的情况下，公司实施并购的主要目的是为了获得管理协同效应、财务协同效应和经营协同效应以提高生产效率；在行业趋于高度集中的情况下，公司并购主要是为了获得共谋，增强市场地位和市场支配力，从而可以减少产量，提高价格，获得超额利润。Florian Geiger 和 Dirk ScHIereck 将工业企业按照行业集中度分为分散和相对集中两大类，其研究发现公司在不同行业集中度下并购动因存在差异，并且对于并购方来说，在行业集中度较低的企业（产品市场竞争较激烈）并购效果稍好于在行业相对集中的企业。因此，在行业高度集中或垄断情况下，公司的并购动因往往是出于获得市场支配力而非获得市场效率，通过减少竞争对手，改善市场结构。在我国特殊的市场环境下，国有经济控制国民经济命脉，垄断往往存在于特殊的行业当中，例如铁路、电力、电信、石油、天然气等②，国有垄断地位保证了这些上市公司拥有较强的定价权，且这类公司提供的产品在一定程度上可认为是生活必需品。在缺少竞争的环境下，即便受到国家政府各项政策的制约，它们也可以通过强大的市场需求和垄断地位获得利润。

在激烈的市场竞争中，资产专用性越高的公司，越易获得超额利润。随着信息技术的发展、资本市场的逐步完善，人类社会全面进入了以需求为主导的企业生产时代，随着国际化经营趋势的到来，规模优势在生产及分销领域风光不再。同时，随着社会财富的积累以及消费者购买能力的增强，消费需求也发生了重大转变，消费者不再仅仅满足于被动地接受由企业单方面设计、制造和销售的产

---

① 20 世纪 30 年代以后，在吸收和继承马歇尔的完全竞争理论、张伯伦的垄断竞争理论和克拉克的有效竞争理论的基础上，以美国梅森（Mason）和贝恩（Bain）为代表的哈佛学派以实证研究为主要手段把产业分解成特定的市场，按市场结构、行为、绩效三个方面对其进行分析研究，构造了一个既能深入具体环节又有系统逻辑体系的市场结构——市场行为——市场绩效（Structure - Conduct - Performance）的分析范式，简称为 SCP 分析范式。SCP 分析范式是产业组织理论的一种重要的分析方法。

② 我国铁路系统实行“铁道部——铁路局——站段”的三级管理模式，铁道部下属的各铁路局（公司）虽被定义为市场主体，但没能真正实施市场化运行，因此铁路运输业是属于高度垄断的行业；我国电信业属于高度垄断市场，以移动电话为例，中国移动和中国联通几乎控制全部市场份额；石油等资源型行业处于相对垄断地位，以石油和天然气开采业为例，中国石油天然气集团公司、中国海洋石油总公司和中国石油化工集团公司三足鼎立，基本上占据整个中国市场。

品，而是更关注产品能否充分表现和传达其个性化的主张。为了适应新的市场环境和竞争需求，以灵活性和客户需求为导向、充分利用信息技术的精益生产方式逐渐成为主流的企业生产方式，企业必须加大研发等专用性资产的投入，重新塑造企业的核心业务和核心竞争力①，更好、更快地响应和满足消费者差异化需要，从而增强企业在总体市场和细分市场的竞争优势。Shenoy 以并购宣告年度前后经过行业调整的研发支出密度变化为资产专用性的替代变量，其研究发现资产专用性投入与并购企业的公司价值、累计异常收益率正相关。据此提出如下假设：

假设 2：限定其他因素，相对于产品市场竞争程度低的行业，产品市场竞争程度高行业的企业进行横向并购有利于提升企业价值；在产品市场竞争程度高的行业中，高专用性资产投入更有助于企业横向并购的价值提升。

二、研究设计

（一）变量定义

（1）横向并购（*Tragety*）。本节将并购定义为上市公司收购资产、股权和吸收合并的行为，不包括资产剥离、资产置换和债务重组等广义形式的并购活动。根据 WIND 数据库提供的并购目的，将企业并购划分为相关并购和非相关并购，前者包括横向整合、垂直整合、行业整合；后者包括财务投资、多元化战略、管理层收购、获取牌照资格、获取资格牌照、获取资质、买壳上市、收购品牌、业务转型、战略合作、整体上市、资本运作和资产调整。由于行业整合概念比较模糊，难以准确区分是横向整合还是垂直整合，故本节所研究横向并购仅指横向整合。

（2）企业价值（A*TobinQ*）。TobinQ 是企业市场价值与资产重置成本的比值，不会受计算方法的影响，与会计绩效指标相比也不易被人操纵，同时为了消除行业经济景气的影响，利用调整后的指标对并购绩效进行衡量，即调整后的托宾 Q（ATobinQ，Adjusted TobinQ）＝企业的托宾 Q－企业所在行业的平均托宾 Q。由于经济活动的影响一般都存在滞后性，所以本节采用并购后一年的 ATobinQ 来衡量横向并购后的企业绩效。

（3）产品市场竞争（*HHI*）。目前，学术界还没有一个公认的指标来准确衡

① 如在 20 世纪末，摩托罗拉、爱立信和 IBM 等 IT 巨头纷纷进行业务调整，只将以创新为主的研发与营销业务保留，其他全部剥离出来。这些世界 500 强企业将雄厚的资金注入到核心业务的能力开发与创新上来，不仅没有因为资产专用性而受困，反而凭借这样的核心能力触及并深入到更为广泛的领域，典型例子就是以专业化著称的 Intel 更是以其不断的创新能力而执全球芯片之牛耳，影响全球整个 IT 行业的价值创造体系。

量产品市场竞争程度①，本节采用国内外研究中最常用的“赫芬达尔—赫希曼指数（HHI）”来衡量产品市场竞争，即：行业内各公司营业收入占行业总营业收入比重的平方和，计算公式为：

$$HHI = \sum_{i=1}^{N} (S_i/S)^2$$

式中，N 为行业内上市公司数量，S_i 为公司 i 当年营业收入占当年同行业总营业收入（S）的比重。HHI 值越小，表明行业内竞争越激烈。本节利用中国证监会行业分类标准前两位代码划分行业。

（4）资产专用性（Rd）。资产专用性（Asset Specificity）是指资产能够被重新配置于其他备选用途并由其他使用者重新配置而不牺牲其生产性价值的程度，现有文献中出现过多种衡量资产专用性的指标。本节主要关注产品市场竞争压力下，企业通过改善产品质量和实行差异化战略，在日益竞争激烈的产品市场取得竞争优势，故借鉴 Shenoy 的做法，采用研发支出密度（研发费用/主营业务收入）指标来衡量公司的资产专用性程度——正向指标，Rd 越大，该上市公司资产专用性程度越高②。

在考察产品市场竞争、资产专用性与横向并购之间关系时，为了避免可能的内生性问题，我们对两个主要解释变量都进行了滞后期处理，将“产品市场竞争（HHI）”的替代变量“赫芬达尔—赫希曼指数”定义为“行业内各公司上年末营业收入占行业总营业收入比重的平方和”，将“资产专用性（Rd）”的替代变量“公司研发支出密度”定义为“公司上年末的研发费用/主营业务收入”。

① 总体而言，可以归纳为三类：第一类是同一行业中的企业数量。如果企业数量较少，如寡头竞争，企业所面临的竞争相对较小，此时企业决策者的行为更容易受到竞争对手行为的影响，企业在制定竞争战略时必须考虑其他企业所制定的战略。如果企业数目较多，企业面临的产品市场竞争的压力也就会越大，此时企业的决策较少考虑竞争对手的行为；第二类是市场集中度比率，如行业的市场集中度比率、交叉价格弹性等。集中度比率指标度量的是行业中最大的几家厂商的产出占行业总产出的比例。产品市场集中度越高，说明行业中的前几大企业对市场的控制能力就越高，企业之间的竞争也就较弱；第三类是盈利性指标。这是一类试图从事后角度对市场竞争程度进行测量的指标。其基本的理论逻辑是那些在竞争不太激烈的市场上经营的公司可能以更高于边际成本的价格出售其生产的产品，从而获得更高的利润，即产品利润率与公司面临的竞争之间存在着反向的关系，如 Nickell（1996）、Janusze Wskietal（2002）、Grosfeld and Tressel（2002）等使用经过调整的 EBIT 作为企业所面临的产品市场竞争激烈程度的度量指标。

② 本节所选取的“研发费用”指标主要来源于 WIND 数据库，其数据来源于上市公司年报附注中“管理费用”栏目下的“研发费”或“技术开发费”等项目。对于研发投入中符合资本化处理条件反映为“无形资产”的部分，由于目前的报表披露并没有提供这方面的数据，无法从“无形资产”中分离出本期“研发支出”。对此，我们也关注了其他学者的研究，如 Kedia 等（2008）、Shenoy（2009）和李青原（2011）等，采用了“研发费用/主营业务收入”来衡量资产专用性。同时我们认为，采用目前的可得数据作为研发支出的替代变量使 Rd 均值偏低，假设将“无形资产”中分离出研发支出数据加入到模型中重新回归，所得检验结果应该比目前更好，理论上应更加成立。综上，尽管目前对资产专用性指标计量并不尽如人意，但是囿于数据的可获得性，本节只能采取当前的指标计量。

参考国内外关于并购类型、绩效的有关文献，本节还在模型中控制了以下变量：产权性质（Soe）、上市年限（Age）、公司规模（Size）、负债率（Lev）、总资产报酬率（Roa）、成长能力（Growth）、现金比率（Cash）、是否亏损（Loss）、并购规模（Scale）、第一大股东持股比例（Shr1）、股权制衡（Shr2－5/1）、两职合一（Duality）、高管薪酬（Salary）、独立董事比例（Indep）、并购标的物类型（Dum_type）、是否取得控制权（Control）、地区生产总值（Gdp）、地区城镇失业率（Layoff）、行业变量（Industry）和年度变量（Year）。具体变量说明见表3－1。

（二）模型设置

为了验证假设1，我们构建模型（1）：

$$Tragety = \beta_0 + \beta_1 HHI + \beta_2 Rd + \beta_3 Dum\_HHI \times Dum\_Rd + \beta_4 Pcm + \beta_5 Soe + \beta_6 Size + \beta_7 Roa + \beta_8 Lev + \beta_9 Growth + \beta_{10} Cash + \beta_{11} Loss + \beta_{12} Scale + \beta_{13} Shr1 + \beta_{14} Shr2 - 5/1 + \beta_{15} Indep + \beta_{16} Duality + \beta_{17} Dum\_type + \beta_{18} Control + \beta_{19} Gdp + \beta_{20} Layoff + \sum Year + \sum Ind + \varepsilon \quad (1)$$

根据假设1，预期模型（1）的交互项 $Dum\_HHI \times Dum\_Rd$ 的系数 β_3 显著为负。

为了验证假设2，我们构建模型（2）和模型（3）：

$$ATobinQ = \beta_0 + \beta_1 Tragety + \beta_2 HHI + \beta_3 Rd + \beta_4 Tragety \times Dum\_HHI + \beta_5 Pcm + \beta_6 Soe + \beta_7 Age + \beta_8 Size + \beta_9 Roa + \beta_{10} Lev + \beta_{11} Cash + \beta_{12} Loss + \beta_3 Scale + \beta_{14} Shr1 + \beta_{15} Shr2 - 5/1 + \beta_{16} Indep + \beta_{17} Dual + \beta_{18} Salary + \beta_{19} Dum\_type + \beta_{20} Control + \beta_{21} Gdp + \beta_{22} Layoff + \beta_{23} Lamda + \sum Year + \sum Ind + \varepsilon \quad (2)$$

$$ATobinQ = \beta_0 + \beta_1 Tragety + \beta_2 HHI + \beta_3 Rd + \beta_4 Tragety \times HHI\_cen + \beta_5 Tragety \times Rd\_cen + \beta_6 Dum\_HHI \times Dum\_Rd + \beta_7 Tragety \times Dum\_HHI \times Dum\_Rd + \beta_8 Pcm + \beta_9 Soe + \beta_{10} Age + \beta_{11} Size + \beta_{12} Roa + \beta_{13} Lev + \beta_{14} Cash + \beta_{15} Loss + \beta_{16} Scale + \beta_{17} Shr1 + \beta_{18} Shr2 - 5/1 + \beta_{19} Indep + \beta_{20} Dual + \beta_{21} Salary + \beta_{22} Dum\_type + \beta_{23} Control + \beta_{24} Gdp + \beta_{25} Layoff + \beta_{26} Lamda + \sum Year + \sum Ind + \varepsilon \quad (3)$$

模型（3）是在模型（2）虚拟变量回归的基础上，增加了数值（连续）变量及其相关变量交乘项的回归。根据假设2，预期模型（2）的交互项 $Tragety \times Dum\_HHI$ 的回归系数 β_4 显著为正，模型（3）的交互项 $Tragety \times Dum\_HHI \times Dum\_Rd$ 的回归系数 β_7 显著为正。

考虑到横向并购可能存在的内生性，本节采用二阶段模型（Heckman）控制内生性问题导致的自选择偏误。第一阶段设置模型如下：

$$Tragety = \beta_0 + \beta_1 Growth + \beta_2 Size + \beta_3 Roa + \beta_4 Lev + \beta_5 Soe + \beta_6 Cash + \beta_7 Loss + \beta_8 Scale + \beta_9 Shr1 + \beta_{10} Indep + \beta_{11} Duality + \sum Year + \sum Ind + \varepsilon \quad (4)$$

将第一阶段自选择模型（Pobit 回归）估计得到的 Lambda（Inverse Mills Ratios）作为控制变量，放到模型（2）和模型（3）中与其他变量一道进行第二阶段回归。

（三）样本选择

以 WIND 数据库“并购事件”栏目中收录的 2007—2012 年沪、深 A 股上市公司发生并且已经完成的境内并购事件①构成本节的原始样本，然后剔除：①并购方为非金融类上市公司；②并购方式为行政划拨、司法裁定、回购、资产置换、增资类公司；③标的物类型为目标公司资产与股权混合；④相关数据缺失的公司。对于同年发生多起并购事件的公司，如为同一并购，将其合并，最终得到相关并购样本 428 个。上市公司的财务数据、公司治理数据和最终控制人等数据来源于 WIND 数据库和 CSMAR 数据库。为了减少异常值对研究结论的影响，本节对所有连续性变量进行了 1% 水平的 Winsorize 缩尾处理。数据处理主要是 STATA12. 0 和 SAS9. 1。见表 3 - 1。

表 3 - 1　　　　变量说明

变量名称	变量代码	变量定义
横向并购	*Tragety*	虚拟变量，横向并购为 1，否则为 0
托宾 Q 值	*ATobinQ*	并购后一年的调整托宾 Q = 并购后一年（企业的托宾 Q - 企业所在行业的平均托宾 Q）
赫芬达尔—赫希曼指数	*HHI*	行业内各公司上年末营业收入占行业总营业收入比重的平方和
资产专用性	*Rd*	公司上年末的研发费用/主营业务收入
赫芬达尔—赫希曼指数的虚拟变量	*Dum_HHI*	HHI 值界于 0 与 1 之间，但通常的表示方法是将其值乘上 10000 而予以放大，故 HHI 应界于 0 到 10000 之间。美国司法部（Department of Justice）利用 HHI 作为评估某一产业集中度的指标，当 HHI < 1000 时，表示该市场结构为竞争型，产品市场竞争激烈；当 HHI ≥1000 时，表示该市场结构为寡占型，产品市场竞争缓和。故本节依据此，HHI < 0. 1，Dum _ HHI = 1；HHI≥0. 1，Dum_ HHI = 0
资产专用性的虚拟变量	*Dum_Rd*	以 Rd 的中位数作为取值标准，大于中位数为 1，否则为 0

① 本节之所以选择 2007—2012 年期间的数据，主要原因在于两点：（1）我国财政部于 2006 年推出新会计准则，并于 2007 年开始在所有上市公司实施；（2）考虑到经济活动的滞后性影响，本节在研究并购绩效时，采用经行业均值处理后的并购后一年的托宾 Q 值来衡量横向并购后的企业绩效。

续表

变量名称	变量代码	变量定义
赫芬达尔—赫希曼指数与资产专用性的交互变量（1）	$HHI\_cen \times Rd\_cen$	产品市场竞争程度（HHI）与资产专用性（Rd）的直接交乘。为避免检验模型中直接纳入产品市场竞争程度变量与资产专用性变量的交互项会引起的共线性问题，我们对二者进行中心化处理。具体来说，HHI_cen 是产品市场竞争变量与其均值相减后的差额，Rd_cen 是资产专用性变量与其均值相减后的差额
赫芬达尔—赫希曼指数与资产专用性的交互变量（2）	$Dum\_HHI \times Dum\_Rd$	Dum_rd 处理方法同上，Dum_HHI 处理方法同上
横向并购与赫芬达尔—赫希曼指数的交互项	$Tragety \times HHI\_cen$	HHI_cen 处理方法同上
横向并购与资产专用性的交互项	$Tragety \times Rd\_cen$	Rd_cen 处理方法同上
横向并购、赫芬达尔—赫希曼指数和资产专用性的交互项	$Tragety \times Dum\_HHI \times Dum\_Rd$	Dum_HHI 处理方法同上，Dum_rd 处理方法同上
勒纳指数	*Pcm*	本节参照 Peress（2010）的做法，利用勒纳指数衡量上市公司在行业内的竞争地位（定价力量），Pcm 值越大，表明公司在行业内的竞争地位越高，定价能力越强。计算方法为：公司上年末的（营业收入 - 营业成本 - 销售费用 - 管理费用）/营业收入
产权性质	*Soe*	虚拟变量，公司当年的最终控制人的所有权性质，最终控制人为国有股东，取值为 1，否则为 0
上市年限	*Age*	公司发生并购活动时已上市年限
公司规模	*Size*	公司上年末的总资产取自然对数
负债率	*Lev*	公司上年末的负债/总资产 ×100%
总资产报酬率	*Roa*	公司上年末的总资产报酬率
成长能力	*Growth*	公司上年末的营业收入增长率
现金比率	*Cash*	公司上年末货币资金/总资产
是否亏损	*Loss*	虚拟变量，如果公司上年末亏损，取值为 1，否则为 0
并购规模	*Scale*	并购交易金额/公司上年末的总资产
第一大股东持股比例	*Shr*1	公司上年末的第一大股东持股比例
股权制衡	*Shr*2 - 5/1	公司上年末的第 2—5 大股东持股比例总和/公司第一大股东持股比例

续表

变量名称	变量代码	变量定义
两职合一	*Duality*	虚拟变量，如果公司上年末的总经理兼任董事长，取值为1，否则为0
独立董事比例	*Indep*	公司上年末的独立董事人数/董事会人数
高管薪酬	*Salary*	公司上年末高管前三名薪酬总额
并购标的物类型	*Dum_type*	虚拟变量，并购标的物为股权标的取值为1，为资产标的取值为0
是否取得控制权	*Control*	虚拟变量，本次并购公司是否取得控制权，取得控制权为1，否则为0
地区生产总值	*Gdp*	公司所在地区上年末的国民生产总值的自然对数
地区城镇失业率	*Layoff*	公司所在地区上年末的城镇登记失业率
行业变量	*Ind*	虚拟变量，根据证监会对制造业的二级分类标准进行分类，用来控制行业因素的影响
年度变量	*Year*	虚拟变量，用来控制宏观经济因素的影响

三、实证检验与分析

（一）描述性统计

主要变量描述性统计如表3-2所示。在表3-2中，Tragety的均值为0.544，说明我国的并购以横向并购为主流。另外，我们可以看到，HHI的均值和中位数分别为0.091和0.06，勒纳指数（Pcm）均值为0.126，说明我国上市公司的产业集中度较低、行业竞争激烈，且绝大多数公司属于竞争型行业；Rd的均值为0.004，意味着总体而言我国上市公司的研发投入（资产专用性投入）较低；经行业调整后的企业价值（ATobinQ）的均值为-1.528，标准差为4.762，表明总体上企业并购后绩效不理想，且不同企业之间存在较明显的差异。上述数据表明进行横向并购的上市公司多数是竞争型行业，且面临较大的竞争压力，这些都为本节的研究提供了一个非常好的基础。

表3-2　　描述性统计

变量	观测值	均值	最小值	中位数	最大值	标准差
Tragety	428	0.544	0.000	1.000	1.000	0.499
ATobinQ	428	-1.528	-30.716	-0.593	4.524	4.762
HHI	428	0.091	0.032	0.060	0.403	0.086
Rd	428	0.004	0.000	0.000	0.050	0.009

续表

变量	观测值	均值	最小值	中位数	最大值	标准差
Pcm	428	0.126	-2.124	0.106	0.550	0.197
Age	428	11.752	2	12	20	4.272
Soe	428	0.629	0.000	1.000	1.000	0.484
Size	428	22.608	18.38	22.383	26.135	1.417
Lev	428	0.560	0.047	0.558	1.696	0.200
Roa	428	0.085	-0.275	0.070	0.358	0.065
Growth	428	0.422	-0.779	0.228	9.108	1.207
Cash	428	0.161	0.008	0.141	0.739	0.124
Loss	428	0.035	0.000	0.000	1.000	0.184
Scale	428	0.169	0.000	0.020	5.899	0.997
Shr1	428	0.387	0.103	0.367	0.768	0.159
Shr2_5/1	428	0.487	0.023	0.351	2.021	0.432
Indep	428	0.364	0.273	0.333	0.571	0.054
Duality	428	0.897	0.000	1.000	1.000	0.304
Salary	428	13.983	12.101	14.041	15.640	0.709
Dum_type	428	0.963	0.000	1.000	1.000	0.190
Control	428	0.869	0.000	1.000	1.000	0.338
Gdp	428	28.001	25.736	27.976	29.303	0.751
Layoff	428	0.034	0.014	0.036	0.044	0.009

（二）相关性分析

研究模型中变量的相关系数矩阵参见表 3-3 所示。从表 3-3 右上角部分看，产品市场竞争（HHI）与横向并购（Tragety）负相关，说明产品市场竞争越激烈，企业越倾向于横向并购；企业资产专用性（Rd）与横向并购（Tragety）正相关，说明企业资产专用性越高，越倾向于横向并购。此外，企业资产专用性（Rd）与产品市场竞争（HHI）负相关，说明我国上市企业面临的产品市场竞争越激烈，企业越倾向于加大专用性资产的投入。从表 3-3 的左下角部分看，横向并购（Tragety）与企业绩效（TobinQ）显著负相关，说明企业横向并购不利于企业价值的提升。但是，相关系数矩阵分析只能作为一个参考，要深入了解变量之间的相关关系，还需要进行多元回归分析。另外，解释变量之间的相关系数都比较低，说明解释变量之间的多重共线性较小。

表 3-3　企业并购行为主要变量相关系数

变量	ATbQ	Traty	HHI	Rd	Pcm	Soe	Size	Lev	Roa	Cash	Loss	Scale	Shr1	Shr2	Indep	Dual	Type	Ctrol	Gdp	Loff	Age/Grth	Salary
ATobinQ	1																					
Tragety	-0.10^{b}	1	-0.02^{a}	0.05^{a}	0.052	0.025	-0.009	0.027	0.082^{a}	0.082^{a}	-0.055	0.028	-0.017	0.037	0.008	-0.078	0.018	0.048	-0.038	-0.10^{b}	0.101^{b}	
HHI	-0.21^{c}	-0.02^{a}	1	-0.006	0.044	0.078	0.106^{b}	-0.11^{b}	0.096^{b}	0.120^{b}	-0.043	-0.013	0.144^{c}	-0.09^{a}	0.043	-0.034	0.018	0.043	-0.079	-0.20^{c}	-0.09^{a}	
Rd	-0.11^{b}	0.05^{a}	-0.006	1	-0.08^{b}	0.005	-0.000	-0.16^{c}	-0.023	0.290^{c}	-0.012	-0.021	0.014	-0.045	0.118^{b}	-0.13^{c}	0.064	0.012	0.166^{c}	-0.20^{c}	-0.071	
Pcm	0.021	0.052	0.044	-0.08^{b}	1	0.017	0.176^{c}	-0.23^{c}	0.180^{c}	-0.070	-0.17^{c}	-0.49^{c}	0.175^{c}	-0.017	-0.023	-0.040	-0.027	-0.066	-0.049	0.009	0.112^{b}	
Soe	0.017	0.025	0.078	0.005	0.017	1	0.396^{c}	0.046	-0.12^{b}	-0.066	0.068	-0.049	0.299^{c}	-0.29^{c}	0.025	0.154^{c}	-0.15^{c}	0.003	-0.038	-0.10^{b}	0.009	
Size	0.047	-0.009	0.106^{b}	-0.000	0.176^{c}	0.396^{c}	1	0.169^{c}	-0.067	-0.14^{c}	0.013	-0.22^{c}	0.44^{c}	-0.14^{c}	0.115^{b}	0.089^{a}	-0.072	-0.056	0.048	-0.25^{c}	-0.029	
Lev	0.053	0.027	-0.11^{b}	-0.16^{c}	-0.23^{c}	0.046	0.169^{c}	1	-0.29^{c}	-0.20^{c}	0.155^{c}	0.219^{c}	-0.027	-0.007	-0.078	0.080^{a}	-0.010	0.044	0.098^{b}	0.050	0.135^{c}	
Roa	0.035	0.082^{a}	0.096^{b}	-0.023	0.180^{c}	-0.12^{b}	-0.067	-0.29^{c}	1	0.128^{c}	-0.33^{c}	0.153^{c}	0.125^{c}	-0.034	0.013	-0.070	0.065	-0.08^{a}	-0.018	0.003	0.034	
Cash	-0.11^{b}	0.082^{a}	0.120^{b}	0.290^{c}	-0.070	-0.066	-0.14^{c}	-0.20^{c}	0.128^{c}	1	-0.13^{c}	0.069	-0.014	0.073	0.071	-0.073	0.065	0.026	-0.005	-0.23^{c}	0.271^{c}	
Loss	0.055	-0.055	-0.043	-0.012	-0.17^{c}	0.068	0.013	0.155^{c}	-0.33^{c}	-0.13^{c}	1	0.063	0.021	-0.025	-0.011	0.023	-0.10^{b}	0.036	-0.026	0.020	-0.054	
Scale	-0.005	0.028	-0.013	-0.021	-0.49^{c}	-0.049	-0.22^{c}	0.219^{c}	0.153^{c}	0.069	0.063	1	-0.035	-0.020	-0.018	0.015	-0.08^{a}	0.043	-0.027	0.054	0.027	
Shr1	0.021	-0.017	0.144^{c}	0.014	0.175^{c}	0.299^{c}	0.44^{c}	-0.027	0.125^{c}	-0.014	0.021	-0.035	1	-0.61^{c}	0.054	0.096^{b}	-0.13^{c}	-0.017	0.058	-0.18^{c}	0.006	
Shr2_ 5/1	0.048	0.037	-0.09^{a}	-0.045	-0.017	-0.29^{c}	-0.14^{c}	-0.007	-0.034	0.073	-0.025	-0.020	-0.61^{c}	1	-0.066	-0.013	0.10^{b}	-0.003	-0.068	-0.008	0.090^{a}	
Indep	-0.10^{b}	0.008	0.043	0.118^{b}	-0.023	0.025	0.115^{b}	-0.078	0.013	0.071	-0.011	-0.018	0.054	-0.066	1	-0.19^{c}	0.042	0.071	-0.10^{b}	-0.10^{b}	0.003	
Duality	0.092^{a}	-0.078	-0.034	-0.13^{c}	-0.040	0.154^{c}	0.089^{a}	0.080^{a}	-0.070	-0.073	0.023	0.015	0.096^{b}	-0.013	-0.19^{c}	1	-0.067	-0.09^{a}	-0.070	0.027	0.035	
Dum_ type	-0.034	0.018	0.018	0.064	-0.027	-0.15^{c}	-0.072	-0.010	0.065	0.065	-0.10^{b}	-0.08^{a}	-0.13^{c}	0.10^{b}	0.042	-0.067	1	0.033	-0.047	0.067	0.027	
Control	-0.007	0.048	0.043	0.012	-0.066	0.003	-0.056	0.044	-0.08^{a}	0.026	0.036	0.043	-0.017	-0.003	0.071	-0.09^{a}	0.033	1	-0.076	-0.009	0.050	
Gdp	0.047	-0.038	-0.079	0.166^{c}	-0.049	-0.038	0.048	0.098^{b}	-0.013	-0.005	-0.026	-0.027	0.058	-0.068	-0.10^{b}	-0.070	-0.047	-0.076	1	-0.20^{c}	-0.072	
Layoff	0.156^{c}	-0.10^{b}	-0.20^{c}	-0.20^{c}	0.009	-0.10^{b}	-0.25^{c}	0.050	0.003	-0.23^{c}	0.020	0.054	-0.18^{c}	-0.008	-0.10^{b}	0.027	0.067	-0.009	-0.02^{c}	1	-0.046	
Age/Growth	0.058	-0.09^{a}	-0.20^{c}	-0.12^{b}	-0.12^{b}	-0.08^{a}	-0.28^{c}	0.128^{c}	-0.019	-0.10^{b}	0.032	0.093^{a}	-0.27^{c}	-0.046	-0.12^{b}	-0.018	-0.023	-0.065	0.049	0.292^{c}	1	
Salary	-0.070	0.043	0.071	0.182^{c}	0.144^{c}	0.117^{b}	0.494^{c}	-0.041	0.157^{c}	0.118^{b}	-0.08^{a}	-0.15^{c}	0.257^{c}	-0.14^{c}	0.073	-0.079	-0.046	-0.047	0.303^{c}	-0.30^{c}	-0.065	1

注：表中列示的是 Pearson 检验，右上角为企业并购行为相关系数及显著水平，左下角为企业并购绩效相关系数及显著水平，a、b、c 分别表示在 10%、5%、1% 水平上显著。

（三）回归结果及分析

1. 产品市场竞争、资产专用性与企业横向并购行为

表3－4给出了假设1的回归结果。表3－4回归（1）、（2）分别考虑产品市场竞争和资产专用性对企业横向并购的影响。产品市场竞争（HHI）的系数为－2.306，且在10%的水平上显著，说明产品市场竞争越激烈，企业越倾向于横向并购。同时我们可以观察到勒纳指数（Pcm）与横向并购显著正相关，说明行业竞争地位高的企业越有动机实施横向并购，通过“大鱼吃小鱼”的方式进一步巩固自己在行业竞争中的领导地位。资产专用性（Rd）的系数为33.315，在5%的水平上显著，说明资产专用性程度越高，企业越倾向于横向并购。回归（3）中同时引入产品市场竞争和资产专用性，结果发现产品市场竞争（HHI）的系数与横向并购负相关但是不显著，资产专用性（Rd）与横向并购依然显著正相关（5%）；回归（4）进一步引入产品市场竞争和资产专用性两者的交互项（依据前文对变量的设定资产专用性程度高设为1，产品市场竞争激烈设为1，两个虚拟变量交互后所表达的含义是产品市场竞争激烈且资产专用性程度高）对横向并购的影响，发现HHI与横向并购显著负相关（5%），Rd与横向并购显著正相关（1%），但是交互项的系数为－0.863，且在1%的水平上显著。说明尽管随着产品市场竞争程度和资产专用性程度的增加，上市公司进行横向并购的可能性会相应增加，但在两者增加到一定程度后，上市公司进行横向并购的可能性反而下降了。假设1得到验证。

进一步按照HHI是否小于0.1将样本分为高产品市场竞争组和低产品市场竞争组，回归（5）实证检验结果表明，在产品市场竞争程度高的样本中，资产专用性程度与横向并购显著正相关，而在回归（6）产品市场竞争程度低的样本中，资产专用性程度与横向并购正相关但是不显著，这一结果也进一步验证了在竞争性行业中，专用性资产投入的加大更加激发了企业进行横向并购、从而提升企业核心竞争力的动机。

表3－4　　产品市场竞争、资产专用性与横向并购行为检验

VARIABLES	被解释变量（TRAGETY）					
	(1)	(2)	(3)	(4)	(5)	(6)
HHI	-2.306^{*} (－1.67)		－2.044 (－1.47)	-3.732^{**} (－2.51)		
Rd		33.315^{**} (2.37)	28.151^{**} (2.22)	46.080^{***} (3.06)	33.291^{**} (1.98)	48.685 (0.91)
Dum_HHI × *Dum_Rd*				-0.863^{***} (－2.80)		

续表

VARIABLES	被解释变量（TRAGETY）					
	(1)	(2)	(3)	(4)	(5)	(6)
Pcm	1.059 * (1.76)		1.181 * (1.71)	0.870 (1.50)		
Soe	0.015 (0.06)	-0.062 (-0.21)	-0.010 (-0.04)	-0.011 (-0.04)	-0.080 (-0.25)	2.045 * (1.65)
Size	0.090 (0.76)	0.077 (0.61)	0.085 (0.73)	0.088 (0.73)	0.079 (0.57)	-0.865 (-1.43)
Roa	1.249 (0.61)	1.536 (0.68)	1.615 (0.79)	2.201 (1.06)	2.803 (1.06)	-5.631 (-0.69)
Lev	1.265 * (1.80)	0.914 (1.17)	1.455 ** (2.06)	1.403 ** (1.99)	1.106 (1.27)	-0.599 (-0.26)
Growth	0.136 (0.82)	0.218 (1.61)	0.146 (0.85)	0.116 (0.66)	0.351 * (1.73)	0.251 (0.73)
Cash	1.628 (1.43)	1.121 (0.83)	1.072 (0.91)	0.983 (0.80)	-0.047 (-0.03)	-2.021 (-0.50)
Loss	-1.087 * (-1.67)	-1.204 * (-1.72)	-1.134 * (-1.74)	-1.212 * (-1.87)	-1.259 * (-1.71)	0.192 (0.08)
Scale	0.214 * (1.84)	0.126 (1.23)	0.221 * (1.78)	0.187 * (1.66)	0.099 (0.93)	-0.572 (-0.54)
*Shr*1	0.016 (0.01)	-0.169 (-0.14)	0.092 (0.08)	0.566 (0.48)	-0.242 (-0.19)	3.759 (0.70)
*Shr*2_5/1	-0.106 (-0.29)	-0.174 (-0.44)	-0.057 (-0.16)	-0.054 (-0.15)	-0.178 (-0.43)	1.703 (0.80)
Indep	0.968 (0.39)	0.978 (0.36)	0.790 (0.31)	1.252 (0.51)	0.467 (0.14)	10.287 (1.48)
Duality	-0.646 * (-1.74)	-0.742 * (-1.79)	-0.614 (-1.63)	-0.729 * (-1.89)	-0.525 (-1.09)	-2.643 (-1.47)
Dum_type	0.011 (0.02)	-0.192 (-0.35)	-0.147 (-0.26)	-0.385 (-0.68)	-0.198 (-0.35)	
Control	0.178 (0.48)	0.196 (0.47)	0.167 (0.44)	0.153 (0.40)	0.026 (0.06)	34.786 *** (10.79)
Gdp	0.086 (0.49)	-0.044 (-0.24)	0.055 (0.31)	-0.008 (-0.05)	0.092 (0.46)	-1.887 *** (-2.60)
Layoff	-26.357 * (-1.93)	-12.541 (-0.83)	-21.678 (-1.57)	-23.760 * (-1.71)	-11.544 (-0.68)	-31.968 (-0.57)

续表

VARIABLES	被解释变量（TRAGETY）					
	(1)	(2)	(3)	(4)	(5)	(6)
年度/行业	控制	控制	控制	控制	控制	控制
_cons	-4.231 (-0.72)	-0.839 (-0.14)	-3.536 (-0.60)	-1.233 (-0.21)	-4.645 (-0.70)	34.882 (1.48)
observations	428	428	428	428	347	81
Wald CHI^2	90.83	107.97	94.11	94.44	81.23	1119.86
Prob > CHI^2	0.0000***	0.0000***	0.0000***	0.0000***	0.0000***	0.0000***
Log likelihood	-235.9359	-227.58618	-233.9631	-230.07153	-188.1965	-27.824105
PescudoR^2	0.2002	0.2285	0.2068	0.2200	0.2103	0.5044

注：***表示在1%的水平上显著，**表示在5%的水平上显著，*表示在10%的水平上显著。在产品市场竞争低组的样本中，由于只有一家公司并购标的物为资产，其余均为股权，故失去控制意义，所以在该样本回归中，不考虑Dum_type控制变量。已对回归方程中的异方差问题进行了检验和处理，括号内提供的T值经过异方差稳健修正。

2. 产品市场竞争、资产专用性与横向并购绩效

表3-5是控制上市公司横向并购内生性问题后的二阶段回归结果。回归(4)、(5)中Lamda的回归系数显著，说明本节在研究横向并购与产品市场竞争、专用性资产投入的交互作用对企业价值影响的过程中，控制横向并购自选择偏误的必要性。表3-5的回归(1)、(2)、(3)分别只考虑了横向并购、产品市场竞争和资产专用性对公司价值的单独影响，回归结果可以看出，横向并购和企业专用性资产投入均与公司价值正相关但是不显著，而产品市场竞争对公司价值提升有显著的正向促进作用，说明产品市场竞争在一定程度上发挥了外部治理机制的作用，改善公司绩效；而加大公司研发等专用性资产投入，有助于提升企业核心竞争力，满足市场差异化需求，进而提升绩效。在回归(4)中引入横向并购与产品市场竞争的交互变量，Tragety × Dum_HHI的估计系数为正且在5%的水平上显著，表明相对于产品市场竞争低的行业，产品市场竞争激烈行业的企业进行横向并购有利于提高绩效，实证检验结果与Florian Geiger和Dirk ScHIereck(2008)的研究结论一致，假设2得到验证。进一步在回归(5)中引入横向并购、产品市场竞争和资产专用性三个变量的交互，检验结果发现Tragety × Dum_HHI × Dum_Rd的估计系数为正且在1%的水平上显著，表明与产品市场竞争程度低的行业相比，在产品市场竞争程度高的行业，高专用性资产投入更有助于企业横向并购的价值提升，假设2得到进一步验证。

表 3－5　　产品市场竞争、资产专用性与并购绩效检验

VARIABLES	被解释变量（ATobinQ）				
	(1)	(2)	(3)	(4)	(5)
	系数	系数	系数	系数	系数
Tragety	2.515 (0.87)			−10.396*** (−4.00)	−5.986*** (−2.90)
Rd		14.554 (0.46)		−54.707* (−1.86)	−17.469 (−0.61)
HHI			−10.959*** (−2.80)	−3.105 (−0.62)	−10.099* (−1.73)
Tragety × HHI_cen					−2.217 (−0.29)
Tragety × Rd_cen					−98.029* (−1.89)
Tragety × Dum_HHI				4.948** (2.45)	
Dum_HHI × Dum_Rd					−0.216 (−0.50)
Tragety × Dum_HHI × Dum_Rd					2.190*** (2.93)
Pcm			0.365 (0.28)	−0.230 (−0.21)	0.217 (0.17)
Soe	0.428 (0.89)	0.361 (0.75)	0.486 (0.79)	0.490 (0.85)	0.371 (0.58)
Age	−0.045 (−1.22)	−0.040 (−1.10)	−0.051 (−0.95)	−0.064 (−1.25)	−0.053 (−1.01)
Size	−0.277 (−1.23)	−0.225 (−1.01)	0.332 (1.41)	0.351 (1.57)	0.330 (1.48)
Roa	3.380 (1.14)	3.800 (1.28)	9.186** (1.99)	8.605* (1.91)	9.030* (1.84)
Lev	0.646 (0.43)	1.012 (0.72)	0.264 (0.18)	1.255 (0.81)	1.064 (0.66)
Cash	1.465 (0.66)	1.783 (0.86)	−0.876 (−0.33)	2.756 (0.91)	1.466 (0.51)
Loss	2.871*** (3.08)	2.262*** (3.47)	2.804** (3.08)	1.377 (1.49)	1.732* (1.89)
Scale	−0.252 (−1.14)	−0.239 (−1.07)	−0.174 (−0.44)	−0.075 (−0.20)	−0.046 (−0.11)

续表

VARIABLES	被解释变量（ATobinQ）				
	(1)	(2)	(3)	(4)	(5)
	系数	系数	系数	系数	系数
Shr1	-1.452 (-0.88)	-1.364 (-0.83)	2.272 (2.42)	2.446 (1.36)	2.838 (1.46)
Shr2_5/1	0.552 (1.17)	0.509 (1.07)	1.418 ** (2.04)	1.169 ** (2.05)	1.454 ** (2.47)
Indep	-4.594 (-1.19)	-4.086 (-1.08)	-7.174 (-1.21)	-4.523 (-0.77)	-6.100 (-1.08)
Duality	0.216 (0.25)	-0.117 (-0.16)	1.067 (1.22)	-0.142 (-0.17)	0.253 (0.29)
Salary	-0.169 (-0.58)	-0.189 (-0.64)	-1.043 *** (-2.73)	-0.771 ** (-2.33)	-0.801 ** (-2.28)
Dum_type	0.279 (0.68)	0.183 (0.42)	0.205 (0.36)	0.325 (0.48)	0.627 (0.94)
Control	0.774 * (1.88)	0.876 ** (2.03)	0.808 (1.31)	1.007 * (1.81)	0.881 (1.51)
Gdp	0.445 * (1.83)	0.450 * (1.82)	0.186 (0.60)	0.151 (0.50)	0.213 (0.70)
Layoff	29.145 (1.19)	29.849 (1.24)	68.998 ** (1.97)	48.930 (1.57)	49.316 (1.50)
Lamda	-1.447 (-0.83)			3.900 *** (3.07)	3.296 ** (2.51)
年度/行业	控制	控制	控制	控制	控制
_cons	-4.541 (-0.53)	-4.602 (-0.53)	-1.101 (-0.09)	-1.270 (0.10)	-2.213 (-0.18)
observations	428	428	428	428	428
F 值	12.47 ***	12.78 ***	4.41 ***	5.57 ***	4.37 ***
Adj. R-Square	0.5416	0.5425	0.1609	0.2304	0.1964

注：*** 表示在1%的水平上显著，** 表示在5%的水平上显著，* 表示在10%的水平上显著。已对回归方程中的异方差问题进行了检验和处理，括号内提供的T值经过异方差稳健修正。

3. 进一步检验：行业竞争地位对企业横向并购行为与绩效的影响

大多数行业都有一个或几个公认的市场领导者（领导企业），领导企业在行业内拥有较高的竞争地位，能够制定市场价格并获得超额利润，其他企业虽然可以向其发起挑战，但更多的是作为追随者模仿领导企业或者避免与其竞争。对于处于竞争优势的公司来讲，怎样保持其竞争优势是企业要解决的主要问题，而对于处于竞争地位弱势的企业而言，它们的主要任务则更关注怎样生存。并且往往处于竞争优势的公司来讲，公司的规模更大、拥有更多的自由现金流、拥有更好的资源，扩张能力更强。但是企业规模都是有边界的，并不是越大越好，如果企业规模扩大不能提高效率，应停止扩张活动，从而规模边界被确定。因此，从理论上说，处于行业竞争地位高与行业竞争地位低的企业并购行为是有差异的，而绩效就是这一行为导致的结果，所以两类企业的并购绩效也是有差异的。

为了进一步比较行业竞争地位高与行业竞争地位低的上市公司在并购行为上是否存在差异，本节以勒纳指数（Pcm）进行分组，以勒纳指数的中位数为取之标准，若行业的 Pcm 指数小于中位数，则为行业竞争地位低的上市公司；若大于中位数，则为行业竞争地位高的上市公司。据此，再据上述模型分组进行回归。

表 3 -6 分组统计了两组样本主要变量的均值和中位数，由表 3 -6 可见，经 T 检验和 wilcoxon 秩和检验，两组样本的 Tragety 的均值和中位数均在 10% 的水平上存在显著差异，ATobinQ 的均值和中位数分别在 1% 和 5% 的水平上存在显著差异，Rd 的均值和中位数均在 1% 的水平上存在显著差异。参数检验结果表明，行业竞争地位高组更倾向于发起横向并购，行业竞争地位高组并购后的绩效优于行业竞争地位低组，但是，行业竞争地位高组的专用性资产投入却显著低于行业竞争地位低组。

表 3 -6　行业竞争地位低组与行业竞争地位高组主要变量的差异比较

VARIABLES	行业内竞争地位低组		行业内竞争地位高组		均值 T 检验	Z 检验
	均值	中位数	均值	中位数		
Tragety	0. 5046729	1	0. 5841121	1	-1. 6514* (0. 0994)	-1. 648* (0. 0993)
ATobinQ	-2. 254949	-0. 6332245	-0. 8019937	-0. 542812	-3. 1898*** (0. 0015)	-2. 205** (0. 0275)
HHI	0. 0939284	0. 058688	0. 0887987	0. 059532	0. 6182 (0. 5368)	0. 111 (0. 9119)
Rd	0. 0055958	0. 0000645	0. 0028599	0	3. 1181*** (0. 0019)	4. 052*** (0. 0001)

注：*** 表示在 1% 的水平上显著，** 表示在 5% 的水平上显著，* 表示在 10% 的水平上显著。

如表 3 -7 所示，我们区分行业竞争地位高低，对产品市场竞争、资产专用性与企业横向并购进行分样本回归。实证结果发现，在行业竞争地位高组，产品市场竞争（HHI）越激烈越倾向于横向并购（5% 的显著性），专用性资产投入（Rd）越高越倾向于横向并购（5% 的显著性），产品市场竞争与专用性资产投入的交互变量 Dum_ HHI × Dum_ Rd 显著为负（1% 的显著性），说明随着产品市场竞争程度的增加，资产专用性在增加至某一临界值后，行业竞争地位高的上市公司进行横向并购的可能性反而下降；在行业竞争地位低组，产品市场竞争（HHI）对横向并购无显著影响，专用性资产投入（Rd）与横向并购显著正相关（5%的显著性），产品市场竞争与专用性资产投入的交互变量 Dum_ HHI × Dum_ Rd 为负但在统计上不显著。上述结果表明，无论是在行业竞争地位高组还是在行业竞争地位低组，专用性资产投入都是影响企业横向并购的一个重要因素；但是，产品市场竞争以及产品市场竞争与专用性资产投入的交互变量对横向并购的影响只出现在行业竞争地位高组。可能的原因是：相对于行业竞争地位低的企业，行业竞争地位高的企业在行业中一般都是规模较大、有较强竞争实力，在面临激烈竞争时，既有动力也有能力通过横向并购进一步壮大企业实力、扩大竞争优势。但是，随着企业专用性资产投入增加到一定程度后，就可能存在规模经济效应递减、市场容量及技术“瓶颈”等问题，加剧横向并购风险，从而减弱了横向并购动机。

表 3-7　基于行业竞争地位的产品市场竞争、资产专用性与横向并购行为检验

VARIABLES	被解释变量（Tragety）					
	行业内的竞争地位高			行业内的竞争地位低		
HHI	-4.833 ** (-2.03)		-6.125 ** (-2.24)	-0.545 (-0.26)		-2.371 (-1.06)
Rd		70.975 ** (2.18)	103.1 ** (2.54)		41.041 ** (2.07)	48.874 ** (2.81)
Dum_HHI × Dum_Rd			-1.499 *** (-2.82)			-0.686 (-1.58)
Soe	-0.069 (-0.16)	0.482 (0.88)	-0.180 (-0.42)	0.070 (0.17)	-0.358 (-0.81)	0.012 (0.03)
Size	0.288 * (1.65)	0.368 * (1.66)	0.329 * (1.83)	-0.224 (-1.19)	-0.315 (-1.57)	-0.278 (-1.41)
Roa	-0.153 (-0.04)	-0.294 (-0.08)	0.486 (0.14)	4.767 (1.44)	4.197 (1.20)	6.159 * (1.85)
Lev	1.614 (1.16)	-0.319 (-0.19)	1.493 (0.98)	1.143 (1.39)	1.243 (1.45)	1.547 * (1.88)
Growth	0.146 (0.92)	0.253 (1.57)	0.140 (0.81)	0.333 (1.08)	0.138 (0.45)	0.343 (1.04)
Cash	4.035 ** (2.17)	3.935 * (1.91)	3.778 * (1.90)	-0.705 (-0.40)	-2.493 (-1.16)	-1.982 (-1.09)

续表

VARIABLES	被解释变量（Tragety）					
	行业内的竞争地位高			行业内的竞争地位低		
Loss				-1.012 (-1.53)	-1.387* (-1.77)	-1.216* (-1.8)
Scale	-1.097 (-1.53)	-1.014 (-1.45)	-1.022 (-1.56)	0.110 (0.88)	0.127 (0.94)	0.100 (0.67)
Shr1	0.265 (0.15)	-1.338 (-0.62)	0.315 (0.17)	2.201 (1.29)	1.505 (0.79)	3.114* (1.76)
Shr2_5/1	0.066 (0.13)	-0.239 (-0.42)	-0.110 (-0.21)	0.483 (0.76)	0.527 (0.79)	0.679 (1.03)
Indep	1.649 (0.40)	0.566 (0.12)	1.006 (0.26)	1.104 (0.28)	0.034 (0.01)	1.511 (0.38)
Duality	-0.521 (-1.00)	-0.808 (-1.25)	-0.755 (-1.41)	-0.673 (-1.00)	-1.107 (-1.57)	-0.670 (-0.93)
Dum_type	-1.913 (-1.47)	-2.134* (-1.83)	-2.199* (-1.70)	0.820 (1.13)	0.508 (0.62)	0.375 (0.52)
Control	0.137 (0.27)	0.441 (0.71)	0.323 (0.57)	-0.038 (-0.06)	-0.256 (-0.41)	-0.138 (-0.21)
Gdp	0.058 (0.21)	-0.064 (-0.20)	-0.077 (-0.26)	-0.011 (-0.04)	-0.134 (-0.43)	-0.154 (-0.57)
Layoff	-25.584 (-1.16)	-9.096 (-0.38)	-30.327 (-1.29)	-33.707 (-1.59)	-15.748 (-0.64)	-28.937 (-1.4)
年度/行业	控制	控制	控制	控制	控制	控制
_cons	-6.178 (-0.67)	-4.789 (-0.47)	-6.0692 (-0.64)	2.2213 (0.26)	8.363 (0.83)	9.306 (1.07)
observations	214	214	214	214	214	214
Wald CHI^2	48.47	63.85	50.95	57.22	73.87	62.01
Prob > CHI^2	0.0006***	0.0021***	0.0007***	0.0001***	0.0003***	0.0000***
Log likelihood	-109.81895	-103.15093	-105.34407	-114.60978	-103.48903	-111.10459
PescudoR^2	0.2441	0.2900	0.2749	0.2273	0.3023	0.2509

注：***表示在1%的水平上显著，**表示在5%的水平上显著，*表示在10%的水平上显著。在行业内的竞争地位高的样本中，由于所有公司均不亏损，即Loss都为0，故失去控制意义，所以在该样本回归中，不考虑Loss控制变量。已对回归方程中的异方差问题进行了检验和处理，括号内提供的T值经过异方差稳健修正。

如表3-8所示，我们区分行业竞争地位高低，对产品市场竞争、资产专用性与企业并购效率进行分样本回归。我们同样发现由于企业的行业竞争地位差异，导致产品市场竞争和资产专用性对横向并购绩效的影响也存在差异。首先对比表3-8第（1）、（3）列可以发现，在行业竞争地位高组，横向并购与产品市场竞争的交互变量 Tragety × Dum_ HHI 的估计系数为 -0.509 但是统计上不显著，而在行业竞争地位低组，Tragety × Dum_ HHI 的估计系数为6.293且在5%的水平上显著，说明行业竞争地位高组在产品市场竞争压力下实施的横向并购，其主要目的可能是为了获得行业中几家大企业间的联盟，增强市场地位和市场支配力，而在行业竞争地位低组，企业在激烈的产品市场竞争压力下实施的横向并购，其主要目的可能是为了获得规模经济效应和管理协同效应，提升市场效率，也提升了横向并购后的企业绩效。进一步对比表3-8第（2）、（4）列可以发现，在行业竞争地位高组，横向并购、产品市场竞争和资产专用性的交互变量 Tragety × Dum_ HHI × Dum_ Rd 估计系数为负且统计上不显著，而在行业竞争地位低组，Tragety × Dum_ HHI × Dum_ Rd 的估计系数为2.386且在10%的水平上显著，表明在行业竞争地位低组，激烈的产品市场竞争以及高专用性资产投入更有助于企业横向并购的价值提升。该结论也进一步印证前文关于行业竞争地位的高低对企业横向并购绩效的影响。

表3-8　基于行业竞争地位的产品市场竞争、资产专用性与并购绩效检验

VARIABLES	被解释变量（ATobinQ）			
	行业内的竞争地位高		行业内的竞争地位低	
	（1）	（2）	（3）	（4）
Tragety	-1.484 （-1.36）	-1.781* （-1.66）	-12.73*** （-3.52）	-7.929** （-2.27）
HHI	0.445 （0.20）	1.976 （0.97）	-7.861 （-0.91）	-20.289 （-1.73）
Rd	18.771 （1.29）	-12.490 （-0.25）	-52.157 （-1.41）	-30.009 （-0.62）
Tragety × HHI_ cen		-0.624 （-0.27）		0.928 （0.06）
Tragety × HHI_ cen		33.236 （0.50）		-68.373 （-1.17）
Tragety × Dum_ HHI	-0.509 （-0.77）		6.293** （2.36）	
Dum_ HHI × Dum_ Rd		0.294 （0.34）		-0.230 （-0.27）

续表

VARIABLES	被解释变量（ATobinQ）			
	行业内的竞争地位高		行业内的竞争地位低	
	(1)	(2)	(3)	(4)
Tragety × Dum_HHI × Dum_Rd		−0.173 (−0.15)		2.386* (1.85)
Soe	−0.305 (−0.99)	−0.241 (−0.77)	1.220 (1.21)	0.952 (0.86)
Age	0.096** (2.40)	0.105*** (2.61)	−0.239** (−2.30)	−0.182* (−1.67)
Size	−0.138 (−1.35)	−0.133 (−1.24)	0.535 (1.21)	0.590 (1.31)
Roa	−4.888 (−1.41)	−4.900 (−1.37)	8.646 (1.21)	11.833 (1.51)
Lev	−0.134 (−0.16)	−0.146 (−0.16)	1.427 (0.59)	1.131 (0.45)
Cash	−0.424 (−0.34)	−0.362 (−0.28)	1.151 (0.23)	−1.169 (−0.24)
Loss			1.946 (1.39)	2.257 (1.57)
Scale	−0.179 (−0.65)	−0.185 (−0.67)	0.009 (0.02)	−0.029 (−0.07)
Shr1	2.615** (2.36)	2.557** (2.37)	−2.224 (−0.60)	−1.010 (−0.25)
Shr2_5/1	0.794** (2.02)	0.785* (1.96)	−0.112 (−0.11)	0.550 (0.50)
Indep	6.531** (2.59)	6.673*** (2.68)	−12.445 (−1.26)	−12.987 (−1.38)
Duality	0.520 (1.15)	0.458 (1.00)	0.317 (0.18)	0.145 (0.08)
Salary	−0.186 (−0.87)	−0.244 (−1.10)	−1.223* (−1.96)	−1.659** (−2.22)
Dum_type	−0.061 (−0.11)	−0.031 (−0.05)	−0.073 (−0.06)	0.222 (0.18)
Control	0.406 (1.08)	0.363 (0.96)	1.149 (0.99)	1.232 (0.96)

续表

VARIABLES	被解释变量（ATobinQ）			
	行业内的竞争地位高		行业内的竞争地位低	
	(1)	(2)	(3)	(4)
Gdp	-0.065 (-0.28)	-0.063 (-0.27)	-0.118 (-0.19)	0.133 (0.21)
Layoff	5.122 (0.32)	4.294 (0.25)	19.203 (0.41)	24.568 (0.51)
Lamda	1.338** (2.03)	1.308* (1.84)	4.907** (2.27)	4.424* (1.88)
年度/行业	控制	控制	控制	控制
_cons	3.096 (0.44)	3.477 (0.46)	17.618 (0.72)	14.761 (0.57)
observations	214	214	214	214
F 值	2.08***	1.98***	1.92***	1.47*
Adj. R-Square	0.1532	0.1400	0.3628	0.3171

注：*** 表示在1%的水平上显著，** 表示在5%的水平上显著，* 表示在10%的水平上显著。在行业内的竞争地位高的样本中，变量Loss同样不控制，解释同上。已对回归方程中的异方差问题进行了检验和处理，括号内提供的T值经过异方差稳健修正。

四、稳健性检验

本节采用了以下几种方式进行稳健性检验：（1）借鉴Nickell的做法，采用同行业内上市公司的数量取自然对数（Lnn）来度量行业竞争激烈的程度——正向指标，Lnn值越大，该行业内竞争者的数量越多，该行业的竞争越激烈。主要研究结果不变，结果见表3-9至表3-12；（2）以经行业均值处理的净资产收益率、营业利润率替代TobinQ来衡量并购绩效，主要研究结果不变，结果见表3-13和表3-14；（3）本节在参照绝大多数实证研究的通用做法，将资产专用性中位数作为虚拟变量进行回归检验的基础上，为了保证结果更加稳健，我们取资产专用性最高的四分位样本（高于75%分位设为1，否则为0）与产品市场竞争度变量的交互项重新估计系数，做了进一步检验，主要研究结果没有出现显著变化，结果见表3-15至表3-18；（4）本节以"公司上年末的研发费用/总资产"作为资产专用性的替代变量（控制不同公司规模效应的影响），对所有研究模型进行了重新回归检验，主要研究结果也没有出现显著变化，结果见表3-19至表3-22。说明本节的研究结果是稳健的。

表 3－9　　产品市场竞争、资产专用性与横向并购行为检验

VARIABLES	被解释变量（TRAGETY）					
	（1）	（2）	（3）	（4）	（5）	（6）
Lnn	0.573 *** （2.79）		0.518 ** （2.52）	0.889 *** （3.39）		
Rd		33.315 ** （2.37）	25.726 ** （2.04）	38.523 *** （2.22）	36.186 * （1.81）	38.589 （0.94）
Dum_Lnn × *Dum_Rd*				－1.021 *** （－2.60）		
Pcm	1.024 * （1.70）		1.148 * （1.67）	0.900 （1.46）		
Control Variables	control	control	control	control	control	control
observations	428	428	428	428	305	123
Wald CHI^2	99.19	107.97	100.94	104.55	72.57	69.52
Prob > CHI^2	0.0000 ***	0.0000 ***	0.0000 ***	0.0000 ***	0.0000 ***	0.0002 ***
Log likelihood	－233.75857	－227.58618	－232.14771	－228.51436	－158.7731	－50.002514
PescudoR^2	0.2075	0.2285	0.2130	0.2253	0.2347	0.4101

表 3－10　　产品市场竞争、资产专用性与并购绩效检验

VARIABLES	被解释变量（ATobinQ）				
	（1）	（2）	（3）	（4）	（5）
	系数	系数	系数	系数	系数
Tragety	2.515 （0.87）			－7.475 *** （－3.40）	－6.472 *** （－2.60）
Rd		14.554 （0.46）		－58.891 ** （－1.86）	－24.008 （－0.88）
Lnn			0.732 ** （2.02）	0.856 （1.51）	1.031 * （1.79）
Tragety × *Lnn_cen*					0.186 （0.26）
Tragety × *Rd_cen*					－73.994 （－1.49）
Tragety × *Dum_Lnn*				1.869 ** （2.46）	

续表

VARIABLES	被解释变量（ATobinQ）				
	(1)	(2)	(3)	(4)	(5)
	系数	系数	系数	系数	系数
Dum_Lnn × Dum_Rd					0.344 (0.56)
Tragety × Dum_Lnn × Dum_Rd					1.359 (1.37)
Pcm			0.340 (0.25)	-0.033 (-0.02)	0.228 (0.17)
Control Variables	control	control	control	control	control
observations	428	428	428	428	428
F 值	12.47***	12.78***	3.69***	4.16***	3.68***
Adj. R - Square	0.5416	0.5425	0.1314	0.1715	0.1627

表 3-11 基于行业竞争地位的产品市场竞争、资产专用性与横向并购行为检验

VARIABLES	被解释变量（Tragety）					
	行业内的竞争地位高			行业内的竞争地位低		
HHI	0.636* (1.75)		0.973** (2.05)	0.646** (2.05)		0.856** (2.25)
Rd		70.975** (2.18)	88.844*** (3.29)		41.041** (2.07)	42.485** (2.47)
Dum_HHI × Dum_Rd			-1.994*** (-2.93)			-0.569 (-1.01)
Control Variables	control	control	control	control	control	control
observations	214	214	214	214	214	214
Wald CHI^2	49.45	63.85	51.69	68.70	73.87	70.14
Prob > CHI^2	0.0004***	0.0021***	0.0006***	0.0000***	0.0003***	0.0000***
Log likelihood	-110.7586	-103.15093	-105.47067	-112.47159	-103.48903	-109.84397
PescudoR^2	0.2377	0.2900	0.2741	0.2417	0.3023	0.2594

表 3-12 基于行业竞争地位的产品市场竞争、资产专用性与并购绩效检验

VARIABLES	被解释变量（ATobinQ）			
	行业内的竞争地位高		行业内的竞争地位低	
Tragety	-1.856* (-1.85)	-2.266** (-2.10)	-9.992** (-2.46)	-9.615** (-2.06)

续表

VARIABLES	被解释变量（ATobinQ）			
	行业内的竞争地位高		行业内的竞争地位低	
Lnn	0.182 (0.45)	0.255 (0.53)	1.292 (1.27)	1.944 (1.32)
Rd	12.584 (0.83)	28.343 (-0.52)	-56.043 (-1.35)	-33.872 (-0.44)
Tragety × Lnn_cen		-0.354 (-0.58)		0.477 (0.25)
Tragety × Rd_cen		-1.604 (-0.02)		-52.149 (-0.60)
Tragety × Dum_Lnn	-0.556 (-1.22)		3.138** (2.20)	
Dum_Lnn × Dum_Rd		-0.996 (-0.83)		0.029 (0.02)
Tragety × Dum_Lnn × Dum_Rd		0.891 (0.56)		1.590 (0.68)
Control Variables	control	control	control	control
observations	214	214	214	214
F 值	2.08***	1.90***	4.34***	3.68***
Adj. R - Square	0.1562	0.1444	0.2974	0.2738

表 3-13　　产品市场竞争、资产专用性与并购绩效检验

VARIABLES	被解释变量（ARoa）				
	(1)	(2)	(3)	(4)	(5)
	系数	系数	系数	系数	系数
Tragety	-0.254 (-1.08)			-0.415*** (-3.38)	-0.227** (-2.02)
Rd		14.554 (0.46)		-1.844 (-1.22)	-2.184 (-0.76)
HHI			-0.340** (-2.25)	-0.012 (-0.06)	-0.241 (-0.98)
Tragety × HHI_cen					-0.067 (-0.22)

续表

VARIABLES	被解释变量（ARoa）				
	(1)	(2)	(3)	(4)	(5)
	系数	系数	系数	系数	系数
Tragety × Rd_ cen					−2.212 (−0.66)
Tragety × Dum_ HHI				0.204 ** (3.41)	
Dum_ HHI × Dum_ Rd					0.038 (0.83)
Tragety × Dum_ HHI × Dum_ rd					0.070 (1.11)
Pcm			0.057 (0.74)	0.036 (0.47)	0.069 (0.06)
Control Variables	control	control	control	control	control
observations	428	428	428	428	428
F 值	3.53 ***	12.78 ***	2.34 ***	2.74 ***	2.27 ***
Adj. R − Square	0.2069	0.5425	0.0701	0.1022	0.0846

表 3－14　基于行业竞争地位的产品市场竞争、资产专用性与并购绩效检验

VARIABLES	被解释变量（ARoa）			
	行业内的竞争地位高		行业内的竞争地位低	
Tragety	−0.149 (0.91)	−0.159 (−1.21)	−0.340 * (−1.78)	−0.055 (−0.30)
HHI	−0.469 ** (−2.17)	−0.405 * (−1.67)	0.338 (1.04)	0.295 (0.67)
Rd	1.900 (0.91)	−9.991 ** (−2.05)	−2.756 (−1.32)	−0.354 (−0.09)
Tragety × HHI_ cen		0.305 (1.03)		−0.800 (−0.05)
Tragety × Rd_ cen		15.988 *** (2.71)		−0.674 (−1.23)
Tragety × Dum_ HHI	−0.086 (−1.14)		0.308 *** (3.40)	
Dum_ HHI × Dum_ Rd		0.114 * (1.81)		0.037 (0.53)

续表

VARIABLES	被解释变量（ARoa）			
	行业内的竞争地位高		行业内的竞争地位低	
Tragety × Dum_HHI × Dum_Rd		-0.153* (-1.81)		0.108 (1.13)
Control Variables	control	control	control	control
observations	214	214	214	214
F 值	1.42*	1.59**	3.81***	3.22***
Adj. R - Square	0.0489	0.0739	0.2624	0.2384

表 3-15　　产品市场竞争、资产专用性与横向并购行为检验

VARIABLES	被解释变量（TRAGETY）					
	(1)	(2)	(3)	(4)	(5)	(6)
HHI	-2.306* (-1.67)		-2.044 (-1.47)	-2.756* (-1.86)		
Rd		33.315** (2.37)	28.151** (2.22)	42.815*** (2.62)	33.291** (1.98)	48.685 (0.91)
Dum_HHI × Dum_Rd				-0.560 (-1.39)		
Pcm	1.059* (1.76)		1.181* (1.71)	1.201* (1.79)		
Control Variables	control	control	control	control	control	control
observations	428	428	428	428	347	81
Wald CHI^2	90.83	107.97	94.11	95.27	81.23	1119.86
Prob > CHI^2	0.0000***	0.0000***	0.0000***	0.0000***	0.0000***	0.0000***
Log likelihood	-235.9359	-227.58618	-233.9631	-233.0075	-188.1965	-27.824105
PescudoR^2	0.2002	0.2285	0.2068	0.2101	0.2103	0.5044

表 3-16　　产品市场竞争、资产专用性与并购绩效检验

VARIABLES	被解释变量（ATobinQ）				
	(1)	(2)	(3)	(4)	(5)
	系数	系数	系数	系数	系数
Tragety	2.515 (0.87)			-10.396*** (-4.00)	-5.571*** (-2.67)
Rd		14.554 (0.46)		-54.707* (-1.86)	-52.428* (-1.66)

续表

VARIABLES	被解释变量（ATobinQ）				
	（1）	（2）	（3）	（4）	（5）
	系数	系数	系数	系数	系数
HHI			-10.959*** (-2.80)	-3.105 (-0.62)	-8.518 (-1.49)
Tragety × HHI_cen					-3.106 (-0.41)
Tragety × Rd_cen					-86.978 (-1.50)
Tragety × Dum_HHI				4.948** (2.45)	
Dum_HHI × Dum_Rd					0.949 (1.60)
Tragety × Dum_HHI × Dum_rd					1.996** (1.97)
Pcm			0.365 (0.28)	-0.230 (-0.21)	0.069 (0.06)
Control Variables	control	control	control	control	control
observations	428	428	428	428	428
F 值	12.47***	12.78***	4.41***	5.57***	4.51***
Adj. R-Square	0.5416	0.5425	0.1609	0.2304	0.2031

表 3-17 基于行业竞争地位的产品市场竞争、资产专用性与横向并购行为检验

VARIABLES	被解释变量（Tragety）					
	行业内的竞争地位高			行业内的竞争地位低		
HHI	-4.833** (-2.03)		-5.630** (-2.14)	-0.545 (-0.26)		-1.119 (-0.51)
Rd		70.975** (2.18)	109.435** (2.20)		41.041** (2.07)	46.472** (2.44)
Dum_HHI × Dum_Rd			-1.532** (-2.24)			-0.325 (-0.54)
Control Variables	control	control	control	control	control	control
observations	214	214	214	214	214	214
Wald CHI^2	48.47	63.85	49.26	57.22	73.87	56.95
Prob > CHI^2	0.0006***	0.0021***	0.0012***	0.0001***	0.0003***	0.0002***
Log likelihood	-109.81895	-103.15093	-106.13711	-114.60978	-103.48903	-112.17795
PescudoR^2	0.2441	0.2900	0.2695	0.2273	0.3023	0.2437

表 3-18　基于行业竞争地位的产品市场竞争、资产专用性与并购绩效检验

VARIABLES	被解释变量（ATobinQ）			
	行业内的竞争地位高		行业内的竞争地位低	
Tragety	-1.484 (-1.36)	-1.839* (-1.69)	-12.730*** (-3.52)	-7.603** (-2.15)
HHI	0.445 (0.20)	1.737 (0.86)	-7.861 (-0.91)	-18.786* (-1.67)
Rd	18.771 (1.29)	-12.257 (-0.20)	-52.157 (-1.41)	-58.700 (-1.14)
Tragety × HHI_cen		-0.740 (-0.33)		-0.800 (-0.05)
Tragety × Rd_cen		45.506 (0.58)		-64.202 (-0.95)
Tragety × Dum_HHI	-0.509 (-0.77)		6.293** (2.36)	
Dum_HHI × Dum_Rd		0.244 (0.24)		0.871 (0.92)
Tragety × Dum_HHI × Dum_Rd		-0.478 (-0.34)		2.552 (1.56)
Control Variables	control	control	control	control
observations	214	214	214	214
F 值	2.08***	1.85***	1.92***	1.58*
Adj. R-Square	0.1532	0.1399	0.3628	0.3211

表 3-19　产品市场竞争、资产专用性与横向并购行为检验

VARIABLES	被解释变量（TRAGETY）					
	(1)	(2)	(3)	(4)	(5)	(6)
HHI	-2.306* (-1.67)		-2.101 (-1.52)	-3.735** (-2.51)		
Rd		40.152* (1.94)	36.538** (2.05)	59.163*** (2.87)	25.025 (1.05)	48.685 (0.91)
Dum_HHI × Dum_Rd				-0.825*** (-2.71)		
Pcm	1.059* (1.76)		1.250* (1.79)	0.987* (1.68)		
Control Variables	control	control	control	control	control	control
observations	428	428	428	428	347	81
Wald CHI^2	90.83	105.30	91.76	91.06	79.76	55.65
Prob > CHI^2	0.0000***	0.0000***	0.0000***	0.0000***	0.0000***	0.0014***
Log likelihood	-235.9359	-228.09689	-234.14852	-230.51651	-189.27405	-25.387316
PescudoR^2	0.2002	0.2267	0.2062	0.2185	0.2058	0.5229

表 3-20　产品市场竞争、资产专用性与并购绩效检验

VARIABLES	被解释变量（ATobinQ）				
	(1)	(2)	(3)	(4)	(5)
	系数	系数	系数	系数	系数
Tragety	2.515 (0.87)			-10.275*** (-3.93)	-5.968*** (-2.88)
Rd		41.662 (0.86)		-67.488* (-1.66)	-14.037 (-0.46)
HHI			-10.959*** (-2.80)	-3.144 (-0.63)	-10.117* (-1.73)
Tragety × HHI_cen					-2.125 (-0.28)
Tragety × Rd_cen					-139.217** (-1.97)
Tragety × Dum_HHI				4.864** (2.40)	
Dum_HHI × Dum_Rd					-0.255 (-0.59)
Tragety × Dum_HHI × Dum_rd					2.116*** (2.84)
Pcm			0.365 (0.28)	-0.316 (-0.28)	0.110 (0.09)
Control Variables	control	control	control	control	control
observations	428	428	428	428	428
F 值	12.47***	12.87***	4.41***	5.53***	4.36***
Adj. R-Square	0.5416	0.5444	0.1609	0.2290	0.1961

表 3-21　基于行业竞争地位的产品市场竞争、资产专用性与横向并购行为检验

VARIABLES	被解释变量（Tragety）					
	行业内的竞争地位高			行业内的竞争地位低		
HHI	-4.833** (-2.03)		-5.988** (-2.20)	-0.545 (-0.26)		-2.158 (-0.98)
Rd		75.000* (1.69)	97.926* (1.84)		35.711 (1.17)	53.011** (2.16)

续表

VARIABLES	被解释变量（Tragety）					
	行业内的竞争地位高			行业内的竞争地位低		
Dum_HHI × Dum_Rd			-1.112** (-2.20)			-0.626 (-1.46)
Control Variables	control	control	control	control	control	control
observations	214	214	214	214	214	214
Wald CHI^2	48.47	62.59	47.61	57.22	73.47	62.74
Prob > CHI^2	0.0006***	0.0028***	0.0019***	0.0001***	0.0003***	0.0000***
Log likelihood	-109.81895	-103.87377	-106.75151	-114.60978	-104.50051	-112.24943
PescudoR^2	0.2441	0.2851	0.2653	0.2273	0.2955	0.2432

表 3-22　基于行业竞争地位的产品市场竞争、资产专用性与并购绩效检验

VARIABLES	被解释变量（ATobinQ）			
	行业内的竞争地位高		行业内的竞争地位低	
Tragety	-1.504 (-1.38)	-1.732 (-1.65)	-12.485*** (-3.39)	-7.471** (-2.12)
HHI	0.518 (0.23)	2.031 (0.99)	-8.053 (-0.93)	-20.289* (-1.72)
Rd	33.076* (1.94)	-4.798 (-0.10)	-50.425 (-0.96)	7.478 (0.14)
Tragety × HHI_cen		-0.762 (-0.34)		1.306 (0.08)
Tragety × Rd_cen		52.581 (0.78)		-148.548* (-1.79)
Tragety × Dum_HHI	-0.502 (-0.76)		6.181** (2.29)	
Dum_HHI × Dum_Rd		0.254 (-0.33)		-0.380 (-0.42)
Tragety × Dum_HHI × Dum_Rd		-0.263 (-0.26)		2.525* (1.91)
Control Variables	control	control	control	control
observations	214	214	214	214
F 值	2.11***	1.94***	1.92***	1.41*
Adj. R - Square	0.1567	0.1445	0.3628	0.3190

五、研究结论与局限性

本节以我国 2007—2012 年 428 个公司并购事件作为研究样本，检验了产品市场竞争、资产专用性与企业并购间的关系。实证结果表明：（1）随着产品市场竞争程度和资产专用性的增加，上市公司进行横向并购的可能性会相应增加，但产品市场竞争和资产专用性增加到一定程度后，上市公司进行横向并购的可能性反而下降；（2）相对于产品市场竞争程度低的行业，产品市场竞争程度高行业的企业进行横向并购有利于提升企业价值；在产品市场竞争程度高的行业中，高专用性资产投入更有助于企业横向并购的价值提升；（3）企业所处的行业竞争地位对横向并购行为和绩效均产生一定影响。

本研究的主要启示有：第一，企业发展如何处理好外延扩展与内涵提升之间的关系。企业的快速成长加剧了行业竞争，进而可能压缩企业利润空间，通过横向并购实现规模经济便显得重要。然而，企业的持久竞争优势更来自对有价值的、难以被模仿和替代的稀缺资源的拥有，加大专用性资产投入，通过实施差异化战略更有能力赢得竞争优势，对那些行业竞争地位低的企业尤为重要。第二，企业的并购决策必须权衡好宏微观因素的制约作用，寻求宏微观因素的平衡点。尽管横向并购在实现规模经济效益或者增强合并后企业潜在的竞争力量等方面具有明显的价值优势，但是，这些优势受到产品竞争市场的激烈程度与资产专用性投入强度的抑制。企业的横向并购决策必须综合考量其内外部环境，既要考虑企业所在行业的竞争结构（外部宏观因素），同时还要充分考虑资产专用性程度及企业在行业中的竞争地位，通过并购实现行业专属管理资源的拓展使用。只有这样，企业的横向并购决策才能在组织经验、组织资本与投资机会方面，在管理协同效应和财务协同效应方面实现价值增值的企业战略目标。

本节的局限性在于：第一，企业不同的生命周期面临的竞争压力是不同的，比如产品导入期及成长期主要竞争对手是要素市场的竞争者，而产品成熟期企业的主要竞争对手是产品市场的竞争者，本节没有进一步对样本企业的生命周期做出区分；第二，企业横向兼并的动因主要是规模经济动因、管理协同动因和市场垄断动因。从社会总福利的角度而言，这三种动因的作用效果不同，前两种动因增进了企业自身福利，也增加了社会总福利，而第三种动因却在增进企业自身福利的同时，可能损害消费者、竞争对手等其他利益相关者的福利，进而可能损害社会总福利。如果进一步考虑存在垄断扭曲、利益分配、交易成本等因素，则衡量企业横向并购福利效应的标准将更加复杂。另外，本节仅以上市公司的数据反映产品市场竞争程度可能不准确，因为在一个行业内企业面临的竞争不仅来源于上市公司，非上市公司的经营活动也同样影响该行业的竞争程度。由于受到数据的局限，这些问题有待以后根据数据的可得性进一步加以完善。

第二节 市场化进程、客户谈判能力与上市公司纵向并购

企业的功能及边界问题是近年来微观经济理论及实证研究的重要话题，也是

新制度经济学关注的核心（Joskow，2005）。为了提高市场竞争力、优化资源配置，企业通过纵向并购的方式将原来的市场交易活动转变为企业内部治理活动，实现纵向一体化。谈判能力（Bargaining Power）概念于20世纪50年代提出并广泛应用于劳工薪酬谈判，20世纪80年代，谈判能力概念被引入到有关供应链的研究，Porter（1980）提出的“五力模型”，开创了直接将谈判能力与公司战略相联系的分析范式，学者们开始关注议价能力在上下游企业博弈中所起到的作用。Porter（1980）分析指出，同一行业中的客户越少，客户的谈判能力越强。随着客户谈判能力的提高，客户更容易在谈判中争取到更低的产品价格、拖欠货款、向上游转嫁成本，企业的资产结构（现金持有量、流动资产与总资产占比）及盈利能力势必受到客户谈判能力的影响（Suutari，2000；张胜，2013）。客户谈判能力导致的盈利能力下降、资产结构变化和财务风险的加大，必然会引发企业投融资战略的调整。已有的研究发现，客户谈判能力对企业资本结构（Kale和Shahrur，2007）、商业信用提供（Fabbri和Mencichini，2010）、现金持有水平（Jennifer，2013；赵秀云和鲍群，2014）等产生了显著影响。然而，客户谈判能力是否影响以及如何影响企业经营边界选择，现有文献中鲜有研究，这成为本节研究的主要关注点。同时，越来越多的学者注意到新兴市场国家与发达国家在制度环境方面的差异，并深入考察这种特殊的制度环境如何影响企业的行为（Fan等，2011）。孙铮等（2005）认为，相对于成熟市场经济国家，制度对企业行为的引导作用在转型国家更明显。作为全世界最大的新兴市场国家的中国，经济转轨转换过程中各地区制度变迁的不平衡性，为研究制度环境差异如何影响企业并购决策，实现企业经营边界的选择提供了极好的机会。因此，本节针对中国转轨经济的现实，以中国上市公司为研究对象，深入研究新兴加转轨的市场环境下，客户谈判能力如何影响企业的纵向并购决策？地区市场化进程的差异等制度性因素是否以及如何进一步影响客户谈判能力与企业纵向并购行为与效果？

本节的主要贡献在于：第一，从纵向并购的视角检验了科斯（1937）提出的企业的存在原因是可以替代市场节约交易成本的理论，也进一步从客户谈判力视角拓展威廉姆森（1985）和克莱因（1978）等人关于纵向并购节约交易费用的理论，并呼应了张五常（1983）关于在交易成本理论框架下新的企业纵向并购的边界条件分析；第二，拓展和深化了企业纵向并购决策影响因素方面的文献，从客户谈判力视角提供了非财务利益相关者影响企业纵向并购决策的经验证据，为企业的纵向并购决策提供了新的视角和路径；第三，本研究考察在我国转轨经济的特定制度背景下，制度环境（市场化进程）和企业利益相关者治理对纵向并购的联合影响，有助于增进关于转型经济下企业经营边界的认识，深化对市场交易和组织结构的理解。

一、理论分析与研究假设

从市场权力效应看，Porter（1980）基于五力模型的分析指出，同一行业中的客户越少，客户的议价能力越强，这将迫使其上游企业提高产品质量，降低产品价格。对于企业而言，过度依赖某一个或几个重要客户存在较大风险，一旦失去重要客户关系，必然会引起企业巨大的现金流波动，甚至导致企业陷入财务困境。徐淳厚等（2006）的研究发现，客户（特别是大型零售商）的实力越来越强大，客户拖欠货款、向上游转嫁成本的现象日益普遍；Van Horen（2005）认为，与成熟市场经济国家相比，由于转型经济国家中的企业更容易陷入买方垄断的困境中，企业为了防止客户流失，具有很强的动机提供商业信用以锁定客户；Giannetti 等（2011）的研究也提供了类似的经验证据。目前我国企业产品同质性较强，行业产能过剩较为严重，供大于求的状况导致了供应链上下游间的权力非均衡分布，下游客户由于其拥有稀缺渠道资源，其谈判能力优于具有超额供给能力的上游供应商，并且客户销售比重越大，其谈判优势就越强。因此，为了削弱大客户的议价能力，抵御大客户凭借其谈判能力施加给企业的压力，降低大客户流失导致的经营不确定性，使企业在供应链中获取更大的利润份额，企业有必要降低其对大客户的依赖程度。企业的纵向并购可以通过对大量关键原材料（上游企业）或者销售（下游企业）渠道的控制，通过纵向一体化方式消除合同和市场的变化，有力地控制竞争对手的活动，提高企业所在领域的进入壁垒和企业的差异化优势及其竞争力。Gal - Or、Esther（2004）认为企业通过纵向并购的方式进行前向或后向整合在行业中占取垄断，将有可能提高议价能力，进而提升盈利能力。

从资产专用性理论看，根据科斯的观点，企业和市场是两种可以相互替代的资源配置机制，企业生产的主要特征是通过企业家而不是市场机制来配置资源和组织经济活动。企业内部经济活动的协调可以节约交易费用。在竞争市场中，纵向并购能够促使企业生产和分配的有效组织和资源的有效配置。威廉姆森发展了科斯的研究。在市场交易费用导致企业纵向并购的假设下，威廉姆森分析了产生较高市场交易费用和纵向并购的因素，他认为影响企业纵向并购决策的因素主要是资产专用性和企业经营环境的不确定性。一方面，企业资产专用性投资会产生准租金，从而创造机会主义掠夺准租金的动机；另一方面，人类的有限理性和契约的不完全性容易导致重新谈判的成本高昂及产生“挟制”问题。在交易成本分析框架下，企业在关系中投入交易专项投资是引发交易伙伴机会主义行为的一个重要因素（于江、尹建华，2009）。交易专项投资是指企业针对特定公司或价值链伙伴所做出的高度专业化的持久性投资，是那些在核心交易关系以外几乎没有价值的资产（Xie 等，2010），它既包括有形的资产，如制造商的设备、特殊工具、机器等，也包括无形的资产，如隐性知识、专门技术、能力等（Rokkan等，2003）。由于其很难在特定交易关系以外重新配置，如果终止关系，投资方将遭受损失，因此在一定程度上被锁定在与特定交易伙伴的关系中，为交易伙伴进行机会主义行为侵吞专用性投资创造机会。客户作为企业重要的利益相关者，位于企业供应链的下游，是企业经济利益的来源，对企业战略以及生产经营的正常运转起着重要作用（Freeman，1984；赵秀云、鲍群，2014；王雄元等，2014）。企业为了与其主要客户建立长期的合作关系，在交易关系中投入专项投资，增加了其对特定交易伙伴的依赖和转换成本，成为引发交易伙伴机会主义行为的一个重要因素。Levy（1985）、MacDonald（1985）、Martin（1986）、Caves和Bradburd（1988）、Lieberman（1991）、Weiss（1992）、Davies和Morris（1995）、Coles和Hesterly（1998）和Fan（2000）等的研究以不同产业的企业为样本，均发现纵向一体化在资本密集型产业或上下游的市场集中度较高的产业中非常显著。因此，当企业依赖其主要大客户时，为提升自身谈判能力，避免对方攫取“可剥削准租”的机会主义行为以及自身专用性资产投资的“锁定”，企业具有通过纵向并购实现纵向一体化的动机。

从市场化进程看，由于资源禀赋、地理位置以及国家政策的不同，各地区的市场化发育程度存在较大差异，这种差异是否会影响客户谈判能力对企业纵向并购行为的影响呢？已有研究表明：李善同、侯永志、刘云忠等（2004）在中国国内地方保护问题的调查与分析中的研究发现，与市场化进程较低的地区相比，在市场化进程较高地区，要素市场和产品市场的市场分割、地方保护等现象明显减少，产品和要素在地区间的自由流动更方便，市场参与主体、中介组织更多，有关生产、销售等信息渠道也更加通畅，企业搜寻价格的成本更低，寻找和确定其他合适的交易伙伴也更加容易、快捷。在不完善的产品市场中，产品信息的流动性较低，企业通过市场交易获取上游的原材料供应或者将产品售予下游生产商的成本较高；当企业所在地区的市场环境不发达，法律环境及投资者保护较差时，企业在契约订立时面临的“敲竹杠”风险大大增加，合约方的违约行为得不到法律有效的惩戒和制止，契约的签订较为困难，契约执行的成本也相应增加，因此市场交易变得不经济。此时，企业会将原本由市场组织的生产归并到企业内部，从而节省市场交易费用，降低企业风险。此外，市场环境的差异还表现在契约执行效率方面，据世界银行（2008）的调查显示，地方法院在系统的执行效率和信息透明度上存在显著差异。同样一件普通的商业纠纷案件，在东南沿海地区审理平均花费230天，而在东北地区则需要363天。Macchiavello（2007）的研究发现，项目投资金额越大，资产专用性越强，投资者保护越低，企业纵向一体化程度越高。Fan等（2009）以2001－2003年我国上市企业为样本实证发现，当地的产权保护越弱，当地政府质量越低，当地市场贸易管制越严格；而企业高管的政治关系越强，则该地区的企业纵向一体化程度越高。因此在市场化进程较高的地区，公司选择潜在的替代交易伙伴的市场交易成本更低，企业出于节约交易成本动机的纵向并购动机将明显减弱。

综合上述分析，本节提出以下研究假设：

假设3：限定其他因素，客户谈判能力越强，企业越倾向于纵向并购，但是，企业纵向并购动机会受市场发育程度的影响。随着市场化程度的提高，客户谈判能力对企业纵向并购的影响明显减弱。

二、研究设计

（一）模型设定与变量定义

为了检验本节的研究假说，本节建立以下 Logistic 回归模型：

$$Mgtype = \beta_0 + \beta_1 Customer_{t-1} + \beta_2 Score_{t-1} + \beta_3 Customer_{t-1} \times Score_{t-1} + \beta_4 Scale_{t-1} + \beta_5 Type_{t-1} + \beta_6 Cash_{t-1} + \beta_7 Lnsize_{t-1} + \beta_8 Cfo_{t-1} + \beta_9 Capex_{t-1} + \beta_{10} Tobinq_{t-1} + \beta_{11} Div_{t-1} + \beta_{12} Lev_{t-1} + \beta_{13} Owner_{t-1} + \beta_{14} Shr_{t-1} + \beta_{15} Roa_{t-1} + \beta_{16} Indep_{t-1} + \beta_{17} Age_{t-1} + \beta_{18} Comp_{t-1} + \beta_{19} Ind + \beta_{20} Year + \varepsilon \quad (5)$$

模型中被解释变量是纵向并购（Mgtype），考虑到并购的发生是一个结果性事件，在研究市场化进程和客户谈判能力对纵向并购的影响时，为了避免内生性问题，本节对所有的解释变量和控制变量都进行了滞后期（t-1）的处理。模型的解释变量是客户谈判能力（Customer）和地区市场化进程（Score），对于客户谈判能力（Customer）的度量，我们借鉴唐跃军（2009）的研究方法，以公司前五大客户销售额的比例作为企业与主要客户的相对谈判能力的替代变量。企业前五大客户销售产品的比例越高，即客户的集中度越高，客户谈判能力越强；对于地区市场化进程（Score）的度量，我们则参照通常的研究选取自樊纲等发布的“中国市场化指数报告”中的市场化进程指数做为替代变量，市场化进程指数越高，说明有关生产、销售的等渠道信息更加通畅，更有利于企业进行市场交易。

本节参考有关文献，在模型中还加入了以下控制变量：并购标的物类型（Type）、并购规模（Scale）、现金比率（Cash）、企业规模（Lnsize）、经营现金流（Cfo）、资本支出（Capex）成长性（TobinQ）、总资产报酬率（Roa）、财务杠杆（Lev）、股权制衡度（Shr）、产权性质（Owner）、是否派发股利（Div）、上市年限（Age）、高管薪酬（Comp）、独立董事比例（Indep）等。具体见表3-23。

本节通过参考研究并购的相关文献，引入了一系列控制变量，具体见变量定义表3-23。

（二）样本选择

本节以2007-2012年并购重组交易事项已经完成的沪、深两市A股上市公司为研究对象，剔除：（1）金融行业上市公司；（2）剔除并购方式中行政划拨、

表 3-23　　变量定义表

变量名称	变量代码	变量定义
并购类型	*Mgtype*	虚拟变量，设纵向并购为 1，其他为 0
交易费用	YS_{t+1}	T+1 期直接交易成本 = 销售费用/销售收入
市场化进程	*Score*	市场化指数
客户谈判能力	*Customer*	前五大客户销售额占全年销售额比例
客户集中度与市场化进程的交乘项	*CS*	客户集中度的虚拟化（大于 1/3 分位为 1，其他为 0）与市场化指数的交乘
标的物类型	*Type*	虚拟变量，设资产收购为 1，其他为 0
并购规模	*Scale*	并购交易额/上年末公司总资产
现金比率	*Cash*	（本年现金持有金额 + 短期投资）/年末总资产
企业规模	*Lnsize*	公司年度账面总资产的自然对数
经营现金流	*Cfo*	经营现金流量净额/（年末总资产 + 现金及现金等价物）
资本支出	*Capex*	购建固定资产无形资产和其他长期资产所支付的现金/（年末总资产 + 现金及现金等价物）
托宾 Q	*Tobinq*	市值/年末总资产
是否派发股利	*Div*	虚拟变量，设当年派发股利为 1，其他为 0
总资产报酬率	*Roa*	净利润/期末总资产
财务杠杆	*Lev*	年末账面总负债/年末账面总资产
企业产权性质	*Owner*	虚拟变量，设国有为 1，其他为 0
股权制衡度	*Shr*	第二到第五大股东持股比率/第一大股东持股比率
高管薪酬	*Comp*	高管前三名薪酬总额的自然对数
独董比例	*Indep*	独董人数/董事人数
上市年限	*Age*	公司上市年限的自然对数
行业	*Ind*	虚拟变量，用来控制行业因素的影响
年份	*Year*	虚拟变量，用来控制宏观经济因素的影响

司法裁定、回购、置产置换等样本；（3）剔除标的物类型中资产与股权标的混合的样本；（4）剔除相关数据缺失的样本。为了避免异常值对研究结论的影响，本节对所有连续变量进行了 1% 水平上的 Winsorize 处理，最终得到的研究样本为 2379 个。

本节的并购重组和公司财务数据来源于 WIND 数据库，并购类型的判断通过逐一查阅上市公司并购公告获得，公司治理、最终控制人等数据来源于 CSMAR 数据库。本节的数据处理主要使用了 STATA。

三、实证检验及分析

（一）描述性统计

从表 3－24 描述性统计可以看出，纵向并购 Mgtype 的均值为 8.66%，说明在我国上市公司的并购样本中，纵向并购所占的比重并不高，这一数据与实际情况基本一致，目前在我国现阶段的资本市场并购中，横向并购占主导地位，混合并购在不断发展；客户谈判能力（Customer）的均值超过了 25%，说明上市公司的客户比较集中，企业对其主要客户的依赖程度较大，而且最大值和最小值的差距明显，这为本节的研究提供了较好机会；同时我们可以观察到市场化进程指数（Score）的最大值和最小值的差距明显，说明我国各地区的市场化进程差异较大。

表 3－24　　主要变量的描述性统计

变量	观测值	均值	最小值	中位数	最大值	标准差
Mgtype	2379	0.0866	0.0000	0.0000	1.0000	0.2813
Customer	2379	0.2597	0.0000	0.1770	1.0000	0.2515
Score	2379	8.5466	4.8200	8.770	11.1600	1.8363
CS	2379	5.6519	0.0000	7.1800	11.1600	4.2687
Type	2379	0.2413	0.0000	0.0000	1.0000	0.4279
Scale	2379	0.0530	0.0001	0.0149	1.1336	0.1391
Cash	2379	0.1587	0.0058	0.1357	0.5173	0.1036
Lnsize	2379	22.0956	19.5231	21.9893	25.3882	1.1840
Cfo	2379	0.0252	－0.2076	1.89e－10	0.2988	0.0753
Capex	2379	0.1517	0.0000	0.0464	2.4066	0.3528
Tobinq	2379	1.8779	0.7560	1.5365	7.4451	1.1039
Div	2379	0.5057	0.000	1.0000	1.0000	0.5001
Lev	2379	0.5034	0.0314	0.5121	1.1458	0.2066
Owner	2379	0.9323	0.0000	1.0000	1.0000	0.2512
Shr	2379	0.5075	0.0224	0.3508	2.2099	0.4696
Roa	2379	0.0513	－0.1799	0.0436	0.2781	0.0635
Indep	2379	0.3337	0.0833	0.3333	0.5000	0.0778
Age	2379	2.2414	0.6931	2.3026	2.8904	0.4625
Comp	2379	12.0311	0.0000	13.7493	15.8735	4.7627

（二）相关性分析

主要变量的相关系数矩阵如表 3－25 所示，主要的解释变量和被解释变量之间的系数都比较小，基本上小于0.2，说明模型不存在多重共线性问题。客户谈判能力（Customer）与纵向并购（Mgtype）显著正相关，说明客户谈判能力越强的企业，越倾向于进行纵向并购，以缓解降低大客户流失导致的经营不确定性，降低交易成本，使企业在供应链中获取更大的利润份额；市场化进程（Score）和纵向并购（Mgtype）显著负相关，说明在市场化进程更高的地区，企业越不倾向于进行纵向并购。

（三）多元回归分析

市场化进程、客户谈判能力对纵向并购行为影响的回归结果如表3－26所示。首先从第一列看，客户谈判能力（Customer）的系数显著为正（通过了1%的显著性水平检验），说明当面对较强的客户谈判能力时，为了避免因为过度依赖主要大客户带来的经营风险、财务风险时，企业更倾向于进行纵向并购，以企业内部交换替代市场交易；第二列考察了市场化进程对纵向并购的影响，市场化进程（Score）的系数显著为负（通过了10%的显著性水平检验），说明在市场化进程更高的地区，企业选择潜在的替代交易伙伴的市场交易成本更低，出于节约交易成本动机的纵向并购动机将明显减弱，因此更不倾向于进行纵向并购；第三列考察的是客户谈判能力与市场化进程对纵向并购的联合影响，客户谈判能力与市场化进程的交互变量 *CS* 的系数显著为负（通过了1%的显著性水平检验），说明尽管客户谈判能力越强，企业越倾向于纵向并购，但是，企业纵向并购动机会受到地区市场发育程度的影响，随着地区市场化程度的提高，客户谈判能力对企业纵向并购的影响明显减弱。由此，本节的研究假设得到验证。进一步观察模型中各控制变量可以发现，并购标的物类型（Type）、总资产报酬率（Roa）、高管薪酬（Comp）以及独立董事比例（Indep）与纵向并购显著正相关；现金比率（Cash）、经营现金流（Cfo）、成长性（TobinQ）以及是否派发股利（Div）与纵向并购显著负相关。

四、进一步检验：纵向并购是否有助于企业节约交易成本

科斯（1937）认为，企业的最佳规模存在于企业内部的边界组织成本与企业外部的边际交易成本相等时，纵向并购是当企业意识到通过纵向并购可以将企业间的外部交易转变为企业内部行为从而节约交易费用时自然而然发生的。具体来说，企业纵向并购可以从以下几个方面节约交易费用。首先，企业通过知识溢出效应实现交易费用的节约。在信息不对称和外部性的情况下，知识的市场价值难以实现，即使得以实现，也需要付出高昂的谈判成本。此时，如果通过纵向并购，使知识在同一个企业内使用，就达到了节约交易费用的目的。黄俊、陈信元（2011）以集团企业为研究样本，发现集团企业研发投资的知识溢出效应，而知识溢出效应的来源在于集团内企业处于上下游产业或有着共同的产品、原料市

表 3－25　　主要变量相关系数表

变量	【1】	【2】	【3】	【4】	【5】	【6】	【7】	【8】	【9】	【10】	【11】	【12】	【13】	【14】	【15】	【16】	【17】	【18】
Mgtype	1																	
Customer	0.0199^{c}	1																
Score	-0.0367^{c}	-0.1156^{a}	1															
Type	0.0919^{a}	-0.0090	0.0034	1														
Scale	0.0177	0.0678^{a}	-0.0529^{a}	0.0621^{a}	1													
Cash	-0.0447^{b}	-0.0529^{a}	0.1359^{a}	-0.0020	0.0074	1												
Lnsize	0.0163	-0.0518^{b}	0.1117^{a}	-0.0248	-0.2612^{a}	-0.0776^{a}	1											
Cfo	-0.0966^{a}	0.0010	-0.0341^{c}	0.0474^{b}	0.0238	0.0915^{a}	0.0300	1										
Capex	-0.0332	0.0808^{a}	-0.0392^{c}	-0.0027	-0.0374^{c}	-0.1540^{a}	0.0968^{a}	-0.0305	1									
Tobinq	-0.0512^{b}	0.0239	-0.0363^{c}	-0.0052	0.1983^{a}	0.1599^{a}	-0.3281^{a}	0.1728^{a}	-0.1187^{a}	1								
Div	-0.1141^{a}	-0.0454^{b}	0.0540^{a}	-0.0457^{b}	-0.1401^{a}	0.0971^{a}	0.3142^{a}	-0.0652^{a}	0.0963^{a}	-0.1314^{a}	1							
Lev	0.0398^{c}	-0.1267^{a}	-0.0489^{b}	0.0253	0.0521b	-0.2655^{a}	0.1583^{a}	-0.0687^{a}	0.0158	-0.1469^{a}	-0.0804^{a}	1						
Owner	-0.0116	0.0558^{a}	0.0093	-0.0268	0.0081	-0.0230	0.0809^{a}	0.0126	-0.0593^{a}	0.0297	0.0388^{c}	-0.0024	1					
Shr	-0.0057	0.0183	-0.0493^{b}	-0.0180	0.0331	0.0420^{b}	-0.0425^{b}	-0.0150	-0.0256	0.0599^{b}	-0.0031	-0.0077	0.0875^{a}	1				
Roa	-0.0211	0.0081	0.0933^{a}	0.0145	-0.0808^{a}	0.2211^{a}	0.1278^{a}	0.2256^{a}	-0.0028	0.1885^{a}	0.1542^{a}	-0.3323^{a}	-0.0157	-0.0031	1			
Indep	0.0812^{a}	0.0178	-0.0524^{b}	0.0551^{a}	0.0249	0.0001	0.0226	0.0905^{a}	-0.4538^{a}	0.1655^{a}	-0.1343^{a}	0.0296	0.0501^{b}	-0.0069	0.0197	1		
Age	0.0482^{b}	-0.0917^{a}	0.0249	-0.0038	0.0250	-0.0160	0.0073	0.0010	-0.0694^{a}	0.0327	-0.0720^{a}	0.0575^{a}	0.0708^{a}	-0.0271	-0.0608^{a}	0.1036^{a}	1	
Comp	0.0283	-0.0339^{c}	0.0086	-0.0501^{b}	-0.0401^{c}	0.0422^{b}	0.1556^{a}	-0.2039^{a}	0.0867^{a}	-0.1389^{a}	0.4420^{a}	-0.0055	0.1201^{a}	0.0270	0.0009	-0.1218^{a}	0.2169^{a}	1

注：表中列示的是 Pearson 检验，a、b、c 分别表示在 1%、5%、10% 水平上显著。

表 3-26　　市场化进程、客户谈判能力对纵向并购的影响

解释变量	被解释变量 $Mgtype_t$		
	1	2	3
$Customer_{t-1}$	0.9894*** (2.78)		1.5402*** (3.74)
$Score_{t-1}$		-0.0827* (-1.95)	-0.0258 (-0.56)
CS_{t-1}			-0.0694*** (-2.72)
$Owner_{t-1}$	-0.0980 (-0.29)	-0.0606 (-0.18)	-0.0567 (-0.16)
$Type_{t-1}$	0.5704*** (3.29)	0.5779*** (3.34)	0.5886*** (3.38)
$Scale_{t-1}$	0.3294 (0.58)	0.4355 (0.78)	0.1848 (0.33)
$Cash_{t-1}$	-2.0001** (-2.20)	-1.7353* (-1.90)	-1.7355* (-1.92)
$Lnsize_{t-1}$	0.1218 (1.39)	0.1160 (1.32)	0.1054 (1.19)
Cfo_{t-1}	-6.7950*** (-5.58)	-7.2203*** (-5.93)	-7.0790*** (-5.75)
$Capex_{t-1}$	-0.5896 (-1.60)	-0.5609 (-1.47)	-0.6272* (-1.68)
$Tobinq_{t-1}$	-0.2654** (-2.34)	-0.2765** (-2.45)	-0.2808** (-2.50)
Div_{t-1}	-1.0016*** (-5.22)	-1.0140*** (-5.30)	-1.0028*** (-5.21)
Lev_{t-1}	0.1109 (0.26)	-0.0160 (-0.04)	0.1678 (0.40)
Shr_{t-1}	0.0889 (0.49)	0.0891 (0.49)	0.0967 (0.53)
Roa_{t-1}	2.2946* (1.66)	2.3845* (1.73)	2.3398* (1.70)
Indep	5.3382*** (3.46)	5.6693*** (3.70)	5.1660*** (3.34)
Age_{t-1}	0.2793 (1.27)	0.2722 (1.23)	0.2965 (1.34)

续表

解释变量	被解释变量 $Mgtype_t$		
	1	2	3
$Comp_{t-1}$	0.0538 * (1.64)	0.0573 * (1.76)	0.0570 * (1.75)
年度/行业	控制	控制	控制
_cons	-8.7708 *** (-4.06)	-7.8335 *** (-3.67)	-8.1015 *** (-3.74)
observations	2379	2379	2379
Wald CHI^2	234.52	230.84	245.10
Prob > CHI^2	0.0000	0.0000	0.0000
Log likelihood	-583.54216	-585.38409	-578.25372
PescudoR - Square	0.1673	0.1647	0.1749

注：*** 表示在 1% 的水平上显著，** 表示在 5% 的水平上显著，* 表示在 10% 的水平上显著。

场；其次，有些企业的生产需要大量的中间产品投入，而中间产品的市场存在供给的不确定性、质量难以控制和机会主义行为等问题。企业通过纵向并购将合作者变为内部机构，就可以消除上述问题；最后，企业通过纵向并购形成规模庞大的组织，使组织内部的职能相分离，形成一个以管理为基础的内部市场体系。一般而言，用企业内的行政指令来协调内部组织活动所需要的管理成本较市场运作的交易成本低。这些分析表明，纵向并购作为企业外部扩张的一种重要方式，将具有上下游关系的企业在生产或销售阶段联合起来置于一个企业的管理下，纵向并购具有节约市场交易成本的重要价值。

为了进一步验证纵向并购是否有助于企业节约交易成本，且纵向并购的节约交易成本效应是否随着客户集中度变化而存在显著差异，本节借鉴刘凤委等（2009）的方法，采用营销费用支出占销售收入比重来衡量直接交易成本（YS_{t+1}）。考虑到并购对节约交易成本的影响存在滞后效应，同时避免内生性问题的影响，在研究市场化进程和客户谈判能力对节约交易成本的影响时，对被解释变量做了滞后一期（t+1）处理。回归模型以交易成本作为被解释变量（YS_{t+1}），纵向并购（Mgtype）、市场化进程（Score）以及两者的交互项（MS）作为解释变量。具体回归结果如表 3-27 所示。

表 3-27 的前两列考察的是全样本回归结果，纵向并购（Mgtype）的系数显著为负（通过了 1% 的显著性水平检验），说明企业进行纵向并购确实有助于节约交易成本，市场化进程（Score）的系数为负，MS 的系数为正，且两者均未通过显著性检验，说明在全样本中，市场化进程的高低对于纵向并购后节约交易成本的效应并无显著的增量影响，交易成本的变化主要受到来自于企业纵向并购的

表 3-27 市场化进程、客户谈判能力对纵向并购效应（交易成本）的影响

解释变量	被解释变量 YS_{t+1}					
	全样本		客户集中度高		客户集中度低	
Mgtype	-0.0150*** (-3.16)	-0.0193*** (-3.55)	-0.0148** (-2.43)	-0.0214*** (-3.31)	0.0004 (0.05)	0.0076 (0.83)
Score		-0.0002 (-0.27)		-0.0008 (-0.73)		0.0005 (0.39)
MS		0.0108 (1.10)		0.0176 (1.38)		-0.0147 (-0.95)
Scale	-0.0257** (-2.06)	-0.0258** (-2.05)	-0.0063 (-0.37)	-0.0070 (-0.41)	-0.0374*** (-2.65)	-0.0375*** (-2.67)
Type	0.0056 (1.83)	0.0057* (1.84)	-0.0011 (-0.34)	-0.0010 (-0.30)	0.0196*** (3.74)	0.0197*** (3.75)
Cash	0.0283 (1.63)	0.0280 (1.60)	-0.0282 (-1.48)	-0.0279 (-1.44)	0.1242*** (4.32)	0.1244*** (4.31)
Lnsize	-0.0057*** (-4.12)	-0.0057*** (-4.12)	-0.0069*** (-4.07)	-0.0070*** (-4.11)	-0.0020 (-0.90)	-0.0021 (-0.93)
Cfo	0.0077 (0.57)	0.0072 (0.53)	0.0007 (0.05)	0.0005 (0.03)	-0.0457* (-1.80)	-0.0441* (-1.73)
Capex	-0.0062 (-0.29)	-0.0070 (-0.32)	-0.0292 (-1.18)	-0.0324 (-1.29)	0.0525 (1.28)	0.0529 (1.26)
Div	0.0057* (1.89)	0.0057* (1.90)	0.0051 (1.37)	0.0053 (1.42)	0.0083 (1.56)	0.0086 (1.58)
Lev	-0.0330*** (-3.76)	-0.0331*** (-3.81)	-0.0351*** (-3.21)	-0.0355*** (-3.27)	-0.0377*** (-2.66)	-0.0372*** (-2.63)
Owner	-0.0158*** (-5.16)	-0.0160*** (-5.16)	-0.0121*** (-3.40)	-0.0123*** (-3.42)	-0.0252*** (-4.42)	-0.0248*** (-4.36)
Shr	0.0050 (1.59)	0.0049 (1.57)	0.0070* (1.92)	0.0068* (1.87)	0.0193*** (3.69)	0.0194*** (3.70)
Roa	0.0448 (1.30)	0.0453 (1.31)	0.0478 (1.19)	0.0490 (1.22)	0.0270 (0.51)	0.0264 (0.49)

续表

解释变量	被解释变量 YS_{t+1}					
	全样本		客户集中度高		客户集中度低	
Indep	0.0718** (2.19)	0.0720** (2.19)	-0.0289 (-0.74)	-0.0297 (-0.75)	0.1490*** (3.21)	0.1497*** (3.21)
Lnage	0.00196 (-0.71)	-0.0019 (-0.67)	0.0016 (0.52)	0.0016 (0.54)	-0.0002 (-0.04)	-0.0004 (-0.08)
Comp	0.0113*** (5.56)	0.0113*** (5.52)	0.0067*** (2.82)	0.0068*** (2.86)	0.0094*** (2.75)	0.0092*** (2.58)
年度/行业	控制	控制	控制	控制	控制	控制
F	18.43	17.44	7.61	7.23	19.92	18.82
Adj R-squared	0.2002	0.1997	0.1210	0.1208	0.4517	0.4506

注：*** 表示在1%的水平上显著，** 表示在5%的水平上显著，* 表示在10%的水平上显著（已对回归方程中的异方差问题进行了检验和处理，括号内提供的T值经过异方差稳健修正）。

影响。表3-27的后两列进一步区分客户谈判能力高低对纵向并购节约交易成本的影响，实证检验结果表明，在客户谈判力强的样本中，企业纵向并购节约交易成本的效应非常明显（通过了5%的显著性水平检验），但是在客户谈判力弱的样本中，却没有发现类似的效应。因此，该实证结果也进一步佐证了客户谈判能力是影响企业纵向并购动机的重要因素。

五、稳健性检验

为了增强实证结论的稳健性，本节进行了以下稳健性测试：（1）对客户谈判能力强弱分组，我们采取了不同的分组标准，如采取1/4分位、1/3分位等，主要回归结果基本不变，见表3-28；（2）对市场化进程高低的分组，我们也采取了与上面类似的方法，主要回归结果基本不变，见表3-29。

表3-28　市场化进程、客户谈判能力对纵向并购影响的稳健性检验

解释变量	被解释变量 Mgtype		
	1	2	3
Customer	0.9818*** (2.97)		1.5849*** (4.61)
Score		-0.1109** (-2.55)	-0.0161 (-0.32)
CS			-0.0920*** (-3.83)

续表

解释变量	被解释变量 Mgtype		
	1	2	3
Owner	-0.0575 (-0.18)	-0.0026 (-0.01)	-0.0547 (-0.16)
Type	0.5574*** (3.30)	0.5633*** (3.36)	0.6146*** (3.61)
Scale	0.3844 (0.71)	0.4518 (0.88)	0.2666 (0.49)
Cash	-1.9378** (-2.03)	-1.6271* (-1.70)	-1.7220* (-1.85)
Lnsize	0.1188 (1.31)	0.1211 (1.35)	1.1447 (1.62)
Cfo	-6.5578*** (-4.80)	-6.9902*** (-5.06)	-6.7586*** (-5.06)
Capex	-0.5912 (-1.58)	-0.5860 (-1.33)	-0.6671* (-1.71)
Tobinq	-0.2637** (-2.23)	-0.2708** (-2.34)	-0.2715** (-2.37)
Div	-1.0057*** (-4.95)	-1.0255*** (-5.06)	-1.0216*** (-4.99)
Lev	0.1047 (0.27)	-0.0451 (-0.12)	0.1966 (0.52)
Shr	0.1007 (0.56)	0.1088 (0.60)	0.1347 (0.75)
Roa	2.2594* (1.86)	2.3724* (1.90)	2.2028* (1.73)
Indep	5.4208*** (3.59)	5.7628*** (3.83)	5.5628*** (3.64)
Lnage	0.1944 (0.81)	0.1892 (0.79)	0.1644 (0.69)
Comp	0.0516* (1.72)	0.0553* (1.84)	0.0509* (1.67)
年度/行业	控制	控制	控制
_cons	-9.6446*** (-4.13)	-8.7411*** (-3.84)	-10.0130*** (-4.24)
observations	2379	2379	2379
Wald CHI^2	175.98	172.86	220.30
Prob > CHI^2	0.0000	0.0000	0.0000
Log likelihood	-580.87284	-581.44418	-572.23113
PescudoR - Square	0.1711	0.1703	0.1835

注：*** 表示在1%的水平上显著，** 表示在5%的水平上显著，* 表示在10%的水平上显著。

表 3－29 市场化进程、客户谈判能力对纵向并购效应（交易成本）影响的稳健性检验

解释变量	被解释变量 YS_{t+1}					
	全样本		客户集中度高		客户集中度低	
Mgtype	－0.0150*** （－3.16）	－0.0193*** （－3.55）	－0.0167** （－2.08）	－0.0670*** （－1.42）	－0.0048 （－0.37）	0.0472 （0.90）
Score		－0.0002 （－0.27）		－0.0006 （－0.71）		0.0007 （0.47）
MS		0.0108 （1.10）		0.0058 （1.08）		－0.0065 （－1.02）
Scale	－0.0257** （－2.06）	－0.0258** （－2.05）	－0.0031 （－0.24）	－0.0030 （－0.23）	－0.0391** （－2.65）	－0.0398** （－2.14）
Type	0.0056 （1.83）	0.0057* （1.84）	0.0021 （0.61）	－0.0023 （－0.65）	0.0142** （2.24）	0.0143*** （2.25）
Cash	0.0283 （1.63）	0.0280 （1.60）	－0.0311* （－1.82）	－0.0303 （－1.76）	0.1501*** （5.36）	0.1498*** （5.30）
Lnsize	－0.0057*** （－4.12）	－0.0057*** （－4.12）	－0.0052*** （－3.23）	－0.0052*** （－3.25）	－0.0035 （－1.19）	－0.0035 （－1.18）
Cfo	0.0077 （0.57）	0.0072 （0.53）	0.0088 （0.56）	0.0088 （0.55）	－0.0503* （－1.96）	－0.0469* （－1.80）
Capex	－0.0062 （－0.29）	－0.0070 （－0.32）	－0.0411* （－1.67）	－0.0434* （－1.75）	0.0614 （1.48）	0.0618 （1.47）
Div	0.0057* （1.89）	0.0057* （1.90）	0.0023 （0.65）	0.0025 （0.70）	0.0142 （2.08）	0.0147** （2.15）
Lev	－0.0330*** （－3.76）	－0.0331*** （－3.81）	－0.0370*** （－4.10）	－0.0371*** （－4.10）	－0.0351*** （－2.59）	－0.0353** （－2.57）
Owner	－0.0158*** （－5.16）	－0.0160*** （－5.16）	－0.0140*** （－4.33）	－0.0142*** （－4.36）	－0.0252*** （－4.01）	－0.0235*** （－3.86）
Shr	0.0050 （1.59）	0.0049 （1.57）	0.0088*** （2.75）	0.0085*** （2.67）	0.0194*** （3.06）	0.0191*** （3.00）
Roa	0.0448 （1.30）	0.0453 （1.31）	0.0417 （1.34）	0.0424 （1.36）	0.0077 （0.14）	0.0051 （0.09）

续表

解释变量	被解释变量 YS_{t+1}					
	全样本		客户集中度高		客户集中度低	
Indep	0.0718** (2.19)	0.0720** (2.19)	-0.0237 (-0.86)	-0.0238 (-0.86)	0.2306*** (5.13)	0.2317*** (5.13)
Lnage	0.00196 (-0.71)	-0.0019 (-0.67)	0.0014 (0.42)	0.0014 (0.45)	0.0028 (0.56)	0.0024 (0.48)
Comp	0.0113*** (5.56)	0.0113*** (5.52)	0.0094*** (4.04)	0.0095*** (4.04)	0.0079** (2.11)	0.0077*** (2.02)
年度/行业	控制	控制	控制	控制	控制	控制
F	18.43	17.44	8.83	8.38	20.15	19.06
Adj-squared	0.2002	0.1997	0.1432	0.1267	0.5252	0.5535

注：***表示在1%的水平上显著，**表示在5%的水平上显著，*表示在10%的水平上显著。

六、研究结论

本节以2007－2012年沪、深A股上市公司并购重组事件为研究对象，从客户谈判能力视角，基于转轨经济环境下不同地区市场化发育水平的差距，研究客户谈判能力对企业纵向并购及并购效应的影响。研究发现：客户谈判能力越强，企业越倾向于进行纵向并购，然而，企业纵向并购动机会受地区市场发育程度的影响。随着市场化程度的提高，客户谈判能力对企业纵向并购的影响明显减弱。进一步的研究发现，企业纵向并购有助于节约交易成本，但是这种节约交易成本效应随着客户谈判能力的强弱而存在明显差异。

第三节　制度环境、银企关系与上市公司并购支付方式

并购支付方式的选择不仅对主并公司股权分布结构、财务杠杠以及公司未来的经营和财务安排有着重大的影响（Fuller等，2002），甚至有可能改变收购公司和目标公司利益分配关系及其企业控制权的力量对比，成为影响并购能否成功和并购双方利益的重要因素。因此，支付方式选择成为企业并购交易中最为关键的环节。在2005年以前，受制度环境及国家政策的影响，我国企业并购支付相对单一，普遍采用现金对价方式，而较少采用股票支付。随着股权分置改革的逐步完成，以及2006年修订的《上市公司收购管理办法》为市场进入并购时代拉开帷幕，对换股并购给予明确的法律支持，使得股票支付成为可能。并购支付方

式的多元化及其产生的不同经济后果，使得并购支付方式的选择成为企业和理论界关注的重点。

国内外学者（Martin，1996；Faccio 和 Masulis，2005；Nikolaos Karampatsas 等，2013；徐波等，2005；谢惠贞，2007；李井林等，2014）主要围绕并购财务风险、控制权配置、宏观经济形势等外部环境因素和内部公司特征对企业并购支付方式选择的影响展开研究。然而在实践中，企业并购支付方式的选择还受到主并公司融资决策的影响。在中国资本市场发展相对滞后的情况下，融资约束一直是制约企业发展的难题。企业选择以现金对价方式来完成并购时，需要主并公司有足够的现金流储备，当企业内部资金难以满足大额现金支付金额时，企业就必须运用外源性融资来获取并购所需的资金，银行贷款便成为企业最重要的外部融资来源（Allen 等，2005），但是，由于我国信贷资源配置存在的诸多制度缺陷，融资约束成为一个绕不开的现实问题，建立良好的银企关系，以便获得更多贷款、更高的信贷额度（Booth 和 Deli，1999；Burak 等，2008；Ciamarra，2012；唐建新等，2011；邓建平和曾勇，2011；Lu 等，2012；陈仕华和马超，2013）以及更低的融资成本等（Ciamarra，2012；陈仕华和马超，2013），自然成为缓解融资约束的重要手段之一（张敏等，2012），尤其在关系信任传统极其浓厚的中国经济社会更是如此。但是从现有文献看，学者主要关注了银企关系对企业投融资行为的影响，对于银企关系是否对并购支付方式选择产生影响、产生何种影响等问题缺少关注，这是引起本节关注的第一个理由。

更为重要的是，现实中的银企关系存在多元性及其不同的经济影响。银企关系主要包括高管银企关系（本节称为信任式银企关系）和企业持股银行（本节称为股权式银企关系）两类。社会资本理论认为，作为企业贷款融资行为的主要决策者和实际执行者，高管与关键资源提供者之间的联结关系会对企业贷款融资行为产生重要影响（Shipilov 和 Danis，2006）。陈仕华和马超（2013）的研究发现，高管中具有银行背景的企业不仅可以获得较多的贷款融资数额，还可以获得较低的贷款融资成本。此外，控制权理论认为，通过建立股权式的银企关系，形成直接、正式的股权关联，不仅改变了银企双方的信息交流渠道和频率，降低信息不对称性，而且减少了双方对未来经济环境的不确定性并创造了声誉租金，有银行关联的公司现金持有水平更低，现金调整也更为平缓（陈栋、陈运森，2012），充分体现了银行股权关联对企业现金管理行为的影响。虽然上述文献已经分别从企业参股银行和高管银企关系视角，探讨了正式与非正式银企关系对企业融资、现金管理等方面的影响，但是在学术界较少关注新兴市场中股权式银企关系的经济后果，而且对不同类型的银企关系对并购支付方式选择的影响是否存在差异缺乏深入的分析，这成为本节研究的另一个理由。另外，由于中国的新兴市场特征，制度环境存在较大的差异，货币政策具有不同的区域效应，金融市场也存在不同的发展水平，这些不同的制度环境，是否以及如何影响银企关系对并购支付方式的决策，也是本节关注的一个重要问题。

基于以上思考，本节以2007年至2012年上市公司的并购事件为样本，考察银企关系的不同形态对企业并购支付方式选择的影响。本节的贡献在于：(1) 在新兴加转轨这一特定制度背景下，探讨了银企关系对企业并购支付方式选择的影响，为银企关系在缓解企业融资约束方面提供了新的经验证据，尤其是通过检验两种不同"银企关系"对并购支付方式的影响，丰富和改进了"关系信任"的有关文献。(2) 丰富和拓展了并购支付方式的文献。改变以往单纯从融资约束、外部制度环境等因素研究企业并购支付方式的范式，引入并且细分了银企关系的特征，从"经济关系"和"信任关系"两个不同的视角延伸了融资约束的具体表征，通过深化这些具体表征对并购支付方式的影响研究，对于企业正确理解和运用银企关系提供新的借鉴。(3) 初步确立了并购支付方式与宏观制度背景（货币政策和金融发展水平）的互动框架，提供宏观政策影响微观企业并购行为的机理及其路径，为企业的并购决策提供了重要的宏观政策考量。

一、理论分析与研究假设

由于并购双方的动机和地位不同，加上企业融资渠道等方面的限制，导致企业并购过程中选择不同的支付方式。因此，不同支付方式的选择体现了并购双方的利益博弈，成为并购双方谈判的焦点和矛盾的核心。

根据并购威胁理论，主并企业管理层和控股股东为防止并购后控制权稀释而影响个人财富以及外部投资者的干预，增加失去控制权的风险，在并购中更偏好现金支付方式（Hansen，1987；Stulz，1988）。Martin（1996）在研究并购支付方式时则提出了可利用现金假设，指出持有大量现金或拥有高现金流或有足够的负债能力的企业，更倾向使用现金支付。Cornu 和 Isakov（2000）、Fishman（1989）等的研究认为，相比其他支付方式，现金支付能向市场传递更高价值的信号，更有助于缓解主并公司之间的无序竞争，并使得并购公司获取更高的并购利益。而另一些学者则从控制权理论视角研究了并购支付方式选择，如 Stulz（1988）研究认为，为保持原有的控制权水平，公司管理层倾向于使用债务融资获得的现金作为并购的支付手段；Basu 等（2009）从控制权稀释的角度研究发现，现金支付可以减少控股股东控制权利益受损；Kobeissi 等（2010）从经理人市场规制的研究发现，如果经理人签订了非竞争协议，大大降低了因为并购的发生而被解职的可能性，经理人为了避免大股东控制权被稀释而选择现金支付的可能性也随之增加，从而确保了其与股东利益的一致性。就我国而言，尽管2008

年颁布的《上市公司收购管理办法》对换股并购提供了明确的法律支持①，换股并购虽然缓解了现金并购造成的现金流压力，但由于资本市场的不完善，换股率的计算难以形成共识，股价的不确定性加大了被并购方的风险，而且还存在如何解决并购方老股东的股权稀释问题，因此，从我国现阶段来看，股票支付方式运用并不普遍，现金支付方式依然是主流②。然而，与一般投资项目不同，并购投资不具可分割性、需要一次性支付交易对价的特点，对拟实施并购的企业在相对短时间内筹集足够资金的能力提出很高要求。在内部留存收益一定的情况下，债务融资便成为解决资金来源的重要方式，银行贷款成为公司融资的主要途径，从而导致对金融机构的依赖程度大大增强。

根据银企关系的信用特征与信息机制理论，银行关联可以看成是关系机制与声誉机制的重要组成部分。Allen 等（2005）的研究发现，中国经济在法律保护不充分和金融市场不发达的情况下实现了经济的快速增长，其中关系机制与声誉机制在制度环境不完善的情况下起到了重要的作用。企业通过参股银行或高管关联而与之建立的紧密银企关系，有效降低借贷双方的信息不对称程度，有助于企业从银行获得贷款为并购提供资金支持（Myers 和 Majluf，1984）。从公司治理的角度看，银行作为企业的主要债权人，一方面具有债权人治理的重要功能（程小可等，2013）；另一方面银企关系的建立，也缓和了银企之间的利益冲突。从银行的角度看，缔结银企关系有助于银行通过交易成本的节约来获益。如银企之间通过关系贷款形成的重复交易关系，使得银行能密切跟踪企业并从中获得有用信息，实施有效监控；其次，银企关系可使金融机构获得一些市场力量，降低风险偏好和贷款配给；最后，银企关系中包含的隐形契约能够为银行提供保险，替代事前监督，从而节约评估客户的事前成本。以上分析表明，银企关系的建立降低了贷款合同的内置条件（抵押物要求和利率），提高了信贷可获得性，同时也更利于贷款企业取得银行的信任，能够获得成本更低的关联贷款（王善平和李志军，2011；Lu 等，2012），为成功实施并购提供了资金方面的支持。据此提出本节的研究假设：

假设 4：具有良好银企关系的企业更倾向于采取现金并购支付方式。

---

① 规定“收购人可以采用现金、证券、现金与证券相结合等合法方式支付收购上市公司的价款”，并将“证券”细化为“在证券交易所上市交易的证券”、“未在证券交易所上市交易的证券”，这意味着收购方持有的流通股和非流通股都可以作为上市公司收购的工具，收购方可以更灵活地选择并购支付方式，通过换股并购等创新方式去收购其他上市公司。

② 根据本书的研究样本统计发现，上市公司并购采用现金支付方式占比 88.2%，而股票支付与混合支付仅占比 11.8%。本节的统计结果与刘淑莲的统计结果基本一致。刘淑莲（2010）按照 CSMAR 数据库对并购支付方式的分类标准研究发现，在 1998 – 2008 年的共 20647 起并购案中（其中 575 例未披露支付方式），采用现金支付的并购案为 90.11%，股票支付、资产支付、债务支付以及混合支付占比不到 10%。

根据诺思（1994）关于制度分类的基本思想[①]，本节把银企关系分成股权关系与信任关系两种。银企关系中企业持有银行股权可以作为一种正式制度的安排(因产权关系而形成的银企关联)，尽管近几年在人民银行明确表示支持民间资本进入商业银行后，各类企业参股银行的步伐明显加快，但是，据本节的统计，在全部研究样本中，虽然企业参股银行的占比为30%，但是其持股比例高于2%的仅占比10.03%，且企业持有银行股份比例的均值仅为0.919%，过低的持股比例难以对银行的信贷决策产生实质性影响[②]。而企业高管具有银行背景则可以作为一种非正式的制度安排，在我国信贷市场发展不甚完善以及正式制度缺乏的条件下，企业高管具有银行背景的这种“非正式银企关联”关系在帮助企业获取并购资金支持方面的影响力可能更大。林毅夫（2004）指出，在某些情况下，非正式制度更为重要，甚至在部分领域成为正式制度的替代，为弥补正式制度运行的可能缺陷。尤其对于我国当前转型经济环境的特殊性，我国“关系型社会”特征明显（陈栋、陈运森，2012)，为了企业更好地生存与发展，缔结“非正式的社会关系网络”已经成为中国企业的常态。Faccio 和 Masulis（2005）的研究发现，有银行连锁董事的企业并购时更可能采用现金进行支付，说明具有银行连锁董事的并购企业从银行获取资金的能力更强。唐建新等（2011）研究发现，民营企业具有银行背景的企业高管，获得了更多银行贷款。邓建平和曾勇（2011）的研究表明，具有银行背景的高管，能获得更多长期银行贷款。陈仕华、马超(2013）认为，信任式银企关系有助于降低信息不对称程度、起到担保作用，增加金融机构对企业的信任以及有助于企业获得优惠贷款融资的技巧，因此，与不具有高管金融联结的企业相比，具有高管信任式银企关系的企业可以获得较多的贷款融资数额，以及支付较低的贷款融资成本。因此，我们预期当企业因为与银行的关联关系而顺利获得并购所需资金时，无论是从向市场传递企业高质量信号还是从避免控股股东控制权稀释抑或是避免因控制权转移而导致企业经理变更的角度看，为了减少并购过程的不确定性、提高并购成功的概率，企业都更倾向于采用现金并购。据此提出本节的研究假设：

假设5：银企关系的不同形态对企业并购支付方式的选择具有不同的影响。与企业持股银行相比，企业高管具有银行背景的银企关系在帮助企业获取并购资金支持方面的影响力可能更大，因此更倾向于采取现金并购支付方式。

---

① 诺思把制度分为正式制度和非正式制度，正式制度是指有意识地设计或规定的正式约束，包括政治规则（宪法、政府管制等)、经济规则和合同；非正式制度是指社会规范、惯例、道德准则等非强制性的约束，诸如风俗习惯、声誉机制、道德水平、文化等，两者都对保证契约履行起着重要作用。

② La Porta 等（2003）发现，与德国、日本等成熟市场银行与企业通过交叉持股所形成的股权关联关系不同，由于我国《商业银行法》明确禁止银行以任何形式持有非金融类企业股份（特殊情况例外)，我国银企股权关联主要表现为企业单向持股银行所形成的股权关联关系。

二、研究设计

（一）样本选取

本节以2007－2012年沪、深两市A股非金融类上市公司为研究样本。根据以下原则剔除一些样本：（1）剔除样本数据缺失的公司；（2）由于金额较小的并购对主并公司难以产生实质性影响，而且还可能对本研究形成噪音，为了在一定程度上确保该项并购对主并公司而言是重要的，所以剔除了并购交易金额低于1000万元的公司；（3）若一年中发生多次并购的公司，则选择并购支付金额最大的样本。最终的样本共2303个。其中，企业并购数据来自于CSMAR数据库；银企关系数据中企业持有上市银行数据通过上市公司年报数据手工搜集获得，企业持有非上市银行股份的信息则通过Wind数据库“上市公司持有非上市金融企业股权”予以补充，上市公司财务指标均来自于CSMAR数据库，并购规模在5%水平上进行了Winsoize处理，其余连续型变量在1%水平上进行了Winsorize处理。数据处理工具为Stata11。

（二）模型设定与变量定义

1. 模型设定

为了检验研究假设，参考国内外关于并购支付方式的有关文献，本节构建如下模型，使用logit回归检验银企关系对主并公司支付方式选择的影响：

$$Payment = \beta_0 + \beta_1 BC/BVE/BCM + \beta_2 Capex + \beta_3 Size + \beta_4 Lev + \beta_5 Roa + \beta_6 Growth + \beta_7 Cash + \beta_8 Scale + \beta_9 Shr1 + \beta_{10} Jr + \beta_{11} State + \beta_{12} Type + \beta_{13} Mp + \beta_{14} Fd + \sum YEAR + \sum IND + \varepsilon \tag{6}$$

2. 变量定义

被解释变量：并购支付方式（*Payment*），当并购交易为现金支付时，Payment赋值为1；当并购交易为股票或混合支付时，payment赋值为0；

解释变量：银企关系（*BC/BVE/BCM*），当企业持有银行股份时，BVE赋值为1，否则为0；高管（包含独董在内的企业“董监高”人员）具有银行背景时，BCM赋值为1，否则为0；当满足上述两种情况之一时，BC赋值为1，否则为0。

借鉴有关研究，本节还在模型中控制了其他一系列变量，具体变量说明见表3－30。

三、实证检验及分析

（一）描述性统计

主要变量描述性统计如表3－31所示。从表3－31中可以看出，支付方式payment的均值为88.2%，标准差为0.323，表明在2007－2012年间，大约有

表 3-30　　变量定义表

变量名称	变量符号	变量定义
并购支付方式	*Payment*	当并购交易为现金支付时，Payment 赋值为 1；当并购交易为股票或混合支付时，Payment 赋值为 0
银企关系	*BVE*	当企业持有银行股份时，BVE 赋值为 1，否则为 0
	BCM	高管（包含独董在内的企业“董监高”人员）具有银行背景时，BCM 赋值为 1，否则为 0
	BC	具有前两种情况之一时，BC 赋值为 1，否则为 0
货币政策	*Mp*	货币和准货币（M2）供应量同比增长率—GDP 同比增长率—CPI 同比增长率，该指数越大，表明货币政策越宽松
金融发展水平	*Fd*	使用樊纲等（2011）“金融业的市场化”作为替代变量，该指数越大，表明该地区金融发展水平越高
投资机会	*Capex*	主并公司并购后一年的资本支出与总资产的比率，其中资本支出为现金流量表中的“购建固定资产、无形资产和其他长期资产支付的现金”
公司规模	*Size*	主并公司并购交易宣告日前一年末的资产账面价值的自然对数
财务杠杆	*Lev*	主并公司并购交易宣告日前一年末的负债与资产账面价值之比
盈利能力	*Roa*	总资产净利润率 = 净利润/平均资产总额
成长性	*Growth*	营业收入增长率 =（本期营业额 - 上期营业额）/上期营业额
现金持有量	*Cash*	等于并购前一年年末公司现金与短期投资之和除以总资产的比率
产权性质	*State*	当并购公司的实际控制人为中央或地方国资委、地方政府、国有企业、中央国家机关时，将该虚拟变量赋值为 1；当并购公司的实际控制人为境内外个人、集体或其他组织时，该虚拟变量赋值为 0
第一大股东持股比例	*Shr*1	并购前一年末第一大股东持股比例
两职是否兼任	*Jr*	董事长与总经理为同一人为 1，否则为 0
并购规模	*Scale*	企业并购金额除以当年总资产的比率
标的物类型	*Type*	企业并购的标的物是资产时为 1，否则为 0
市场化进程指数	*Score*	采用樊纲等（2010）《中国市场化指数—各地区市场化相对进程 2009 年报告》中的各省区市场化指数总体评分
行业虚拟变量	*Ind*	剔除金融和保险业后，根据证监会对制造业的二级分类标准进行分类，用来控制行业因素的影响
年度虚拟变量	*Year*	用来控制宏观经济因素的影响

88.2% 的企业在进行并购时选择现金支付方式，说明在我国资本市场发生的企业并购中，现金支付依然是主流的支付方式。BC、BVE 和 BCM 的均值分别为

49.4%、30%、29%。即：2007－2012年期间我国上市公司中大约49.4%的企业建立了正式与非正式的银企关系，说明建立银企关系在我国上市公司中较为普遍。其中，企业董事或高管曾经是或者现在是银行职员，甚至是银行董事的占比约为29%，企业持有银行股份约为30%。聘请高管背景和持有银行股份所占的比例比较接近，说明企业在建立银企关系时并无特别偏好。

表3－31　　主要变量的描述性统计

变量	观测值	均值	最小值	中位数	最大值	标准差
Payment	2303	0.882	0.000	1.000	1.000	0.323
BC	2303	0.494	0.000	0.000	1.000	0.500
Bve	2303	0.300	0.000	0.000	1.000	0.459
Bcm	2303	0.290	0.000	0.000	1.000	0.454
Capex	2303	0.056	0.000	0.042	0.242	0.052
Mp	2303	4.584	－2.28	2.32	19.18	7.078
Fd	2303	10.378	5	10.45	12.84	1.565
Size	2303	22.058	18.833	21.963	25.827	1.344
lev	2303	0.553	0.081	0.548	1.736	0.236
Roa	2303	0.043	－0.213	0.038	0.309	0.063
Growth	2303	0.664	－0.822	0.095	18.345	2.476
Cash	2303	0.147	0.001	0.121	0.543	0.110
Scale	2303	0.089	0.002	0.026	0.663	0.163
*Shr*1	2303	0.372	0.085	0.355	0.768	0.161
JR	2303	0.109	0.000	0.000	1.000	0.312
type	2303	0.217	0.000	0.000	1.000	0.412
State	2303	0.605	0.000	1.000	1.000	0.489
Score	2303	8.657	3.45	8.77	11.8	2.001

（二）相关性分析

主要变量的系数矩阵可参见表3－32所示。并购支付方式变量payment与银企关系变量BC、BVE及BCM之间均显著正相关，说明拥有银行关联关系的企业更倾向于选择现金支付方式。另外，解释变量之间的相关系数都比较低，说明解释变量之间的多重共线性较小。

（三）银企关系与企业并购支付方式的多元回归分析

表3－33给出了假设4的回归结果。表3－33回归（1）、（2）、（3）分别以BC、BVE和BCM作为解释变量，考虑银企关系对企业并购支付方式选择的影响。BC和BCM均在1%的显著水平上与Payment呈正相关，而BVE与Payment

表 3－32　　主要变量相关系数表

变量	Payment	BC	BVE	BCM	CAPEX	Size	Lev	Roa	Growth	Cash	Fd	Scale	Shrl	Jr	State	Type	Mp	Score
Payment	1																	
BC	0.0791 ****	1																
BVE	0.0902 ***	0.6631 ***	1															
BCM	0.0409 **	0.6460 ***	0.0430 **	1														
CAPEX	0.0444 **	-0.0406 *	-0.0595 ***	0.0198	1													
Size	0.2364 ***	0.0981 ***	0.1647 ***	0.0449 **	0.1420 ***	1												
Lev	-0.1826 ***	-0.0049	-0.0187	0.0090	-0.1042 ***	0.0507 **	1											
Roa	0.0787 ***	0.0032	0.0213	0.0093	0.1089 ***	0.0872 ***	-0.2711 ***	1										
Growth	0.0303	-0.0209	-0.0226	0.0056	-0.1182 ***	-0.0536 **	0.0535 **	0.0019	1									
Cash	0.0404 *	0.0140	0.0402 *	-0.0209	-0.0254	-0.0654 ***	-0.2597 ***	0.2303 ***	-0.0092	1								
Fd	0.1060 ***	0.0530 **	0.1137 ***	-0.0123	-0.1100 ***	0.1530 ***	-0.0326	0.0824 ***	0.0007	0.1048 ***	1							
Scale	-0.6717 ***	-0.0685 ***	-0.1371 ***	0.0100	-0.0784 ***	-0.3863 ***	0.1591 ***	-0.0559 ***	0.0124	0.0036	-0.0775 **	1						
Shrl	0.0477 **	-0.0573 ***	-0.0388 *	-0.0311	0.0389 *	0.3458 ***	-0.0623 ***	0.1223 ***	0.0385 *	-0.0383 *	0.0303	-0.0743 ***	1					
Jr	-0.0231	-0.0140	0.0109	-0.0083	-0.0065	-0.1043 ***	-0.0031	0.0375 *	0.0551 ***	0.0458 **	0.0117	0.0252	-0.0809 ***	1				
State	-0.0010	-0.0459 **	0.0274	-0.0661 ***	0.1506 ***	0.2745 ***	0.0000	-0.0179	-0.0721 ***	-0.0142	-0.0058	-0.0560 ***	0.2612 ***	-0.1566 ***	1			
Type	-0.0031	-0.0591 ***	-0.0695 ***	-0.0181	0.1096 ***	-0.0089	0.0088	-0.0209	-0.0300	-0.0611 ***	-0.0687 **	0.0137	0.0559 ***	-0.0456 **	0.0999 ***	1		
Mp	-0.0047	0.0250	0.0247	0.0505 **	-0.0345 *	0.0098	-0.0017	-0.0576 ***	-0.0277	-0.0088 **	0.2138 ***	0.0019	-0.0023	0.0234	0.0203	-0.0317	1	
Score	0.0878 ***	0.1077 ***	0.1445 ***	0.0152	-0.1086 ***	0.1406 ***	-0.0724 ***	0.0767 ***	-0.0066	0.1309 ***	0.7529 ***	-0.0954 ***	0.0436 **	0.0355 *	-0.0244	-0.0572 ***	0.0785 ***	1

注：表中列示的是 Pearson 检验，*** 表示在 1% 的水平上显著，** 表示在 5% 的水平上显著，* 表示在 10% 的水平上显著。

虽然正相关但是未通过显著性检验。上述检验结果表明，虽然总体而言，银企关联关系会使企业倾向于现金支付方式；但是，不同类型的银企关联关系对于企业并购支付方式的选择存在明显差异，企业持有银行股份对企业并购支付方式的选择无明显影响，而企业的高管银行背景会使企业更倾向于选择现金支付方式，假设4、假设5得到验证。这一结果说明，在我国这样一个注重关系的国家中，相比正式的银企关联关系（企业持有银行股份），非正式的银企关联（企业高管具有银行背景）可能更有助于帮助企业获取银行贷款，解决企业并购中的资金问题，从而更加倾向于使用现金支付方式。进一步观察模型中的控制变量，可以发现：资产负债率、并购规模以及产权性质与现金支付显著负相关，即企业的资产负债率越高、并购规模越大以及为国有企业时，越倾向于选择非现金支付方式；而企业成长性越好，地区金融发展水平越高，企业越可能选择现金支付方式。上述研究结论与以往的研究基本一致。

表3-33　银企关系与企业并购支付方式

VARIABLES	被解释变量（Payment）		
	(1)	(2)	(3)
BC	0.5117 *** (2.64)		
BVE		0.0780 (0.36)	
BCM			0.7667 *** (3.17)
CAPEX	-2.1598 (-1.09)	-2.2996 (-1.16)	-2.4780 (-1.24)
Size	-0.0806 (-0.94)	-0.0565 (-0.66)	-0.0685 (-0.79)
Lev	-1.1407 *** (-2.85)	-1.1201 *** (-2.82)	-1.1707 *** (-2.90)
Roa	1.2416 (0.81)	1.1819 (0.78)	1.2235 (0.80)
Growth	0.1287 ** (2.43)	0.1205 ** (2.32)	0.1302 ** (2.44)
Cash	1.1448 (1.22)	1.1218 (1.20)	1.3137 (1.39)
Scale	-10.0413 *** (-16.37)	-9.9965 *** (-16.35)	-10.1289 *** (-16.51)
Shr1	0.2414 (0.37)	0.0892 (0.14)	0.1801 (0.27)
Jr	-0.1755 (-0.58)	-0.1712 (-0.57)	-0.1664 (-0.54)
State	-0.4875 ** (-2.22)	-0.4978 ** (-2.28)	-0.4729 ** (-2.15)
Type	0.0518 (0.23)	0.0154 (0.07)	0.0455 * (0.20)
Mp	-0.0045 (-0.34)	-0.0043 (-0.32)	-0.0068 *** (-0.50)
Fd	0.2261 *** (3.71)	0.2246 *** (3.70)	0.2298 *** (3.78)
行业	控制	控制	控制
_cons	3.8819 * (2.46)	3.6567 * (1.83)	3.6196 * (1.79)
observations	2303	2303	2303
Wald CHI^2	769.05	762.07	773.03
Prob > CHI^2	0.0000 ***	0.0000 ***	0.0000 ***
Log likelihood	-451.77645	-455.26918	-449.78471
PescudoR-Square	0.4598	0.4556	0.4622

注：*** 表示在1%的水平上显著，** 表示在5%的水平上显著，* 表示在10%的水平上显著。

（四）内生性检验

考虑到企业建立银企关系可能与企业自身特征有关系，为检验内生性，本节采用 Heckman 二阶段模型来控制这一问题。第一阶段的模型设置如下：

$$BC/BVE/BCM = \beta 0 + \beta 1 Capex + \beta 2 Size + \beta 3 Lev + \beta 4 Roa + \beta 5 Growth + \beta 6 Cash + \beta 7 Scale + \beta 8 Shr1 + \beta 9 Dual + \beta 10 State + \beta 11 Type + \beta 12 Mp + \beta 13 Fd + \beta 14\ Seo + \sum YEAR + \sum IND + \varepsilon \quad (7)$$

将第一阶段自选择模型（Probit 回归）估计得到的 Lamda（Inverse Mills Ratios）作为控制变量，放到模型中与其他变量一道进行第二阶段回归。

表 3－34 是控制上市公司银企关系虚拟内生性问题后的 Heckman 二阶段回归结果。如表 3－34 二阶段回归结果中的（1）、（2）、（3）列所示，总的银企关系与企业高管具有银行从业背景与现金支付方式显著正相关，企业持股银行与现金支付方式正相关但不显著，主要研究结果保持不变。此外，Lamda（Inverse Mills Ratios）在回归中并不显著，说明样本不存在严重的自选择和内生性问题，回归结果是稳健的。

四、制度环境视角下银企关系对并购支付方式影响的进一步检验

前文只是将制度环境（金融发展水平与货币政策）作为控制变量进行检验，并没有就不同的制度环境差异是否以及如何影响银企关系与并购支付方式的关系进一步深化考察。中国资本市场作为一个新兴与转轨并存的市场，制度环境差异明显。

就货币政策而言，自 2007 年金融危机以来，我国货币政策变动较大，银行业又是极易受到政策影响和管制的行业，因此货币政策对我国企业获得外部融资影响重大。从紧的货币政策导致银根紧缩，银行信贷供给的顺周期性效应，受紧缩性货币政策影响更大，导致企业外部融资成本上升，获得外部融资的规模受到限制。银企关系的价值在于降低银企之间的信息不对称，降低或者缓解货币政策传导效应的非对称性对企业获得外部融资条件的影响，提高企业在货币紧缩时期获得外部融资的概率。所以，我们预期在货币紧缩时期，银企关系这种“私有信息传递机制”在帮助企业获取银行信贷、提供企业并购所需资金支持中起的作用可能更为明显。

就金融发展水平而言，已有研究表明，企业的融资受到一国（或地区）制度环境的影响，发达的金融市场不仅缓解了外部融资约束，而且提供了比较充分的市场信息，使企业更容易获得外部资金支持（Demirguc－Kunt 和 Maksimovic，1998）。Rajan 和 Zingales（1998）研究认为，与金融发展水平较低的地区相比，在金融发展程度较高的地区，企业获取外部资本的成本较低。不仅如此，区域金融发展的差异也会影响银行关联在企业债务融资中的作用。罗党论等（2008）的

表 3-34 制度环境、银企关系与企业并购支付方式（内生性检验）

VARIABLES	一阶段回归			VARIABLE	二阶段回归		
	BC	BVE	BCM		Payment		
	(1)	(2)	(3)		(1)	(2)	(3)
CAPEX	-1.5929*** (-2.98)	-2.5636*** (-4.39)	0.7567 (1.36)	BC	0.3681** (2.30)		
Size	0.1826*** (8.59)	0.2655*** (11.21)	0.0928*** (4.25)	BVE		0.0510 (0.28)	
Lev	-0.0940 (-0.79)	-0.3149** (-2.19)	0.0039 (0.03)	BCM			0.5479*** (2.97)
Roa	-0.1615 (-0.36)	-0.0386 (-0.08)	0.2598 (0.56)	*CAPEX*	4.7060 (0.93)	6.7825 (0.79)	-3.0692 (-0.53)
Growth	-0.0058 (-0.62)	-0.0092 (-0.85)	0.0027 (0.27)	*Size*	0.8025 (1.50)	0.6071 (0.71)	0.4375 (0.63)
Cash	0.3814 (1.61)	0.4747* (1.87)	-0.0836 (-0.33)	*Lev*	-0.5998 (-1.24)	-0.1327 (-0.11)	-0.8229** (-2.33)
Scale	-0.0051 (-0.32)	-0.0456*** (-2.65)	0.0261 (1.54)	*Roa*	3.7360*** (2.61)	3.5991*** (2.63)	1.5054 (0.61)
Shr1	-0.6375*** (-3.93)	-0.9134*** (-5.30)	-0.3046* (-1.80)	*Growth*	0.0368 (1.07)	0.0421 (0.98)	0.0077 (0.22)
Dual	-0.0059 (-0.08)	0.0646 (0.82)	-0.0094 (-0.12)	*Cash*	0.7957 (0.59)	0.5625 (0.34)	2.0225** (2.04)
State	-0.1742*** (-3.30)	0.0326 (0.58)	-0.2134*** (-3.84)	*Scale*	-1.5499*** (-19.16)	-1.4700*** (-8.65)	-1.7485*** (-8.17)
Type	-0.2018*** (-3.43)	-0.2342*** (-3.69)	-0.0910 (-1.46)	*Shr1*	1.6974 (0.88)	2.2637 (0.76)	2.8358 (1.19)

续表

一阶段回归				二阶段回归			
VARIABLES	BC	BVE	BCM	VARIABLE	Payment		
	(1)	(2)	(3)		(1)	(2)	(3)
Mp	-0.0289 (-0.15)	-0.0165 (-0.08)	0.1774 (0.86)	*Dual*	-0.0538 (-0.20)	-0.1651 (-0.51)	0.0164 (0.06)
Fd	0.1309 *** (3.00)	0.1030 ** (2.25)	0.0589 (1.29)	*State*	-0.0488 (-0.09)	-0.3718 * (-1.79)	1.2193 (0.75)
Seo	-0.0230 (-0.33)	-0.0082 (-0.11)	-0.0069 (-0.09)	*Type*	0.7677 (1.22)	0.8457 (1.08)	1.0984 (1.53)
				Mp	1.2269 ** (2.09)	1.1956 ** (2.05)	-0.0841 ** (-0.06)
				Fd	-0.2368 (-0.60)	-0.2151 (-0.62)	-0.4566 (-0.99)
				IMR	-2.3368 (-0.51)	-2.4395 (-0.56)	-9.6408 (-0.94)
行业/年份	控制	控制	控制	行业/年份	控制	控制	控制
截距	-3.4282 ** (-4.21)	-5.1231 *** (-6.04)	-3.4988 *** (-4.15)	截距	11.9267 (0.86)	15.9647 (0.80)	36.9925 (1.08)
样本量	2985	2985	2985	样本量	2985	2985	2985
Wald CHI^2	180.25	250.80	105.38	Wald CHI^2	1141.93	1136.69	1146.41
Prob > CHI^2	0.0000 ***	0.0000 ***	0.0000 ***	Prob > CHI^2	0.0000 ***	0.0000 ***	0.0000 ***
Log likelihood	-1978.4489	-1736.4952	-1751.2677	Log likelihood	-582.30426	-585.05773	-580.06587
PescudoR - Square	0.0436	0.0674	0.0292	PescudoR - Square	0.4951	0.4928	0.4970

研究认为，在金融市场化程度低的地区，信贷行为存在的信息不对称和道德风险现象更为严重。此外，在金融发展程度较低的地区，关系机制与关系文化更为盛行，“关系机制”在其中所起作用更大。所以，我们预期在金融发展程度较低地区中，银企关系这种“声誉与隐性担保机制”在帮助企业获取银行信贷、提供企业并购所需资金支持中起的作用可能更为明显。基于以上分析，我们分别通过表3－35和表3－36分组进一步考察不同的制度环境（货币政策与金融发展水平），是如何进一步影响企业并购支付方式的。

表3－35分组检验报告了不同的货币政策环境下对银企关系影响并购支付方式的回归结果。

表3－35　　银企关系与企业并购支付方式（货币政策分样本）

VARIABLES	被解释变量（Payment）					
	BC		BVE		BCM	
*MP*1	Mp1＝1	Mp1＝0	Mp1＝1	Mp1＝0	Mp1＝1	Mp1＝0
BC	0.8617*** (3.36)	0.0471 (0.14)				
BVE			0.4405 (1.50)	－0.2818 (－0.77)		
BCM					0.7535** (2.43)	0.7432* (1.84)
CAPEX	－1.1626 (－0.47)	－2.3876 (－0.65)	－1.4248 (－0.58)	－2.8300 (－0.77)	－1.4914 (－0.60)	－2.7504 (－0.74)
Size	－0.1542 (－1.33)	－0.1331 (－0.81)	－0.1323 (－1.16)	－0.0820 (－0.57)	－0.1173 (－1.02)	－0.1323 (－0.94)
Lev	－0.9465* (－1.75)	－1.7090*** (－2.57)	－0.8860* (－1.68)	－1.7311*** (－2.58)	－0.9179* (－1.70)	－1.7835*** (－2.71)
Roa	－1.1600 (－0.56)	3.4731 (1.36)	－0.8008 (－0.39)	3.2907 (1.29)	－1.0478 (－0.51)	3.8211 (1.51)
Growth	0.1469** (2.36)	0.1403 (0.89)	0.1305** (2.20)	0.1290 (0.84)	0.1401** (2.30)	0.1518 (0.94)
Cash	2.4883* (1.91)	－0.3840 (－0.25)	2.3442* (1.85)	－0.3048 (－0.19)	2.7584** (2.12)	－0.3454 (－0.22)
Scale	－9.2605*** (－11.75)	－13.9790*** (－10.43)	－9.0763*** (－11.70)	－14.0297*** (－10.47)	－9.2785*** (－11.85)	－14.1092*** (－10.45)
*Shr*1	0.3315 (0.37)	0.9926 (0.91)	0.0252 (0.03)	0.8853 (0.80)	0.0474 (0.05)	0.9010 (0.82)
Jr	－0.1002 (－0.24)	－0.2795 (－0.57)	－0.1420 (－0.34)	－0.2516 (－0.51)	－0.0548 (－0.13)	－0.3054 (－0.61)

续表

VARIABLES	被解释变量（Payment）					
	BC		BVE		BCM	
State	-0.1819 (-0.64)	-0.8361** (-2.20)	-0.2378 (-0.84)	-0.8253** (-2.18)	-0.1742 (-0.62)	-0.8475** (-2.22)
Type	0.3239 (1.14)	-0.1539 (-0.39)	0.2733 (0.97)	-0.1899 (-0.48)	0.2996 (1.06)	-0.1479 (-0.37)
年度/行业	控制	控制	控制	控制	控制	控制
_cons	7.5699*** (2.75)	8.6063*** (2.76)	7.5983*** (2.80)	8.1592** (2.59)	6.9800** (2.55)	8.9810*** (2.85)
observations	1176	1127	1176	1127	1176	1127
Wald CHI^2	382.25	441.97	372.77	442.54	376.93	445.65
Prob > CHI^2	0.0000***	0.0000***	0.0000***	0.0000***	0.0000***	0.0000***
Log likelihood	-259.6779	-163.28757	-264.4194	-163.00257	-262.3375	-161.44957
PescudoR - Square	0.4240	0.5751	0.4134	0.5758	0.4181	0.5799

注：表中将样本按照货币政策分为紧缩和宽松两组（按照 MP 值的中位数进行分组，低于中位数的表示货币政策紧缩，以 MP1 = 1 替代，高于中位数的表示货币政策宽松，以 MP1 = 0 替代）。*** 表示在 1% 的水平上显著，** 表示在 5% 的水平上显著，* 表示在 10% 的水平上显著。

由表 3 - 35 可见，在货币政策紧缩时期，银企关系与现金支付方式显著正相关且通过了 1% 的显著性水平检验；而在货币政策宽松时期，银企关系对现金支付方式无显著影响；进一步观察企业持有银行股权的银企关系样本，无论是货币政策紧缩或宽松，企业持有银行股权的银企关系均对现金支付无显著影响；而在企业高管具有银行背景的银企关系样本中，在货币政策紧缩时期，高管具有银行背景的银企关系与现金支付方式显著正相关且通过了 5% 的显著性水平检验；而在货币政策宽松时期，高管具有银行背景的银企关系也与现金支付方式显著正相关，但是相关系数和显著性水平均有所下降。说明货币政策影响了银行的信贷，从而对企业并购的现金支付方式能够产生影响。研究假设 5 得到进一步验证。

表 3 - 36 分组检验报告了不同的金融发展水平环境下对银企关系影响并购支付方式的回归结果。

由表 3 - 36 可见，在金融发展水平低的地区，银企关系与现金支付方式显著正相关且通过了 5% 的显著性水平检验；在金融发展水平高的地区，银企关系对现金支付方式无显著影响；进一步观察企业持有银行股权的银企关系样本，地区金融发展水平的高低对均对现金支付无显著影响；而在企业高管具有银行背景的银企关系样本中，在金融发展水平低的地区，高管具有银行背景的银企关系与现

表 3-36　　银企关系与企业并购支付方式（金融发展水平分样本）

VARIABLES	被解释变量（Payment）					
	BC		BVE		BCM	
Fd	Fd1 = 0	Fd1 = 1	Fd1 = 0	Fd1 = 1	Fd1 = 0	Fd1 = 1
BC	0.5559** (2.18)	0.4546 (1.37)				
BVE			-0.1353 (-0.47)	0.4245 (1.15)		
BCM					0.8830*** (2.82)	0.5726 (1.35)
CAPEX	-2.4754 (-1.03)	-1.3131 (-0.34)	-2.7386 (-1.15)	-1.4207 (-0.37)	-2.9148 (-1.20)	-1.3736 (-0.35)
Size	-0.1052 (-0.92)	-0.1538 (-1.05)	-0.0727 (-0.64)	-0.1588 (-1.07)	-0.1056 (-0.91)	-0.1225 (-0.85)
Lev	-0.9947* (-1.90)	-1.3658** (-2.00)	-0.9676* (-1.85)	-1.3024* (-1.92)	-1.0336* (-1.95)	-1.4068** (-2.06)
Roa	1.2131 (0.62)	2.1646 (0.78)	1.4132 (0.71)	2.0563 (0.75)	1.2864 (0.66)	1.8836 (0.69)
Growth	0.1471** (2.29)	0.1620 (1.51)	0.1328** (2.12)	0.1579 (1.48)	0.1485** (2.30)	0.1683 (1.57)
Cash	1.3869 (1.04)	1.0261 (0.67)	1.3401 (1.02)	1.0843 (0.71)	1.5666 (1.16)	1.1411 (0.74)
Scale	-9.2840*** (-11.67)	-13.2025*** (-10.26)	-9.3060*** (-11.70)	-13.2207*** (-10.21)	-9.4391*** (-11.76)	-13.2371*** (-10.34)
Shr1	0.7873 (0.89)	0.3061 (0.28)	0.5426 (0.62)	0.4070 (0.36)	0.8664 (0.98)	0.0851 (0.08)
Jr	0.0407 (0.10)	-0.5312 (-1.10)	0.0651 (0.16)	-0.5494 (-1.14)	0.0861 (0.21)	-0.5185 (-1.07)
State	-0.4275 (-1.48)	-0.3998 (-1.10)	-0.4565** (-1.59)	-0.4074 (-1.12)	-0.4006 (-1.39)	-0.3568 (-0.99)
Type	-0.0319 (-0.12)	0.5649 (1.26)	-0.0576 (-0.21)	0.5513 (1.24)	-0.0294 (-0.11)	0.5097 (1.15)

续表

VARIABLES	被解释变量（Payment）					
	BC		BVE		BCM	
年度/行业	控制	控制	控制	控制	控制	控制
_cons	6.2568 ** (2.32)	10.4990 ** (2.53)	5.7755 ** (2.16)	10.6346 *** (2.61)	6.3965 ** (2.34)	9.9848 ** (2.38)
observations	1142	1161	1142	1161	1142	1161
Wald CHI^2	393.06	413.18	388.41	412.66	397.04	413.27
Prob > CHI^2	0.0000 ***	0.0000 ***	0.0000 ***	0.0000 ***	0.0000 ***	0.0000 ***
Log likelihood	-266.1566	-161.74027	-268.4832	-161.9999	-264.1680	-161.6943
PescudoR - Square	0.4248	0.5609	0.4197	0.5602	0.4291	0.5610

注：表中将样本按照地区金融发展水平高低分为两组（按照 Fd 值的中位数进行分组，高于中位数的为金融发展水平高组，以 Fd1 = 1 表示，低于中位数的为金融发展水平低组，以 Fd1 = 0 表示）。*** 表示在 1% 的水平上显著，** 表示在 5% 的水平上显著，* 表示在 10% 的水平上显著。

金支付方式显著正相关且通过了 1% 的显著性水平检验；在金融发展水平高的地区，高管具有银行背景的银企关系对现金支付方式无显著影响。

五、稳健性检验

本节采用以下几种方式进行稳健性检验：（1）参照孙世攀等（2013）的研究，以现金支付比例（主并购方现金支付的金额占交易总价的比重）来研究银企关系与企业并购支付方式之间的影响，主要研究结果不变，结果见表 3 - 37 至表 3 - 39。（2）考虑到难以区分样本中一些同时拥有两类银企关系的企业，究竟是哪一类银企关系起主导作用以及是否存在交互影响，我们剔除了那些同时拥有两类银企关系的样本重新进行回归检验。另参考陈栋和陈运森（2012）文章中的做法，将持有单一银行股权超过 2% 的企业确定为拥有银行股权关联背景，重新设定企业持有银行股权变量，进行回归检验，主要研究结果不变，结果见表 3 - 40。上述稳健性检验表明本节的研究结论是稳健的。

表 3 - 37　　银企关系与企业并购支付方式

VARIABLES	被解释变量（CashPayPer）		
	(1)	(2)	(3)
BC	0.0200 ** (2.04)		
BVE		0.0045 (0.42)	

续表

VARIABLES	被解释变量（CashPayPer）		
	(1)	(2)	(3)
BCM			0.0272** (2.55)
CAPEX	0.2158** (1.99)	0.2073* (1.91)	0.1967* (1.82)
Size	0.0942*** (21.79)	0.0952*** (21.81)	0.0947*** (22.13)
Lev	-0.1478** (-6.07)	-0.1482*** (-6.09)	-0.1485*** (-6.11)
Roa	0.1675* (1.85)	0.1661* (1.83)	0.1640* (1.81)
Growth	0.0033* (1.71)	0.0032* (1.69)	0.0032* (1.67)
Cash	0.0833* (1.72)	0.0856* (1.77)	0.0870* (1.80)
Scale	-0.1111*** (-33.87)	-0.1111*** (-33.82)	-0.1114*** (-33.96)
*Shr*1	0.0373 (1.13)	0.0338 (1.02)	0.0351 (1.06)
Dual	-0.0073 (-0.48)	-0.0074 (-0.49)	-0.0073 (-0.48)
State	-0.0337*** (-3.11)	-0.0350*** (-3.24)	-0.0331*** (-3.05)
Type	0.0345*** (2.88)	0.0334*** (2.77)	0.0338*** (2.82)
Mp	0.0001 (0.09)	0.0001 (0.10)	-0.0002 (-0.03)
Fd	-0.0078 (-0.87)	-0.0070 (-0.78)	-0.0073 (-0.82)
行业/年份	控制	控制	控制
截距	0.8722*** (8.56)	0.8609*** (8.41)	0.8689*** (8.55)
样本量	2985	2985	2985
Prob > F	0.0000***	0.0000***	0.0000***
Adj R - Square	0.3584	0.3575	0.3589

表 3－38　　企业并购支付方式与银企关系（货币政策分样本）

VARIABLES	被解释变量（Cashpayper）					
	BC		BVE		BCM	
MP1	Mp1 = 1	Mp1 = 0	Mp1 = 1	Mp1 = 0	Mp1 = 1	Mp1 = 0
BC	0.0383 *** (2.65)	0.0045 (0.33)				
BVE			0.0109 (0.68)	−0.0016 (−0.11)		
BCM					0.0393 ** (2.50)	0.0205 (1.41)
CAPEX	0.2120 (1.34)	0.2110 (1.42)	0.1987 (1.25)	0.2065 (1.38)	0.1853 (1.17)	0.1996 (1.34)
Size	0.0957 *** (14.84)	0.0923 *** (15.91)	0.0973 *** (14.87)	0.0927 *** (15.89)	0.0975 *** (15.25)	0.0917 *** (15.95)
Lev	−0.1481 *** (−4.08)	−0.1353 (−4.13)	−0.1490 *** (−4.10)	−0.1357 *** (−4.13)	−0.1483 *** (−4.09)	−0.1357 (−4.14)
Roa	0.0411 (0.29)	0.2923 ** (2.47)	0.0462 (0.33)	0.2913 ** (2.46)	0.0345 (0.25)	0.2938 ** (2.48)
Growth	0.0049 * (1.83)	0.0018 (0.67)	0.0049 * (1.81)	0.0018 (0.66)	0.0049 * (1.81)	0.0018 (0.65)
Cash	0.2398 *** (3.23)	−0.0475 (−0.75)	0.2425 *** (3.26)	−0.0466 (−0.74)	0.2496 *** (3.36)	−0.0477 (−0.76)
Scale	−0.1138 *** (−23.34)	−0.1085 *** (−24.64)	−0.1140 *** (−23.30)	−0.1084 *** (−24.63)	−0.1144 *** (−23.49)	−0.1087 *** (−24.69)
Shr1	0.0382 (0.77)	0.0416 (0.93)	0.0282 (0.57)	0.0405 (0.91)	0.0320 (0.65)	0.0412 (0.93)
Dual	0.0224 (0.96)	−0.0284 (−1.43)	0.0217 (0.92)	−0.0283 (−1.43)	0.0231 (0.98)	−0.0287 (−1.45)
State	−0.0320 ** (−2.00)	−0.0344 ** (−2.36)	−0.0361 ** (−2.25)	−0.0344 ** (−2.36)	−0.0325 ** (−2.02)	−0.0337 ** (−2.31)
Type	0.0360 ** (2.14)	0.0314 * (1.83)	0.0345 ** (2.04)	0.0308 * (1.80)	0.0343 ** (2.04)	0.0318 * (1.86)
Fd	−0.0070 (−1.60)	−0.0199 * (−1.71)	0.0108 (0.78)	−0.0195 * (−1.68)	0.0107 (0.78)	−0.0201 * (−1.74)

续表

VARIABLES	被解释变量（Cashpayper）					
	BC		BVE		BCM	
年度/行业	控制	控制	控制	控制	控制	控制
截距	0.8497*** (5.41)	0.9590*** (6.71)	0.8244*** (5.07)	0.9514*** (6.66)	0.8162*** (5.06)	0.9581*** (6.86)
样本量	1493	1492	1493	1492	1493	1492
Prob > F	0.0000***	0.0000***	0.0000***	0.0000***	0.0000***	0.0000***
Adj R - Square	0.3494	0.3730	0.3465	0.3730	0.3491	0.3738

表 3-39　　企业并购支付方式与银企关系（金融发展水平分样本）

VARIABLES	被解释变量（Cashpayper）					
	BC		BVE		BCM	
Fd	Fd = 0	Fd = 1	Fd = 0	Fd = 1	Fd = 0	Fd = 1
BC	0.0279** (1.96)	0.0117 (0.85)				
BVE			0.0015 (0.09)	0.0087 (0.60)		
BCM					0.0425*** (2.76)	0.0129 (0.86)
CAPEX	0.2069 (1.41)	0.1985 (1.22)	0.2041 (1.39)	0.1976 (1.21)	0.1858 (1.26)	0.1829 (1.13)
Size	0.1031*** (16.15)	0.0871*** (14.67)	0.1043*** (16.10)	0.0874*** (14.66)	0.1043*** (16.46)	0.0874*** (14.87)
Lev	-0.1189*** (-3.45)	-0.1770*** (-5.10)	-0.1180*** (-3.42)	-0.1776*** (-5.12)	-0.1188*** (-3.45)	-0.1781*** (-5.14)
Roa	0.2569** (2.10)	0.0346 (0.25)	0.2597** (2.12)	0.0312 (0.23)	0.2486** (2.03)	0.0330 (0.24)
Growth	0.0003 (0.11)	0.0054** (2.20)	0.0002 (0.06)	0.0054** (2.20)	0.0004 (0.12)	0.0053** (2.16)
Cash	0.2125*** (2.94)	-0.0335 (-0.51)	0.2151*** (2.97)	-0.0328 (-0.50)	0.2186** (3.03)	-0.0320 (-0.49)
Scale	-0.1177*** (-25.21)	-0.1036*** (-22.38)	-0.1178*** (-25.18)	-0.1035*** (-22.34)	-0.1180*** (-25.32)	-0.1038*** (-22.39)
Shr1	0.0675 (1.37)	0.0138 (0.31)	0.0581 (1.17)	0.0138 (0.31)	0.0668 (1.36)	0.0118 (0.26)

续表

VARIABLES	被解释变量（*Cashpayper*）					
	BC		BVE		BCM	
Dual	-0.0052 (-0.24)	-0.0100 (-0.47)	-0.0039 (-0.18)	-0.0104 (-0.48)	-0.0057 (-0.26)	-0.0099 (-0.46)
State	-0.0288* (-1.86)	-0.0433*** (-2.84)	-0.0309** (-1.99)	-0.0442*** (-2.90)	-0.0284* (-1.84)	-0.0429*** (-2.80)
Type	0.0333** (2.03)	0.0352** (1.98)	0.0309* (1.88)	0.0351** (1.98)	0.0326** (1.99)	0.0347* (1.95)
Mp	-0.0008 (-0.62)	-0.0015 (-1.03)	-0.0008 (-0.57)	-0.0015 (-1.03)	-0.0009 (-0.69)	-0.0015 (-1.06)
年度/行业	控制	控制	控制	控制	控制	控制
截距	0.7384*** (4.74)	1.0204*** (7.14)	0.7261*** (4.63)	1.0211*** (7.11)	0.7209*** (4.64)	1.0197*** (7.14)
样本量	1509	1476	1509	1476	1509	1476
Prob > F	0.0000***	0.0000***	0.0000***	0.0000***	0.0000***	0.0000***
Adj R - Square	0.3937	0.3179	0.3921	0.3177	0.3952	0.3179

表 3-40　　银企关系与企业并购支付方式

VARIABLES	被解释变量（Payment）			
	(1)	(2)	(3)	(4)
BC	0.3550** (2.11)			
BVE		-0.0553 (-0.28)		
BCM			0.5937*** (2.78)	
Cg				0.3232 (1.44)
CAPEX	2.9386 (1.59)	2.5930 (1.40)	2.7252 (1.48)	2.0325 (1.15)
Size	1.0932*** (13.50)	1.1131*** (13.56)	1.1299*** (13.78)	1.0951*** (14.56)
Lev	-0.6325* (-1.80)	-0.6434* (-1.84)	-0.6715* (-1.91)	-0.7494** (-2.13)

续表

VARIABLES	被解释变量（Payment）			
	(1)	(2)	(3)	(4)
Roa	3.6246*** (2.70)	3.6260*** (2.71)	3.5799*** (2.67)	3.4318** (2.54)
Growth	0.0179 (0.72)	0.0149 (0.61)	0.0180 (0.72)	0.0218 (0.77)
Cash	1.4866* (1.83)	1.5486* (1.92)	1.6015** (1.96)	1.4292* (1.85)
Scale	-1.5907*** (-19.07)	-1.5846*** (-19.12)	-1.5959*** (-19.12)	-1.5560*** (-19.83)
Shr1	0.6040 (1.05)	0.4484 (0.78)	0.4645 (0.81)	0.6010 (1.10)
Dual	-0.1259 (-0.46)	-0.1167 (-0.42)	-0.1066 (-0.38)	-0.0643 (-0.24)
State	-0.2892* (-1.54)	-0.2927* (-1.57)	-0.2726* (-1.46)	-0.3082* (-1.75)
Type	0.6033*** (2.84)	0.5522*** (2.61)	0.5803** (2.73)	0.4193** (2.07)
Mp	1.2560** (2.04)	1.2159** (1.98)	1.2658** (2.05)	1.1746** (2.01)
Fd	0.0035 (0.02)	0.0183 (0.12)	0.0144 (0.09)	-0.0359 (-0.25)
行业/年份	控制	控制	控制	控制
截距	4.7955* (1.79)	4.6208* (1.73)	4.1387 (1.53)	4.5760* (1.83)
样本量	2688	2688	2688	2985
Wald CHI^2	1091.40	1086.98	1095.08	1138.44
Prob $> CHI^2$	0.0000***	0.0000***	0.0000***	0.0000***
Log likelihood	-533.13947	-535.35094	-531.30198	-584.0511
Pescudo R - Square	0.5058	0.5038	0.5075	0.4936

六、研究结论与局限性

本节以2007年至2012年上市公司的并购事件为样本，在考察银企关系对企业并购支付方式选择的影响基础上，探讨了不同类型的银企关系对并购支付方式选择的影响是否存在差异，并进一步检验了货币政策宽松与紧缩以及地区金融发展水平是否影响银企关系与企业并购支付方式选择之间的关系。实证结果表明，总体而言，银企关联关系会使企业倾向于现金支付方式；但是，不同类型的银企关联关系对于企业并购支付方式的选择存在明显差异，企业持有银行股份对企业并购支付方式的选择无明显影响，而企业的高管银行背景会使企业更倾向于选择现金支付方式；货币政策的宽松与紧缩对银企关系与企业并购支付方式之间关系的影响存在显著差异，相对于货币宽松时期而言，货币紧缩时期的银企关系对企业选择现金并购支付方式的影响更为明显，且这种影响主要反映在高管具有银行背景的银企关系中；地区金融发展水平的高低对银企关系与企业并购支付方式之间关系的影响存在显著差异，相对于金融发展水平较高地区而言，金融发展水平较低地区的银企关系对企业选择现金并购支付方式的影响更为明显，且这种影响也主要反映在高管具有银行背景的银企关系中。本节的研究表明，企业高管持有银行背景是目前我国银企关系影响企业并购支付方式选择的主要途径，因此，本研究为辨别“正式的银企关系”与“非正式的银企关系”在缓解融资约束方面产生的不同影响提供了经验证据，也为企业如何更有效率地搭建银企关系提供了有益的借鉴。

本节的局限性主要在于，第一，本节的研究并未涉及企业与银行建立银企关系时间的长短，而这种时间长短可能会对银企关系产生影响；第二，由于研究样本中企业参股银行并成为银行前十大股东的样本量过少，所以也未做检验。

第四节　负债财务柔性、投资机会与上市公司并购支付方式

并购交易的对价方式以及融资方式（实现并购对价的资金来源）是保证并购交易顺利完成所要解决的两个核心问题。Faccio 等（2005）认为，企业并购涉及的交易金额和规模巨大，与并购相关的财务决策，尤其是支付方式选择及其引起的融资问题，会对并购企业的所有权结构、财务杠杆水平以及随后的财务决策等都将产生重要影响。从全球并购实践看，现金对价是并购的主要并购对价方式（Netter 等，2010），而国内上市公司偏好现金支付的情况更为突出，刘淑莲（2010）基于 CSMAR 数据库对并购支付方式的分类标准研究发现，我国上市公司在 1998—2008 年的共 20647 起并购案中（其中 575 例未披露支付方式），采用现金支付的占比 90.11%。企业为何偏好现金支付？

并购威胁理论、信息不对称理论以及信号传递理论分别从控制权稀释和风险分担角度对企业偏好现金支付给出了各自的解释。然而，企业并购支付方式的选择可能还受到主并公司投资机会的影响。Myers（1977）认为，高投资机会的公

司可能偏好于选择股票支付方式，以增加企业现金持有，从而避免公司并购后出现流动性约束。Martin（1996）、Faccio 和 Masulis（2005）、Dong 等（2006）以及 Swieringa 和 Schauten（2007）的研究均证实了上述观点，他们的实证研究表明，公司投资机会（以托宾 Q、市场价值与账面价值比作为投资机会的替代变量）与选择股票对价方式呈正相关关系，投资机会越高，选择股票对价方式的比率也越高。Alberta Di Giuli（2007）则用公司并购后资本支出水平作为投资机会的替代变量，其研究发现，股票对价与主并公司并购后的投资水平显著正相关。然而，国内学者李井林等（2013）的研究则提供了相反的经验证据。因此，上市公司面临的投资机会究竟对并购支付方式产生怎样的影响值得关注。

并购交易的成功依赖于企业筹集所需资金的能力。企业资金主要有两个来源：一是内源资金，二是外源资金。外源资金的获取包括企业所能筹集的权益资金、负债资金（包括银行借款、发行商业票据和企业债券等）。在内部留存收益一定的情况下，并购所需要的外部资金实际上是债务融资与股权融资的选择。Amihud 和 Travlos（1990）认为注重控制权和拥有公司股票份额的管理层不愿意通过发行股票进行并购融资，以避免其持有股份的稀释和控制权丧失的风险，他们更可能选择债务方式进行融资。具体到我国，由于股票市场获得股权融资的难度较大，加之我国金融体系是名副其实的“银行主导型”，信贷资金便成为解决并购资金的主要来源。

从以往研究看，国内外学者在研究并购支付方式选择时，主要关注的是主并方在并购当期或者并购前期的财务状况，而忽略了并购方获取资金能力即是否具有财务柔性的影响。财务柔性研究受到广泛关注和重视是在 2008 年全球金融危机爆发后，根据 Byoun（2011）的观点，财务柔性被定义为企业及时调动财务资源，以便预防或利用未来不确定性事件以实现企业价值最大化的能力，同时强调了对不利冲击的事前“预防”和对意外投资机遇的主动“利用”的两种属性。已有文献对于如何获取和保持财务柔性的研究主要聚焦在现金政策、资本结构政策和支付政策等三个方面（Soenen，2003；Bancel 和 Mittoo，2004；Brounen 等，2004；Lie，2005）。在不断变化的市场环境中，良好的财务弹性不仅可以帮助企业抵御风险，避免陷入财务困境，最重要的是能够使其抓住未来投资机会，促进企业发展。DeAngelo 和 DeAngelo（2009）指出，企业应通过综合安排现金持有政策、支付政策和资本结构以获取财务柔性，以满足面临有价值投资机会时所引发的非预期资金需求；Marchica 和 Mura（2010）的实证研究发现，公司资本支出水平与托宾 Q 和现金流显著正相关，与投资对现金流的敏感性显著负相关，即财务柔性使公司较少受到不完备资本市场的影响，从而能够抓住成长机会，显著提高投资能力；曾爱民等（2011）的研究发现，财务柔性强的企业在面临金融危机冲击时，具有更强的资金筹集和调用能力，能更好地为其投资活动提供所需资金；曾爱民等（2013）的研究发现，财务柔性企业在金融危机时期的投资所受融资约束程度显著更，能在金融危机初期更大幅度地增加投资支出，并且这些新增投资能更好地改善企业在随后年度的财务业绩。

企业主要通过三种途径获取财务柔性，即持有现金、保持负债融资能力和权益融资能力，因而企业财务柔性大体上可分为现金柔性、负债融资柔性和权益融资柔性三类，其中，负债财务柔性是指保持低负债水平。因此，本节主要从反映企业获取外部资金能力的负债融资柔性角度，探讨负债融资柔性对企业并购支付方式选择的影响，并进一步探讨随着企业外部投资机会的增加，负债融资柔性与并购支付方式之间的关系将发生怎样的变化？文章以 2007 年至 2012 年上市公司的并购事件为样本，考察负债财务柔性及未来投资机会对企业并购支付方式选择的影响。

本节的贡献在于：（1）在新兴加转轨这一特定制度背景下，基于财务柔性的视角，探讨企业融资能力对企业并购支付方式的影响，丰富和拓展了企业并购支付方式的相关研究；（2）财务柔性是公司管理层关注的焦点，是影响企业财务决策的首要因素（Graham 和 Harvey，2001）。文章综合考虑企业融资能力以及投资机会，探讨企业如何权衡利害得失制定恰当的财务政策，对企业如何合理安排财务政策以实现企业价值最大化具有重要的理论和实践指导意义。

一、理论分析与研究假设

（一）负债财务柔性、投资机会与并购支付方式

并购支付方式的选择不仅对主并公司股权分布结构、财务杠杠以及公司未来的经营和财务安排有着重大的影响（Fuller 等，2002），甚至有可能改变收购公司和目标公司利益分配关系及其企业控制权的力量对比，成为影响并购能否成功和并购双方利益的重要因素。现有研究（Martin，1996；Faccio 和 Masulis，2005；Nikolaos Karampatsas 等，2013；徐波等，2005；谢惠贞，2007；李井林等，2014）主要从并购财务风险、控制权配置、宏观经济形势等外部环境因素以及内部公司特征等方面，对影响企业并购支付方式选择的因素展开研究。

根据并购威胁理论，主并企业管理层和控股股东为防止并购后控制权稀释而影响个人财富以及外部投资者的干预，增加失去控制权的风险，在并购中更偏好现金支付方式（Hansen，1987；Stulz，1988）。Amihud、Lev 与 Travlos（1990），Jung. alt（1996）等认为如果控制权是有价值的，控制收购公司的管理层或控股股东就不倾向于使用股票支付。而从并购支付的后果来看，采用现金支付的并购行为会向投资者传达一种并购方的现有资产可以产生较大的现金流量的利好信息，反映了并购方对于目标公司的盈利性拥有信心，因而能带来超额收益；而股票支付暗示了自身股票被高估的信息，是对并购前景的不良信号，会导致负向超额收益。国外学者 Travlos（1987）、Wansley，Lane 和 Yang（1987）、Loughran 和 Vijh（1997）等使用股票价格数据对支付方式与并购价值效应进行实证研究，发现以现

金支付能为收购公司在并购前和并购后带来正的异常收益，而股票支付的收购公司的异常收益为负。上述研究结果均为企业并购偏好采用现金支付提供了支持。

尽管现金支付具有降低丧失控制权风险、向投资者传递高盈利能力等利好信息、为股东带来超额收益等诸多好处，但是其对企业的资金筹集能力提出了很高的要求。DeAngelo 和 DeAngelo（2009）认为财务柔性强的企业能够方便地进入资本市场以满足未来出乎意料的盈余下滑和（或）有利可图的投资机遇出现时所引发的资金需求。Pinegar 和 Wilbrieht（1989）、Graham 和 Harvey（2001）、Baneel 和 Mittoo（2004）以及 Brounen 等（2004）通过对美国和欧洲企业高管人员的调查研究均发现，公司高管在资本结构决策时所考虑的最重要的因素就是财务柔性。Billett 等（2007），Byoun（2011）等有许多文献强调通过低财务杠杆政策获取负债融资柔性的重要性。低财务杠杆政策能保持“可观的尚未使用的借款能力”（Modigliani 和 Miller，1963），这使得企业能在投资机会降临时方便地获得融资。Bharadwaj 和 Shivdasani（2003）的研究发现，公司内部现金持有量越低，在并购时采用银行贷款的可能性越高，其以发生在 20 世纪 90 年代的 115 起要约收购为研究样本，发现银行贷款是要约收购的主要外部资金来源，大约 50% 的要约收购完全采用银行贷款进行支付。Faccio 和 Masulis（2005）的实证研究显示，主并方财务实力（以抵押品、财务杠杆和资产规模三个指标衡量）对并购支付方式选择产生显著影响，债务融资能力越强，企业采用现金支付方式的可能性越大。Almazan 等（2010）的研究则发现，拟进行并购的企业为了能够抓住并购机会，通常保持更低的债务比率或持有更多的现金，进一步考察那些位于高科技城市和成长性城市的企业，发现这类城市的企业的财务柔性更加突出。孙世攀等（2013）的研究发现，债务容量越大的企业，由于具有更大的举债能力，其使用现金支付的比例更高。由此可见，在并购支付时，具有高负债财务柔性的企业能够通过负债融资的便利，及时筹措到需要的资金来完成并购支付。

Graham 和 Harvey（2001）的调查发现，保持良好的财务弹性是企业选择低财务杠杆的主要原因，当面对信息不对称和合同约束问题时，采取保守的杠杆政策来保持举债能力，能够使公司在未来抓住有利的投资机会；预期的未来投资机会越多，债务弹性价值越大（Lins，2010；Marchica 和 Mura，2010；Arslan 等，2013）。即使如此，企业有时仍会不可避免地面对融资约束而不得不放弃一些有价值的投资机会，那些拥有投资机会并且面临融资约束的主并公司面对的资本机会成本更高，因而会选择股票作为并购对价方式，或者减少现金支付比例，以持有更多的现金为未来的投资项目融资，充分利用未来的投资机会，避免公司需要求助外部融资时出现的投资不足问题（Abdullah A Alshwer 和 Valeriy Sibilkov，2010）。虽然投资机会能给主并公司带来价值，但也具有一定的投资风险，因此，主并公司为了与目标公司共同分担投资风险，也会减少现金支付、甚至选择股票作为并购对价方式。

据此，我们提出以下研究假设：

假设6：具有负债财务柔性的企业倾向于进行现金支付，但是随着投资机会的增加，具有负债财务柔性的企业会减少使用现金支付以及现金支付金额的比例。

（二）货币政策的影响

公司管理层在进行财务决策时，必须考虑宏观经济尤其是货币政策变迁与冲击的影响。Bates 等（2009）认为，随着经济环境风险的增加，企业应在持有高额现金的同时保持低水平的债务融资，同时运用上述两项财务政策，能有效降低企业陷入财务困境或发生违约的可能性。Graham 和 Harvey（2001）、卢永艳（2013）等研究表明，宏观经济的变化和不确定性均会影响企业负债水平；Bancel，Mittoo（2011）通过对法国上市公司 CFO 调查和访谈发现，财务柔性强的企业在金融危机中的投资支出、销售收入、盈利能力和股利政策等所受冲击影响程度相对较轻。宣扬（2013）则通过数理模型证实，当遭受货币政策冲击时，企业的融资能力与投资水平将受到冲击水平、清算价值等一系列因素的影响，同时他还发现，在货币政策紧缩时会增加银行对公司资产负债表的要求，使得债务保守的财务柔性作用得以进一步发挥。

然而，企业增强财务柔性的最终目的是为了实现企业价值最大化（Graham 和 Harvey，2001；Byoun，2011）。货币政策不仅影响贷款利率高低，提高企业融资成本，而且还会改变货币供应量，从而直接影响企业外部融资能力，并间接影响并购支付方式。如果央行采取紧缩的货币政策，一方面，市场投资与消费热潮被削减，资本市场等融资渠道可能会萎缩或者这些渠道的使用成本增加，负债财务柔性企业的银行借贷能力的优势此时能更好体现，因为紧缩的货币政策使银行在借贷时更加需要考虑企业的剩余负债能力，对企业的资产负债表有更严格的要求，负债财务柔性企业保持着低财务杠杆可以更快地从银行获取资金；另一方面，货币紧缩不仅带来利率上调，流动性减弱，企业在信贷市场融通资金的能力下降，还导致企业业务量大幅下降、营业收入减少、资金回笼困难、经营活动现金流显著减少等，部分企业陷入财务危机甚至破产清算，社会总投资规模下降，但同时资本性资产价格也随之大幅下跌，大量投资机会涌现。如 Campello 等（2010）通过对美国、欧洲及亚洲 1000 多家公司的调查发现，金融危机期间，那些高财务柔性的企业不仅顺利度过了金融危机，甚至还充分利用经济萧条带来的机会，大量低价收购兼并缺乏柔性或破产的企业，变威胁为机遇实现企业的发展壮大。因此，负债财务柔性企业在货币紧缩时期可以使用前期储备的债务融资能力，以支持其投资决策，对于此时期发生的并购活动会更少地使用现金支付，保证将借贷资金更多地应用到投资行为上，实现公司利益最大化。

据此，我们提出以下研究假设：

假设7：在货币紧缩时期，具有负债财务柔性的企业在投资机会增加时会减少使用现金支付以及现金支付金额的比例。

（三）地区金融发展的影响

我国企业的融资性负债主要还是来自商业银行的长短期借款，且提供融资性借款的银行基本上是企业所在地的全国性商业银行的当地营业机构或当地区域性商业银行。然而，由于区域间经济发展不平衡，导致各区域商业银行在机构数、业务量、效益以及服务水平等方面存在差异。在银行机构方面，在经济发达地区，股份制商业银行发展迅速，国有银行分支行的规模大，银行的总体数量多；而中西部地区国有银行比重高，分支行规模小，商业银行较少，银行的总体数量也较少；其次，相对而言，金融发展水平较低地区银行经营的独立性更弱，经营质量也更低，这可能会使信贷市场难以发挥“优胜劣汰”作用；而金融发展水平较低地区的银行也相对较缺乏合格的金融人才，使得这些地区的商业银行的贷前信贷风险控制能力和贷后监督能力相对较弱。银行相对较弱的风险控制能力和贷前审查以及经营的独立性，使得银行难以高质量地甄别企业财务状况和信用水平。因此，相对于金融发展较好地区，金融发展水平较低地区企业的负债财务柔性对企业并购支付方式和及时抓住投资机会的影响更大。

同时，金融发展水平较低的地区不仅经济落后，投资机会也相对较少。刘佳（2008）通过计算经济发展水平的因子得分和投资环境指数，对我国31个地区进行聚类分析，发现确实存在界限明显的分块特征：我国东部地区地处沿海经济带，不仅有国家政策优惠，交通运输业发达，且重视文化教育产业，能吸引很多外来的优秀人才，具有非常好的投资环境，吸引外来投资的能力很强，能更好地抓住投资机会实现自身发展；而广大的中西部欠发达地区经济相对落后，投资环境相对较差，好的投资机会相对较少。一方面本身的投资机会较少；另一方面从金融机构获得融资也更困难，所以，在这种情况下，金融发展水平较低地区的企业在面对好的投资机会时，更有动力充分发挥其累积的负债能力。

据此，我们提出如下假设：

假设8：在金融发展水平较低的地区，具有负债财务柔性的企业在投资机会增加时会减少使用现金支付以及现金支付金额的比例。

二、研究设计

（一）样本选取

本节以2007—2012年进行并购重组的沪、深A股主板上市公司为研究对象。研究样本按照以下选择标准与剔除顺序：（1）并购事件的首次公告日期处于2007年1月1日至2012年12月31日之间；（2）交易事项已完成；（3）剔除金融行业上市公司；（4）剔除并购方式中行政划拨、司法裁定、回购、置产置换等数据；（5）剔除标的物类型中资产与股权标的混合的数据；（6）剔除并购交易金额小于100万元的数据；（7）剔除相关信息披露不完全的数据。经过上述剔除步骤，本节最终研究样本为2648个。为了控制极端值对回归结果的影响，对模型中所有连续变量进行winsrise处理。

本节的并购重组数据、公司治理数据和公司财务数据等均来源于CSMAR数据库。本节的数据处理主要使用了STATA12.0。

（二）模型设定

为了检验本节的研究假说，建立以下两个回归模型：

$$paytype = \beta_0 + \beta_1 Dff + \beta_2 Capex_{t+1} + \beta_3 Dff \times Capex_{t+1} + \beta_4 Soe + \beta_5 Dum\_type + \beta_6 Dual_{t-1} + \beta_7 Loss_{t-1} + \beta_8 Growth_{t-1} + \beta_9 Dd_{t-1} + \beta_{10} Roa_{t-1} + \beta_{11} Shr1_{t-1} + \beta_{12} Shr2_{t-1} + \beta_{13} Amount_{t-1} + \beta_{14} Lnsize_{t-1} + \beta_{15} Dum\_indu + \beta_{16} Dum\_year + \varepsilon \quad (8)$$

$$paybilv = \beta_0 + \beta_1 Dff + \beta_2 Capex_{t+1} + \beta_3 Dff \times Capex_{t+1} + \beta_4 Soe + \beta_5 Dum\_type + \beta_6 Dual_{t-1} + \beta_7 Loss_{t-1} + \beta_8 Growth_{t-1} + \beta_9 Dd_{t-1} + \beta_{10} Roa_{t-1} + \beta_{11} Shr1_{t-1} + \beta_{12} Shr2_{t-1} + \beta_{13} Amount_{t-1} + \beta_{14} Lnsize_{t-1} + \beta_{15} Dum\_indu + \beta_{16} Dum\_year + \varepsilon \quad (9)$$

（三）变量定义

（1）并购支付方式（*Paytype*）：本节参照张晶、张永安（2011）的研究，仅以现金支付和股票支付两种方式分析主并方股权结构对并购支付方式选择的问题、若是在并购支付中全部使用现金进行支付就取值为1，否则，取值为0。

（2）负债财务柔性（*Dff*）：本节借鉴曾爱民（2011）的研究，设定某一企业在并购前连续三年中负债融资柔性均属于样本公司中最高的30%之列，则该企业被判定为负债融资柔性（DFF，Debt Finnacing Flxebility）企业，其中负债融资柔性 = Max（0，同行业的平均负债比率一公司的负债比率）。

（3）投资机会（*Capex*）：本节借鉴李井林、刘淑莲、杨超（2013）的研究，用主并公司并购后一年的资本支出与总资产比率的平均值作为公司投资机会的替代变量，用Capex表示。其中，主并公司的资本支出用主并公司在特定年份现金流量表中的“购建固定资产、无形资产和其他长期资产支付的现金”这一项目的数据来衡量。

（4）货币政策（*Mp*）：本节借鉴陆正飞等（2011）、郑军、林钟高等（2013）的研究，采用MP = M2增长率 - GDP增长率 - CPI增长率这个指标来估算货币政策的松紧程度。

（5）地区金融发展水平（*Findepth*）：本节根据卢峰和姚洋（2004）的做法，选择金融发展深度变量（Findepth）“各地区当年的金融机构贷款总额”与“各地区当年GDP”之比来衡量地区金融发展水平。

参考前人的研究成果（苏文兵等，2009；赵息、佟欣嫂，2014），本节还在模型中控制了以下变量：公司规模 $Lnsize_{t-1}$、盈利能力 Roa_{t-1}、成长能力

$Growth_{t-1}$、企业产权性质 Soe、是否亏损 $Loss_{t-1}$、第一大股东持股比例 $Shr1_{t-1}$、股权制衡度 $Shr2_{t-1}$、两职是否合一 $Dual_{t-1}$、独立董事比例 Dd_{t-1} 以及并购标的物类型 Dum_type、并购规模 $Amount_{t+1}$，并控制了行业和年度效应。具体变量说明见表 3－41。

表 3－41　　　　变量说明

变量名称	变量代码	变量定义
并购支付方式	*Paytype*	虚拟变量，现金支付方式为 1，其余支付方式为 0
现金支付比率	*Paybilv*	现金支付金额/总的并购支付款金额
负债财务柔性	*Dff*	虚拟变量，高负债财务柔性企业取 1，其余企业取 0
投资机会	*Capex*	并购方并购后一年实际的资本支出/资产
负债财务柔性与投资机会的交互变量	*Dff × capex*	负债财务柔性与投资机会交乘
产权性质	*Soe*	虚拟变量，主并上市公司控股股东的性质是国营企业取值为 1，否则取值为 0
货币政策	*Dum_mp*	虚拟变量，如果货币政策指数低于中位数（紧缩时期）设为 1，否则为 0；货币政策指数是货币和准货币（M2）供应量同比增长率－GDP 同比增长率－CPI 同比增长率
地区金融发展水平	*Dum_find*	虚拟变量，通过计算各地区当年的金融机构贷款总额/各地区当年 GDP，得出地区经济发展水平，将结果低于中位数的判断为地区经济发展水平较低地区，设为 1，其余为 0
并购标的物类型	*Dum_type*	公司上年末的资产负债率虚拟变量，并购标的物为股权标的取值为 1，为资产标的取值为 0
两职是否合一	*Dual*	虚拟变量，如果公司上年末的总经理兼任董事长，取值为 1，否则为 0
是否亏损	$Loss_{t-1}$	虚拟变量，如果公司上年末亏损，取值为 1，否则为 0
成长能力	$Growth_{t-1}$	公司上年末的营业收入增长率
独立董事比例	*Dd*	公司上年末的独立董事人数/董事会人数
总资产报酬率	*Roa*	上一年度营业利润 ×2/（期初资产＋期末资产）虚拟变量
第一大股东持股比例	*Shr1*	公司上年末的第一大股东持股比例
股权制衡	*Shr2*	公司上年末的第 2—5 大股东持股比例总和
并购规模	*Amount*	并购交易金额/公司上年末的总资产
公司规模	*Lnsize*	上一年度公司资产总额取自然对数
行业变量	*Dum_indu*	虚拟变量，表示上市公司所处行业，分类标准来自于中国证监会，若上市公司属于制造业，则以二级代码为准，其他行业以一级代码为准，共设置 20 个行业虚拟变量（样本中剔除金融行业）
年度变量	*Dum_year*	虚拟变量，用来控制宏观经济因素的影响

三、实证结果与分析

（一）主要变量的描述性统计与相关性分析

从表 3－42 的模型各主要变量描述性统计可以看出，并购总体样本中现金支付方式占96.8%，说明我国并购支付方式主要是以现金支付方式为主，股票支付较少，两种支付方式的巨大差异，使得研究并购支付方式影响因素具有现实意义。负债财务柔性均值为0.1148，说明我国企业总体上负债财务柔性较差，只有11.5%的企业能够积累借贷能力，这也提醒我国上市公司在财务政策选择中亟需注意的问题。投资机会变量的最小值与最大值之间有较大差别，说明并购企业间在并购后的投资支出存在明显差异。

从样本公司的产权性质可以看出，在全部并购样本中，国有控股公司占比57.5%，超过总体样本一半以上，说明虽然目前我国上市公司的重大并购中依然以国有企业为主体，但是民营企业参与的重大并购越来越多，成为一支不容小觑的力量；从并购标的物类型（*Dum_type*）看出，我国上市公司的并购交易标的物主要是股权，股权标的占比66.27%，资产标的相对较少，说明我国上市公司并购的主要目的是为了获取其他公司的股权，从而参股甚至控股其他公司；从样本公司的盈利状况和成长性看，总资产收益率（*Roa*）的均值为5.14%，营业收入增长率（*Growth*）为34.89%，样本中亏损公司（*Loss*）比例较低，仅为5.9%，说明总体而言，实施重大并购的样本公司具有较好的盈利能力和成长性；样本中第一大股东持股比例（*Shr*1）为35.53%，第2－5大股东持股比例之和（*Shr*2－5）仅为12.79%，总体而言持股相对比较集中。

表 3－42　　主要变量的描述性统计列表

变量	观测值	均值	最小值	最大值	标准差
Paytype	2648	0.9682779	0	1	0.1752922
Paybilv	2648	0.9701341	0	1	0.1669959
Dff	2648	0.1148036	0	1	0.318845
Capex	2648	0.1219023	0	6.963893	0.4060231
Mp	2648	4.572787	－2.28	19.18	6.925198
Soe	2648	0.5751511	0	1	0.4944134
Dum_type	2648	0.6627644	0	1	0.4728554
Dual	2648	0.1223565	0	1	0.327759
Loss	2648	0.05929	0	1	0.2362113
Growth	2648	0.3488818	－0.829874	7.766639	0.9979322

续表

变量	观测值	均值	最小值	最大值	标准差
Dd	2648	0.3576219	0.25	0.5	0.0440727
Roa	2648	0.0514114	-0.177291	0.268988	0.0617205
*Shr*1	2648	35.53497	8.43	74.98	15.59628
*Shr*2	2648	12.7935	.69	43.67	10.00135
Amount	2648	0.056352	0.0003112	1.133624	0.14223
Lnsize	2648	22.08906	19.4335	25.38824	1.191354

表3-43列示了一些主要变量的Spearman相关系数矩阵。现金支付方式（*Paytype*）与负债财务柔性（*Dff*）显著正相关，通过5%的显著性检验；现金支付比例（*Paybilv*）也与负债财务柔性（*Dff*）在5%的水平上显著正相关。意味着在我国上市公司并购中，现金支付方式与现金支付比率是随着企业负债财务柔性的增加而提高，初步验证了本节的研究假设6。从企业产权方面看，*Dff*与*Soe*显著正相关，说明国有上市公司具有更高的负债财务柔性，这其中包括国有企业与政府及地方银行的关系，以及银行信贷政策的优先选择问题。应该强调的是，我们应该谨慎看待这些初步的结果，因为两两相关系数的检验并没有控制其他可能的影响因素。后文将在控制企业财务、公司治理及并购特征等方面因素以及时间、行业效应以后，对以上关系进行进一步的检验，以期获得更加稳健的结果。

（二）回归结果及分析

表3-44列示了负债财务柔性、投资机会对并购支付方式及现金支付比率影响的回归结果。表3-44第（1）列显示，负债财务柔性Dff与并购支付方式在5%的水平上显著正相关，说明负债财务柔性企业倾向于在并购时使用现金支付；第（2）列显示，负债财务柔性与投资机会对并购支付方式的联合影响为负，显著性水平是1%，说明尽管负债财务柔性企业倾向于采用现金支付（Dff与Paytype显著正相关），但是随着主并企业投资机会的增加，会减少现金支付的概率；第（3）列显示，负债财务柔性Dff与现金支付比率在1%的水平上显著正相关，说明负债财务柔性企业并购时现金支付比率更高；但是通过第（4）列我们可以看出，负债财务柔性与投资机会对现金支付比率的联合影响为负，其显著性水平为1%，即尽管负债财务柔性企业采用现金支付比率更高，但是随着主并企业投资机会的增加，负债财务柔性企业会降低现金支付比率。假设6获得验证。

进一步观察控制变量可以发现，并购标的物类型（Dum_type）、公司成长性（Growth）以及并购规模（Amount）均与是否现金支付/现金支付比率显著负相关，说明成长性越好、并购规模越大以及并购标的物为股权，企业越不倾向于采用现金支付，或现金支付比例越低，可能的原因在于：为了支持公司成长性对资

表 3－43　主要研究变量相关系数矩阵列表

变量	【1】	【2】	【3】	【4】	【5】	【6】	【7】	【8】	【9】	【10】	【11】	【12】	【13】	【14】	【15】	【16】
Paytype【1】	1															
Paybilv【2】	0.10^{C}	1														
Dff【3】	0.05^{B}	0.05^{B}	1													
Capex【4】	0.03	0.03	0.01	1												
Mp【5】	0.02	0.02	-0.03	0.01	1											
Soe【6】	-0.01	-0.01	0.15^{C}	-0.11^{C}	-0.02	1										
Growth【7】	0.02	0.02	0.11^{C}	-0.05^{C}	-0.15^{C}	0.06^{C}	1									
Dual【8】	-0.01	-0.01	-0.00	0.08^{C}	0.06^{C}	-0.13^{C}	-0.00	1								
Dd【9】	-0.00	-0.00	-0.05^{C}	-0.03^{A}	0.06^{C}	-0.04^{B}	-0.01	0.01	1							
Dum_ type【10】	-0.05^{B}	-0.05^{B}	-0.04^{B}	-0.02	0.03^{A}	-0.07^{C}	-0.03^{A}	0.02	0.01	1						
Loss【11】	-0.09^{C}	-0.09^{C}	-0.06^{C}	-0.02	0.09^{C}	-0.02	-0.22^{C}	-0.04^{A}	0.02	0.03	1					
Roa【12】	0.05^{B}	0.05^{C}	0.14^{C}	0.10^{C}	0.00	-0.06^{C}	0.33^{C}	0.05^{C}	-0.05^{B}	-0.01	-0.41^{C}	1				
Shr1【13】	0.00	0.00	0.05^{B}	-0.05^{C}	0.03^{A}	0.22^{C}	0.09^{C}	-0.08^{C}	-0.01	0.03	-0.05^{C}	-0.13^{C}	1			
Shr2【14】	0.02	0.02	0.06^{C}	0.04^{B}	0.13^{C}	-0.16^{C}	0.05^{C}	0.06^{C}	0.02	-0.02	-0.02	0.17^{C}	-0.31^{C}	1		
Amount【15】	-0.16^{C}	-0.16^{C}	-0.05^{C}	0.06^{C}	-0.06^{C}	-0.09^{C}	-0.13^{C}	-0.02	0.00	-0.23^{C}	0.06^{C}	-0.01	-0.07^{C}	-0.01	1	
Lnsize【16】	0.10^{C}	0.10^{C}	0.10^{C}	-0.16^{C}	0.09^{C}	0.22^{C}	0.21^{C}	-0.06^{C}	0.01^{B}	0.04	-0.15^{C}	0.13^{C}	0.23^{C}	0.05^{B}	-0.32^{C}	1

注：表中列示的是 Pearson 检验，A、B、C 分别表示在 10%、5%、1% 水平上显著。

金的需求，需要给公司未来业务发展保留足够的现金；并购时若是收购目标公司的股权，可使用股票支付，也就是“以股换股”的方式；并购规模越大，对资金的需求越大，企业也越有可能采取现金以外的组合支付方式以保证并购的顺利实施。

表 3-44 负债财务柔性、投资机会对并购支付方式/并购支付比率的影响

VARIABLES	被解释变量（paytype）		被解释变量（paybilv）	
	(1)	(2)	(3)	(4)
Dff	1.2100 **	2.1885 ***	2.2065 ***	0.0433 ***
	(2.14)	(2.94)	(2.86)	(5.35)
Capex		0.7432		0.0211
		(1.22)		(1.57)
Dff × *capex*		-5.3942 ***		-0.2527 ***
		(-2.91)		(-3.00)
Soe	-0.2433	-0.2464	-1.0384	-0.0116 *
	(-0.86)	(-0.86)	(-1.53)	(-1.70)
Dum_type	-0.9467 ***	-0.9150 ***	-2.5066 ***	-0.0241 ***
	(-2.90)	(-2.78)	(-3.96)	(-3.80)
Dual	0.1009	0.2245	-0.4683	-0.0013
	(0.25)	(0.53)	(-0.53)	(-0.15)
Loss	-0.7385	-0.8161	-2.5333	-0.0281
	(-1.36)	(-1.49)	(-1.27)	(-1.41)
Growth	-0.2716 ***	-0.2941 **	-1.0607 **	-0.0109 **
	(-3.12)	(-3.34)	(-2.35)	(-2.42)
Dd	-1.7257 *	-1.9455	-3.8364	-0.0499
	(-0.61)	(-0.68)	(-0.45)	(-0.59)
Roa	0.1190	0.1823	7.5686	0.0667
	(0.05)	(0.07)	(1.09)	(0.95)
*Shr*1	-0.0027	-0.0045	-0.0067	-0.0001
	(-0.28)	(-0.46)	(-0.36)	(-0.44)
*Shr*2	0.0041	0.0003	-0.0018	-0.0001
	(0.28)	(0.02)	(-0.06)	(-0.23)
Amount	-5.0130 ***	-5.1659 ***	-50.4476 ***	-0.5046 ***
	(-10.24)	(-10.15)	(-8.57)	(-8.58)
Lnsize	-0.0499	-0.0895	-0.3422	-0.0038
	(-0.38)	(-0.63)	(-1.03)	(-1.12)

续表

VARIABLES	被解释变量（paytype）		被解释变量（paybilv）	
	(1)	(2)	(3)	(4)
行业	控制	控制	控制	控制
年度	控制	控制	控制	控制
_cons	7.0889** (2.23)	8.1172** (2.39)	112.6016*** (16.51)	1.1389*** (16.82)
observations	2630	2630	2648	2648
Wald CHI^2/F 值	209.04	222.65	3.87	3.90
Prob > CHI^2	0.0000***	0.0000***	0.0000***	0.0000***
PescudoR - Square	0.2810	0.2993	0.2023	0.2093
Log likelihood	-267.41119	-260.60952	/	/

注：*、** 和 *** 分别表示 10%、5% 和 1% 的显著性水平。

表 3-45 列示了考虑货币政策的宽松与紧缩对企业并购支付方式的影响。表 3-45 的第（1）、（3）列显示的是货币政策紧缩样本组，在货币政策紧缩时期，负债财务柔性与现金支付方式及现金支付比例显著正相关（分别通过了 5% 和 1% 的显著性检验），然而，随着企业投资机会的增加，负债财务柔性企业在并购中会减少使用现金支付/降低现金支付比例（均通过了 1% 的显著性检验）；第（2）、（4）列显示的是货币政策宽松样本组，通过回归结果我们可以看到，在货币政策宽松时期，负债财务柔性与现金支付方式及现金支付比例显著正相关（分别通过了 10% 和 5% 的显著性检验），然而，负债财务柔性与投资机会的交互变量虽然与现金支付方式/现金支付比率负相关，但均未通过显著性检验。上述结果说明，货币政策的宽松与紧缩，对于由于投资机会的增加而减少负债财务柔性企业采用现金支付方式/现金支付比率的影响存在显著差异，由此假设 7 得到验证。

表 3-45　负债财务柔性、投资机会对现金支付方式/现金支付比率的影响

VARIABLES	被解释变量（paytype）		被解释变量（paybilv）	
	(1)	(2)	(3)	(4)
	Dum_mp = 1	Dum_mp = 0	Dum_mp = 1	Dum_mp = 0
Dff	4.5842** (2.34)	1.8068* (1.69)	0.0553*** (5.09)	0.0252** (2.38)
Capex	4.0316 (1.24)	0.0819 (0.13)	0.0293*** (3.16)	0.0053 (0.17)

续表

VARIABLES	被解释变量（paytype）		被解释变量（paybilv）	
	(1)	(2)	(3)	(4)
	Dum_ mp = 1	Dum_ mp = 0	Dum_ mp = 1	Dum_ mp = 0
Dff × capex	-11.3162*** (-2.60)	-7.7447 (-1.30)	-0.2854*** (-3.28)	-0.1421 (-1.18)
Soe	0.3169 (0.77)	-0.7066 (-1.53)	-0.0045 (-0.43)	-0.0175** (-2.04)
Dum_ type	-1.1847** (-2.43)	-0.7304 (-1.46)	-0.0238** (-2.53)	-0.0233** (-2.70)
Dual	0.6266 (0.85)	-0.0182 (-0.03)	0.0108 (0.79)	-0.0102 (-0.94)
Loss	-1.8908** (-2.19)	-0.3944 (-0.51)	-0.0444 (-1.02)	-0.0151 (-0.69)
Growth	-0.3418*** (-2.93)	-0.0922 (-0.36)	-0.0196** (-2.23)	-0.0025 (-1.51)
Dd	-0.5263 (-0.13)	-0.0926 (-0.02)	-0.1019 (-0.72)	0.0287 (0.34)
Roa	-6.4007 (-1.66)	2.9980 (0.80)	0.0040 (0.04)	0.1192 (1.33)
Shr1	-0.0120 (-0.83)	0.0066 (0.44)	-0.0002 (-0.58)	0.0001 (0.29)
Shr2	0.0100 (0.38)	0.0053 (0.26)	-0.0002 (-0.47)	0.0001 (0.22)
Amount	-4.7829*** (-6.47)	-5.8630*** (-7.38)	-0.4560*** (-5.58)	-0.5514*** (-6.57)
Lnsize	0.3289 (1.41)	-0.3533* (-1.75)	0.0015 (0.28)	-0.0074 (-1.57)
行业	控制	控制	控制	控制
年度	控制	控制	控制	控制
_ cons	1.1363 (0.20)	12.3134*** (2.58)	1.0315*** (10.49)	1.3899*** (12.85)
observations	1101	1285	1280	1368
Wald CHI^2/*F* 值	140.91	100.37	11.12	2.42
Prob > CHI^2	0.0000***	0.0000***	0.0000***	0.0000***
PescudoR - Square	0.3749	0.2873	0.2164	0.2218
Log likelihood	-117.4927	-124.5188	/	/

注：*、** 和 *** 分别表示 10%、5% 和 1% 的显著性水平。

表3－46列示了地区金融发展水平高低对企业并购支付方式的影响。表3－46第（1）、（3）列显示的是地区金融发展水平较低组的回归结果，在金融发展水平较低的地区，负债财务柔性与投资机会对并购现金支付方式/现金支付比率的联合影响为负，且分别通过5%和1%的显著性检验，说明在金融发展水平较低的地区，随着投资机会增加，负债财务柔性企业会减少使用现金支付/现金支付比例；第（2）、（4）列显示的是地区金融发展水平较高组的回归结果，我们可以看到，在金融发展水平较高的地区，负债财务柔性与投资机会对并购的现金支付方式/现金支付比率无显著影响。对比两组样本的检验结果，我们发现，只有在经济发展水平较低的地区，随着投资机会的增加，负债财务柔性企业会减少使用现金支付，假设8得到验证。

表3－46　负债财务柔性、投资机会对现金支付方式/现金支付比率的影响

VARIABLES	被解释变量（paytype）		被解释变量（paybilv）	
	(1)	(2)	(3)	(4)
	Dum_find = 1	Dum_find = 0	Dum_find = 1	Dum_find = 0
Dff	2.5309** (2.06)	2.1271** (1.96)	0.0505*** (4.24)	0.0350*** (3.22)
Capex	2.3552 (1.05)	0.3037 (0.46)	0.0279*** (2.73)	0.0154 (0.59)
Dff × capex	−7.0858** (−2.30)	−8.8947 (−1.41)	−0.2822*** (−3.29)	−0.1310 (−1.06)
Soe	0.4167 (0.88)	−0.8917** (−2.07)	−0.0037 (−0.36)	−0.0222** (−2.35)
Dum_type	−0.6295 (−1.34)	−1.1258** (−2.18)	−0.0204** (−2.28)	−0.0236*** (−2.69)
Dual	0.1103 (0.17)	0.0284 (0.04)	−0.0012 (−0.10)	−0.0064 (−0.52)
Loss	−0.8708 (−0.98)	−0.3400 (−0.42)	−0.0192 (−0.72)	−0.0300 (−0.97)
Growth	−.5146*** (−4.10)	0.1804 (0.52)	−0.0278*** (−2.81)	0.0021 (1.11)
Dd	−3.7721 (−0.87)	−2.0502 (−0.49)	−0.0881 (−0.66)	−0.0550 (−0.54)
Roa	−3.0567 (−0.86)	4.2686 (0.99)	−0.0033 (−0.03)	0.1499* (1.69)

续表

VARIABLES	被解释变量（paytype）		被解释变量（paybilv）	
	(1)	(2)	(3)	(4)
	Dum_find = 1	Dum_find = 0	Dum_find = 1	Dum_find = 0
*Shr*1	0.0077 (0.47)	-0.0117 (-0.83)	0.0002* (0.69)	-0.0001 (-0.49)
*Shr*2	-0.0111 (-0.50)	0.0145 (0.63)	-0.0004 (-0.82)	0.0003 (0.85)
Amount	-6.6404*** (-7.25)	-4.0541*** (-5.76)	-0.5974*** (-7.95)	-0.4132*** (-4.94)
Lnsize	-0.2546 (-1.14)	0.0613 (0.30)	-0.0058 (-1.24)	-0.0010 (-0.19)
行业	控制	控制	控制	控制
年度	控制	控制	控制	控制
_cons	13.0556** (2.35)	4.6362 (0.99)	1.2037*** (11.21)	1.1258*** (10.82)
observations	1258	1132	1324	1324
Wald CHI^2/*F* 值	153.26	94.46	3.38	1.69
Prob > CHI^2	0.0000***	0.0000***	0.0000***	0.0000***
PescudoR - Square	0.4017	0.2730	0.2900	0.1718
Log likelihood	-114.12889	-125.7673	/	/

注：*、** 和 *** 分别表示 10%、5% 和 1% 的显著性水平。

四、稳健性检验

本节采用以下几种方式进行了稳健性检验：（1）用并购交易下一年度并购公司投资活动现金流出合计的自然对数替代投资机会变量，主要研究结果不变，结果见表 3-47 至表 3-49；（2）将并购支付方式变量设定改为只要在并购支付中使用了现金进行支付就取值为 1，其余为 0，主要研究结果不变，结果见表 3-50 至表 3-52。上述稳健性检验表明本节的研究结论是稳健的。

表 3-47　负债财务柔性、投资机会对并购支付方式/并购支付比率的影响

VARIABLES	被解释变量（paytype）		被解释变量（paybilv）	
	(1)	(2)	(3)	(4)
Dff	1.1891** (2.14)	16.7019** (2.25)	2.2197*** (2.85)	29.7785*** (3.12)

续表

VARIABLES	被解释变量（paytype）		被解释变量（paybilv）	
	(1)	(2)	(3)	(4)
Capex		0.0808 (0.67)		0.3995 (1.29)
Dff × capex		-0.8058 ** (-2.16)		-1.4225 *** (-2.90)
Soe	-0.2128 (-0.75)	-0.6376 * (-1.73)	-1.0275 (-1.50)	-1.1431 * (-1.67)
Dum_type	-0.9698 *** (-2.99)	-1.4516 *** (-3.19)	-2.5484 *** (-3.98)	-2.6014 *** (-4.05)
Dual	0.1063 (0.26)	0.2775 (0.52)	-0.5536 (-0.62)	-0.3893 (-0.44)
Loss	-0.6515 (-1.19)	-0.5351 (-0.79)	-2.4089 (-1.20)	-2.3352 (-1.16)
Growth	-0.2689 *** (-3.08)	-0.2722 ** (-2.35)	-1.0631 ** (-2.36)	-1.0440 ** (-2.31)
Dd	-1.5923 (-0.56)	-5.9200 * (-1.67)	-2.7500 (-0.33)	-3.3521 (-0.40)
Roa	0.6051 (0.24)	1.9046 (0.58)	10.2346 (1.47)	9.3270 (1.35)
Shr1	-0.0036 (-0.38)	0.0029 (0.22)	-0.0099 (-0.53)	-0.0112 (-0.60)
Shr2	0.0044 (0.30)	-0.0026 (-0.14)	-0.0013 (-0.04)	-0.0052 (-0.17)
Amount	-5.5412 *** (-10.24)	-6.0279 *** (-8.98)	-52.6201 *** (-7.82)	-52.8076 *** (-7.88)
Lnsize	-0.0399 (-0.30)	0.1183 (0.55)	-0.3037 (-0.91)	-0.5819 (-1.30)
行业	控制	控制	控制	控制
年度	控制	控制	控制	控制
_cons	6.8263 ** (2.15)	5.1548 (1.19)	112.6016 *** (12.13)	123.6018 *** (11.70)
observations	2623	2504	2641	2641
Wald CHI^2/F 值	209.04	222.65	3.33	3.20
Prob > CHI^2	0.0000 ***	0.0000 ***	0.0000 ***	0.0000 ***
PescudoR - Square	0.2707	0.3772	0.2023	0.1843
Log likelihood	-268.5784	-169.3648	/	/

表 3-48 负债财务柔性、投资机会对现金支付方式/现金支付比率的影响（货币政策）

VARIABLES	被解释变量（paytype）		被解释变量（paybilv）	
	(1)	(2)	(3)	(4)
	Dum_mp = 1	Dum_mp = 0	Dum_mp = 1	Dum_mp = 0
Dff	43.1190** (2.25)	10.0184 (1.29)	39.4591** (2.49)	26.8570* (1.72)
Capex	0.1485 (1.09)	0.0143 (0.08)	0.7168* (1.86)	0.2097 (0.54)
Dff × capex	-2.0688*** (-2.28)	-0.4600 (-1.17)	-1.9171** (-2.34)	-1.2989* (-1.66)
soe	0.4058 (1.01)	-0.5919 (-1.30)	-0.5292 (-0.54)	-1.7085** (-1.98)
Dum_type	-1.2329*** (-2.58)	-0.8051 (-1.59)	-2.7369** (-2.84)	-2.3866*** (-2.81)
Dual	0.3861 (0.57)	-0.0240 (-0.04)	0.6106 (0.42)	-1.1246 (-1.00)
Dum_Loss	-1.6324* (-1.91)	-0.2354 (-0.30)	-3.9423 (-1.44)	-1.1999 (-0.53)
Wgrowth	-0.3455*** (-2.98)	-0.0885 (-0.36)	-1.9553** (-4.20)	-0.1776 (-1.01)
Wdd	-0.2116 (-0.05)	0.7737 (0.17)	-10.1904 (-0.97)	5.1012 (0.59)
Wroa	-6.0915 (-1.59)	4.6066 (1.14)	-0.6794 (-0.07)	16.2506 (1.80)
wshr1	-0.0113 (-0.79)	0.0054 (0.35)	-0.0181 (-0.54)	0.0003 (0.02)
wshr2	0.0195 (0.74)	0.0067 (0.33)	-0.0122 (-0.24)	0.0070 (0.19)
Wamount	-5.4276*** (-6.70)	-6.3293*** (-7.10)	-49.1635*** (-13.90)	-56.1555*** (-5.63)
Wlnsize	0.2293 (0.87)	-0.3376 (-1.30)	0.2871 (-0.46)	-0.7922 (-1.35)

续表

VARIABLES	被解释变量（paytype）		被解释变量（paybilv）	
	(1)	(2)	(3)	(4)
	Dum_mp = 1	Dum_mp = 0	Dum_mp = 1	Dum_mp = 0
行业	控制	控制	控制	控制
年度	控制	控制	控制	控制
_cons	0.3830 (0.07)	11.3602 ** (2.46)	92.6658 *** (7.32)	113.8677 *** (11.29)
observations	1100	1279	1279	1362
Wald CHI^2	130.84	90.82	9.98	1.90
Prob > CHI^2	0.0000 ***	0.0000 ***	0.0000 ***	0.0000 ***
PescudoR - Square	0.3482	0.2655	0.1789	0.1879
Log likelihood	-122.4833	-125.6349	/	/

表 3-49　负债财务柔性、投资机会对现金支付方式/现金支付比率的影响（地区发展水平）

VARIABLES	被解释变量（paytype）		被解释变量（paybilv）	
	(1)	(2)	(3)	(4)
	Dum_find = 1	Dum_find = 0	Dum_find = 1	Dum_find = 0
Dff	23.0316 * (1.75)	9.5020 (1.11)	22.4282 (1.59)	27.8062 * (1.86)
Capex	0.0070 (0.05)	0.1896 (1.34)	0.0819 (0.21)	0.6531 (1.36)
Dff × capex	-1.1105 * (-1.75)	-0.4212 (-0.95)	-1.0674 (-1.41)	-1.2855 (-1.72)
soe	0.3035 (0.67)	-0.8172 * (-1.91)	-0.4366 (-0.42)	-2.0736 ** (-2.22)
Dum_type	-0.7753 * (-1.69)	-1.2161 ** (-2.29)	-2.2761 ** (-2.44)	-2.4924 *** (-2.84)
Dual	-0.0644 (-0.11)	0.0639 (0.10)	-0.7960 (-0.64)	-0.3432 (-0.28)
Dum_Loss	-0.6912 (-0.79)	-0.3108 (-0.38)	-1.4580 (-0.54)	-3.0574 (-0.98)
Wgrowth	-0.4577 *** (-3.67)	0.1709 (0.51)	-2.6638 *** (-2.66)	0.2003 (1.10)
Wdd	-2.7821 (-0.65)	-1.6027 (-0.39)	-6.4556 (-0.48)	-5.5483 (-0.53)

续表

VARIABLES	被解释变量（paytype）		被解释变量（paybilv）	
	(1)	(2)	(3)	(4)
	Dum_find = 1	Dum_find = 0	Dum_find = 1	Dum_find = 0
Wroa	-2.2332 (-0.61)	3.7405 (0.87)	5.4780 (0.52)	13.1724 (1.49)
wshr1	0.0095 (0.60)	-0.0121 (-0.86)	0.0098 (0.39)	-0.0144 (-0.56)
wshr2	-0.0003 (-0.01)	0.0129 (0.57)	-0.0300 (-0.57)	0.0254 (0.73)
Wamount	-6.9039*** (-7.29)	-4.7847*** (-5.73)	-60.9413*** (-6.58)	-44.8100*** (-4.85)
Wlnsize	-0.1268 (-0.50)	-0.1509 (-0.58)	-0.5146 (-0.83)	-0.5728 (-0.91)
行业	控制	控制	控制	控制
年度	控制	控制	控制	控制
_cons	10.7316** (1.97)	5.5678 (1.20)	108.4027*** (7.32)	108.0311*** (9.89)
observations	1252	1131	1318	1323
Wald CHI^2	133.33	94.86	2.23	1.64
Prob > CHI^2	0.0000***	0.0000***	0.0000***	0.0000***
PescudoR - Square	0.3561	0.2742	0.2424	0.1654
Log likelihood	-120.5527	-125.5310	/	/

表 3-50　负债财务柔性、投资机会对并购支付方式/并购支付比率的影响

VARIABLES	被解释变量（paytype）		被解释变量（paybilv）	
	(1)	(2)	(3)	(4)
Dff	1.2895* (1.89)	1.6426** (2.25)	2.2065*** (2.86)	4.3333*** (5.35)
Capex		1.7591 (1.13)		2.1072 (1.57)
Dff × *capex*		-3.5872* (-1.85)		-25.2660*** (-3.00)
Soe	-0.7243** (-1.96)	-0.7266** (-1.96)	-1.0384 (-1.53)	-1.1563* (-1.70)

续表

VARIABLES	被解释变量（paytype）		被解释变量（paybilv）	
	（1）	（2）	（3）	（4）
Dum_type	-1.3531*** （-3.02）	-1.3454*** （-2.97）	-2.5065*** （-3.96）	-2.4054*** （-3.80）
Dual	0.1372 （0.27）	0.1869 （0.36）	-0.4682 （-0.53）	-0.1304 （-0.15）
Loss	-0.6233 （-0.93）	-0.6766 （-1.01）	-2.5333 （-1.27）	-2.8125 （-1.41）
Growth	-0.2597** （-2.24）	-0.2711** （-2.33）	-1.0606** （-2.35）	-1.0925** （-2.42）
Dd	-6.2986 （-1.80）	-6.3128* （-1.80）	-3.8364 （-0.45）	-4.9904 （-0.59）
Roa	1.1610 （0.37）	1.0564 （0.34）	7.5686 （1.09）	6.6685 （0.95）
Shr1	0.0030 （0.23）	0.0013 （0.10）	-0.0066 （-0.36）	-0.0081 （-0.44）
Shr2	-0.0049 （-0.27）	-0.0073 （-0.39）	-0.0018 （-0.06）	-0.0069 （-0.23）
Amount	-5.2620*** （-9.12）	-5.3399*** （-9.04）	-50.4476*** （-8.57）	-50.4580*** （-8.58）
Lnsize	0.1798 （1.03）	0.1133 （0.62）	-0.3422 （-1.03）	-0.3814 （-1.12）
行业	控制	控制	控制	控制
年度	控制	控制	控制	控制
_cons	5.5117 （1.30）	7.0819 （1.60）	112.6016*** （16.51）	113.8862*** （16.82）
observations	2511	2511	2648	2648
Wald CHI^2/*F* 值	210.94	215.08	3.87	3.90
Prob > CHI^2	0.0000***	0.0000***	0.0000***	0.0000***
PescudoR - Square	0.3823	0.3898	0.2023	0.2093
Log likelihood	-170.3982	-168.3284	/	/

表 3－51　　负债财务柔性、投资机会对现金支付方式/现金支付比率的影响（货币政策）

VARIABLES	被解释变量（paytype）		被解释变量（paybilv）	
	(1)	(2)	(3)	(4)
	Dum_mp = 1	Dum_mp = 0	Dum_mp = 1	Dum_mp = 0
Dff	3.4226 ** (2.20)	1.8809 (1.57)	5.5338 *** (5.09)	2.5242 ** (2.38)
Capex	4.3209 (0.84)	1.2973 (0.91)	2.9301 *** (3.16)	0.5349 (0.17)
Dff × capex	−6.9240 *** (−1.32)	−10.5791 * (−1.67)	−28.5427 *** (−3.28)	−14.2083 (−1.18)
soe	−0.1636 (−0.30)	−1.0290 * (−1.75)	−0.4525 (−0.43)	−1.7474 ** (−2.04)
Dum_type	−1.8277 ** (−2.50)	−0.9471 (−1.44)	−2.3823 ** (−2.53)	−2.3343 *** (−2.70)
Dual	0.4426 (0.48)	−0.1470 (−0.22)	1.0779 (0.79)	−1.0188 (−0.94)
Dum_Loss	−1.3702 (−1.16)	−0.9610 (−1.09)	−4.4405 (−1.02)	−1.5093 (−0.69)
Wgrowth	−0.2953 * (−1.90)	−0.0539 (−0.14)	−1.9641 ** (−2.23)	−0.2466 (−1.51)
Wdd	−7.8748 (−1.53)	−0.8479 (−0.15)	−10.1900 (−0.72)	2.8719 (0.34)
Wroa	−4.7912 (−0.86)	3.3109 (0.75)	0.3976 (0.04)	11.9177 (1.33)
wshr1	−0.0038 (−0.19)	0.0100 (0.52)	−0.0187 (−0.58)	0.0060 (0.29)
wshr2	−0.0160 (−0.48)	0.0036 (0.14)	−0.0245 (−0.47)	0.0077 (0.22)
Wamount	−5.0407 *** (−5.53)	−5.8789 *** (−6.66)	−45.6005 *** (−5.58)	−55.1421 *** (−6.57)
Wlnsize	0.6051 * (1.87)	−0.1836 (−0.72)	0.1465 (0.28)	−0.7384 (−1.57)

续表

VARIABLES	被解释变量（paytype）		被解释变量（paybilv）	
	(1)	(2)	(3)	(4)
	Dum_mp = 1	Dum_mp = 0	Dum_mp = 1	Dum_mp = 0
行业	控制	控制	控制	控制
年度	控制	控制	控制	控制
_cons	-4.8317 (-0.66)	10.1374 * (1.67)	94.6106 *** (6.68)	138.9969 *** (12.85)
observations	943	1285	1280	1368
Wald CHI^2	119.18	105.97	9.98	2.42
Prob > CHI^2	0.0000 ***	0.0000 ***	0.0000 ***	0.0000 ***
PescudoR - Square	0.4601	0.3823	0.2164	0.2218
Log likelihood	-69.9295	-85.6282	/	/

表 3-52　负债财务柔性、投资机会对现金支付方式/现金支付比率的影响（地区发展水平）

VARIABLES	被解释变量（paytype）		被解释变量（paybilv）	
	(1)	(2)	(3)	(4)
	Dum_find = 1	Dum_find = 0	Dum_find = 1	Dum_find = 0
Dff	1.8692 (1.56)	2.3496 (1.79)	5.0496 *** (4.24)	3.4973 *** (3.22)
Capex	2.8144 (0.78)	1.3173 (0.86)	2.7895 *** (2.73)	1.5379 (0.59)
Dff × capex	-4.9298 (-1.28)	-11.2082 * (-1.69)	-28.2157 *** (-3.29)	-13.0976 (-1.06)
soe	-0.2001 (-0.33)	-1.4006 ** (-2.30)	-0.3671 (-0.36)	-2.2157 ** (-2.35)
Dum_type	-1.5621 ** (-2.12)	-1.3290 ** (-1.90)	-2.0394 ** (-2.28)	-2.3604 *** (-2.69)
Dual	-0.0548 (-0.07)	0.2568 (0.30)	-0.1231 (-0.10)	-0.6423 (-0.52)
Dum_Loss	0.1737 (0.14)	0.2064 (0.19)	-1.9200 (-0.72)	-3.0019 (-0.97)
Wgrowth	-0.3931 *** (-2.79)	0.1080 (0.19)	-2.7806 *** (-2.81)	0.2068 (1.11)

续表

VARIABLES	被解释变量（paytype）		被解释变量（paybilv）	
	(1)	(2)	(3)	(4)
	Dum_find = 1	Dum_find = 0	Dum_find = 1	Dum_find = 0
Wdd	-10.7746** (-2.14)	-3.5360 (-0.64)	-8.8057 (-0.66)	-5.5040 (-0.54)
Wroa	-3.4597 (-0.78)	12.4157 (2.01)	-0.3349 (-0.03)	14.9979* (1.69)
*wshr*1	0.0100 (0.44)	-0.0019 (-0.10)	0.0176 (0.69)	-0.0124 (-0.49)
*wshr*2	-0.0436 (-1.42)	0.0085 (0.29)	-0.0417 (-0.82)	0.0283 (0.85)
Wamount	-6.2933*** (-6.38)	-4.8959*** (-5.48)	-59.7404*** (-7.95)	-41.3191*** (-4.94)
Wlnsize	0.2949 (0.99)	0.0873 (0.34)	-0.5800 (-1.24)	-0.0974 (-0.19)
行业	控制	控制	控制	控制
年度	控制	控制	控制	控制
_cons	2.9385 (0.41)	4.9142 (0.82)	120.3670*** (11.21)	112.5834*** (10.82)
observations	1025	987	1324	1324
Wald CHI^2	121.47	108.70	3.38	1.69
Prob > CHI^2	0.0000***	0.0000***	0.0000***	0.0000***
PescudoR - Square	0.4602	0.4153	0.2900	0.1718
Log likelihood	-71.2399	-76.5128	/	/

五、研究结论与启示

并购支付方式决策是企业并购活动中十分重要的一步，对于企业并购活动的成功以及并购绩效的影响重大。本节以 2007—2012 年沪、深两市上市公司并购重组事件为研究样本，研究负债财务柔性与投资机会对并购支付方式的影响，发现负债财务柔性企业更倾向于选择现金支付方式或现金支付比率越高，但是，随着投资机会的增加，企业会减少使用现金支付。进一步考虑宏观环境的动态作用与地区金融发展的差异性，发现随着投资机会的增加，负债财务柔性企业会减少现金支付方式以及现金支付比率的现象，仅在货币政策紧缩时期和地区金融发展水平较低地区存在。

本节的启示：企业并购支付方式的选择受到财务柔性与投资机会的重要影响，尽管具有财务柔性的企业更可能使用现金支付，但是，这种可能性取决于企业具备怎样的未来投资机会，因此，投资机会——财务柔性——并购支付方式成为决策的重要逻辑链条。从描述性统计我们可以看出，我国负债财务柔性企业占总体较少，也就是说，只有少数的企业能够积累负债能力，按照 Harford 等（2003）和 Arslan 等（2011）的发现，财务柔性可以有效地缓解外部环境变化对企业投资冲击，财务柔性企业能更好地抵御外界动态环境的不利冲击，更有效地把握危机中的投资机会，并更好地提升企业未来期间的财务业绩。因此，我国企业应该更加注重借贷能力的积累，不断加强自身的财务柔性，使得企业在面临宏观环境的动态变化以及资本市场投资机会降临时能更好地抓住机遇，实现更好的发展。

第四章

拓展性研究：经济发展、股市波动与上市公司并购

货币政策是政府进行宏观调控的重要手段，货币政策宽松或偏紧将直接影响企业、债权人和股东等利益相关者的融资、投资行为以及运营成本等（Getler 和 Gilchrist，1994）。就货币政策对微观经济主体行为的影响，目前国外学者主要的研究领域集中于货币政策对企业投资、融资的影响，其总体性结论是：货币政策作用于经济活动的落脚点是提高企业的融资成本和限制融资规模，并最终影响企业的投资行为。即货币政策通过影响货币供给、利率和信贷供给等金融变量，使得企业面临的外部环境不确定性、对未来的预期发生改变等，扩展或制约企业的融资能力，造成投资行为的调整，带来实体经济的扩张或收缩，进而形成经济周期（Kaslryap 等，1993；Ghosh 和 sensarma，2004；Atanasova 和 Wilson，2004；Levy 和 Hennessy，2007）。进一步，西方学者还发现了企业并购活动也存在顺周期特征，并认为这种顺周期特征来源于并购活动与金融市场、货币政策以及实体经济间的密切联系，部分研究找到了支持性证据，如并购活动与股票市场价格间存在显著为正的相关性（Nelson，1959）；利率与并购活动负相关（Becketti，1986）等。国内新近文献提供了关于宏观金融变量与我国企业并购活动动态关系的初步证据，如唐绍祥（2007）发现短期内利率与并购活动显著负相关，货币供应量对并购活动有微弱正效应；傅传锐（2012）认为企业总体并购活动与金融市场间的联动被视为总体并购活动顺周期式波动的重要原因，实际利率对并购活动存在先为正、后为负的影响；刘淑莲等（2012）则发现除公司特征变量外，宏观经济发展水平和货币政策也会影响公司并购支付方式的选择。

宏观货币政策变动如何传递并影响微观企业行为？一般认为，紧缩货币政策减少了公司内部现金流，使公司的营运资金占用和资本性投资之间争夺现金流。同时，紧缩货币政策又增加了公司外部融资溢价和资金可得性的难度，使公司现金缺口通过外部融资补充更加困难，公司为了维持正常生产经营，不得不削减资本性投资支出。从历次并购浪潮可以看出，宽松的货币政策与超值的低价资产成为孕育企业间并购的两大温床。宽松的货币政策会导致利率接近为零，加之政府为了刺激经济所投放的大量资金，短期内宏观经济的运行呈现流动性过剩的局面。在中国，国有大型企业是投资的主要通道，拥有大量的流动性储备。资本的逐利性促使大量的流动性储备一部分转向资本市场获取短期利益；流动性储备的另一部分，由于企业并购价值的凸现，投入到产业资本的并购之中，这种趋势在全球产业资本并购的前五次浪潮中得以确认。在宽松的货币政策和扩张的经济环境中，并购有助于迅速扩大规模和更好地控制市场，公司管理层的扩张欲望往往表现为通过企业并购来扩张企业规模，股东收益的不断增加也将强化股东的乐观心理及其对公司管理层的信任，并往往因此削弱了对公司管理层追求自身利益的监督和约束。此外，从投资行为的框架来分析企业并购，宽松的货币政策会刺激公司投资的意愿，且此时公司盈利状况较好，有能力去投资；同时，公司股票价格一般也处于较高价位，通过换股或股票与现金搭配方式并购，在成本控制和现金流量控制上也使得并购更具吸引力。

此外，分割的城乡结构、经济分权和政治集权、关系型社会结构等三个方面，在中国经济发展的早期分别构成了快速的资本积累方式、有效的激励结构和低成本的履约机制，成为早期中国经济增长的动力源泉。但在现阶段和未来却可能成为制约中国经济增长的瓶颈。这一政治和社会结构的视角为我们诠释货币政策影响公司并购行为及效率的机理与路径，提供了更为深层次的分析框架。沿着这一思路，我们认为，中国经济的微观主体——企业和构成企业的管理者和生产者，其行为必然不同程度地受到上述特征的约束和影响。因此，适当地转变研究视角能够启发我们对同一个经济现象做出更为深刻的理解和诠释。

决定和制约公司行为的因素包括两个方面：一是公司内部因素，包括公司利益、目标、决策程序、资源、约束等；二是公司外部因素，即制度环境，主要包括宏观经济政策、金融市场、经营环境、市场条件、监管政策等。由于中国特殊的经济政治体制，仅仅套用现有主流经济学的理论结论难以解释中国经济转型中一些的问题和现象。当代经济学在比较各国经济发展过程的研究中有一个共识——影响经济发展的一个根本因素是这个国家政府体制的效率与质量。要解释中国的企业问题，至少在制度层面不可能回避“政府”的因素。

从国外的企业并购发展历史看，基本上经历了属地化、行业化、国际化三个阶段。同样，属地化并购也是中国企业并购不可逾越的阶段，这是中国的体制背景、市场环境和企业自身的发展状况所决定的。尽管我国资本市场已经有 20 年的发展历程，主板、中小板以及创业板各类上市公司也已达 2000 多家，资本市场的规模扩张还在继续进行之中。但是迄今为止，上市公司依然还是一种稀缺资源，在此情况下，地方政府为推动地方经济发展、提升 GDP，通过提供资源、优惠政策等，积极引导辖区内企业并购重组。

第一节 CEO 权力、股票市场波动与上市公司并购

尽管学术界对驱动并购活动的因素与绩效表现至今尚未得出一致的结论，但是，相关研究均发现并购活动几乎在不同的行业、不同的公司同时发生，说明来自于经济发展速度、资本市场波动、产业调整、技术进步等宏观经济因素，可能是刺激大量并购活动发生的外部驱动因素（Harford，2005），西方的研究将这种具有聚类特征的微观层面并购称之为并购浪潮。围绕着究竟是哪些因素导致了并购浪潮的形成，新古典经济理论认为并购主要由经济发展、市场管制和科技进步等因素所导致（Mitchell 和 Mulherin，1996；Brealey 和 Myers，2003；Harford，2005；Martynova 和 Renneboog，2008）；而行为理论则认为是由委托代理、管理者自负及羊群效应所引起（Shleifer 和 Vishny，1991；Bikhchandani，Hirshleifer 和 Welch，1992；Milbourn，Boot 和 Thakor，1999）。此外，还有一些学者认为并购是资本市场发展、公司管理者利用资本市场的价值高估择时的结果（Shleifer 和 Vishny，2003；Rhodes - Kropf 和 Vishwanatan，2004；Rhodes - Kropf，Robinson 和 Vishwanathan，2005）。同时，国外关注宏观经济政策与公司并购关系的研究始于并购活动顺周期特征的发现，大量研究（Choi 和 Jeon，2011；Kastrinaki 和 Stoneman，2013；Saravia，2014）发现，企业并购活动的顺周期特征来源于并购活动与金融市场、货币政策以及实体经济间的密切联系。在美国、英国和欧盟其他地区，并购浪潮总是发生在经济强劲增长、股票市场高涨时期，因此，货币金融领域尤其是股票市场的变化可能是影响企业并购活动不可忽视的重要力量。我国资本市场起步较晚，但是，上市公司的并购热情却日益高涨，据国泰安（CSMAR）重组数据库统计，我国上市公司自 2004—2014 年间发生并购事项 51468 件，每年持续以 10% 的速度不断增长，并购成为我国上市公司扩大经营规模、提高经济效益和管理水平的有效途径，更是促进企业成长、优势集中和增强市场竞争力的有效手段。然而，在新兴加转轨经济制度、宏观经济政策变动频繁、市场机制不完善和金融市场不发达等背景下，尤其是在我国股票市场大涨大跌引发资产价格与融资成本波动、市场预期改变等情况下，企业的并购行为与效应将产生怎样的变化？这成为引发本节研究的首要原因。

问题的重要性还在于，并购作为企业一项重要的资源配置战略，并购全过程的决策权一般掌控在公司管理层手中，并购决策成为管理层个人利益与公司价值权衡的结果，拥有较高管理者权力的 CEO 为了获得高额报酬和控制权收益，具有强烈的并购动机，而资本市场则对管理层权力推动下的企业并购给予了负面反应（Grinstein 和 Hribar，2004；张鸣和郭思永，2007）。因此，探讨企业微观层面的并购行为，必须综合考量宏观经济变化（货币政策调整、资本市场波动等）与企业战略决策和调整（公司经营范围调整、公司治理中的委托代理问题）两类因素的影响。进一步考虑的问题是，货币政策作为政府宏观调控的重要手段，货币政策宽松或偏紧将直接影响企业、债权人和股东等利益相关者的融资、投资行为以及运营成本等（Getler 和 Gilchrist，1994）。那么，在股票市场波动和 CEO 权力驱动下的上市公司并购行为及效应是否会受到货币政策变动的影响？货币政策从紧是否能更好约束经理的机会主义行为？上市公司并购行为是否更加理性？

基于上述分析，本节主要探讨宏观经济背景中的股票市场波动与企业微观治理中的 CEO 权力对企业并购决策的影响，并从并购后 CEO 的薪酬和财务业绩角度考量上市公司的并购效应，进一步，考虑作为政府宏观调控重要手段的货币政策对企业并购行为及效果的影响，以期构建影响公司并购行为和效应的宏观与微观互动框架。本节可能的贡献：（1）进一步拓展了并购决策的研究文献。本节基于宏观层面的股票市场波动与微观层面的 CEO 权力如何交互影响上市公司并购战略的选择及其效果，从一个全新视角诠释了企业面临股票市场冲击时，CEO 权力在企业战略决策过程中所起的作用，是对 Bebchuk 等（2002）提出的“管理层权力论”在企业战略决策层面的重要补充；（2）确立了企业并购决策的宏微观互动框架。中国的宏观经济政策制定具有影响大、变化频、显性与隐性政策并存以及难预测等特点，这些特点也更凸显了观察宏观经济政策与微观企业行为的互动关系研究在中国的现实意义。本节结合中国特色的制度背景，将货币政策与企业战略投资行为相结合，考察了货币政策的宽松与紧缩如何影响企业并购战略及效果，有利于我们进一步了解货币政策的传导机制，并将宏观经济政策内化到企业决策行为之中。

一、理论分析与研究假设

（一）股票市场波动对公司并购决策及效应的影响

第一，基于市场时机理论/估值偏差理论分析。Shleifer 和 Vishny（2003）提出了股票市场驱动并购的并购理论模型（Security Market Drive Acquisition，简称 SMDA 模型），由于信息不对称的存在，主并企业与目标企业的估值差异是影响并购决策的重要因素。当一个公司的股票市值被市场高估，从而导致价格远远高于其价值的时候，它就可能会收购其他公司，并且更可能采取股票互换的支付方式。而目标公司不足以正确估计并购行为本身的价值，他们对股票价格的总估价错误导致了对并购协同效应的估价错误，因而接受了主并公司被市场过高估价的股票。这样，主并公司就可以以较低的价格买入被收购公司的资产。即：市场或行业估值偏高且用股票支付时或者市场或行业估值偏低且用现金支付时，总体并购活动数量大幅增长。并购方不管是使用现金支付还是股票支付，股市驱动下的并购都能使股东获得长期收益，并购溢价的存在使得并购活动更可能发生，下面我们做进一步分析。

借鉴 John N. Friedman（2004）等人的研究，假定并购方为 A，目标方为 T，并购前公司 i 的股价为 P_i，发行在外的股票数量为 K_i，但公司 A 每股股价真实值为 V_A，我们认为市场感知股价和真实股票价值的不同来源于市场对公司 A 的估价错误。假定 R 为公司 A 并购公司 T 后总价值的贴现值，也即公司并购后的协同效应。公司 T 的高管因可支配某个因素 B 从公司管理中可获得私人收益，B 可从公开可见的累计分布函数 F(B) 或概率密度函数 f(b) 得到。Q 为并购方对目标方的总报价。若 $Q>P_TK_T+B$，目标方接受并购，则该并购是成功的；目标方不接受并购，则说明收购方的股价高估效应消失，也即股市泡沫的瓦解。因为没有交易成本，收购方既可以使用现金也可用股票的支付方式来完成并购。

1. 若并购方 A 用现金作为支付方式，并给予 T 公司投标价为 Q，则并购给公司 A 股东带来的总价值为：$V_{cash}=R-Q+V_AK_A$。

故公司 A 的最优报价 Q^*_{cash} 需满足如下条件：

$$f(Q^*_{cash})(R-Q^*_{cash})=F(Q^*_{cash}) \qquad (\text{I})$$

这个等式反映了提高报价 Q 对 A 公司成本和收益的影响。等式左边反映的是每增加一单位报价对收益的影响，是因报价提高而增加的成功的概率 $f(Q^*_{cash})$ 与净收益 $R-Q^*_{cash}$ 的乘积，也即边际收益；等式右边是边际成本，即现有的报价已得到最大可能的提升。

当并购协同效应 R 提高，在其他条件不变的情况下并购方 A 可获得的收益随着 R 的增加而增加，所以并购方 A 甚至愿意提高报价以完成并购。在这里，A 公司因股价被高估对最优报价基本上没有什么影响，对并购决策作用更大的是并购协同效应 R。

基于此，我们可以提出推论 1：当并购方使用现金作为支付手段时，由于并购协同效应的存在，使并购方股东能够获得一定的并购溢价，对企业的长期价值有积极的影响。

2. 若并购方 A 用股票作为支付方式，公司 A 支付 N 股给公司 T 作为报价，则总报价

$Q=N\times(R+P_AK_A)/(N+K_A)$，这里假定目标方由于意识到对并购方 A 的估价错误，是以公司 A 目前的市场价而非真实股价来评估报价的。

并购后给公司 A 带来的长期价值为：

$$V_{stock} = K_A \times (R + V_A K_A)/(N + K_A) = V_A K_A + R - Q \times (V_A K_A + R)/(P_A K_A + R)$$

这里的 $(V_A K_A + R)/(P_A K_A + R)$ 表示的是并购方 A 因股价被高估在支付报价时实际上可获得的折扣。股价被高估越多，并购方可获得的折扣越多。

此时公司 A 的最优报价 Q^*_{stock} 需满足：

$$f(Q^*_{stock})[R - Q^*_{stock} \times (V_A K_A + R)/(P_A K_A + R)] = F(Q^*_{stock}) \times (V_A K_A + R)/(P_A K_A + R) \tag{Ⅱ}$$

该等式与等式（Ⅰ）形式相似，不同的是在报价里多了一个因股价高估而产生的折扣。等式左边是边际收益，右边是边际成本。当股价被高估时，折扣的增加可在两方面作用于该等式。首先，对于等式左边，并购方 A 股价被高估说明其报价 Q 里含有更多被高估的股票，为了在高估效应消失前尽可能多地获得收益，公司 A 尽可能地提高报价以尽快完成交易，折扣提高使得边际收益增加；同时，折扣提高使得等式右边边际成本下降。

当公司 A 的股价被高估时，公司管理层为了避免在将来因高估效应逐渐消失而不能获得应有收益，短期内更倾向于将被高估的股票卖掉，A 公司可以选择股票市场卖出股票，但是大量股票的出售会冲击市场导致股价下跌，因此，以股票收购其他公司会有较小的价格下降压力。而且公司 A 以高估的、在将来会贬值的股票换取公司 T 的长期保值的资产，本身就是个明智之举。所以我们认为，当公司 A 的股价被高估时，它更乐于进行并购以获得更多的长期收益。

当并购后的协同效应 R 增加，可能会使折扣对并购溢价的影响减弱，因为折扣的多少取决于企业长短期价值的比率，当该比率提高时成本增加，但鉴于此时该折扣对并购溢价的影响小于经济协同效应 R 的影响，所以并购方 A 还是从并购中获得了收益。

基于上述分析，我们可以提出推论 2：股票价格的大幅上升使得并购方被股市的报酬所刺激，当并购方的股价被高估时，其更乐于使用股票支付方式来完成并购，股市驱动下的并购能够增加并购方的股票价值以及长期收益。

第二，基于资本市场流动性增加的分析。资本市场繁荣所带来的足够的资本流动性也是驱动并购的必要因素（Harford，2005）。行业内的优势公司往往具有强烈的内驱力为了追逐效率和效益的提升而不断展开并购，但是并购是需要大量资本做支撑的，当经济扩张期和股市繁荣期到来时，政府往往会实行宽松货币政策超发货币（Gattoufi 等，2009），而行业内的优势企业很容易通过银行等金融机构获取间接融资，同时也比较容易通过发行债券、股票的方式进行直接融资用于并购，优势公司强烈的内在并购动机在充沛的市场流动性支持下变成为大量的并购需求。不仅如此，Reus 和 Lamont（2009）还发现受股市繁荣的影响，行业中的优势公司可以通过 IPO 或者上市后的定向增发，以较小的股权对价获取更多的资金，同时获得更好的流动性，增强了并购的现金支付能力。此类现象在我国并购市场也同样存在，如傅传锐（2012）研究发现虽然我国上市公司主要采用现金收购方式，而很少使用股票收购方式，但随着股票市场价格水平的上升，更多企业热衷于通过发行股票、配股等股权融资方式筹集资金，在一定程度上推动了并购交易的活跃。

并购效率理论基于管理协同、财务协同理论、经营协同以及战略重组角度，认为并购重组过程是一个资源优化配置过程，通过资源优化配置使并购后公司实现价值增长。实际上，虽然有部分研究认为并购公司的股东在并购中获得了收益增加，但多数研究却发现并购中的目标公司收益往往是正的，主并公司的收益却很少，甚至为负值，即并购更有利于目标公司股东而非主并公司股东。尽管并购后公司确实能在短时间内使资源和资本迅速积聚，然而，具有自利动机的公司管理层可能更注重的是并购后公司规模的增加，因为公司规模的增加会有助于扩大管理层权力、提高管理层薪酬。在自由现金流量的使用上，股东和公司经理之间存在利益冲突（Jensen，1986），为了控制更多的资源和减少融资约束问题，公司管理层一般都不愿意把自由现金流量还给股东，进而可能滥用自由现金流，投资于低收益的项目，包括不能为股东创造价值的并购。因此，代理理论认为，股东和公司管理层在闲置现金流量配置问题上的冲突而产生的代理成本，可能是造成公司接管活动的一个重要原因，且自由现金流充足的公司，其并购的规模也越大；其次，行为金融学认为管理者是有限理性的，表现为对自身管理能力的过度自信和自大，当股市波动较大时，行业领先公司管理层在过度自信驱使下，更可能高估预期收益和自身的管理能力而出现过度并购；最后，基于估值偏差推动的并购，公司股价高估可能是过度投机导致的，并不一定给公司价值带来实质性增长，相反，投机带来的风险可能导致公司巨亏甚至破产（齐超，2014）。姚长辉和严欢（2004）选用现金流指标来检验收购公司是否通过并购行为取得了并购绩效，实证研究表明，并购后公司的业绩并没有得到显著提升。张鸣和郭思永（2007）研究发现并购带来了公司高层管理人员薪酬急剧攀升的同时，并购后公司业绩却表现平平或大幅下滑。

基于以上分析，提出本节的研究假设：

假设 1：股票市场波动越大，企业进行并购的可能性越大，并购后的 CEO 薪酬明显增加，但对企业业绩无显著影响。

（二）CEO 权力的调节作用

资源依赖理论认为，公司成长需要与环境交互资源来维持，而公司所处的环境又具有高度的不确定性，因此公司需要不断地调整以实现与外部环境的实时交换。完善的公司治理恰恰是影响公司能否快速应对外部环境变化、减少其所面临的外部不确定性的重要制度保障。公司治理的目标是实现权力制衡与决策科学，在一系列内外治理机制中，如何配置权力、实现对董事会与公司管理层的激励与约束无疑是极为关键的因素。

CEO 是公司投资行为的直接决策主体，尤其是对并购这类自由裁量性投资具有很大的话语权和决策权，并购带来的最直接效应是公司规模的扩大，随之而来的则是高管控制的公司资源增加、高管谈判地位和薪酬的提升等。因此，公司并购通常是管理层对个人利益和公司价值两者权衡之下采取的战略行为。不仅如此，CEO 权力的大小还会影响公司治理功效的发挥，管理层权力是研究公司并购决策中重要的、不可忽略的重要因素。Rhoades（1983）在研究公司并购浪潮中发现，20 世纪后期的并购浪潮与 20 世纪 60 年代的相比，管理层通过公司并购实现对权力追求的动机与行为更加明显，因此提出了并购的“经理帝国理论”，并认为在一定程度上管理层通过并购提高公司规模，从而建立管理层控制的“企业帝国”，是推动公司并购的潜在动力。

股票市场波动是外部环境不确定性的一种表现形式。一方面，当公司面临股票市场剧烈变动时，股票价值可能被错估（高估或低估）、资本成本发生变化等，如何及时把握住这类稍纵即逝的机会，CEO 个人决策就显得尤为重要。当 CEO 的权力过小时，CEO 管理公司的法定权力就自然地被弱化，CEO 无法基于自身的特长知识和经历做出快速判断，从而耽误决策的最佳时机，由此可能影响公司的短期业绩甚至波及长期业绩表现；此外，享有声望权力和专家权力的 CEO 在面对外部市场的不确定性时，可以充分利用自身的声誉或者专业技能，为公司争取到更多的外部资源和信息，以应对股票市场波动对公司经营带来的不利冲击。但是，从另一方面看，股票市场波动引发的环境不确定性增加了信息不对称程度（Ghosh 和 Olsen），方便管理层将投资失败的原因归于外部客观环境，从而导致外部投资者预测、监督管理层行为以及评价项目投资回报的难度大大增加，为管理层通过无效率投资追求私人收益提供了机会与借口（申慧慧等，2012）。进一步从代理成本角度看，并购在某种程度上服务于管理者追求个人利益最大化而非公司价值最大化的目标，当并购能带来巨大的个人利益时（如增加薪酬和权力、提高声誉和地位等），CEO 可能会在股东利益受损的情况下实施并购（Jensen，1976；Stulz，Walkling，Song，1990；Shleifer 和 Vishny，1990）。Grinsteinand 和 Hribar（2004）研究发现，当主并公司高管在董事会有较大的决策影响力时，CEO 能够获得更多的奖金，因此更乐于参与大规模的并购活动以获得更高的报酬，但并购后的公司绩效并无明显变化。中国并购市场也存在类似的经验证据。张鸣和郭思永（2007）研究指出企业高管人员有很强的动机通过并购这种方式增加自己的薪酬和控制权收益，同时由于制度刚性的存在，公司高管人员会借助并购，并通过并购后公司资产规模扩大、雇佣员工人数增加等因素来增加自己的薪酬；李善民、毛雅娟等（2009）认为，中国上市公司并购已经成为高管谋取私有收益的机会主义行为，CEO 通过发起并购行动，货币性薪酬和在职消费都有明显的增长；同时，在一定程度上公司管理层通过并购提高公司规模，建立管理层控制的“企业帝国”，成为推动企业并购的潜在动力；纳超洪（2009）的研究认为，并购是高管重构权力和自定薪酬契约的一个手段，即使并购后绩效不理想，并购也会提高高管薪酬，即高管薪酬与并购绩效具有显著的非对称性。

综合以上分析，提出本节的假设：

假设 2：相对于 CEO 权力小的公司而言，在 CEO 权力大的公司中股票市场波动对并购的影响更大。CEO 权力显著影响股票市场波动与公司并购后 CEO 薪酬之间的关系，但对公司业绩影响不大。

二、研究设计

（一）样本选择与数据来源

本节选取沪、深 A 股 2007—2014 年的上市公司样本，并对样本进行了如下剔除：(1) 选择上市公司是主并方的并购样本；(2) 剔除金融类上市公司；(3) 剔除重组类型为资产剥离、债务重组、资产置换、股份回购的并购样本；(4) 剔除交易总额小于 100 万元的并购样本；(5) 将分次购入目标公司股权以实现并购视为一次并购事件；(6) 考虑到关联并购的特殊性，本节将其剔除；(7) 由于 CSMAR 数据库将房地产公司购买地产也归入并购业务，本节将其剔除；(8) 剔除有数据缺失的样本。本节所用的财务数据来源于 Wind 咨询数据库和 CSMAR 数据库，采用的统计软件为 Stata。

（二）研究模型与变量定义

1. 模型构建

为了检验研究假设 1 和假设 2，本节构建了以下研究模型：

$$Stkprice = \alpha_0 + \alpha_1 grGDP/varGDP + \alpha_2 Tobin'Q + \alpha_3 Bodsize + \alpha_4 List + \alpha_5 DDsize + \alpha_6 Size + \alpha_7 Fcf + \alpha_8 Roa + \alpha_9 Growth + \alpha_{10} Hold + \sum Industry + \kappa \tag{1}$$

$$Merger = \beta_0 + \beta_1 Stkprice + \beta_2 Powindex + \beta_3 Stkprice \times Powindex + \beta_4 Tobin'Q + \beta_5 Bodsize + \beta_6 List + \beta_7 DDsize + \beta_8 Size + \beta_9 Fcf + \beta_{10} Roa + \beta_{11} Growth + \beta_{12} Hold + \sum Industry + \lambda \tag{2}$$

考虑到上市公司的并购可能和股票市场波动相互作用而存在内生性问题，本节采用两阶段回归来控制内生性问题的影响。根据已有研究（江龙和刘笑松，2011；邵丹和詹俊义，2004），本节将股票市场波动（Stkprice）与经济周期变量（grGDP、varGDP）相关联建立了第一阶段的回归模型（1）。进而进行第二阶段的回归如模型（2）所示。

$$CEOcomp_t = \gamma_0 + \gamma_1 Merger_t + \gamma_2 Merger \times Stkprice_t + \gamma_3 Merger \times Stkprice$$

$$\times Powindex_t + \gamma_4 Size_t + \gamma_5 Lev_t + \gamma_6 Fcf_t + \gamma_7 Roa_t + \gamma_8 Growth_t + \gamma_9 Emple_t + \gamma_{10} Grow_t + \gamma_{11} Soeshrat_t + \gamma_{12} Topmashr_t + \gamma_{13} CEOcomp_{t-1} + \sum State + \sum Zone + \sum Industry + Year + \iota \quad (3)$$

考虑到公司管理层的薪酬可能和并购相互作用而存在内生性问题，以滞后一期的管理层薪酬（$CEOcomp_{t-1}$）作为控制变量以达到控制内生性问题影响的目的。

$$Mperform_t = \mu_0 + \mu_1 Merger_{t-1} + \mu_2 Merger \times Stkprice_{t-1} + \mu_3 Merger \times Stkprice \times Powindex_{t-1} + \mu_4 Soeshrat_{t-1} + \mu_5 Topmashr_{t-1} + \mu_6 Growth_{t-1} + \mu_7 Roegrow_{t-1} + \mu_8 DDsize_{t-1} + \mu_9 Comp_{t-1} + \mu_{10} Shr1_{t-1} + \mu_{11} Size_{t-1} + \mu_{12} Lev_{t-1} + \mu_{13} Fcf_{t-1} + \sum State + \sum Year + \varepsilon \quad (4)$$

为了检验并购后对 CEO 薪酬及公司绩效的影响，我们把样本公司分为两类：并购组——实施并购的公司；控制组——未实施并购的公司，本节采用 Rosenbaum 和 Rubin（1983）提出的“倾向得分匹配”方法（PSM），对控制组样本进行筛选[①]。

2. 变量设置

并购行为（Merger）：借鉴周梼（2011）采用并购概率（Merger）来表征公司并购行为，Merger 为虚拟变量，如果该年度内公司未进行并购，则 Merger = 0；公司实施并购，则 Merger = 1。

CEO 薪酬（CEOcomp）[②]：依据张洽（2013）的方法，根据高管姓名和职务手工分离出 CEO 薪酬数据，以报告期 CEO 货币薪酬总额的自然对数作为被解释变量，没有考虑股权激励及其他津贴。

并购绩效（Mperform）：借鉴张洽（2013）通过对总资产报酬率、每股收益、总资产周转率、流动资产周转率、利润总额增长率、可持续增长率、投资活动现金流量增长率和托宾 Q 指数等八个指标进行因子分析降维，最终确定出企业每年的财务绩效。

股票市场波动（Stkprice）：采用两种方法来度量股票市场波动：（1）Stkprice1：借鉴吴荣盛（2014）、傅传锐（2012）的研究，我们以实际股票价格指数的月收盘指数代表股票市场的总体运行状态，也即月度沪深 300 指数（唐绍

① “倾向得分匹配”方法（PSM）的基本思想是：在评估某项政策或行动的效果时，若能找到与观察组尽可能相似的控制组，那么样本选择偏误就可以被有效降低。然而在选择控制组的过程中，仅靠一种特征（如公司规模）往往无法达到满意匹配的效果，为此，PSM 通过一些特殊的方法将多个特征浓缩成一个指标——倾向得分值（propensity score，PS），从而使多元匹配成为可能。本节采用“半径匹配法”进行样本匹配。

② 根据百度百科释义，本节将 CEO、总裁、总经理职务界定为 CEO。

祥，2006；李井林，2014）成分股股票收盘价格，再取其算数平均值作为年度股票价格的代表；（2）Stkprice2：借鉴胡昌生、池阳春（2013）的方法，股票市场的波动性数据是通过以下步骤得到：首先计算沪深300指数的月收益率数据，再计算每一个年度内月收益率的方差，得到当年收益波动性的估计。

CEO权力（Powindex）：参照权小锋（2010）、卢锐（2008）、张洽（2013）等人的研究并进行了扩展，通过以下四个变量构建管理者权力指数：（1）CEO任期（CEOterm），连任的CEO控制权较大，任期越长权力则越大，因此如果CEO在任时间超过公司章程规定期限（一般为三年）则为1，否则为0；（2）CEO是否兼任董事长（CEOchr），当CEO兼任董事长时取值为1，否则为0；（3）第一大股东持股比例除以第二至第十大股东持股比例之和（Firshrate）。这个指标反映股权集中度，当股权比较分散，Firshrate<1时，说明大股东的控制权较弱，大股东监管的积极性减弱，取值为1，当该比值大于1时，说明股权相对集中，CEO的控制权较小，取值为0；（4）董事会内部人比例（Insratdum）。内部人比例为内部董事人数除以董事总人数，当该比例大于平均水平时，取值为1，否则为0；管理者权力指数Powindex为四个权力哑变量之和，因此其取值范围为［0，4］，数值越大，CEO权力越大。

同时，我们参考国内外关于是否并购、并购后CEO薪酬、并购绩效的相关文献（张洽，2013；朱红军、汪辉，2005；姜付秀、张敏、陆正飞、陈才东，2009），本节还在模型中控制了以下变量：投资机会（Tobin'Q）、董事会规模（Bodsize）、上市年限（List）、独立董事比例（DDsize）、公司规模（Size）、自由现金流量比率（Fcf）、资产收益率（Roa）、成长性（Growth）、高管持股比例（Hold）、资产负债率（Lev）、员工人数（Emple）、息税折旧摊销前收益增长率（Grow）、国有股比例（Soeshrat）、管理层持股比例（Topmashr）、净资产收益率增长率（Roegrow）、高管薪酬水平（Comp）、第一大股东持股比例之比（Shr1）、行业变量（Industry）、年度变量（Year）、地区变量（Zone）和产权性质（State）。具体变量说明见表4-1。

表4-1　　　　变量定义

变量名称	变量符号	变量描述
是否并购	Merger	虚拟变量，在某年份内发生并购为1，否则为0
股票市场波动	Stkprice1	借鉴吴荣盛（2014）、傅传锐（2012）的研究，以实际月度沪深300指数（唐绍祥，2006；李井林，2014）成分股股票收盘价格的算数平均值作为年度股票价格的代表
股票市场波动	Stkprice2	借鉴胡昌生、池阳春（2013）的方法，通过计算沪深300指数的月收益率数据的年度方差得到当年收益率波动性的估计

续表

变量名称	变量符号	变量描述
CEO 权力	Powindex	参照权小锋等的研究，管理者权力指数为 CEO 任期、CEO 是否兼任董事长、第一大股东持股比例除以第二至第十大股东持股比例之和、董事会内部人比例四个权力哑变量之和
CEO 薪酬	CEOcomp	依据张洽（2013）的方法按照报告期 CEO 货币薪酬总额的自然对数来计算得到。这里的 CEO 具体指的是 CEO、总裁、总经理
并购绩效	Mperform	借鉴张洽（2013），通过对总资产报酬率、每股收益、总资产周转率、流动资产周转率、利润总额增长率、可持续增长率、投资活动现金流量增长率和托宾 Q 指数等八个指标进行因子分析降维，最终确定出企业每年的财务绩效
投资机会	Tobin'Q	本节用托宾 Q 来表示投资机会，即用公司市场价值和期末总资产的比值来衡量。Q 值是为了控制潜在投资机会对于并购行为的影响
董事会规模	Bodsize	董事会董事总人数
上市年限	List	上市公司在证券交易所上市交易的时间开始到统计截止日期的年数，不满一年按照一年统计
独立董事比例	DDsize	独立董事人数与董事会规模之比
公司规模	Size	总资产的自然对数
自由现金流量比率	Fcf	经营现金净流量与总资产之比
资产收益率	Roa	净利润与总资产之比
成长性	Growth	销售收入增长率 = (t 期销售收入 - t - 1 期销售收入)/t - 1 期销售收入
高管持股比例	Hold	所有高管的持股比例之和
资产负债率	Lev	总负债与总资产之比
员工人数	Emple	报告期年末员工在岗总人数的自然对数，不包括退休人员
息税折旧摊销前收益增长率	Grow	（本年度息税折旧摊销前收益 - 上年度息税折旧摊销前收益）/上年度息税折旧摊销前收益
国有股比例	Soeshrat	国有股股本/股本总数
CEO 持股比例	Topmashr	CEO 持股数量/股本总数
净资产收益率增长率	Roegrow	(本年度净资产收益率 - 上年度净资产收益率)/上年度净资产收益率
高管薪酬水平	Comp	薪酬最高的前三位高管薪酬的自然对数
所有权结构	Shr1	第一大股东持股比例之比（取小数）
国内生产总值年增长率	grGDP	借鉴江龙（2011），以国内生产总值年增长率作为经济周期的其中一个衡量指标
国内生产总值波动	varGDP	借鉴邵丹（2004），以国内生产总值的季度数据的年度方差得到当年国内生产总值波动率的估计。数据来源于国家统计局官网

续表

变量名称	变量符号	变量描述
地区虚拟变量	Zone	其中，0为东部地区，1为中西部地区
行业虚拟变量	Industry	虚拟变量，表示上市公司所处行业，分类标准来自于中国证监会，若上市公司属于制造业，则以二级代码为准，其他行业以一级代码为准，共设置20个行业虚拟变量（样本中剔除金融行业）
年度虚拟变量	Year	控制不同年份宏观经济因素的影响
产权性质	State	产权性质虚拟变量，当上市公司的最终控制人为中央政府时取1，地方政府时取2，否则取3

三、实证结果与分析

（一）描述性统计与相关性分析

表4－2列示的是主要变量描述性统计。在表4－2中，并购概率（Merger）的均值为0.2172，意味着平均而言，我国上市公司中每100家公司中有29.72家公司发生了并购，由此说明我国上市公司的并购行为非常普遍；股票市场波动的股票价格指数（Stkprice1）的标准差为0.1658，说明我国的股票价格总体来说居于高位，围绕均值上下波动的程度较大，表明我国的股市波动程度较高；CEO权力（Powindex）的标准差为0.8832，表明在我国不同的公司管理层握有大小不等的权力，并且相差很大；CEO薪酬（CEOcomp）的最小值为10.6596，最大值为15.0683，标准差高达0.8318，说明上市公司之间管理层薪酬水平存在明显差异；并购绩效（Mperform）的最小值、中位数均为负值，均值水平也远远低于最大值，说明我国上市公司业绩水平总体偏低。另外，我国上市公司的成长性水平（Growth）、资产收益率（Roa）总体偏低，表明我国的上市公司业绩在增长速度缓慢的情况下，可能会通过其他途径来加快发展。由于CEO持股比例（Topmashr）很小，平均值只有0.0033，由此带来的代理问题可能会更加严重。

表4－2　　　　主要变量的描述性统计

变量	观测值	均值	最小值	中位数	最大值	标准差
Merger	8475	0.2172	0.0000	0.0000	1.0000	0.4124
Stkprice1	8475	7.9476	7.7901	7.9708	8.3362	0.1658
Stkprice2	8475	0.0077	0.0021	0.0069	0.0139	0.0040
Powindex	8475	1.6555	0.0000	2.0000	4.0000	0.8832
Tobin'Q	8475	1.8991	0.1889	1.3330	11.5573	1.8704
Bodsize	8475	9.1963	4.0000	9.0000	18.0000	1.9271

续表

变量	观测值	均值	最小值	中位数	最大值	标准差
List	8475	12.2957	0.0000	13.0000	24.0000	4.6080
DDsize	8475	0.3672	0.2857	0.3333	0.5714	0.0527
Size	8475	22.1465	19.0672	22.0202	25.9687	1.3554
Fcf	8475	0.0442	-0.2104	0.0441	0.2680	0.0810
Roa	8475	0.0375	-0.1841	0.0322	0.2308	0.0584
Growth	8475	0.6282	-0.7958	0.1012	17.9734	2.3242
Hold	8475	0.0033	0.0000	0.0000	0.1623	0.0193
grGDP	8475	0.1411	0.0818	0.1033	0.2314	0.0519
varGDP	8475	18.9254	18.0021	19.1239	19.4803	0.4919
CEOcomp	3267	12.9968	10.6596	13.0476	15.0683	0.8318
Merger	3267	0.5078	0.0000	1.0000	1.0000	0.5000
Size	3267	22.2655	19.6605	22.1340	25.4437	1.1743
Lev	3267	0.5335	0.1006	0.5447	0.9268	0.1860
Fcf	3267	0.0451	-0.2014	0.0455	0.2607	0.0806
Roa	3267	0.0434	-0.1283	0.0363	0.2342	0.0526
Growth	3267	0.5470	-0.7914	0.1016	13.8419	1.8950
Emple	3267	7.7920	2.6391	7.8579	12.4957	1.4314
Grow	3267	0.4400	-2.1782	0.1426	11.7831	1.6250
Soeshrat	3267	0.1271	0.0000	0.0000	0.7282	0.2011
Topmashr	3267	0.0056	0.0000	0.0000	0.2103	0.0269
Mperform	3296	0.0067	-0.9083	-0.1511	2.8751	0.6985
Merger	3296	0.5018	0.0000	1.0000	1.0000	0.5001
Soeshrat	3296	0.1232	0.0000	0.0000	0.6923	0.1953
Topmashr	3296	0.0058	0.0000	0.0000	0.2553	0.0311
Growth	3296	0.5448	-0.7347	0.1047	13.7964	1.8565
Roegrow	3296	-0.4985	-29.5171	-0.0586	9.6358	4.0224
DDsize	3296	0.3660	0.2727	0.3333	0.5714	0.0523
Comp	3296	14.0096	12.0582	14.0437	15.7784	0.7471
Shr1	3296	4.3517	0.3260	2.2721	28.4206	5.2419
Size	3296	22.2146	19.5231	22.0781	25.9276	1.2717
Lev	3296	0.5254	0.0840	0.5409	0.9328	0.1902
Fcf	3296	0.0456	-0.2115	0.0467	0.2583	0.0808

注：均值检验采用 t-statistic 检验方法，中值检验采用 Wilcoxon 检验方法；***、**、* 分别表示显著性水平为 1%、5%、10%。

表4-3报告了主要变量的相关性分析结果。如表4-3-1所示，股票市场波动（Stkprice）、CEO权力（Powindex）与是否并购（Merger）均显著正相关，说明股价变动以及较高的CEO权力可能是诱发企业并购热情的重要驱动力量；表4-3-2、4-3-3显示是否并购（Merger）与CEO薪酬（CEOcomp）显著正相关，与并购绩效（Mperform）负相关但是未通过显著性检验，说明上市公司并购后会带来CEO薪酬的明显增加，但是上市公司业绩并未发生明显改善，甚至可能出现业绩滑坡。另外，表4-3总体来看模型变量间的相关系数也比较小，说明模型不存在严重的多重共线性问题。上述结果初步验证了本节的假设，为了获得更稳健的结论，还需控制其他相关影响因素，进行多元回归分析。

（二）回归结果及分析

表4-4报告了股票市场波动（Stkprice）、CEO权力（Powindex）与是否并购（Merger）的回归结果。CEO权力（Powindex）对并购影响的回归结果如表4-4回归（2）、（5）所示，在控制了相关影响因素后，CEO权力（Powindex）与并购概率（Merger）正相关但不显著，表明公司高管利用自身权力发动并购行为可能需要借助其他因素才能得以实施；股票市场波动（Stkprice）对企业并购行为影响的回归结果如表4-4的回归（1）、（2）、（4）、（5）所示，无论是股票价格指数（Stkprice1）还是股价波动率（Stkprice2）都与是否并购（Merger）显著正相关，且均通过了5%与1%的显著性水平检验，表明在控制其他影响因素的情况下，股市越繁荣、股票价格波动越大，企业进行并购的可能性越大；在进一步考虑交乘项的情况下，表4-4回归（3）的回归结果显示交乘项Stkprice1×Powindex的系数在10%水平上显著为正，表4-4回归（6）的回归结果显示交乘项Stkprice2×Powindex的系数为正但未通过显著性检验（反映股价指数波动率的指标Stkprice2与CEO权力交乘项的系数未通过显著性检验，其可能的原因是：股价指数波动越大，表明外部环境的不确定性越大，投资者对股票市场预期的差异也越大，这在一定程度上加大了管理层决策的困难），即CEO权力进一步强化了股票市场波动与并购行为的正相关关系，表明外部的股票市场波动是管理者权力影响公司并购决策的重要影响因素，尤其是在股票市场高涨情况下，CEO权力越大，对上市公司并购的正向影响越明显。

观察模型中的控制变量可以看出，公司规模（Size）、资产收益率（Roa）均与企业并购显著正相关，说明规模更大、发展更好的公司更有条件并购其他公司；而上市时间（List）与企业并购显著负相关，这可能是因为最新成立的公司为了能够迅速发展壮大而更易采用并购的方式来实现目的。上述实证检验结果与以往的研究基本保持一致。

相对于未进行并购的公司，发生并购公司的CEO薪酬（CEOcomp）如表4-5所示。从表4-5的回归（1）、（3）可以看出，是否并购（Merger）与CEO薪酬

表 4-3-1　主要变量的相关性分析（股票市场波动、CEO 权力与是否并购）

	Merger	Stkprice1	Stkprice2	Powindex	Tobin'Q	Bodsize	List	DDsize	Size	Fcf	Roa	Growth	Hold	grGDP	varGDP
Merger	1														
Stkprice1	0.0513***	1													
Stkprice2	0.0569***	0.6380***	1												
Powindex	0.0182*	0.0032	0.0067	1											
Tobin'Q	-0.0155	0.2204***	0.1650***	0.0520***	1										
Bodsize	0.0102	0.0424***	0.0294***	0.0897***	-0.1207***	1									
List	-0.0774***	-0.3544***	-0.2942***	-0.0163	0.0156	-0.1210***	1								
DDsize	-0.0128	-0.0597***	-0.0617***	-0.1827***	0.0187*	-0.3067***	0.0012	1							
Size	0.0406***	-0.1977***	-0.1831***	-0.0375***	-0.5220***	0.2871***	-0.0742***	0.0679***	1						
Fcf	-0.0100	0.0500***	0.1052***	0.0164	0.1036***	0.0775***	-0.0841***	-0.0528***	0.0389***	1					
Roa	0.0735***	0.0621***	-0.0156	0.0237**	0.2013***	0.0414***	-0.0746***	-0.0268**	0.1206***	0.3187***	1				
Growth	-0.0002	-0.0172	-0.0244**	0.0017	0.0411***	-0.0845***	0.0920***	0.0351***	-0.0505***	-0.1081***	0.0143	1			
Hold	0.0121	-0.0597***	-0.0361***	0.1931***	0.0236**	-0.0229**	-0.1879***	0.0077	-0.0154	0.0080	0.0524***	0.0172	1		
grGDP	0.0492***	0.8448***	0.2815***	0.0002***	0.1016***	0.0360***	-0.2984***	-0.0396***	-0.1550***	-0.0044	0.0596***	-0.0181*	-0.0542***	1	
varGDP	-0.0733***	-0.7707***	-0.8375***	0.0076	-0.0905***	-0.0405***	0.3770***	0.0622***	0.2190***	-0.0793***	0.0063	0.0360***	0.0572***	-0.6374***	

注：***、**、*分别表示显著性水平为 1%、5%、10%。

表 4-3-2　　主要变量的相关性分析（并购后的 CEO 薪酬）

	CEOcomp	Merger	Size	Lev	Fcf	Roa	Growth	Emple	Grow	Soeshrat	Topmashr
CEOcomp											
Merger	0.0756***										
Size	0.4056***	-0.0168									
Lev	0.0036	0.0254	0.3184***								
Fcf	0.0507***	-0.0260	-0.0049	-0.1758***							
Roa	0.2472***	0.0492***	0.0409**	-0.3662***	0.3293***						
Growth	0.0168	0.0121	-0.0429**	0.0975***	-0.1427***	-0.0155					
Emple	0.2035***	-0.0468***	0.6044***	0.1349***	0.1782***	0.0648***	-0.2365***				
Grow	-0.0411**	0.0067	-0.0431**	0.0491***	0.0246	0.2199***	0.1460***	-0.0705***			
Soeshrat	-0.1045***	-0.0450***	0.0663***	-0.0136	0.0629***	0.0455***	-0.0112	0.1033***	0.0504***		
Topmashr	0.0803***	0.0162	-0.0077	-0.0550***	0.0070	0.0564***	-0.0072	0.0087	0.0128	-0.1104***	

注：***、**、* 分别表示显著性水平为 1%、5%、10%。

表 4-3-3　　主要变量的相关性分析（并购后对公司绩效的影响）

	Mperform	Merger	Soeshrat	Topmashr	Growth	Roegrow	DDsize	Comp	Shr1	Size	Lev	Fcf
Mperform												
Merger	-0.0238											
Soeshrat	0.1021***	0.0021										
Topmashr	-0.0265	0.0165	-0.0972***									
Growth	-0.1823***	0.0278	-0.0134	-0.0178								
Roegrow	0.0429**	0.0319*	0.0075	0.0165	0.0016							
DDsize	-0.044**	-0.0049	-0.0118	-0.0278	0.0571***	-0.0192						
Comp	0.1059***	-0.0089	-0.0613***	0.0359**	-0.0231	0.1051***	0.0570***					
Shr1	0.0173	0.0054	0.1279***	-0.1065***	-0.0129	0.0071	0.0026	-0.0357**				
Size	0.0949***	0.0132	0.1135***	-0.0176	-0.0537***	0.0358**	0.0906***	0.5089***	0.0494***			
Lev	0.1090***	0.0593***	0.0161	-0.0570***	0.0476***	-0.1062***	0.0142	0.0636	0.0200	0.3379***		
Fcf	0.2614***	-0.0197	0.0508***	0.0150	-0.1502***	0.0812***	-0.0785***	0.0426**	-0.0077	0.0289*	-0.1518***	

注：***、**、* 分别表示显著性水平为 1%、5%、10%。

表 4-4　股票市场波动（股价指数/股价波动率）、CEO 权力与是否并购的二阶段回归结果

变量	被解释变量 Merger										
一阶段回归	Stkprice1	二阶段回归	(1)	(2)	(3)	一阶段回归	Stkprice2	二阶段回归	(4)	(5)	(6)
grGDP	2.523 *** (109.57)	Stkprice	0.037 ** (2.49)	0.037 ** (2.50)	0.036 ** (2.43)	varGDP	−0.007 *** (−156.69)	Stkprice	0.081 *** (5.37)	0.081 *** (5.38)	0.079 *** (5.07)
		Powindex		0.005 (0.44)	−0.016 (−0.92)			Powindex		0.006 (0.47)	0.001 (0.06)
		Stkprice × Powindex			0.028 * (1.76)			Stkprice × Powindex			0.007 (0.47)
Tobin'Q	0.013 *** (17.33)	Tobin'Q	−0.020 (−1.52)	−0.020 (−1.53)	−0.021 (−1.60)	Tobin'Q	0.000 *** (19.22)	Tobin'Q	−0.022 * (−1.73)	−0.022 * (−1.74)	−0.023 * (−1.75)
Bodsize	0.001 (1.25)	Bodsize	−0.017 (−1.40)	−0.017 (−1.45)	−0.017 (−1.38)	Bodsize	−0.000 *** (−2.73)	Bodsize	−0.017 (−1.45)	−0.018 (−1.50)	−0.018 (−1.49)
List	−0.005 *** (−21.89)	List	−0.062 *** (−4.88)	−0.062 *** (−4.90)	−0.062 *** (−4.90)	List	0.000 *** (4.86)	List	−0.051 *** (−4.12)	−0.051 *** (−4.13)	−0.051 *** (−4.13)
DDsize	−0.085 *** (−4.74)	DDsize	−0.018 (−1.54)	−0.016 (−1.24)	−0.019 (−1.52)	DDsize	−0.002 *** (−3.68)	DDsize	−0.016 (−1.37)	−0.013 (−1.08)	−0.014 (−1.14)
Size	−0.001 (−1.46)	Size	0.026 * (1.89)	0.026 * (1.90)	0.026 * (1.86)	Size	0.000 *** (12.17)	Size	0.033 ** (2.39)	0.033 ** (2.40)	0.033 ** (2.40)
Fcf	0.078 *** (6.13)	Fcf	−0.042 *** (−3.59)	−0.042 *** (−3.59)	−0.042 *** (−3.56)	Fcf	0.002 *** (6.68)	Fcf	−0.050 *** (−4.21)	−0.050 *** (−4.22)	−0.050 *** (−4.21)
Roa	−0.094 *** (−4.94)	Roa	0.080 *** (7.16)	0.080 *** (7.14)	0.081 *** (7.17)	Roa	−0.004 *** (−8.95)	Roa	0.087 *** (7.70)	0.087 *** (7.68)	0.087 *** (7.69)
Growth	0.001 (1.51)	Growth	−0.003 (−0.27)	−0.003 (−0.26)	−0.003 (−0.30)	Growth	0.000 (1.30)	Growth	−0.003 (−0.29)	−0.003 (−0.28)	−0.003 (−0.29)
Hold	−0.364 *** (−8.78)	Hold	0.002 (0.19)	0.001 (0.10)	−0.000 (−0.03)	Hold	0.004 *** (3.27)	Hold	0.005 (0.43)	0.043 (0.42)	0.003 (0.31)
行业	控制	行业	控制	控制	控制	行业	控制	行业	控制	控制	控制
_cons	7.677 *** (370.57)	_cons	−0.557 * (−1.68)	−0.570 * (−1.70)	−0.528 (−1.57)	_cons	0.133 *** (164.20)	_cons	0.053 (0.54)	−0.163 (−0.87)	0.049 (0.47)
Pseudo R^2/R^2	0.7494	Pseudo R^2/R^2	0.0161	0.0161	0.0165	Pseudo R^2/R^2	0.7173	Pseudo R^2/R^2	0.0170	0.0170	0.0171
Wald CHI^2/F	1807.17 ***	Wald CHI^2/F	147.00 ***	147.12 ***	149.45 ***	Wald CHI^2/F	3121.17 ***	Wald CHI^2/F	169.69 ***	169.86 ***	170.43 ***
N	8475	N	8475	8475	8475	N	8475	N	8475	8475	8475

注：已对所有回归系数已进行了标准化处理，括号内为 t 值，并经 White 异方差修正；***、**、* 分别表示显著性水平为 1%、5%、10%（下同）。

（CEOcomp）显著正相关，且通过了1%的显著性检验，表明企业并购带来了CEO薪酬的快速增加；股票市场波动（Stkprice1/Stkprice2）与CEO薪酬（CEO-comp）显著负相关，且分别通过了5%和1%的显著性检验，表明单纯的股票市场波动会导致CEO薪酬的减少；CEO权力（Powindex）与CEO薪酬（CEOco-mp）负相关但是不显著，表明单纯的CEO权力对CEO薪酬无明显影响，这一结果与表4-4的结论基本一致，也进一步印证了高管利用自身权力的自利行为可能需要借助其他因素才能得以实现；表4-5的回归（2）、（4）显示是否并购与股票市场波动、CEO权力的交乘项的回归系数在10%水平上显著为正，表明此时管理层利用股市波动（股价指数的上涨与波动）进行并购能够获得更多的个人收益，这意味着拥有较高权力的CEO更可能利用股市波动驱动下的并购来实现给自己加薪。

相对于未进行并购的公司，发生并购公司的财务业绩（Mperform）如表4-6所示。从表4-6的回归（1）、（3）的结果可看出是否并购（Merger）、CEO权力（Powindex）对公司财务业绩（Mperform）均无显著影响；但是股票市场波动（Stkprice）尤其是股价指数的上涨（Stkprice1）与公司财务业绩（Mperform）显著正相关，且通过了1%的显著性检验，说明在股市高涨期间公司财务业绩也提升，这其中可能包含了上市公司面临的外部环境向好，从而有利于公司财务业绩提升；表4-6的回归（2）、（4）显示是否并购与股票市场波动、CEO权力的交乘项的系数为负，但是未通过显著性检验，说明管理层利用股市波动（股价指数的上涨与波动）发动的并购并未对提升公司业绩产生正面影响。

综合以上分析，实证结果支持了本节的假设1和假设2，即：股票市场波动越大（股票价格指数/股价波动率），企业进行并购的可能性越大；相对于CEO权力较小的公司而言，在CEO权力较大的公司中股票市场波动对并购的影响更大；上市公司并购后的CEO薪酬明显增加，但对公司业绩无显著影响。由此可见，股票市场的波动（股票市场繁荣/股价波动率大）会激发上市公司的并购热情，而拥有较大CEO权力的公司并购热情更加高涨，但是在股票市场波动和CEO权力推动下的并购并没有带来上市公司业绩的增长，更为普遍的现象则是CEO薪酬的快速上涨，本节的研究结果表明，在股票市场波动推动下的并购，可能是上市公司CEO利用自己所掌控的管理层权力为追求自身利益最大化的结果。

表4-5　　是否并购对CEO薪酬的影响（股价指数/股价波动率）

股票市场波动度量指标	Stkprice1		Stkprice2	
	(1)	(2)	(3)	(4)
Intercept	5.182*** (4.88)	4.079*** (2.80)	2.928*** (10.11)	2.934*** (10.08)

续表

股票市场波动度量指标	Stkprice1		Stkprice2	
	(1)	(2)	(3)	(4)
Merger	0.045*** (3.21)	1.399 (1.30)	0.047*** (3.33)	0.063** (2.07)
Stkprice	-0.038** (-2.53)	-0.020 (-0.91)	-0.068*** (-4.54)	-0.059*** (-2.75)
Powindex	-0.021 (-1.44)	-0.033* (-1.90)	-0.023 (-1.59)	-0.033** (-1.99)
Merger × Stkprice		-1.362 (-1.27)		-0.028 (-0.84)
Merger × Stkprice × Powindex		0.027* (1.80)		0.024* (1.66)
Size	0.121*** (5.49)	0.121*** (5.47)	0.119*** (5.43)	0.119*** (5.42)
Lev	0.018 (0.96)	0.019 (1.01)	0.012 (0.66)	0.012 (0.67)
Fcf	-0.016 (-0.98)	-0.014 (-0.88)	-0.007 (-0.46)	-0.006 (-0.40)
Roa	0.149*** (8.10)	0.149*** (8.08)	0.137*** (7.56)	0.136*** (7.48)
Growth	0.008 (0.49)	0.008 (0.49)	0.009 (0.50)	0.009 (0.50)
Emple	-0.012 (-0.58)	-0.013 (-0.60)	-0.013 (-0.63)	-0.014 (-0.66)
Grow	-0.028* (-1.79)	-0.029* (-1.86)	-0.028* (-1.83)	-0.029* (-1.85)
Soeshrat	-0.017 (-1.11)	-0.018 (-1.14)	-0.008 (-0.48)	-0.008 (-0.47)
Topmashr	0.045*** (3.48)	0.044*** (3.33)	0.047*** (3.52)	0.046*** (3.47)
$CEOcomp_{t-1}$	0.045*** (28.37)	0.656*** (28.29)	0.658*** (28.87)	0.658*** (28.89)
Center	0.010 (0.62)	0.009 (0.57)	0.008 (0.50)	0.008 (0.48)
Local	-0.023 (-1.33)	-0.023 (-1.31)	-0.027 (-1.53)	-0.027 (-1.51)
行业、地区	控制	控制	控制	控制
F	148.36	135.45	149.41	133.84
$Adj-R^2$	0.5914	0.5922	0.5942	0.5947
N	2133	2133	2133	2133

表 4-6　　　是否并购对公司绩效的影响（股价指数/股价波动率）

股票市场波动度量指标	Stkprice1		Stkprice2	
	(1)	(2)	(3)	(4)
Intercept	-3.789***	-4.010***	-1.012***	-1.014***
	(-4.91)	(-4.13)	(-3.51)	(-3.50)
Merger	-0.017	0.238	-0.018	-0.019
	(-1.06)	(0.30)	(-1.12)	(-0.51)
Stkprice	0.075***	0.080***	0.012	0.012
	(3.99)	(3.15)	(0.60)	(0.45)
Powindex	-0.000	0.010	0.001	0.003
	(-0.02)	(0.45)	(0.07)	(0.13)
Merger × Stkprice		-0.249		0.001
		(-0.31)		(0.04)
Merger × Stkprice × Powindex		-0.020		-0.003
		(-1.09)		(-0.16)
Soeshrat	0.033	0.033	0.055**	0.055***
	(1.59)	(1.59)	(2.59)	(2.60)
Topmashr	0.000	0.001	-0.004	-0.003
	(0.03)	(0.13)	(-0.33)	(-0.32)
Growth	-0.144***	-0.144***	-0.144***	-0.144***
	(-7.42)	(-7.41)	(-7.46)	(-7.46)
Roegrow	0.025	0.025	0.032**	0.032**
	(1.64)	(1.64)	(2.10)	(2.11)
DDsize	-0.016	-0.015	-0.018	-0.018
	(-1.02)	(-0.92)	(-1.12)	(-1.10)
Comp	0.117***	0.117***	0.105***	0.105***
	(5.58)	(5.56)	(4.93)	(4.92)
Shr1	0.003	0.003	0.003	0.002
	(0.18)	(0.15)	(0.15)	(0.15)
Size	-0.053**	-0.052**	-0.062***	-0.062***
	(-2.25)	(-2.21)	(-2.65)	(-2.65)
Lev	0.156***	0.156***	0.161***	0.161***
	(8.29)	(8.28)	(8.50)	(8.49)
Fcf	0.248***	0.248***	0.251***	0.251***
	(13.73)	(13.71)	(13.74)	(13.72)
Center	0.137***	0.138***	0.134***	0.134***
	(6.39)	(6.39)	(6.22)	(6.22)
Local	0.063***	0.062***	0.058***	0.058***
	(3.22)	(3.21)	(2.94)	(2.94)
F	31.97	28.51	31.04	27.47
Adj-R^2	0.1471	0.1474	0.1429	0.1429
N	3296	3296	3296	3296

四、稳健性检验

为考察本节结果的稳健性，我们分别进行了如下敏感性检验：（1）文中的并购绩效是通过对8个指标进行因子分析降维获得，为确保其代表性和稳健性，我们进一步选取了其中两个比较有代表性的因子指标进行回归处理，分别为总资产周转率（Zztrate）、投资活动现金流量增长率（Invgrow），结果与前文结论一致，详见表4-7a和表4-7b；（2）对于股票市场波动对上市公司并购的影响，文中通过对沪深300指数收盘价的计算处理来度量股票市场波动，为保证结果稳健性，我们分别用上证综合指数和深证综合指数进行回归处理，主要结果不变，详见表4-8a和表4-7b。以上稳健性测试表明本节结论是稳健的。

表4-7a　　是否并购对公司绩效的影响（股价指数/股价波动率）（总资产周转率）

股票市场波动度量指标	Stkprice1		Stkprice2	
	(1)	(2)	(3)	(4)
Intercept	-1.547** (-2.50)	-1.835** (-2.35)	0.351 (1.56)	0.352 (1.56)
Merger	-0.021 (-1.26)	0.475 (0.58)	-0.022 (-1.31)	-0.014 (-0.36)
Stkprice	0.064*** (3.35)	0.074*** (2.85)	0.004 (0.18)	0.008 (0.30)
Powindex	0.008 (0.44)	0.014 (0.62)	0.010 (0.52)	0.005 (0.26)
Merger×Stkprice		-0.493 (-0.60)		-0.014 (-0.32)
Merger×Stkprice×Powindex		-0.011 (-0.56)		0.009 (0.51)
Soeshrat	0.025 (1.21)	0.025 (1.21)	0.047** (2.17)	0.047** (2.17)
Topmashr	0.022* (1.80)	0.022* (1.81)	0.018 (1.50)	0.018 (1.46)
Growth	-0.127*** (-6.54)	-0.126*** (-6.52)	-0.126*** (-6.59)	-0.126*** (-6.58)
Roegrow	0.043*** (3.07)	0.043*** (3.06)	0.049*** (3.51)	0.049*** (3.50)

续表

股票市场波动度量指标	Stkprice1		Stkprice2	
	(1)	(2)	(3)	(4)
DDsize	0.001 (0.09)	0.002 (0.13)	-0.000 (-0.00)	-0.001 (-0.04)
Comp	0.173*** (7.85)	0.173*** (7.82)	0.161*** (7.21)	0.161*** (7.19)
Shr1	0.027 (1.45)	0.026 (1.43)	0.026 (1.42)	0.026 (1.43)
Size	-0.165*** (-7.04)	-0.164*** (-6.98)	-0.174*** (-7.47)	-0.174*** (-7.45)
Lev	0.173*** (8.91)	0.173*** (8.91)	0.177*** (9.11)	0.178*** (9.10)
Fcf	0.165*** (9.06)	0.165*** (9.05)	0.168*** (9.18)	0.169*** (9.18)
Center	0.102*** (4.64)	0.102*** (4.65)	0.099*** (4.49)	0.099*** (4.49)
Local	0.053*** (2.71)	0.053*** (2.70)	0.048** (2.43)	0.048** (2.43)
F	19.33	17.20	18.81	16.58
Adj - R^2	0.0997	0.0999	0.0966	0.0967
N	3296	3296	3296	3296

表 4-7b　是否并购对公司绩效的影响（股价指数/股价波动率）（投资活动现金流量增长率）

股票市场波动度量指标	Stkprice1		Stkprice2	
	(1)	(2)	(3)	(4)
Intercept	6.521 (0.85)	6.619 (0.68)	0.925 (0.31)	1.125 (0.38)
Merger	0.005 (0.28)	-0.055 (-0.07)	0.005 (0.30)	-0.040 (-1.10)
Stkprice	-0.013 (-0.62)	-0.014 (-0.47)	0.030 (1.52)	0.007 (0.25)
Powindex	0.005 (0.22)	0.012 (0.44)	0.004 (0.16)	0.010 (0.42)

续表

股票市场波动度量指标	Stkprice1		Stkprice2	
	(1)	(2)	(3)	(4)
Merger × Stkprice		0.064 (0.08)		0.060 (1.52)
Merger × Stkprice × Powindex		-0.014 (-0.69)		-0.015 (-0.78)
Soeshrat	0.016 (1.01)	0.016 (1.01)	0.000 (0.00)	0.001 (0.03)
Topmashr	0.023 (0.90)	0.024 (0.93)	0.025 (0.97)	0.025 (1.00)
Growth	-0.035 (-1.24)	-0.035 (-1.24)	-0.034 (-1.21)	-0.035 (-1.23)
Roegrow	0.019 (0.95)	0.019 (0.95)	0.017 (0.86)	0.018 (0.89)
DDsize	0.023 (1.20)	0.025 (1.25)	0.024 (1.23)	0.025 (1.27)
Comp	-0.005 (-0.20)	-0.005 (-0.20)	0.005 (0.19)	0.005 (0.22)
Shr1	-0.013 (-0.62)	-0.014 (-0.64)	-0.013 (-0.62)	-0.014 (-0.65)
Size	-0.032 (-1.24)	-0.032 (-1.23)	-0.026 (-0.99)	-0.027 (-1.03)
Lev	0.000 *** (0.02)	0.000 (0.01)	-0.003 (-0.12)	-0.003 (-0.13)
Fcf	0.014 (0.69)	0.014 (0.68)	0.010 (0.49)	0.010 (0.49)
Center	0.004 (0.20)	0.004 (0.21)	0.007 (0.31)	0.007 (0.31)
Local	0.005 (0.20)	0.004 (0.20)	0.009 (0.40)	0.009 (0.41)
F	0.62	0.56	0.86	0.94
$Adj-R^2$	0.0039	0.0041	0.0045	0.0051
N	3296	3296	3296	3296

表 4-8a　CEO 权力、股票市场波动（股价指数/股价波动率）与是否并购的二阶段回归结果（上证综合指数）

变量	被解释变量 Merger										
一阶段回归	Stkprice1	二阶段回归	（1）	（2）	（3）	一阶段回归	Stkprice2	二阶段回归	（4）	（5）	（6）
grGDP	2.925*** (95.76)	Stkprice	0.039** (2.49)	0.039** (2.50)	0.038** (2.43)	varGDP	-0.006*** (-240.03)	Stkprice	0.074*** (5.38)	0.074*** (5.38)	0.072*** (5.05)
		Powindex		0.005 (0.44)	-0.016 (-0.93)			Powindex		0.006 (0.47)	0.001 (0.06)
		Stkprice × Powindex			0.028* (1.76)			Stkprice × Powindex			0.007 (0.50)
Tobin'Q	0.015*** (16.43)	Tobin'Q	-0.020 (-1.55)	-0.020 (-1.56)	-0.021 (-1.63)	Tobin'Q	0.000*** (15.14)	Tobin'Q	-0.017 (-1.31)	-0.017 (-1.31)	-0.017 (-1.33)
Bodsize	0.001 (1.01)	Bodsize	-0.017 (-1.40)	-0.017 (-1.45)	-0.017 (-1.37)	Bodsize	-0.000*** (-2.80)	Bodsize	-0.018 (-1.49)	-0.019 (-1.54)	-0.018 (-1.52)
List	-0.005*** (-21.00)	List	-0.062*** (-4.83)	-0.062*** (-4.84)	-0.062*** (-4.84)	List	0.000*** (7.84)	List	-0.051*** (-4.16)	-0.051*** (-4.17)	-0.051*** (-4.17)
DDsize	-0.117*** (-5.01)	DDsize	-0.017 (-1.52)	-0.015 (-1.23)	-0.019 (-1.50)	DDsize	-0.001*** (-3.04)	DDsize	-0.017 (-1.44)	-0.014 (-1.15)	-0.015 (-1.21)
Size	-0.001 (-1.26)	Size	0.026* (1.89)	0.026* (1.90)	0.026* (1.86)	Size	0.000*** (11.06)	Size	0.035** (2.58)	0.036** (2.59)	0.036** (2.59)
Fcf	0.102*** (6.21)	Fcf	-0.043*** (-3.60)	-0.043*** (-3.61)	-0.042*** (-3.58)	Fcf	0.001*** (6.88)	Fcf	-0.049*** (-4.13)	-0.049*** (-4.14)	-0.049*** (-4.13)
Roa	-0.140*** (-5.63)	Roa	0.081*** (7.19)	0.081*** (7.18)	0.081*** (7.21)	Roa	-0.002*** (-9.42)	Roa	0.085*** (7.59)	0.085*** (7.58)	0.085*** (7.58)
Growth	0.000 (0.88)	Growth	-0.003 (-0.26)	-0.003 (-0.25)	-0.003 (-0.29)	Growth	0.000 (1.10)	Growth	-0.003 (-0.27)	-0.003 (-0.26)	-0.003 (-0.26)
Hold	-0.412*** (-7.47)	Hold	0.002 (0.19)	0.001 (0.10)	-0.000 (-0.03)	Hold	0.003*** (4.76)	Hold	0.005 (0.43)	0.004 (0.33)	0.003 (0.31)
行业	控制	行业	控制	控制	控制	行业	控制	行业	控制	控制	控制
_cons	7.577*** (281.19)	_cons	-0.451 (-1.55)	-0.463 (-1.57)	-0.422 (-1.43)	_cons	0.129*** (257.83)	_cons	0.047 (0.48)	0.036 (0.36)	0.043 (0.42)
Pseudo R^2/R^2	0.7011	Pseudo R^2/R^2	0.0161	0.0161	0.0165	Pseudo R^2/R^2	0.8407	Pseudo R^2/R^2	0.0179	0.0179	0.0180
Wald CHI^2/F	1241.11***	Wald CHI^2/F	146.98***	147.10***	149.47***	Wald CHI^2/F	7816.55***	Wald CHI^2/F	169.92***	170.09***	170.39***
N	8475	N	8475	8475	8475	N	8475	N	8475	8475	8475

注：已对所有回归系数已进行了标准化处理，括号内为 t 值，并经 White 异方差修正；***、**、* 分别表示显著性水平为 1%、5%、10%（下同）。

表 4-8b　CEO 权力、股票市场波动（股价指数/股价波动率）与是否并购的二阶段回归结果（深证综合指数）

变量	被解释变量 Merger										
一阶段回归	Stkprice1	二阶段回归	(1)	(2)	(3)	一阶段回归	Stkprice2	二阶段回归	(4)	(5)	(6)
grGDP	0.950*** (40.97)	Stkprice	0.074** (2.48)	0.074** (2.49)	0.073** (2.44)	varGDP	-0.009*** (-271.08)	Stkprice	0.072*** (5.37)	0.072*** (5.38)	0.070*** (5.01)
		Powindex		0.004 (0.32)	-0.017 (-1.00)			Powindex		0.006 (0.50)	0.001 (0.04)
		Stkprice × Powindex			0.028* (1.76)			Stkprice × Powindex			0.009 (0.61)
Tobin'Q	0.017*** (21.03)	Tobin'Q	-0.033** (-2.23)	-0.033** (-2.24)	-0.034** (-2.29)	Tobin'Q	0.000*** (3.59)	Tobin'Q	-0.012 (-0.93)	-0.012 (-0.94)	-0.012 (-0.96)
Bodsize	-0.003*** (-4.35)	Bodsize	-0.013 (-1.08)	-0.013 (-1.11)	-0.013 (-1.04)	Bodsize	-0.000* (1.66)	Bodsize	-0.019 (-1.61)	-0.020* (-1.66)	-0.020 (-1.65)
List	0.005*** (18.08)	List	-0.081*** (-7.15)	-0.081*** (-7.16)	-0.081*** (-7.13)	List	0.000 (0.74)	List	-0.048*** (-3.86)	-0.048*** (-3.88)	-0.048*** (-3.88)
DDsize	-0.058** (-2.39)	DDsize	-0.017 (-1.45)	-0.015 (-1.21)	-0.019 (-1.48)	DDsize	-0.001 (-0.22)	DDsize	-0.018 (-1.53)	-0.015 (-1.21)	-0.016 (-1.29)
Size	0.024 (21.17)	Size	0.006 (0.38)	0.006 (0.39)	0.006 (0.38)	Size	0.000** (1.98)	Size	0.040*** (2.84)	0.040*** (2.86)	0.040*** (2.86)
Fcf	-0.112*** (-7.13)	Fcf	-0.035*** (-2.91)	-0.036*** (-2.92)	-0.035*** (-2.89)	Fcf	0.000 (0.72)	Fcf	-0.047*** (-3.95)	-0.047*** (-3.96)	-0.047*** (-3.95)
Roa	0.007 (0.32)	Roa	0.079*** (6.97)	0.079*** (6.96)	0.079*** (6.99)	Roa	-0.000 (-0.65)	Roa	0.082*** (7.31)	0.082*** (7.30)	0.082*** (7.31)
Growth	-0.000 (-0.03)	Growth	-0.003 (-0.24)	-0.002 (-0.23)	-0.003 (-0.28)	Growth	0.000 (1.20)	Growth	-0.003 (-0.26)	-0.003 (-0.25)	-0.003 (-0.26)
Hold	0.390*** (5.62)	Hold	-0.004 (-0.35)	-0.005 (-0.41)	-0.006 (-0.54)	Hold	0.001 (1.56)	Hold	0.006 (0.54)	0.005 (0.43)	0.005 (0.41)
行业	控制	行业	控制	控制	控制	行业	控制	行业	控制	控制	控制
_cons	6.209*** (230.67)	_cons	-1.371** (-2.09)	-1.383** (-2.11)	-1.325** (-2.02)	_cons	0.190*** (298.33)	_cons	0.026 (0.26)	0.014 (0.14)	0.022 (0.21)
Pseudo R^2/R^2	0.1944	Pseudo R^2/R^2	0.0073	0.0073	0.0079	Pseudo R^2/R^2	0.9136	Pseudo R^2/R^2	0.0166	0.0166	0.0168
Wald CHI^2/F	272.28***	Wald CHI^2/F	145.90***	146.04***	148.36***	Wald CHI^2/F	8752.07***	Wald CHI^2/F	169.63***	169.80***	170.15***
N	8475	N	8475	8475	8475	N	8475	N	8475	8475	8475

五、进一步检验：货币政策宽松或紧缩的影响

货币政策是政府宏观调控的重要手段，货币政策松紧度将直接影响企业、债权人和股东等利益相关者的融资、投资行为以及运营成本等（Getler 和 Gilchrist，1994）。已有的研究表明，货币政策通过影响货币供给、利率和信贷供给等金融变量，使得公司面临的外部环境不确定性、对未来的预期发生改变等扩展或制约公司的融资能力，造成投资行为的调整，进而影响实体经济的扩张或收缩（Beaudry 等，2001；Mojon 等，2002；Korajczyk 和 Levy，2003；Ghosh 和 sensarma，2004；Atanasova 和 Wilson，2004；Levy 和 Hennessy，2007）。国内学者围绕货币政策对公司行为影响进行的一些探索性研究发现：我国上市公司主要通过主动寻求各种方法规避和减少货币政策变化所带来的不确定性和风险（如祝继高和陆正飞，2009；饶品贵，2010；饶品贵和姜国华，2011；王铭利，2012；等等）。与此同时，国内新近文献也提供了关于宏观金融变量与我国公司并购活动动态关系的初步证据（如唐绍祥，2007；傅传锐，2012；刘淑莲等，2012；等等）。

货币政策紧缩对企业微观主体的影响表现在多个方面。首先，货币政策的改变特别是由宽松转向紧缩货币政策时，不仅企业面临的外部环境不确定性程度大大增加，还会影响企业对宏观经济前景预期及行业前景预期，进而导致公司缩减投资性支出。对于我国上市公司而言，转型的长期性及对信贷市场的依赖性，宏观经济政策是其面临的一个十分重要的不确定性；其次，货币政策紧缩对企业的另一个重要影响体现为融资成本的增加。在货币传导机制下，货币供应量、利率水平通过改变融资成本对企业投资产生重要影响。货币紧缩时期，货币供应量减少、利率水平上升，将直接导致企业的借款成本加大。虽然相比非上市公司而言，上市公司可以通过股票市场进行股权融资，但是，货币紧缩政策同样会传递到股票市场，造成上市公司试图通过股权融资解决资金使用需求的困难程度同样加大；最后，从货币政策的银行信贷传导渠道看，在货币政策紧缩时期，企业的融资渠道受到限制，银行贷款总量下降，债券利率水平和融资成本提高。由于信贷配给现象的存在，信息不对称的情况下商业银行不仅根据利率决定对企业的贷款，同时还要考虑借款企业可能存在的逆向选择或道德风险。因此，信贷紧缩或经济衰退时，一部分融资企业即使愿意支付更高的利息也不能够得到贷款，即企业整体的融资环境变差，从银行获得信贷资金变得更加困难，并购活动减少。

货币政策变动导致了公司并购行为特征的变化，如并购类型、并购交易对象等，必然也会影响到并购的效率。货币紧缩时期，生产大幅下降，市场需求急剧萎缩，企业利润率降低，公司并购意愿与能力也大大降低；此外，公司管理层的扩张欲望也会受到股东更加严厉的监督和约束。因此，可以预期货币紧缩时期由于流动性过剩、管理层过度自信等导致的盲目投资、并购的行为会大大减少，此

阶段所进行的并购更可能是企业发展需求和内在能力所驱动。据此，我们推论：与货币政策宽松时期相比，在货币政策紧缩时期，股票市场波动对公司并购行为的影响减弱，相对于未实施并购企业而言，实施并购公司 CEO 的薪酬未有明显提高，但是公司业绩在一定程度上得以改善。

本节借鉴祝继高和陆正飞（2009）的做法，我们用中国人民银行和国家统计局共同合作完成的《银行家问卷调查》提供的货币政策感受指数来度量货币政策的紧缩程度①。同时参考了饶品贵和姜国华（2013）的研究，我们定义 2007 年、2010 年、2011 年为货币紧缩时期（MP = 1），其余年份为货币政策宽松时期（MP = 0）。

不同时期的货币政策对于股票市场波动、CEO 权力与上市公司并购决策以及并购效应关系影响的检验结果如表 4 - 9、表 4 - 10、表 4 - 11 所示。表 4 - 9 的回归（1）、（4）显示，股票市场波动（无论是股票价格指数（Stkprice1）还是股价波动率（Stkprice2）与公司并购行为显著正相关（均通过了 1% 的显著性检验），这与前文表 4 - 4 的结论完全一致；表 4 - 9 的回归（2）、（5）则显示货币政策与股票市场波动交乘项（MP × Stkprice）的系数为负，且通过了 1% 的显著性检验，说明相对于货币政策宽松而言，货币政策紧缩时期股票市场波动对公司并购行为的影响明显减弱；进一步观察表 4 - 9 的回归（3）的回归结果显示，货币政策与股价水平、CEO 权力交乘项（MP × Stkprice1 × Powindex）的系数在 10% 水平上显著为正，回归（6）的回归结果显示货币政策与股价波动率、CEO 权力交乘项（MP × Stkprice2 × Powindex）的系数为正但是未通过显著性检验，说明在货币紧缩时期，拥有较高 CEO 权力的公司更容易发起并购行动，尤其是在股票市场预期较好的情况下，这一结论也与前文表 4 - 4 的结论完全一致。

表 4 - 9　　货币政策变动对企业并购行为的影响

股票市场波动度量指标	Stkprice1			Stkprice2		
	(1)	(2)	(3)	(4)	(5)	(6)
Intercept	-8.573***	-20.264***	-8.436***	-2.008***	-2.707***	-1.937***
	(-4.21)	(-6.51)	(-4.14)	(-3.37)	(-4.40)	(-3.23)
MP	-0.204**	20.658***	-0.249**	0.072	0.649***	0.045
	(-2.25)	(5.04)	(-2.63)	(1.06)	(4.59)	(0.64)
Stkprice	0.353***	0.923***	0.351***	0.334***	0.666***	0.318***
	(3.78)	(6.26)	(3.75)	(4.73)	(6.56)	(4.45)

① 该调查问卷中将银行家对货币政策的评价分为六档：过松、偏松、适度、偏紧、过紧、看不准，我们采用偏紧这一栏的数值来衡量货币政策的紧缩程度，银行家认为货币政策偏紧的比率越高，则货币政策越从紧。

续表

股票市场波动度量指标	Stkprice1			Stkprice2		
	(1)	(2)	(3)	(4)	(5)	(6)
Powindex	0.033 (0.45)	0.036 (0.48)	-0.031 (-0.38)	0.035 (0.47)	0.036 (0.48)	0.000 (0.00)
MP × Stkprice		-21.226 *** (-5.10)			-0.681 *** (-4.69)	
MP × Stkprice × Powindex			0.136 * (1.88)			0.084 (1.28)
Tobin'Q	-0.159 * (-1.82)	-0.086 (-0.99)	-0.161 * (-1.84)	-0.177 ** (-2.00)	-0.108 (-1.23)	-0.181 ** (-2.04)
Bodsize	-0.103 (-1.44)	-0.110 (-1.53)	-0.102 (-1.43)	-0.104 (-1.45)	-0.107 (-1.48)	-0.103 (-1.44)
List	-0.347 *** (-4.90)	-0.298 *** (-4.11)	-0.347 *** (-4.89)	-0.327 *** (-4.61)	-0.297 *** (-4.13)	-0.328 *** (-4.62)
DDsize	-0.091 (-1.20)	-0.096 (-1.26)	-0.104 (-1.36)	-0.087 (-1.15)	-0.092 (-1.20)	-0.095 (-1.24)
Size	0.159 ** (2.00)	0.232 *** (2.87)	0.160 ** (2.01)	0.165 ** (2.08)	0.221 *** (2.75)	0.164 ** (2.06)
Fcf	-0.272 *** (-3.87)	-0.282 *** (-4.04)	-0.270 *** (-3.85)	-0.279 *** (-3.97)	-0.284 *** (-4.07)	-0.278 *** (-3.95)
Roa	0.533 *** (7.05)	0.519 *** (7.00)	0.533 *** (7.05)	0.542 *** (7.14)	0.528 *** (7.08)	0.542 *** (7.14)
Growth	-0.016 (-0.25)	-0.015 (-0.24)	-0.018 (-0.28)	-0.018 (-0.27)	-0.013 (-0.20)	-0.018 (-0.29)
Hold	0.007 (0.11)	0.031 (0.49)	0.006 (0.10)	0.014 (0.22)	0.029 (0.47)	0.014 (0.22)
行业	控制	控制	控制	控制	控制	控制
Pseudo R^2	0.0163	0.0193	0.0167	0.0173	0.0197	0.0175
N	8475	8475	8475	8475	8475	8475

表4-10报告了对CEO薪酬（CEOcomp）的变化。从表4-10的回归（1）、（3）可以看出，货币政策紧缩与CEO薪酬（CEOcomp）显著负相关，且通过了1%的显著性检验，这与常识保持一致；是否并购（Merger）与CEO薪酬（CEO-comp）显著正相关，且通过了1%的显著性检验；表4-10的回归（2）、回归

（4）报告了在引入股票市场波动（Stkprice）、CEO 权力（Powindex）等因素后，公司并购对 CEO 薪酬影响的回归结果，如表 4－10 所示，股票市场波动（Stkprice）与 CEO 薪酬显著负相关（通过了 1% 的显著性检验），CEO 权力（Powindex）对 CEO 薪酬产生显著的正向影响（通过了 1% 的显著性检验），货币政策、是否并购、股票市场波动与 CEO 权力的交乘项（MP × Stkprice × Powindex × Merger）系数为负不显著，这与前文表 4－5 的回归（4）、（8）结果相反，说明受到宏观经济环境的影响，紧缩的货币政策不仅大大降低了公司并购意愿与能力，也使得公司管理层的扩张欲望受到股东更加严厉的监督和约束，大大减少了基于构建"经理帝国"动机的非理性并购，有效约束了 CEO 凭借并购提升自己薪酬的行为。

表 4－10　货币政策变动对并购后 CEO 薪酬的影响

股票市场波动度量指标	Stkprice1		Stkprice2	
	(1)	(2)	(3)	(4)
Intercept	6.308*** (22.91)	13.539*** (10.85)	6.308*** (22.91)	6.887*** (23.93)
MP	−0.042*** (−2.74)	−0.059** (2.03)	−0.042*** (−2.74)	−0.067*** (−3.04)
Merger	0.064*** (4.29)	2.393*** (2.60)	0.064*** (4.29)	0.164*** (4.52)
Stkprice		−0.170*** (−5.81)		−0.114*** (−4.89)
Powindex		0.088*** (4.87)		0.087*** (5.06)
Stkprice × Merger		−2.353** (−2.53)		−0.113*** (−3.04)
Stkprice × Powindex × Merger		0.013 (0.61)		0.006 (0.27)
MP × Merger		0.052 (1.58)		−0.013 (−0.53)
MP × Stkprice × Powindex × Merger		−0.010 (−0.47)		−0.002 (−0.11)
Size	0.414*** (18.96)	0.377*** (17.27)	0.414*** (18.96)	0.380*** (17.42)
Lev	−0.036** (−1.96)	−0.020 (−1.09)	−0.036** (−1.96)	−0.020 (−1.09)

续表

股票市场波动度量指标	Stkprice1		Stkprice2	
	(1)	(2)	(3)	(4)
Fcf	-0.010 (-0.56)	-0.002 (-0.11)	-0.010 (-0.56)	-0.003 (-0.15)
Roa	0.238*** (12.15)	0.242*** (12.63)	0.238*** (12.15)	0.241*** (12.58)
Growth	0.031 (1.61)	0.025 (1.25)	0.031 (1.61)	0.028 (1.40)
Emple	-0.017 (-0.77)	-0.028 (-1.26)	-0.017 (-0.77)	-0.027 (-1.22)
Grow	-0.071*** (-3.87)	-0.069*** (-3.83)	-0.071*** (-3.87)	-0.069*** (-3.80)
Soeshrat	-0.123*** (-7.83)	-0.044*** (-2.67)	-0.123*** (-7.83)	-0.051*** (-3.07)
Topmashr	0.047*** (2.87)	0.026 (1.60)	0.047*** (2.87)	0.028* (1.74)
Center	0.017 (0.88)	0.013 (0.69)	0.017 (0.88)	0.014 (0.75)
Local	-0.025 (-1.34)	-0.042** (-2.27)	-0.025 (-1.34)	-0.041** (-2.20)
行业、地区	控制	控制	控制	控制
F	85.24	72.72	85.24	72.16
Adj - R^2	0.3044	0.3107	0.3044	0.3089
N	3267	3267	3267	3267

表4-11报告了并购后的上市公司业绩情况。从表4-11的回归（1）的结果可明显看出货币政策紧缩与公司绩效（Mperform）显著正相关（通过1%的显著性检验），是否并购（Merger）对公司绩效无显著影响；表4-11的回归（2）、（4）、在加入股票市场波动（Stkprice）以及CEO权力（Powindex）后，货币政策、是否并购、股票市场波动与CEO权力的交乘项（MP × Stkprice × Powindex × Merger）系数为正不显著，这与前文表4-6的回归（4）、（8）结果相反，说明受到宏观经济环境的影响，紧缩的货币政策使得由于流动性过剩、管理层过度自信等导致的盲目投资、并购的行为大大减少，此阶段所进行的并购更可能是企业发展需求和内在能力所驱动，因此，相对未实施并购的公司而言，并购公司的业

绩更好。

表 4-11 货币政策变动对并购后企业业绩的影响

股票市场波动度量指标	Stkprice1		Stkprice2	
	(1)	(2)	(3)	(4)
Intercept	-1.025*** (-4.11)	-2.733*** (-2.18)	-1.025*** (-4.11)	-1.241*** (-4.21)
MP	0.066*** (3.98)	0.049 (1.51)	0.066*** (3.98))	0.082*** (3.30)
Merger	-0.018 (-1.08)	-0.061 (-0.06)	-0.018 (-1.08)	-0.004 (-0.09)
Stkprice		0.045 (1.31)		0.033 (1.24)
Powindex		0.011 (0.50)		0.003 (0.16)
Stkprice × Merger		0.060 (0.06)		-0.003 (-0.06)
Stkprice × Powindex × Merger		-0.025 (-1.08)		-0.013 (-0.59)
MP × Merger		-0.019 (-0.54)		-0.020 (-0.71)
MP × Stkprice × Powindex × Merger		0.007 (0.34)		0.012 (0.54)
Soeshrat	0.055*** (2.82)	0.041* (1.91)	0.055*** (2.82)	0.043** (2.02)
Topmashr	-0.001 (-0.11)	0.001 (0.13)	-0.001 (-0.11)	0.000 (0.01)
Growth	-0.146*** (-7.65)	-0.145*** (-7.54)	-0.146*** (-7.65)	-0.146*** (-7.56)
Roegrow	0.026* (1.70)	0.024 (1.59)	0.026* (1.70)	0.025 (1.62)
DDsize	-0.017 (-1.16)	-0.015 (-0.93)	-0.017 (-1.16)	-0.016 (-1.03)
Comp	0.104*** (5.10)	0.113*** (5.30)	0.104*** (5.10)	0.112*** (5.23)

续表

股票市场波动度量指标	Stkprice1		Stkprice2	
	(1)	(2)	(3)	(4)
Shr1	0.003 (0.16)	0.002 (0.14)	0.003 (0.16)	0.003 (0.16)
Size	-0.062 *** (-2.69)	-0.056 ** (-2.36)	-0.062 *** (-2.69)	-0.057 ** (-2.41)
Lev	0.160 *** (8.53)	0.158 *** (8.37)	0.160 *** (8.53)	0.158 *** (8.39)
Fcf	0.254 *** (14.14)	0.251 *** (13.81)	0.254 *** (14.14)	0.251 *** (13.79)
Center	0.134 *** (6.25)	0.137 *** (6.33)	0.134 *** (6.25)	0.136 *** (6.31)
Local	0.055 *** (2.88)	0.059 *** (3.03)	0.055 *** (2.88)	0.059 *** (3.01)
F	35.12	24.83	35.12	24.68
$Adj-R^2$	0.1470	0.1483	0.1470	0.1479
N	3296	3296	3296	3296

六、研究结论及其启示

本节采用2007—2014年我国沪、深两市A股上市公司数据，同时考察宏观方面的股票市场波动与微观方面的CEO权力及其交互作用对上市公司并购决策的影响以及并购后CEO薪酬及业绩的变化。实证研究结论为：(1) 在我国上市公司中，股票市场波动对上市公司并购产生正向影响，且CEO权力越大，股票市场波动对上市公司并购的正向影响越明显，虽然与未实施并购公司相比，实施并购公司的CEO薪酬明显增加，但是绩效并未明显改善；(2) 作为政府宏观调控重要手段的货币政策对公司并购行为及效果的影响明显，与货币政策宽松时期相比，在货币政策紧缩时期，股票市场波动对公司并购行为的影响减弱，相对于未实施并购公司而言，实施并购公司的CEO薪酬未有明显提高，公司业绩在一定程度上得以改善。

本节的研究表明，在流动性充足、管理层过度自信以及股票市场高涨状态下的并购，可能是上市公司CEO利用自己所掌控的管理层权力为追求自身利益最大化的结果，必须通过完善的公司治理机制制约管理层的自利动机和行为，但是，在面对货币政策紧缩、市场流动性不足时，公司管理层发起的盲目投资、并购的行为会大大减少。本研究给我们的启示是：当外部环境施予公司压力变小时，来自于管理层的自利动机与行为往往会抬头，此时尤其要强化公司内部治理机制作用的发挥，从而有效保护投资者利益。

本节的不足在于：受到篇幅和研究内容的限制，本节没有进一步探讨该构建何种公司治理机制以遏制宏观经济基本面向好、股票市场高涨以及流动性充裕等情况下，上市公司过度投资的扩张欲望，这一问题留待未来做进一步研究。

第二节　货币政策区域异质性、经济发展水平与上市公司同属管辖并购

根据本节收集的WIND重大事项原始数据表明，2007—2012年发生的579起上市公司并购重组事件中[①]，接近2/3的并购交易发生在同一属地的企业之间，我国上市公司并购交易中的同属管辖特征[②]明显。究竟是何种原因导致同属并购行为的发生？如何评价同属并购的经济后果？在以往的研究中，大多从地方政府的政策性负担和地方政府官员的政治晋升目标两个方面，给出了地方政府干预辖区内企业并购的动机（潘红波等，2008）。但是，我们发现，并购重组大多发生在经济发达地区，如上海、深圳和江苏等地[③]，这就给人们提出了一个十分有趣的问题，即：经济发达地区的政府干预较少，因此在这些地区发生的大量同属并购行为显然无法从政府干预的角度给出合理的解释，政府干预在同属并购中的作用力已经退居到次要地位，更为重要的是，经济发展程度等经济逻辑在起主要作用，提高企业效率、增强地区竞争力、加快地区经济发展已经在政府的效用函数中占据了主导地位。基于上述原因，本节将政府干预作为一国既定的预设制度环境，改变以往单纯从政治逻辑的视角研究企业并购的路径依赖（其实，政治也是为争取财富（经济）而进行的斗争），从区域经济发展异质性（即经济或市场逻辑）的视角探讨企业同属并购行为及其经济后果。

① 本节的原始数据来源于WIND重大事项数据库。

② “同属管辖”与我国行政体制的“属地化管理”和“行政逐级发包”（或者叫“政府内部逐级发包”）特征紧密相关。从我国关于财政分权对经济增长、地方政府竞争、地区市场分割以及地方政府行为异化影响的大量研究文献看，我国市场封锁和地方保护主义现象以省区级水平为主，基于研究需要，本节依据我国属地划分标准——行政管理区域的划分，将并购的同属管辖交易界定为：如果并购交易主体的各方均属同一地方政府（以省区级政府为划分标准）管辖，不论交易各方是否具有产权联系，则该交易就是本节所研究的同属管辖交易。

③ 上海与深圳本地股是中国资本市场上一个持久的概念，特别是1998年以来以上海本地上市公司为主率先展开的大规模资产重组，更使上海本地股概念深入人心。紧跟其后的深圳本地上市公司资产重组，使得两地的地域板块经常成为担当统领大市的龙头。根据本节研究期间的数据统计，在同属管辖并购的344个样本中，处于发达地区的有230个，占66.86%。

引发本节思考的另一个原因是，国内学者（于则，2006；卞志村等，2010；董志勇等，2010；王先柱等，2011）的研究表明，区域经济及金融发展的不平衡，如各区域经济结构和发达程度、供需状况、消费能力和需求特点信贷投资环境、防范处置风险能力、微观经济主体偏好以及地域社会文化等方面的差异①，对货币政策的传导机制产生影响，从而有可能使得货币政策在不同地区的实施效率存在明显差异，甚至有可能激化区域金融资源配置的内在矛盾、影响我国经济的区域协调发展，尤其在经济快速发展阶段和区域经济差距逐渐拉大时，货币政策的区域效应表现更为明显。因此，在研究区域经济发展异质性（即经济或市场逻辑）对同属管辖并购影响的基础上，我们必然会追问这样的问题，即：宏观货币政策的区域异质性及其与经济发展水平异质性的联合作用，又会如何进一步影响同属并购行为与后果呢？基于这一基本分析，本节将区域异质性纳入到企业并购行为的研究框架中，以我国沪、深A股上市公司较为普遍的同属管辖并购现象为切入点，从我国非均衡区域经济发展的现实出发，运用经济发展水平与货币政策区域效应联动，分析企业并购的同属管辖行为与效应。

本研究的主要贡献在于：第一，揭示了同属管辖并购的政治经济含义。在政府干预成为一国经济发展预设的制度环境下，在市场化进程不断推进的过程中，在政治干预与经济发展对同属管辖并购的博弈中，经济发展水平显然成为同属并购这一经济现象的主要推动力量，并且也取得了更好的并购经济效应，这在一定程度上提供了同属并购具有经济逻辑的证据，也为“市场规则推动企业的经济发展才是正道”提供了经验证据；第二，深化宏观经济政策、区域经济发展与企业微观行为互动机理的认识，为我国上市公司频繁出现的同属管辖交易行为提供了新的经验证据和合理的理论解释，进一步丰富和拓展了现有关于企业并购机理及其效应的研究文献；第三，在政策制定与企业行为决策实践方面，为宏观政策的制定和微观并购行为的实施提供重要的参考依据。

一、理论分析与假设提出

陆铭和陈钊（2006）的研究发现，无论是采取省级还是城市级的数据，中国地区经济发展中存在“空间集聚”现象，沿海以及内陆地区的一些大城市经济发展更快，中西部地区在计划经济发展模式下形成的特定的产业格局、经营机制和经济效率等各方面与东部地区的差距越来越明显，出现了资金、人才、技术等各方面要素流向东部沿海发达地区的“孔雀东南飞”现象，各地区经济发展不均衡现象加剧。因此，这种地区经济发展水平的差异化特征为我们探究非均衡经

① 1978年东部沿海综合经济区的人均实际GDP是大西南综合经济区的2.57倍，而到2008年则为4.21倍，显示出区域经济发展差距逐渐拉大的趋势。

济发展对企业并购行为以及统一货币政策效果的影响，提供了很好的契机。

受中国体制背景、市场环境和企业自身发展状况等因素的影响，同属管辖并购（属地化并购）是中国企业并购不可逾越的阶段，企业在同一属地内进行并购重组是实现区域产业经济结构调整、资源整合与优化配置的重要手段[①]。中国作为一个国内市场零碎分割的经济体（Young，2000；Poncet，2002），在经济发展水平低或政府干预强的地区，市场分割现象也更为严重（Poncet，2005）。因此，受制于区域经济发展的不均衡以及地区市场化程度、生产潜力等要素的差异，我们可以观察到上市公司的同属管辖并购行为在不同区域存在明显差异，即经济发展异质性成为影响企业同属管辖并购的重要因素。

（一）经济发展水平影响同属管辖并购的机理分析

首先，从经济发展的非均衡性看，我国在经济转轨过程中，采取了从沿海、沿江逐步向内地，从东部地区逐步向中部、西部地区梯次、纵深推进的发展战略，形成了地区间经济、法律等诸多差异。尽管历经30多年的发展，我国市场化进程已经取得很大成功，但各地区对私有财产权的保护情况依然很不均衡（Cull and Xu，2004），市场化发展程度也表现出显著的不平衡性，不同地区的上市公司所处治理环境的差异十分显著。如世界银行（2006）的从税费、企业在娱乐与旅游的支出、与政府打交道的实际时间、通关速度等方面考察了中国120个城市的政府效率，调查显示地区之间的政府效率存在很大的差异。而根据樊纲等（2007，2010）从政府与市场的关系、非国有经济发展、产品市场发育、要素市场发育以及市场中介组织和法律制度环境等五个方面评价我国市场化进程可以发现，经济发达地区的市场化进程明显优于不发达地区。就整体并购而言，经济发达地区的产权交易市场发展较成熟，企业并购的信息搜寻成本相对较低，更有利于企业并购契约的顺利签订和执行，提高并购的成功率、降低并购风险。因此，企业并购本身与经济发展水平正相关。

其次，从企业并购的市场逻辑看，在"市场导向型"并购中，市场规模是影响公司并购目标选择的重要因素，经济发达地区由于人口多、GDP总量大，具有支撑行业发展的市场规模。因此，基于市场规模等因素的影响，企业并购向经济发展水平高的地区集聚的现象，已经成为并购行为的显著特征。田祖海、张恬嘉（2007）研究了跨国并购的区位选择问题，发现跨国公司在华的并购目标具有明显的区域选择差异——东部沿海发达地区较为集中，中西部地区则相对较少。

① 在目前的体制背景、市场环境和企业发展情况下，跨越属地化阶段的并购很容易招致失败。企业在当地没有经过充分发展与并购整合磨炼，在没有形成较为强大的实力之前就进行异地扩张。实践证明，如果跨越企业属地化并购阶段，就进行行业扩张或国际化并购，即使有再好的远景，也容易招致并购后整合失败。这类典型案例如科利华并购阿城钢铁（异地"买壳"整合失败案例）、上海新绿并购辽宁金帝建设（异地行业整合失败案例）等。

此外，作为企业重大战略性决策的并购，受到信息不对称因素的影响，并购交易通常面临着很大的不确定性，如并购对象选择的不确定性、并购对象估值的不确定性以及并购过程的不确定性等，由此产生的并购风险可能成为阻碍并购交易顺利进行的不利因素（万良勇、胡璟，2014）。然而，像北京、上海、广东等经济发达地区不仅企业数量多而且资质较好，企业财务透明度较高，信息披露较规范[①]，有助于减少不确定性因素对并购交易实施的不利影响。一方面，经济的发展推动了辖区内企业扩大规模、提升竞争力的需求，从而导致企业并购需求增加；另一方面，经济的发展又提供了更多的可供并购资源，因此，同属管辖并购与经济发展水平正相关。

（二）货币政策与经济发展水平的互动对同属管辖并购的影响

由于各地区经济发展水平的不均衡，各地区对统一货币政策的反应往往并不相同。已有的研究发现，经济发展水平较高的区域货币市场相对比较发达，对中央银行的货币操作反应也较为敏感，货币政策能够较快地通过货币传导的途径影响到投资和消费，从而影响经济增长和物价水平；而经济发展水平较低的区域其货币市场通常发育程度低，对货币政策变动的反应较为迟缓，难以有效地通过货币传导路径传递货币政策的意图。其结果是统一的货币政策冲击，在不同经济发展水平的区域产生了非对称性效应。如 Hanson 等（2006）的研究发现，经济发展较慢的区域在扩张性货币政策下受益较小；国内学者郭其友和陈银忠（2011）通过对中国八大综合经济区[②]的数据研究发现，无论从短期还是长期来考察，货币政策冲击对经济发展水平较高区域与经济发展水平较低区域的影响存在明显差异。

既然宽松/紧缩的货币政策在不同经济发展水平区域所产生的效应存在明显差异，那么，这种货币政策区域异质性效应是否传递到企业微观行为——同属管辖并购。

第一，从金融结构差异的角度看。我国区域间经济发展不平衡导致了各区域商业银行在机构数、业务量、效益以及服务水平等方面存在差异。在银行机构方

① 经查阅沪、深两个交易所上市公司所在地区分布情况和深交所“信息披露考评”信息发现，截至 2012 年 12 月 31 日，我国已上市的上市公司共有 2465 家，其中 1669 家位于东部地区，而中部地区和西部地区分别只有 432 家和 364 家，仅东部地区的上市公司数量就占据全部上市公司数量的 2/3；而根据深交所所提供的信息披露考评排序结果来看，2012 年东部地区上市公司信息披露考核结果依据信息披露质量为 A 的比重要高于中西部地区，且考核结果为 D 级的比重也低于中西部地区。

② 从目前的研究文献来看，对区域的划分主要有三区域（东部、中部、西部）、四区域（东部、中部、西部、东北部）和八区域（东部沿海综合经济区，南部沿海综合经济区、北部沿海综合经济区、长江中游综合经济区、黄河中游综合经济区、东北综合经济区、大西南综合经济区、大西北综合经济区）。其中的八区域划分是 2005 年国务院发展研究中心发布的《地区协调发展的战略和政策》报告所提出的新综合经济区划分设想。

面，在经济发达地区，股份制商业银行发展迅速，国有银行分支行的规模大，银行的总体数量多；而中西部地区国有银行比重高，分支行规模小，商业银行较少，银行的总体数量也较少①。在信贷制度方面，发达地区国有商业银行主要是贷差行，而经济不发达地区银行主要是存差行。国有商业银行通过上收信贷管理权限，将欠发达地区的金融资源转移到经济发达地区②。刘飞（2007）的研究表明，我国区域之间的信贷配给差异明显，货币政策主要通过信贷配给机制产生区域效应。统一的货币政策对发达地区和不发达地区的影响差异很大，当实行宽松性的货币政策时，会加快资金向发达地区的流动，资源也同样有这样的流动性，发达地区的上市公司会并购不发达地区的企业，以实现自身的扩张；而实行紧缩性的货币政策时，却不能促使资金向不发达地区回流，当资金不能回流时，各地区此时上市公司更注重自保，在相近的地区寻求资源，推动同属管辖并购的发生。因此，在紧缩性的货币政策下，与经济发展较慢地区相比，经济发展水平较高的地区更容易实施同属并购。

第二，从企业融资渠道和融资约束看。尽管 Andrade 等（2001）的研究发现，随着经济发展水平的提高和金融市场的日臻完善，尤其是在美国第四次并购浪潮以后，股票对价方式受到越来越多并购公司的青睐，然而，发生在中国 A 股市场上的并购交易绝大多数以现金作为并购对价方式，股票对价方式所占比重非常微小（不到 10%）。这就意味着企业若想顺利完成并购，获得并购资金的支持极为关键。然而，我国证券市场融资（直接融资）的区域结构极不平衡，东高西低的格局身份明显（曾康霖等，2006），本节通过统计 WIND“IPO/增发配股”数据库相关数据发现，2007 年到 2012 年间，东部地区的直接融资总额分别是中、西部地区的 5.7 和 6.7 倍，客观上存在着资金通过资本市场从中西部流向东部地区的现象；从间接融资方面看，资金的“孔雀东南飞”的现象明显（索彦峰、陈继明，2007）。上述数据表明经济比较发达的区域融资渠道较广，在紧缩性的货币政策冲击下，能够通过相对广泛的融资渠道获取资金，这也导致了紧缩性的货币政策冲击对经济发展水平较低区域的影响较大，而对经济发展水平较高区域

① 从银行体系的所有制结构来看，经济发展水平落后的西部地区金融所有制结构较为单一，除占绝对主导地位的四大国有商业银行外，交通银行、浦发银行等全国性股份制商业银行仅在少数中心城市设有分支机构（2012 年后上述股份制银行才开始陆续登陆中西部地区的二三线城市）。而经济发展水平较快的东部地区金融机构所有制结构明显丰富，大部分新兴商业银行分支机构及绝大多数外资银行机构都设在东部地区。

② 在国有商业银行的“商业化”和“市场化”改革方向确定以后，来自盈利动机的要求使得国有商业银行开始大规模压缩县及县以下地区网点，或者在欠发达地区不压缩网点但压缩资产业务。各行普遍采取的策略是一手压缩机构人员，一手实行基层机构的只存不贷或多存少贷，由此导致信贷资金配置主要集中在经济发达地区的局面，这将间接导致经济增长格局的进一步失衡（广东金融学院中国金融转型与发展研究中心银行改革组，2006）。

的影响较小。此外，宋旺等（2006）的研究显示，我国货币政策存在区域效应，并且货币政策的区域效应造成了我国经济水平不同地区的企业在货币政策紧缩环境下的融资约束问题也表现出显著的差异。企业在面临自身发展的要求和紧缩货币政策的约束时，外部环境不确定性较宽松时期大大增强、企业面临的风险也增加、出现经营困难的可能性提高，而此时由于判断企业未来盈利能力和偿债能力的难度和不确定性加大，银行放贷意愿减弱。从公司自身融资的角度出发，经济发展较快地区的公司融资渠道较多，如银行、发债、信托等等各种手段。经济发展水平较高区域的企业自身经济效益较好，融通资金的能力较强，能够在较为完善的货币市场中，通过其他渠道获得资金，从而减弱了紧缩性货币政策对经济发展水平较高区域的企业影响。因此，在紧缩性的货币政策下，经济发展水平较高地区信贷市场较为完善，融资渠道更多，更容易获取并购所需的资金支持，更容易实施同属并购。

第三，从政府干预银行信贷看。Boyreau - Debray 和 Wei（2003）的研究表明，政府干预使得中国金融市场地方分割现象严重，资本偏离了向拥有更高生产率的地区流动准则。因此，除非现行财政体制及其官员考核体制发生变化，否则，地方政府干预银行信贷的努力不会消失。作为商业银行来说，必定会考虑公司各方面表现以控制风险，到期能收回资金，特别是在货币紧缩的时候，资金供给量减小，银行等资金方在有限的货币资源下，除了考虑企业自身的财务业绩之外，地方政府施加的压力使得政府是否支持也成为银行信贷发放的重要决定因素之一①。在企业面临困境的情况下，政府出面穿针引线、协调各方关系并给予诸多优惠条件对于达成并购协议并获得相应的资金支持显得尤为重要。因此，在货币政策紧缩时期，处于经济发展程度较高区域的企业，由于所在区域信贷市场较为完善，融资渠道更多，政府也更有动力和能力帮助属地内企业解决同属并购资金问题，从而使得这类地区的企业较经济发展较慢地区更容易实施同属并购。

综上所述，本节提出以下研究假设：

假设 3：经济发展水平越高地区的上市公司越倾向于同属并购。在货币紧缩时期，相对于经济发展水平较低的地区而言，经济发展水平较高地区的上市公司更倾向于进行同属并购。

二、研究设计

（一）样本选取

本节以 2007 - 2012 年进行重大并购重组的沪、深 A 股主板上市公司为研究对象。研究样本按照以下选择标准与剔除顺序：（1）并购事件的首次公告日期

① 在信息不对称的情形下，银行等资金提供者更愿意“相信”国家。

处于2007年1月1日至2012年12月31日之间；（2）交易事项已完成；（3）剔除金融行业上市公司；（4）剔除并购方式中行政划拨、司法裁定、回购、置产置换等数据；（5）剔除标的物类型中资产与股权标的混合的数据；（6）剔除相关信息披露不完全的数据。经过上述剔除步骤，本节最终研究样本为579个。为了控制极端值对回归结果的影响，对模型中所有连续变量进行winsrise处理。

本节的并购重组数据来源于WIND数据库，公司治理数据和公司财务数据等来源于CSMAR数据库。本节的数据处理主要使用了STATA12.0。

（二）模型设定与变量定义

为了检验本节的研究假说，建立以下Logistic回归模型：

$$Dum\_partrd = \beta_0 + \beta_1 Lnrg_{t-1} + \beta_2 Mp + \beta_3 Dum\_rg \times Dum\_mp + \beta_4 Local_{t-1} + \beta_5 Private_{t-1} + \beta_6 HHI_{t-1} + \beta_7 Dum\_type + \beta_8 Control + \beta_9 Shr1_{t-1} + \beta_{10} Shr2-5_{t-1} + \beta_{11} Loss_{t-1} + \beta_{12} Duality_{t-1} + \beta_{13} Lnsize_{t-1} + \beta_{14} Indep_{t-1} + \beta_{15} Lev_{t-1} + \beta_{16} Roa_{t-1} + \beta_{17} Growth_{t-1} + \beta_{18} Cash_{t-1} + \beta_{19} Layoff_{t-1} + \beta_{20} Scale + \beta_{21} Dum\_indu + \beta_{22} Dum\_year + \varepsilon \quad (5)$$

（1）同属管辖并购（*Dum_ partrd*）：本节参照徐虹（2012），乔薇、李瑞敏（2011）的研究，上市公司同属并购交易取值为1，否则取值为0。

（2）经济发展水平（*Lnrg*）：本节借鉴高洪深（2006）的研究，选取我国各省或直辖市的人均国内生产总值来表示该地区的经济发展水平。

（3）货币政策（*Mp*）：本节借鉴陆正飞等（2011）、郑军等（2013）的研究，采用MP = M2增长率 - GDP增长率 - CPI增长率这个指标来估算货币政策的松紧程度。

参考前人的研究成果（方军雄，2008；潘红波、余明桂，2011），本节还在模型中控制了以下变量：公司规模$Lnsize_{t-1}$、盈利能力Roa_{t-1}、成长能力$Growth_{t-1}$、资产负债率Lev_{t-1}、企业产权性质$Local_{t-1}$/$Private_{t-1}$、现金比率$Cash_{t-1}$、是否亏损$Loss_{t-1}$、第一大股东持股比例$Shr1_{t-1}$、股权制衡度$Shr2-5_{t-1}$、两职是否合一$Duality_{t-1}$、独立董事比例$Indep_{t-1}$以及并购标的物类型Dum_ type、并购公司是否取得控制权Control、并购规模Scale、市场竞争指数HHI_{t-1}、地区失业率$Layoff_{t-1}$等，并控制了行业和年度效应。模型中的各种变量定义如表4-12所示：

表4-12　　变量说明

变量名称	变量代码	变量定义
是否同属并购	*Dum_ partrd*	虚拟变量，上市公司资产剥离的交易对象是否同属管辖。同属交易取值为1，否则取值为0
货币政策	*Mp*	货币和准货币（M2）供应量同比增长率 - GDP同比增长率 - CPI同比增长率，该指数越大，表明货币政策越宽松

续表

变量名称	变量代码	变量定义
人均 GDP	$Lnrg_{t-1}$	公司所在地区上年末的人均国内生产总值的自然对数
货币政策与地区生产总值的交互变量	$Dum\_rg \times Dum\_mp$	货币政策与人均 GDP 的虚拟变量交乘项，区分货币政策与人均 GDP 的高低设置虚拟变量，其中货币政策低于中位数（紧缩时期）设为 1，否则为 0；人均 GDP 高于 50% 设为 1，否则为 0
产权性质	$Local_{t-1}$	虚拟变量，主并上市公司控股股东的性质是地方政府取值为 1，否则取值为 0
	$Private_{t-1}$	虚拟变量，主并上市公司控股股东的性质是民营企业取值为 1，否则取值为 0
公司规模	$Lnsize_{t-1}$	上一年度公司资产总额取自然对数后的值
资产负债率	Lev_{t-1}	公司上年末的资产负债率
总资产报酬率	Roa_{t-1}	上一年度营业利润 ×2/（期初资产 + 期末资产）
成长能力	$Growth_{t-1}$	公司上年末的营业收入增长率
是否亏损	$Loss_{t-1}$	虚拟变量，如果公司上年末亏损，取值为 1，否则为 0
现金比率	$Cash_{t-1}$	上一年度（货币资金与短期投资）/资产，衡量主并公司资金闲置状况
第一大股东持股比例	$Shr1_{t-1}$	公司上年末的第一大股东持股比例
股权制衡	$Shr2-5_{t-1}$	公司上年末的第 2－5 大股东持股比例总和
两职是否合一	$Duality_{t-1}$	虚拟变量，若果公司上年末的总经理兼任董事长，取值为 1，否则为 0
独立董事比例	$Indep_{t-1}$	公司上年末的独立董事人数/董事会人数
并购标的物类型	Dum_type	虚拟变量，并购标的物为股权标的取值为 1，为资产标的取值为 0
并购规模	$Scale$	并购交易金额/公司上年末的总资产
是否取得控制权	$Control$	虚拟变量，本次并购公司是否取得控制权，取得控制权为 1，否则为 0
市场竞争指数	HHI_{t-1}	反映企业所面临的市场竞争状态，$\sum$（公司总资产/行业总资产）^{2}，该指数越小，表明行业竞争越激烈
地区城镇失业率	$Layoff_{t-1}$	公司所在地区上年末的城镇登记失业率
行业变量	Dum_indu	虚拟变量，表示上市公司所处行业，分类标准来自于中国证监会，若上市公司属于制造业，则以二级代码为准，其他行业以一级代码为准，共设置 20 个行业虚拟变量（样本中剔除金融行业）
年度变量	Dum_year	虚拟变量，用来控制宏观经济因素的影响

三、实证结果与分析

（一）主要变量的描述性统计与相关性分析

从表 4－13 的模型各主要变量描述性统计可以看出，总体样本中同属管辖并购样本占 59.4%，说明我国资本市场中同属管辖并购交易行为非常普遍，为本节的研究提供了可行性和必要性方面的支持；从样本公司的产权性质可以看出，在全部并购样本中，地方国有控股公司（*Local*）占比31.3%，民营企业（*Private*）占比43.4%，说明虽然目前我国上市公司的重大并购中依然以国有企业为主体，但是民营企业参与的重大并购越来越多，成为一支不容小觑的力量；从并购标的物类型（*Dum_ type*）看出，我国上市公司的并购交易标的物主要是股权，股权标的占比96.03%，资产标的选择较少，说明我国上市公司并购的主要目的是为了获取其他公司的股权，从而参股甚至控股其他公司；从样本公司的盈利状况和成长性看，总资产收益率（*Roa*）的均值为8.37%，营业收入增长率（*Growth*）为24.9%，样本中亏损公司（*Loss*）比例较低，仅为4.1%，说明总体而言，实施重大并购的样本公司具有较好的盈利能力和成长性；资产负债率（*Lev*）为55.1%，负债率比较适中；样本中约84.1%的公司通过并购取得了控制权（*Control*），由此说明上市公司实施的重大并购旨在获取目标公司的控制权；第一大股东持股比例（*Shr*1）为37.6%，第2-5大股东持股比例之和（*Shr*2-5）仅为14.5%，持股相对比较集中。

表4-13　主要变量的描述性统计列表

变量	观测值	均值	最小值	最大值	标准差
Dum_ partrd	579	0.5941278	0	1	0.4914846
Lnrg	579	10.51116	9.19573	11.3213	0.55175
Mp	579	3.887116	-2.28	19.18	6.729212
Local	579	0.3126079	0	1	0.4639569
Private	579	0.433506	0	1	0.4959873
Lnsize	579	22.37382	18.1624	26.1347	1.483329
Lev	579	0.5513015	0.245363	0.831166	0.1667671
Roa	579	0.0837066	-0.274767	0.418571	0.0793514
Growth	579	0.2488783	-0.324675	1.04816	0.3282065
Loss	579	0.0414508	0	1	0.1995028
Cash	579	0.165798	0.022421	0.436845	0.1315731
*Shr*1	579	0.3759536	0.1031	0.768	0.1613232
*Shr*2-5	579	0.1448289	0.011	0.4505	0.1001829
Duality	579	0.8842832	0	1	0.3201616
Indep	579	0.3620637	0.272727	0.571429	0.049988
Control	579	0.8411054	0	1	0.3658939
Dum_ type	579	0.9602763	0	1	0.1954781
Scale	579	0.1426269	0.000312	1.4048	0.3246181
HHI	579	0.0933363	0.031953	0.410562	0.089668
Layoff	579	0.0339516	0.014	0.045	0.0086155

表4－14列示了一些主要变量的Pearson相关系数矩阵。*Dum_ partrd*与*Lnrg*在1%的水平上显著正相关，这意味着上市公司同属管辖并购的可能性随着地区经济发展水平的增加而提高；*Dum_ partrd*与*Mp*显著负相关，通过5%的显著性水平测试，这说明上市公司同属管辖并购的可能性会随着货币政策的宽松而降低；进一步观察产权变量发现，*Dum_ partrd*与*Local*显著正相关，说明地方政府控制的上市公司更倾向于同属管辖并购，这一现象与潘红波、余明桂（2011）所发现的地方国企异地并购的概率显著低于民营企业保持一致。应该强调的是，我们应该谨慎看待这些初步的结果，因为两两相关系数的检验并没有控制其他可能的影响因素。后文将在控制企业财务、公司治理及并购特征等方面因素以及时间、行业效应以后，对以上关系进行进一步的检验，以期获得更加稳健的结果。

（二）回归结果及分析

货币政策变动、经济发展水平对上市公司同属管辖并购行为影响的Logit回归结果如表4－15所示。表4－15第（1）列显示，地区发展水平*Lnrg*（人均GDP）与同属管辖并购*Dum_ partrd*在5%的水平上显著正相关，说明经济发达地区的上市公司更倾向于进行同属管辖并购；第（2）列显示，货币政策指数与同属管辖并购显著负相关。即货币政策越紧缩，上市公司越倾向于进行同属并购；第（3）列显示，货币政策与地区发展水平的交乘项与被解释变量同属管辖并购显著正相关，说明在货币紧缩时期，经济发达地区的上市公司更倾向于在同属管辖地区内进行并购，由此假设3得到验证；第（4）列显示，在经济发达的地区，货币政策越紧缩，越倾向于进行同属并购，且通过了10%的显著性水平检验；第（5）列显示，在经济相对不发达的地区，货币政策指数同属管辖并购负相关，但是未通过显著性检验，说明货币政策变动对上市公司同属管辖并购行为的影响，受到地区经济发展水平的影响。以上结果均验证了假设3，由此证实了货币政策的区域异质性效应在我国上市公司同属管辖并购行为上的体现。

进一步观察模型中的控制变量，可以发现：地方政府控制上市公司与同属管辖并购显著正相关，说明地方政府有比较强烈的动机通过紧密的产权纽带关系，促使地方政府控制的上市公司进行同属管辖并购；股权标的物与同属管辖并购显著负相关，可能的原因是资产标的物的流动性较差，若并购交易中有大型机器设备和固定资产这种不易转移的标的物，企业会遵循“就近原则”，若选择异地并购则会增加运输成本和途中标的物毁损成本，权衡之下企业更倾向于进行同属管辖并购。相对地，股权标的物的流动性很强，没有地区之间的壁垒，所以与同属管辖并购是负相关的；行业竞争指数HHI与同属管辖并购显著负相关，由于行业竞争指数越小，行业竞争越激烈，因此，面临行业竞争越激烈的上市公司越倾向于同属管辖并购；总资产报酬率Roa和现金持有水平Cash均与同属管辖并购显著正相关，说明公司盈利能力越强、现金持有水平越高，越倾向于同属管辖并购。

表 4-14　　主要研究变量相关系数矩阵列表

变量	【1】	【2】	【3】	【4】	【5】	【6】	【7】	【8】	【9】	【10】	【11】	【12】	【13】	【14】	【15】	【16】	【17】	【18】	【19】	【20】
Dum_ partrd【1】	1																			
Lnrg【2】	0.12^{C}	1																		
Mp【3】	-0.11^{B}	-0.04	1																	
Local【4】	0.25^{C}	-0.01	-0.03	1																
Private【5】	-0.14^{C}	-0.13^{C}	0.05	-0.60^{C}	1															
Dum_ type【6】	-0.11^{C}	-0.10^{B}	0.05	-0.11^{C}	0.12^{C}	1														
Control【7】	-0.02	-0.09^{B}	0.17^{C}	-0.08^{B}	0.02	-0.02	1													
Loss【8】	-0.04	-0.05	0.11^{B}	-0.03	-0.03	-0.10^{B}	0.04	1												
Duality【9】	0.02	-0.07	-0.02	0.06	-0.19^{C}	-0.02	0.01	0.02	1											
Lev【10】	-0.04	-0.06	-0.08^{A}	-0.04	-0.06	0.01	0.02	0.14^{C}	0.07^{A}	1										
Growth【11】	0.05	-0.04	-0.19^{C}	-0.01	0.01	0.04	0.01	-0.14^{C}	0.02	0.04	1									
Scale【12】	0.04	-0.01	-0.04	0.03	0.07^{A}	-0.18^{C}	0.10^{B}	0.17^{C}	-0.06	-0.05	-0.04	1								
Layoff【13】	-0.00	-0.46^{C}	-0.02	0.22^{C}	0.09^{B}	0.07^{A}	0.01	0.04	0.09^{A}	0.03	-0.04	0.07	1							
HHI【14】	-0.04	0.02	0.06	-0.02	-0.08^{B}	-0.07	0.05	0.02	-0.01	-0.07	-0.04	-0.06	-0.15^{C}	1						
Shr1【15】	0.01	0.17^{C}	-0.06	0.03	-0.30^{C}	-0.10^{B}	0.02	-0.05	0.12^{C}	0.02	0.02	-0.05	-0.14^{C}	0.09^{B}	1					
Shr2-5【16】	-0.12^{C}	0.00	0.13^{C}	-0.22^{C}	0.12^{C}	0.05	0.01	0.01	0.03	0.00	0.07^{A}	-0.09^{A}	-0.13^{C}	-0.03	-0.26^{C}	1				
Lnsize【17】	-0.02	0.20^{C}	-0.04	-0.03	-0.40^{C}	-0.03	-0.05	-0.11^{C}	0.15^{C}	0.22^{C}	0.07^{A}	-0.39^{C}	-0.24^{C}	0.06	0.42^{C}	0.10^{B}	1			
Indep【18】	-0.09^{B}	0.05	0.05	-0.12^{C}	0.03	0.02	0.05	0.04	-0.04	-0.07^{A}	-0.04	0.02	-0.11^{C}	0.06	-0.01	-0.03	0.02	1		
Roa【19】	0.07^{B}	-0.01	-0.03	-0.07^{A}	0.11^{B}	0.04	-0.03	-0.45^{C}	-0.02	-0.21^{C}	0.21^{C}	-0.06	-0.06	0.01	0.10^{B}	0.01	0.00	-0.04	1	
Cash【20】	0.09^{B}	0.25^{C}	-0.05	-0.03	0.06	0.01	0.01	-0.07	-0.11^{C}	-0.27^{C}	0.06	0.18^{C}	-0.17^{C}	0.12^{C}	-0.03	0.07^{A}	-0.18^{C}	0.06	0.01	1

注：表中列示的是 Pearson 检验，A、B、C 分别表示在 10%、5%、1% 水平上显著。

表 4-15　　货币政策对同属管辖并购影响的回归结果

VARIABLES	被解释变量（Dum_ partrd）				
	(1)	(2)	(3)	(4)	(5)
Lnrg	0.5014 ** (2.10)				
Dum_ rg			-0.3574 (-1.13)		
Mp		-0.0266 * (-1.83)		-0.0445 * (-1.94)	-0.0046 (-0.21)
Dum_ mp			-0.0869 (-0.30)		
Dum_ rg × Dum_ mp			0.8088 ** (2.05)		
Local	1.3048 *** (4.18)	1.3086 *** (4.22)	1.2568 *** (4.03)	1.2829 ** (2.42)	1.2132 ** (2.40)
Private	0.1326 (0.44)	0.1024 (0.34)	0.0754 (0.25)	-0.4601 (-0.90)	0.2734 (0.55)
Dum_ type	-1.5077 ** (-2.18)	-1.5171 ** (-2.22)	-1.5557 ** (-2.28)	-1.3880 (-1.62)	-2.1436 * (-1.72)
Control	0.2585 (0.94)	0.2471 (0.92)	0.2456 (0.90)	-0.0076 (-0.02)	0.7639 (1.64)
Loss	0.4034 (0.69)	0.4401 (0.76)	0.3184 (0.56)	1.9334 (1.47)	-0.0575 (-0.07)
Duality	0.1918 (0.62)	0.2255 (0.74)	0.2393 (0.78)	0.2776 (0.59)	-0.1826 (-0.37)
Lev	0.0061 (0.01)	-0.1082 (-0.16)	-0.0793 (-0.12)	0.1500 (0.13)	0.3115 (0.29)
Growth	0.0352 (0.11)	0.0577 (0.19)	0.0246 (0.08)	0.6284 (1.21)	0.2507 (0.52)
Scale	0.1122 (0.32)	0.1666 (0.48)	0.1246 (0.35)	0.4305 (0.65)	-0.2102 (-0.40)
Layoff	-6.5238 (-0.46)	-17.2828 (-1.34)	-15.4154 (-1.13)	-0.9233 (-0.05)	-55.5509 * (-1.72)
HHI	-3.9698 ** (-2.22)	-4.4910 ** (-2.54)	-4.5232 ** (-2.55)	-5.1464 (-1.63)	-2.3545 (-1.02)
Shr1	-0.5861 (-0.77)	-0.4252 (-0.57)	-0.5312 (-0.71)	2.1779 * (1.77)	-3.4847 *** (-2.80)
Shr2-5	-1.6564 (-1.52)	-1.6782 (-1.55)	-1.8927 * (-1.77)	1.8117 (1.15)	-4.3327 ** (-2.28)

续表

VARIABLES	被解释变量（Dum_ partrd）				
	(1)	(2)	(3)	(4)	(5)
Lnsize	-0.0728 (-0.73)	-0.0448 (-0.47)	-0.0808 (-0.82)	-0.3345** (-2.07)	0.1218 (0.75)
Indep	-2.8789 (-1.45)	-2.9180 (-1.49)	-2.7519 (-1.40)	-8.1697*** (-2.73)	-0.2834 (-0.09)
Roa	4.3982*** (2.85)	4.2477*** (2.81)	4.3149*** (2.86)	-0.3574 (-0.13)	5.9531*** (2.67)
Cash	2.1009** (2.28)	2.3140*** (2.58)	2.5238*** (2.77)	3.4572** (2.38)	-0.0628 (-0.04)
行业	控制	控制	控制	控制	控制
年度	控制	控制	控制	控制	控制
_ cons	-1.0736 (-0.30)	4.3190* (1.71)	4.6251* (1.81)	11.9435*** (2.92)	1.6948 (0.40)
observations	579	579	579	290	272
Wald CHI^2	104.02	99.03	102.27	78.94	69.40
Prob > CHI^2	0.0000***	0.0000***	0.0000***	0.0000***	0.0003***
Log likelihood	-339.0012	-341.4951	-339.8772	-153.4950	-152.5906
PescudoR - Square	0.1330	0.1266	0.1308	0.2045	0.1853

注：*、** 和 *** 分别表示 10%、5% 和 1% 的显著性水平。

（三）拓展性检验一：地区经济发展水平与货币政策对同属管辖并购绩效的影响

并购是实现公司发展战略的一种手段，其终极目标是实现公司价值最大化。因此，公司并购经济后果一直以来都是理论界和实务界极为关注的问题，但是，大量的研究（Bruner，2002；李善民和朱滔，2005）发现，大多数企业的并购并不成功、未达到预期效果。Haspeslagh 和 Jemison（1991）认为，并购整合能力才是并购能否产生价值的根源，上市公司并购整合效果将是决定并购绩效的关键性因素。在当前我国市场经济发育不成熟的情况下，企业并购整合需要资金、人员等多方面的支持。由于经济发展水平的差异，各个地区对扩张或是收缩的货币政策的反应时滞并不一致，在不考虑其他因素影响下，紧缩的货币政策对经济发展落后地区的影响要大于经济发展较快地区（汪增群，2007），紧缩性货币政策的区域效应也将更加倾向于加剧区域经济发展不平衡的趋势（郭其友、陈银忠，2011）。地区经济发展水平较高区域不仅货币市场相对比较发达，货币政策能够较快地通过货币传导的途径影响到投资和消费；而且相对于经济发展落后地区而言，经济发展较快地区的企业融资渠道更广，能够通过相对广泛的融资渠道获取资金。伴随着全国金融市场一体化进程，信贷资金加速向经济发达地区集聚，经济发展落后地区则出现资金供应"瓶颈"与"造血"功能缺失，信贷配给更加现象严重（申俊喜等，2011）。此外，尽管股票市场可以解决上市公司的资金饥渴，但在存量资源的配置上，它的作用仍然十分有限，尤其在上市公司与非上市公司之间的资源配置上，资本市场的角色仍然主要由政府充当。在经济发展落后地区往往伴随着更严重的政府干预企业经营行为以及阻碍各类要素的必要流动行为，从而加大了上市公司并购后整合的困难。基于上述分析，本节预期：在货币紧缩时期，经济发展水平较高地区的上市公司，同属并购的绩效也更高。

我们采用并购后一年与并购前一年的营业利润率的变化值（△Croa）度量并购绩效。考虑到同属管辖并购可能存在的内生性问题，本节采用二阶段模型（Heckman）控制内生性问题导致的自选择偏误。第一阶段设置模型如下：

$$Dum\_\ partrd = \beta_0 + \beta_1 Private + \beta_2 dum\_\ type + \beta_3 Shr1_{t-1} + \beta_4 Shr2 - 5_{t-1} + \beta_5 Loss_{t-1} + \beta_6 Lev_{t-1} + \beta_7 Roa_{t-1} + \beta_8 Growth_{t-1} + \beta_9 Scale + \beta_{10} Dum\_ indu + \beta_{11} Dum\_\ year + \varepsilon \quad (6)$$

将第一阶段自选择模型（Pobit 回归）估计得到的 Lamda（Inverse Mills Ratios）作为控制变量，放到并购绩效模型与其他变量一起进行第二阶段回归。

表 4-16　地区经济发展水平、货币政策对同属管辖并购绩效的影响

VARIABLES	被解释变量（△Croa）				
	全样本	按照经济发展水平分组		按照货币政策分组	
	(1)	(2) 高	(3) 低	(4) 宽松	(5) 紧缩
Dum_ partrd	0.1983*** (4.32)	0.1933*** (5.51)	0.2888*** (3.59)	0.2906*** (5.57)	0.1593*** (3.36)
Lnrg	0.0050 (1.14)			0.0204** (2.27)	0.0036 (0.52)
Mp	-0.0004 (-1.20)	-0.0003 (-0.71)	-0.0016* (-1.84)		
Dum_ partrd × Dum_ mp		0.0069 (0.92)	-0.0254** (-1.69)		
Dum_ partrd × Dum_ rg				-0.0267** (-2.14)	0.0029 (0.30)
local	0.0071 (1.16)	0.0103 (1.41)	0.0045 (0.29)	-0.0140 (-1.31)	0.0148* (1.82)
private	-0.0316*** (-3.35)	-0.0305*** (-3.45)	-0.0412** (-2.01)	-0.0585*** (-4.63)	-0.0197* (-1.80)

续表

VARIABLES	被解释变量（△Croa）				
	全样本	按照经济发展水平分组		按照货币政策分组	
	(1)	(2) 高	(3) 低	(4) 宽松	(5) 紧缩
Lamda	0.1205*** (4.32)	0.1124*** (5.21)	0.1747*** (3.55)	0.1926*** (6.12)	0.0925*** (3.19)
Mpt+1	-0.0009** (-2.21)	-0.0006 (-1.47)	-0.0010 (-1.59)	-0.0033*** (-2.74)	-0.0018*** (-2.52)
dum_type	-0.0569*** (-3.81)	-0.0600*** (-4.29)	-0.0459 (-1.26)	-0.1110*** (-5.78)	-0.0324* (-1.71)
control	-0.0058 (-1.18)	-0.0056 (-0.91)	-0.0002 (-0.02)	-0.0180 (-1.64)	-0.0047 (-0.72)
loss	0.0304** (2.20)	0.0377*** (2.90)	0.0089 (0.32)	0.0104 (0.73)	0.0464** (2.39)
duality	-0.0086 (-1.34)	-0.0026 (-0.36)	-0.0201 (-1.17)	0.0006 (0.07)	-0.0147 (-1.58)
lev	0.0130 (0.66)	0.0236 (1.43)	-0.0585 (-1.53)	-0.0234 (-0.88)	0.0213 (1.12)
growth	-0.0053 (-0.66)	-0.0089 (-1.20)	0.0039 (0.25)	0.0015 (0.14)	-0.0108 (-1.28)
scale	0.0219** (2.33)	0.0161** (2.00)	0.0482** (2.44)	0.0190 (1.63)	0.0272*** (2.80)
layoff	-0.0211 (-0.08)	0.0558 (0.19)	-1.2889 (-0.95)	0.9103* (1.91)	-0.5750 (-1.63)
hhi	0.0110 (0.32)	0.0248 (0.57)	-0.0182 (-0.25)	0.0770 (1.52)	0.0032 (0.06)
shr1	-0.0206 (-1.36)	-0.0199 (-1.11)	-0.0474 (-1.11)	-0.0074 (-0.31)	-0.0278 (-1.21)
shr2-5	-0.0739*** (-2.69)	-0.0615** (-2.07)	-0.1368** (-2.05)	-0.0854** (-2.08)	-0.0942** (-2.42)
lnsize	-0.0063*** (-2.70)	-0.0064*** (-2.82)	-0.0043 (-0.75)	-0.0053 (-1.52)	-0.0055** (-2.15)
indep	-0.0353 (-0.80)	0.0573 (1.23)	-0.3328*** (-3.22)	-0.0031 (-0.04)	-0.0646 (-1.24)

续表

VARIABLES	被解释变量（△*Croa*）				
	全样本	按照经济发展水平分组		按照货币政策分组	
	(1)	(2) 高	(3) 低	(4) 宽松	(5) 紧缩
cash	0.0163 (0.79)	0.0210 (1.09)	0.0009 (0.02)	-0.0210 (-0.70)	0.0132 (0.56)
行业/年度	控制	控制	控制	控制	控制
_cons	0.0640 (0.94)	0.0723 (1.18)	0.2719* (1.76)	-0.1298 (-0.97)	0.1756* (1.76)
observations	579	433	146	249	330
F值	5.54***	3.93***	2.09**	3.17***	3.46***
Adj R - squared	0.2692	0.2132	0.2272	0.2460	0.2343

注：表中所有括弧内t值都经过异方差调整，***、**、*分别表示在1%、5%、10%水平上显著。

表4-16是控制了上市公司同属管辖并购内生性问题后的二阶段回归结果。回归各列中Lamda的回归系数显著，说明了本节在研究地区经济发展水平、货币政策对上市公司同属管辖并购绩效影响的过程中，控制同属管辖并购自选择偏误的必要性。

表4-16的第（1）列列示了全样本回归结果。首先，是否同属管辖并购与并购后的绩效显著正相关，由此说明就我国现阶段而言，大量出现的属地内并购是企业并购决策时趋利行为的一种外在表现——有利于降低信息不对称、减少交易成本、并购后的整合工作也更方便推进甚至还能获得辖区政府的各种支持与帮助。该结果进一步验证了潘红波和余明桂（2011）的研究发现——与同地收购的公司相比较，由于异地并购后企业的实际所得税税率和银行贷款成本均会显著增加，所以基于获得税收优惠和降低债务成本考虑，企业更倾向于同属并购；其次，经济发展水平与上市公司并购后的绩效显著正相关。并购的价值来源于并购交易后的创造（Haspeslaph and Jemison，1991），无论事先对外宣称的购并动机是什么，比如获得某些协同效应、进入新市场，都必须通过整合过程来将其付诸实现。并购后的整合过程是一个复杂的过程，包括市场、技术、资金、人力资源和文化等诸多方面。首先，并购后企业有效整合所需的各类支持如在区域金融市场发展、银行信贷、企业融资渠道、要素流动以及市场竞争环境等各方面，经济发展较快地区都优于经济发展落后地区，因此，地区经济发展水平越高越有利于提升企业并购绩效；最后，货币政策的宽松与紧缩对上市公司并购绩效影响不明显。虽然实施宽松的货币政策时，增加的货币发行量会促进信贷投放，商业银行提供给企业的贷款不仅额度增大，贷款利息也会相应下浮（黄志忠、谢军，

2013），即宽松的货币政策有助于企业提高外部融资能力，以更低的融资成本获取更多的外部债务资本。然而，宽松的货币政策也会刺激公司投资的意愿，在宽松的货币政策和扩张的经济环境当中，公司管理层的扩张欲望往往表现为通过企业并购来扩张企业规模，股东收益的不断增加也将强化股东的乐观心理及其对公司管理层的信任，往往因此削弱了对公司管理层追求自身利益的监督和约束，可能导致企业过度投资行为。因此，宽松的货币政策未必有利于提高上市公司并购绩效。

由于本节主要关注货币政策区域异质性效应对同属管辖并购后果的影响，所以我们按照地区经济发展水平高低和货币政策宽松/紧缩进行进一步的分组检验。表4－16的第（2）、（3）列提供了按照经济发展水平高低分组检验的结果。首先我们尝试按照经济发展水平的中位数进行分组，发现两组间无显著差异，在此基础上，我们又尝试着按照经济发展水平的1/4分位数进行分组，结果发现在经济发展水平较高组，交互变量 $Dum\_partrd \times Dum\_mp$ 为正但不显著，说明在经济发达地区，紧缩货币政策下的同属管辖并购对并购绩效无明显影响；在经济发展水平较低组，交互变量 $Dum\_partrd \times Dum\_mp$ 显著为负，说明在经济发展落后地区，紧缩货币政策下的同属管辖并购对并购绩效有显著的负面影响（在10%的水平上显著）。上述结果证实了紧缩的货币政策对于经济发展水平不同地区的同属管辖并购绩效的影响存在明显差异，相对于经济发展水平较高地区而言，紧缩的货币政策对经济发展水平较低地区的同属管辖并购绩效产生不利影响，进一步验证了汪增群（2007）的研究结论。表4－16的第（4）、（5）列提供了按照货币政策宽松/紧缩分组检验的结果。在货币政策宽松组，交互变量 $Dum\_partrd \times Dum\_rg$ 显著为负（在5%的水平上显著），说明在货币政策宽松时期，相对于经济发展水平较低地区而言，经济发展水平较高地区企业的同属管辖并购对并购绩效有显著的负面影响；在货币政策紧缩组，交互变量 $Dum\_partrd \times Dum\_rg$ 为正不显著，说明在货币政策紧缩时期，相对于经济发展水平较低地区而言，经济发展水平较高地区企业的同属管辖并购对并购绩效无明显影响。该实证结果进一步证实了紧缩的货币政策对经济发展落后地区的影响要大于经济发展较快地区。

综合以上研究结果，我们认为在现阶段的中国，由于区域经济发展水平的差异，货币政策的宽松与紧缩对不同区域内上市公司的同属管辖并购绩效产生不同影响，紧缩的货币政策对经济发展水平较高地区的同属管辖并购绩效存在正面的影响，对经济发展水平较低地区的同属管辖并购绩效则存在负面的影响，该实证结果也进一步印证了紧缩性的货币政策冲击对经济发展水平较低区域的影响较大，而对经济发展水平较高区域的影响较小，并从上市公司同属管辖并购绩效角度提供了我国货币政策区域效应存在性的经验证据。

（四）拓展性检验二：地区经济发展水平与货币政策对同属管辖并购后投资效率的影响

基于并购的管理协同效应、经营协同效应以及财务协同效应等研究发现，并购的发生相当于给公司引入了新的投资主体，不仅给公司带来更多的可投资资源、改善投资不足状况，还有助于进一步改善公司治理，增强公司内部监控机制和相互制约能力，能够有效地遏制过度投资冲动，进而带来管理效率的提升及非效率投资程度的明显改善；此外，并购后的全面整合有助于打破公司以前的决策模式甚至导致公司管理层变更，以经营管理效率高的管理层取代以前效率低下的管理层，从而减少对净现值小于零项目的投资，增加投资于净现值大于零的项目，总体上降低非效率投资的程度。因此，上市公司的并购理论上应该有助于提升投资效率。然而，委托代理问题和治理机制不完善所导致的管理者额外津贴、挥霍浪费、过度投资、盲目多元化或者财务保守等行为都会直接影响公司的非效率投资（Jensen 和 Meckling，1976；Jensen，1986；Stulz，1990），而且上市公司并购后投资效率的高低可能因并购目标的差异、并购所在地区经济发展水平的不同以及货币政策的宽松或紧缩而有所区别，因此，本节进一步检验了地区经济发展水平、货币政策对同属管辖并购后投资效率的影响。

本节借鉴 Richardson（2006）、辛清泉等（2007）的模型，通过回归方法，分别估算出公司在并购前后正常的（预期的）投资支出水平，模型回归的残差 ε 即为非效率投资的程度，残差 $\varepsilon>0$ 表示投资过度，残差 $\varepsilon<0$ 表示投资不足。预期投资支出水平的估计计量模型见模型（7）。

$$INV_{t+1}=\beta_0+\beta_1 Lev_t+\beta_2 Lnsize_t+\beta_3 Cash_t+\beta_4 Growth_t+\beta_5 Ret_t+\beta_6 INV_t+\beta_7 Dum\_indu+\beta_8 Dum\_year+\varepsilon \quad (7)$$

其中，INV_{t+1}为第 t+1 年公司资本投资量，等于（固定资产净额 + 在建工程净额 + 工程物资 + 可供出售金融资产 + 持有至到期投资 + 长期股权投资净额 + 投资性房地产净额 + 无形资产 + 开发支出）净值变化量/平均总资产，$Growth_t$为第 t 年末公司成长机会，等于（年末股票总市值 + 负债账面价值）/总资产，$Cash_t$为现金持有量，Ret_t为 t 年持有股票回报率，$Lnsize_t$、Lev_t为 t 年末总资产的自然对数和资产负债率，INV_t为第 t 年公司资本投资量。

考虑到同属管辖并购可能存在的内生性问题，本节进行了 Heckman 检验，检验结果表明不存在自选择问题，因此实证检验时采用了 OLS 回归。本节区分了投资过度（Over - INV）、投资不足（Under - INV）以及非效率投资程度（非效率投资的绝对值，Abs - INV）三种情形进行分别回归，结果如表 4 - 17 Panel A/B 所示。

表 4-17　Panel A 地区经济发展水平、货币政策对同属管辖并购后投资效率的影响

VARIABLES	被解释变量（非效率投资）					
	货币政策宽松组			货币政策紧缩组		
	Over-INV	*Under-INV*	*Abs-INV*	*Over-INV*	*Under-INV*	*Abs-INV*
Dum_ partrd	0.0950 (0.13)	-0.0632 (-0.09)	-0.2415 (-0.50)	1.0843 (1.05)	-0.8401* (-1.74)	0.2061 (0.31)
Lnrg	0.6452 (0.65)	-0.0782 (-0.15)	0.6471 (1.13)	1.1797 (1.58)	-0.2554 (-0.52)	0.3409 (0.66)
Dum_ partrd ×*Dum_ rg*	-0.4533 (-0.49)	-0.5519 (-0.62)	0.6470 (0.97)	-1.4554 (-1.23)	1.5110** (2.05)	-0.2754 (-0.35)
Local	0.4273 (0.56)	-0.4781 (-0.78)	0.4343 (0.86)	0.2622 (0.34)	1.1340** (2.14)	-1.1425** (-2.36)
Private	-0.1247 (-0.17)	0.0490 (0.09)	0.1946 (0.40)	0.6953 (0.87)	0.6489 (1.35)	-0.3102 (-0.65)
Mpt+1	-0.0016 (-0.02)	-0.0263 (-0.29)	-0.0118 (-0.21)	-0.0300 (-0.43)	-0.0800*** (-2.85)	-0.0249 (-0.59)
dum_ type	0.7236 (0.41)	0.4759 (0.88)	0.4153 (0.37)	0.8556 (1.04)	-0.9786 (-0.77)	0.5554 (0.53)
control	1.3865 (1.19)	-0.0292 (-0.04)	0.7760 (1.27)	0.9973 (1.54)	0.3402 (0.92)	0.3215 (0.76)
loss	3.4602** (2.68)	-1.5429* (-1.87)	4.1108*** (5.83)	/	0.9708 (1.53)	0.0193 (0.02)
duality	-1.0018 (-0.49)	0.4502 (0.64)	0.3902 (0.49)	2.9212** (2.07)	-0.4536 (-0.45)	2.5105*** (2.61)
cfo	-0.2840 (-0.59)	2.7357 (1.57)	0.1286 (0.27)	-0.0505* (-1.73)	2.2151* (1.91)	-0.0096 (-0.45)
mfee	8.6369*** (2.70)	2.1169 (0.55)	4.8335 (1.64)	8.1117** (2.21)	-4.7593*** (-4.03)	4.7497* (1.69)
lnsize	1.6343*** (4.63)	1.1542*** (4.70)	0.7618*** (2.87)	1.0983*** (3.00)	0.9311*** (3.89)	0.7587*** (4.54)
lndoard	-0.9905 (-0.52)	0.2167 (0.19)	-0.7115 (-0.66)	1.1528 (0.66)	-1.5315* (-1.87)	0.5086 (0.42)
ddbl	5.8648 (1.32)	-0.7284 (-0.13)	2.3205 (0.54)	9.8102** (2.42)	1.8336 (0.46)	3.5144 (1.10)

续表

VARIABLES	被解释变量（非效率投资）					
	货币政策宽松组			货币政策紧缩组		
	Over - INV	*Under - INV*	*Abs - INV*	*Over - INV*	*Under - INV*	*Abs - INV*
pay	0.5748 (1.15)	-.7047 ** (-2.23)	0.2605 (1.07)	-0.9976 * (-1.75)	0.2276 (1.02)	-0.7202 *** (-2.83)
行业/年度	控制	控制	控制	控制	控制	控制
_ cons	-50.1133 *** (-4.27)	-18.6331 * (-1.77)	-27.4671 *** (-3.29)	-32.1176 *** (-3.30)	-18.9457 *** (-2.85)	-11.2268 * (-1.71)
observations	115	122	237	165	153	318
F 值	5.15 ***	4.74 ***	5.48 ***	7.44 ***	11.63 **	136.28 ***
Adj R - squared	0.6952	0.6675	0.5046	0.6522	0.6555	0.4677

注：表中所有括弧内 t 值都经过异方差调整，***、**、* 分别表示在 1%、5%、10% 水平上显著。

表 4-17　　Panel B 地区经济发展水平、货币政策对同属管辖并购后投资效率的影响

VARIABLES	被解释变量（非效率投资）		
	Abs_ INV	*Over_ INV*	*Under_ INV*
Dum_ partrd	0.4921 (1.29)	-0.2195 (-0.33)	-1.1094 *** (-3.44)
Wlnrg	0.7409 * (1.85)	1.4617 ** (2.36)	-0.3124 (-0.84)
Mp	-0.0195 (-0.79)	0.0096 (0.30)	-0.0069 (-0.19)
Dum_ partrd × *Lnrg_ cen*	-04737 (-0.93)	-1.6734 ** (-2.31)	-0.1962 (-0.40)
Dum_ partrd × *Mp_ cen*	-0.0357 (-0.97)	0.0101 (0.19)	0.0619 (1.37)
Lnrg_ cen × *Mp_ cen*	0.0418 (1.27)	0.0564 (1.55)	-0.0093 (-0.24)
Dum_ partrd × *Dum_ rg* × *Dum_ mp*	-1.0861 ** (-1.96)	-0.1021 (-0.12)	2.4323 *** (4.75)
Local	-0.5796 (-1.62)	0.2599 (0.47)	0.8124 * (1.88)
Private	-0.2765 (-0.79)	0.6851 (1.22)	0.7704 ** (1.97)

续表

VARIABLES	被解释变量（非效率投资）		
	Abs_ INV	*Over_ INV*	*Under_ INV*
dum_ type	-0.2068 (-0.25)	0.9421 (1.04)	0.8007 (0.99)
control	0.5335 (1.41)	0.6421 (1.16)	0.3585 (0.98)
loss	2.8183 *** (3.85)	3.5232 ** (2.71)	-0.0252 (-0.04)
duality	0.6404 (0.94)	-0.1109 (-0.09)	0.2445 (0.46)
cfo	-0.0008 (-0.06)	-0.0415 *** (-2.84)	3.9186 *** (4.27)
mfee	5.9084 *** (3.84)	8.3719 *** (4.99)	-3.6395 ** (-2.32)
lnsize	0.7509 *** (5.26)	1.2994 *** (5.50)	0.8562 *** (4.52)
lndoard	-0.3160 (-0.38)	1.2729 (0.97)	0.3186 (0.39)
ddbl	1.9594 (0.68)	8.3962 *** (3.07)	2.6261 (0.76)
pay	-0.3273 (-1.75)	-0.5286 (-1.51)	-0.4050 * (-1.88)
行业	控制	控制	控制
年度	/	/	/
_ cons	-19.8340 *** (-3.54)	-43.506 *** (-5.62)	-14.5034 *** (-2.78)
observations	555	280	275
F 值	64.09 ***	9.70 ***	6.99 ***
Adj R - squared	0.3642	0.6047	0.4238

注：表中所有括弧内 t 值都经过异方差调整，***、**、* 分别表示在 1%、5%、10% 水平上显著。

表 4-17 Panel A 按照货币政策宽松和紧缩分组检验货币政策区域异质性效应对同属管辖并购后果的影响。结果显示，在货币政策宽松组，交互变量 *Dum_ partrd* × *Dum_ rg* 与非效率投资程度（Abs_ INV）正相关，与投资过度（Over - INV）、投资不足（Under - INV）负相关，但是都未通过显著性检验。说明在货

币政策宽松时期，相对于经济发展水平较低地区而言，经济发展水平较高地区企业的同属管辖并购对并购后的投资效率无明显影响；而在货币政策紧缩组，交互变量 $Dum\_partrd \times Dum\_rg$ 与非效率投资程度（Abs_ INV）、投资过度（Over-INV）负相关且未通过显著性检验，与投资不足（Under-INV）显著正相关且通过了5%的显著性检验。说明在货币政策紧缩时期，相对于经济发展水平较高地区而言，经济发展水平较低地区企业的同属管辖并购后的投资不足情况更加严重。

表4-17 Panel B检验了同属管辖并购、经济发展水平以及货币政策三者交乘后对非效率投资的影响。表4-17 Panel B的第一列显示，在货币政策紧缩时期，相对于经济发展水平较低地区而言，经济发展水平较高地区企业的同属管辖并购与并购后的非效率投资显著负相关（通过了5%的显著性检验），说明整体而言，在面临紧缩的货币政策时，经济发达地区同属并购上市公司的非效率投资行为明显低于经济不发达地区。表4-17 Panel B第二、三列进一步区分投资过度与投资不足回归结果显示，在货币政策紧缩时期，相对于经济发展水平较低地区而言，经济发展水平较高地区企业的同属管辖并购后的投资过度程度更低但是未通过显著性检验，投资不足程度也更低且通过了5%的显著性检验。上述实证结果表明，从同属管辖并购后的公司投资效率看，货币政策的区域异质性效应主要体现为对公司投资不足方面的影响，紧缩货币政策对经济不发达地区的影响更大，导致上市公司并购后的投资不足现象更严重。

四、稳健性检验

本节采用以下几种方式进行了稳健性检验：（1）以人均财政收入作为经济发展水平的替代变量，主要研究结果不变，结果见表4-18；（2）以并购后一年与并购前一年的资产收益率的变化值（△Roa）度量并购绩效，主要研究结果不变，结果见表4-19。表明本节结论是稳健的。

表4-18　　货币政策对同属管辖并购影响的回归结果

VARIABLES	被解释变量（*Dum_ partrd*）				
	(1)	(2)	(3)	(4)	(5)
Lnrc	0.1180 (0.79)		0.0868 (0.54)		
Mp		-0.0281** (-1.94)	-0.0277 (-1.74)	-0.0413* (-1.84)	-0.0232 (-1.08)
Dum_ rc Dum_ mp*			0.0369 (0.12)		

续表

VARIABLES	被解释变量（*Dum_ partrd*）				
	（1）	（2）	（3）	（4）	（5）
Local	1.2523*** （4.05）	1.2322*** （4.01）	1.2318*** （4.01）	1.2544** （2.48）	1.4572*** （2.91）
Private	0.2085 （0.69）	0.1655 （0.55）	0.1725 （0.57）	−0.1390 （−0.29）	0.5738 （1.17）
Dum_ type	−1.6140** （−2.30）	−1.6303** （−2.34）	−1.6038** （−2.29）	−1.4208* （−1.69）	−1.4546 （−1.16）
Control	0.1220 （0.45）	0.1229 （0.46）	0.1329 （0.49）	−0.2702 （−0.69）	0.9580** （2.09）
Loss	0.8513 （1.45）	0.8257 （1.41）	0.8408 （1.43）	1.5880 （1.41）	0.5891 （0.71）
Duality	0.0834 （0.27）	0.1008 （0.33）	0.1027 （0.34）	0.2431 （0.55）	−0.3908 （−0.75）
Lev	0.0358 （0.13）	0.0417 （0.15）	−0.0793 （−0.12）	1.1825 （1.32）	−0.2594 （−0.70）
Growth	0.1267 （1.21）	0.1290 （1.23）	0.0246 （0.08）	0.2352 （1.14）	0.1269 （0.87）
Scale	−0.0634 （−1.15）	−0.0617 （−1.12）	0.1246 （0.35）	−0.0327 （−0.34）	−0.0751 （−0.94）
Layoff	−15.8154 （−1.17）	−19.0323 （−1.48）	−16.1265 （−1.19）	−13.4180 （−0.75）	−64.1396** （−2.05）
HHI	−4.0366** （−2.31）	−4.1413** （−2.37）	−4.0790** （−2.33）	−6.3258 （−2.08）	−1.8278 （−0.78）
Shr1	−0.0024 （−0.32）	−0.0029 （−0.39）	−0.0033 （−0.45）	0.0216* （1.78）	−0.0322*** （−2.68）
Shr2−5	−0.0181* （−1.65）	−0.0194* （−1.79）	−0.0190* （−1.75）	0.0090 （0.56）	−0.0453** （−2.44）
Lnsize	−0.1265 （−1.30）	−0.1035 （−1.09）	−0.1138 （−1.18）	−0.3631** （−2.40）	0.1773 （1.11）
Indep	−2.0520 （−1.04）	−1.9978 （−1.02）	−2.0464 （−1.04）	−5.1077* （−1.74）	−0.6549 （−0.20）
Roa	4.3625*** （2.92）	4.2815*** （2.90）	4.3648*** （2.94）	2.5975 （1.01）	5.8288*** （2.59）
Cash	2.2129** （2.39）	2.3146** （2.54）	2.2400** （2.43）	4.3586*** （3.01）	0.7539 （0.45）
行业	控制	控制	控制	控制	控制

续表

VARIABLES	被解释变量（*Dum_ partrd*）				
	(1)	(2)	(3)	(4)	(5)
年度	控制	/	控制	/	/
_ cons	4.8043 * (1.69)	5.6292 ** (2.19)	5.0033 * (1.77)	11.1781 *** (2.87)	.4555 (0.11)
observations	579	579	579	286	274
Wald CHI^2	96.33	96.10	96.58	69.91	68.00
Prob > CHI^2	0.0000 ***	0.0000 ***	0.0000 ***	0.0000 ***	0.0005 ***
Log likelihood	-341.4247	-342.5754	-342.33484	158.1561	-152.9912
PescudoR - Square	0.1236	0.1230	0.1236	0.1810	0.1818

注：*、** 和 *** 分别表示 10%、5% 和 1% 的显著性水平。

表 4-19　地区经济发展水平、货币政策对同属管辖并购绩效的影响

VARIABLES	被解释变量（△*roa*）				
	全样本	按照经济发展水平分组		按照货币政策分组	
	(1)	(2) 高	(3) 低	(4) 宽松	(5) 紧缩
Dum_ partrd	0.3499 * (1.87)	0.0252 (0.77)	0.0463 (0.09)	-0.0176 (-0.78)	1.0103 ** (2.25)
Lnrg	-0.0032 (-0.02)			-0.0113 (-0.50)	-0.0981 (-0.24)
Mp	0.0099 (0.73)	-0.0016 (-0.73)	-0.0308 (-1.01)		
Dum_ partrd × *Dum_ mp*		0.0668 * (1.77)	-1.0482 * (-1.90)		
Dum_ partrd × *Dum_ rg*				0.0351 (1.20)	-0.5571 (-0.87)
local	0.3269 (1.17)	-0.0006 *** (-0.02)	0.8179 (1.40)	-0.0248 (-0.95)	0.5743 * (1.20)
private	0.2953 (1.05)	0.0151 (0.37)	0.8471 (1.43)	-0.0165 (-0.65)	0.3350 (0.69)
dum_ type	-0.0522 (-0.11)	0.0231 (0.41)	-0.3773 (-0.33)	-0.1312 *** (-3.52)	-0.3848 (-0.45)
control	-0.0493 (-0.20)	0.0212 (0.69)	0.2964 (0.54)	-0.0227 (-0.85)	-0.1270 (-0.33)

续表

VARIABLES	被解释变量（△roa）				
	全样本	按照经济发展水平分组		按照货币政策分组	
	(1)	(2) 高	(3) 低	(4) 宽松	(5) 紧缩
loss	1.0382** (2.19)	0.6036*** (7.13)	1.9297** (2.31)	0.1894*** (5.60)	2.6896** (2.54)
duality	-0.2993 (-1.05)	0.0195 (0.51)	-0.3387 (-0.56)	-0.0514** (-2.41)	-0.7451 (-1.34)
lev	-1.9481*** (-3.23)	0.2359*** (2.75)	-4.8549*** (-4.03)	0.1545*** (2.65)	-3.9442*** (-3.80)
growth	0.7074** (2.55)	-0.0611 (-1.59)	1.3756** (2.42)	-0.0508** (-2.02)	1.6379*** (3.35)
scale	0.8646*** (2.79)	-0.0501 (-1.12)	1.4072** (2.27)	-0.0105 (-0.39)	0.6880 (1.23)
layoff	13.5609 (1.07)	0.3253 (0.23)	59.1238 (1.59)	0.9626 (0.82)	18.9284 (0.90)
hhi	0.3604 (0.23)	-0.0135 (-0.05)	1.0529 (0.38)	-0.0112 (-0.09)	1.1374 (0.35)
*shr*1	-0.1662 (-0.24)	0.0161 (0.17)	-0.1054 (-0.07)	0.0160 (0.28)	-0.3248 (-0.27)
*shr*2-5	0.0492 (0.05)	-0.0339 (-0.25)	1.4161 (0.64)	0.0957 (1.14)	0.3149 (0.17)
lnsize	0.4887*** (5.44)	-0.0205 (-1.60)	1.0147*** (5.48)	-0.0283*** (-3.34)	0.7688*** (5.08)
indep	-5.3577*** (-2.98)	-0.0526 (-0.22)	-9.1497** (-2.31)	0.1767 (1.04)	-6.9503** (-2.26)
cash	1.5253* (1.93)	-0.0089 (-0.09)	2.7350 (1.50)	-0.1094 (-1.50)	2.5115* (1.81)
行业/年度	控制	控制	控制	控制	控制
_cons	-9.3756*** (-3.04)	0.3546 (1.03)	-18.8490*** (-3.46)	0.7793** (2.19)	-15.5310*** (-2.65)
observations	579	295	284	249	330
F值	2.25***	2.48***	2.48**	3.48***	2.33***
Adj R-squared	0.0762	0.1572	0.1655	0.2861	0.1393

注：*、**和***分别表示10%、5%和1%的显著性水平。

五、研究结论与启示

宏观经济环境和政策如何影响企业行为，一直是政策制定者和研究学者们极为关注的问题。本节以 2007－2012 年的上市公司重大并购重组事件为研究样本，基于我国非均衡区域经济发展的现实，运用货币政策的区域异质性效应解释我国上市公司并购中的同属管辖交易行为及经济后果。研究发现：经济发展水平越快地区的上市公司越倾向于同属管辖并购，在货币紧缩时期，相对于经济发展水平较低的地区而言，经济发展水平较高地区的上市公司更倾向于进行同属并购，其并购后的绩效也更好，且并购后的非效率投资程度也更低。

本节的政策启示：第一，在理论层面，尽管政府干预对企业经济活动的影响在逐步减弱，市场主体地位在经济发展过程的作用已经或者正在逐步显现，但是，如何进一步转变政府的职能，变革政府管制的方式和途径，仍然需要不断探索，建立真正意义上的企业市场地位。第二，在企业层面，在并购决策过程中，企业要更加注重研究货币政策区域异质性对资源配置效率的负面影响，更加注重在国家产业政策指导下，关注货币政策区域异质性和地区经济发展水平的状况及其互动作用对企业并购决策的影响，提高并购的质量。第三，在宏观层面，加强财政政策与货币政策的协调配合，充分发挥财政政策在缩小区域经济发展差异方面的作用。同时，加快经济发展水平较低区域金融中介市场发展，缩小银行结构发展的地区差异，提高经济发展水平较低区域货币市场交易的活跃度，改善货币政策传导的机制，提高传导效果。

参考文献

A. D. 钱德勒 . 1999. 规模经济与范围经济 [M] . 北京: 中国社会科学出版社 .

Agrawal A, Jaff J F. The Post - merger Performance Puzzle [J] . Advances in Mergers and Acquisition, 2000, 1: 7 -41.

Aktas N, Bodt E D, Roll R. Serial acquirer bidding: Anempirical test of the learning hypothesis [J] . Journal of Corporate Finance, 2011, 17 (1): 18 -32.

Allen F. , Qian M. Law, finance, and economic growth in China [J], Journal of Financial Economics, 2005, 77 (1): 57 -116.

Almazan M, De Motta A, Titman S. Financial Structure, Acquisition Opportunities, and Firm Locations [J] . The Journal of Finance, 2010, 65 (2): 529 -563.

Almeida H, Campello M, Weisbach M S. The Cash Flow Sensitivity of Cash [J] . Journal of Finance, 2004, 4: 1777 -1804.

Al - Sharkas A A, Hassan M K. New evidence on shareholder wealth effects in bank mergers during 1980 -2000 [J] . Journal of Economics & Finance, 2010, 34 (3): 326 -348.

Altamuro, J, Beatty, A. Do internal control reforms improve earnings quality? [R] Working Paper. 2006.

Amihud, Y. , Lev, B. , Travlos, N. G. Corporate Control and the Choice of Investment Financing: The Case of Corporate Acquisitions [J] . The Journal of Finance, 1990, 45: 603 -616.

Andrade G, Mitchell M, Stafford E. New evidence and perspectives on mergers [J] . Journal of Econometrics, 2001, 15 (2): 103 -120.

Andrew Shipilov, Wade Danis. TMG social capital, strategic choice and firm performance [J] . European Management Journal, 2006, 24 (1): 16 -27.

Arora, A. , A. Gambardella. Complementarity and External Linkages: The Strategies of the Large Firms in Biotechnology [J] . Journal of Industrial Economics, 1990, 38 (4): 361 -379.

Arslan, O. , Florackis, C. , Ozkan, A. . Financial Flexibility, Corporate Investment and Performance [R] . Working Paper, 2011.

Ashbaugh - Skaife H. , Collins D. , Kinney W, and Ryan Lafond. The effect of

SOX internal control deficiencies and their remediation on accrual quality [J]. Journal of Accounting Research, 2009, 47 (1): 1-43.

Ashbaugh-Skaife, H., Veenma, D., Wangerin, D.. Internal Control over Financial Reporting and Managerial Rent Extraction: Evidence from the Profitability of Insider Trading [J]. Journal of Accounting and Economics, 2013, 55 (1): 91-110.

Atanasova C. V., Wilson N.. Disequilibrium in the UK corporate loan market [J]. Journal of Banking & Finance, 2004, 28 (3): 595-614.

Balakrishnan, S., I. Fox. 1993. Asset Specificity, Firm Heterogeneity and Capital Structure [J], Strategic Management Journal, 14: 3-16.

Balakrishnan, S. and Wernerfelt, B. L. Technical Change, Competition and Vertical Integration [J]. Strategic Management Journal, 1986, 7: 347-359.

Banoel, F., Mittoo, U, R.. Financial Flexibility and the Impact of the Global Financial Crisis: Evidence from France [J]. International Journal of Managerial Finance, 2011, 7 (2): 179-216.

Barney, J B. Firm resources and sustained competitive advantage [J]. Journalof Management, 1991, 17 (1): 99-120.

Basu N., Dimitrova L., and Paeglis I. Family control and dilution in mergers [J]. Journal of Banking and Finance, 2009, 33 (5): 829-841.

Bates, Thomas W, Kathleen M, Kahle, Rene M Stulz. Why do US Firms Hold Much More Cash Than They Used To?. The Journal of Finance. 2009, 64 (5): 1985-2021.

Beaudry P, Caglayan M, Schiantarelli F. Monetary Instability, the Predictability of Prices, and the Allocation of Investment: An Empirical Investigation Using U. K. Panel Data [J]. Boston College Working Papers in Economics, 1996, 91 (3): 648-662.

Bebchuk, Lucian A., Fried J. M., Walker D. I.. Managerial Power and Rent Extraction in the Design of Executive Compensation [J]. Social Science Electronic Publishing, 2002, 69 (3): 599-601.

Bernanke B S, Blinder A S. The Federal Funds Rate and the Channels of Monetary Transmission [J]. American Economic Review, 1992, 82 (4): 901-921.

Bernanke B S, Gertler M. Inside the Black Box: The Credit Channel of Monetary Policy Transmission [J]. Journal of Economic Perspectives, 1995, 9 (4): 27-48.

Billett, M.T., T.A.O.H. King, and D. C. Mauer. Growth Opportunities and the Choice of Leverage, Debt Maturity, and Covenants [J]. Journal of Finance, 2007, 62 (2): 697-730.

Blanchard O, Shleifer A. Federalism with and without political centralization: China versus Russia [J]. Palgrave Macmillan Journals, 2001, 48 (4): 171 - 179.

Boateng A, Hua X, Uddin M, et al. Home country macroeconomic factors on outward cross - border mergers and acquisitions: Evidence from the UK [J]. Research in International Business & Finance, 2014, 30 (30): 202 - 216.

Bone S, Saxon T. Developing effective technology strategies [J]. Research Technology Management, 2000, 43 (4): 50 - 58

Booth, J. R., D. N. Deli. On executives of financial institutions as outside directors [J]. Journal of Corporate Finance, 1999, 5 (3): 227 - 250.

Boubakri N, Cosset J C, Guedhami O, et al.. The political economy of residual state ownership in privatized firms: evidence from emerging markets [J]. Journal of Corporate Finance, 2011, 17 (2): 244 - 258.

Boyreau - Debray G. Financial Intermediation and Growth: Chinese Style [R]. Policy Research Working Paper, 2003.

Bradley M, Desai A, Kim E H. Synergistic gains from corporate acquisitions and their division between the stockholders of target and acquiring firms [J]. Journal of Financial Economics, 1988, 21 (1): 3 - 40.

Bradley M. Interfirm Tender Offers and the Market for Corporate Control [J]. Journal of Business, 1980, 53 (4): 345 - 376.

Brakman S, Garretsen H, Van Marrewijk C. Cross - Border Mergers and Acquisitions: On Revealed Comparative Advantage and Merger Waves [J]. Cesifo Working Paper, 2005, (11).

Bruner, R. F.. Does M&A Pay? A Survey of Evidence for The Decision - Maker [J]. Journal of Applied Finance, 2002, 12 (1): 48 - 68.

Burak, A. G., U. Malmendier, G. Tate. Financial expertise of directors [J]. Journal of Financial Economics, 2008, 88 (2): 323 - 354.

Byoun, S. Financial Flexibility and Capital Structure Decision [R]. Working Paper, Baylor University, 2011.

Cabolis C, Manasakis C, Petrakis E. Horizontal Mergers and Acquisitions with Endogenous Efficiency Gains [J]. Working Papers, 2008.

Chernykh L. Ultimate ownership and control in Russia [J]. Journal of Financial Economics, 2008, 88 (1): 169 - 192.

Cheung Y L, Rau P R, Stouraitis A. Tunneling, propping, and expropriation: evidence from connected party transactions in Hong Kong [J]. Journal of Financial Economics, 2004, 82 (2): 343 - 386.

Ciamarra, E. S. Monitoring by affiliated bankers on board of directors: evidence from corporate financing outcomes [J]. Financial management, 2012., 41 (3): 665-702.

Coase& H. Ronald. The Nature of the Firm, Economical,, 1937, 4 (16): 386-405.

Coen R M, Meyer J R, Glauber R R. Investment Decision, Economic Forecasting, and Public Policy [J]. Econometrica, 1966, 34 (2): 514.

Coles J. W. and Hesterly W. S. The Impact of Firm Specific Assets and the Interaction of Uncertainty: An examination of make or buy decisions in public and private hospitals [J]. Journal of Economic Behavior and Organisation, 1998., 36: 383-409.

Comment, R. and Schwert, G W. Poison or Placebo? Evidence on The Deterrence and Wealth Effect of Modern Antitakeover measure [J]. Journal of Financial Economics, 1995, 39 (1): 3-43.

Conner and Prahalad. A Resource-based Theory of firm: Knowledge versus Opportunism [J]. Organization Science, 1996, 7 (5): 477-501.

Cornu P., Isakov D. The deterring role of the medium of payment in takeover contests: theory and evidence from the UK [J]. European Financial Management, 2000, 6 (4): 423-440.

Cull, Robert and Xu, Lixin Colin. Institutions, Ownership, and Finance: The Determinants of Profit Reinvestment among Chinese Firms [J]. Journal of Financial Economics, 2004, 77 (1): 117-146.

Dang, M., & Henry, D.. Do Cross-Border and Domestic Target Firms Perform Differently? Evidence on Motivations for Partial Acquisitions, The 2015 Midwest Finance Association Annual Conference, 2015.

David A. Becher. The Valuation Effects of Bank Mergers [J]. Journal of Corporate Finance, 2000, 6 (2): 189-214.

Deangelo, H, Deangelo L, Skinner, D, J. Corporate payout policy [J]. Foundations and Trends in Finance, 2009, 3 (2-3): 95-287.

DeFond, M., and C. Park. The Effect of Competition on CEO Turnover [J]. Journal of Accounting and Economics, 1999, 27: 35-56.

DeLong G. Stockholder Gains from Focusing Versus Diversifying Bank Mergers [J]. Journal of Financial Economies, 2001, 59 (2): 221-252.

Demirgüçkunt A. Law, Finance, and Firm Growth [J]. Journal of Finance, 1998, 53 (6): 2107-2137.

Deneckere, Raymond, Carl Davidson. Incentives to Form Coalitions with Bertrand Competition [J]. Rand Journal of Economics, 1985, 16 (4): 473 -486.

Denis D. J., V. Sibilkov v. Financial Constraints, Investment, and The Value Of Cash Holdings [J]. The Review of Financial Studies, 2010, 23 (1): 247 -269.

Djankov S., Murrell R. A. The Regulation of Entry [J]. Quarterly Journal of Ecomics, 2002 (117): 53 -75.

Djankov, Simeon, Murrell. Enterprise Restructuring in Transition: A Quantitative Survey [J]. Journal of Economic Literature, 2002, 40 (3): 793 -837.

Dodd P, Ruback R. Tender offers and stockholder returns: An empirical analysis [J]. Journal of Financial Economics, 1977, 5 (3): 351 -373.

Doyle, J., Ge, W., McVay, S.. Accruals Quality and Internal Control over Financial Reporting [J]. The Accounting Review, 2007, 82 (5): 1141 -1170.

Duesenberry J. S. Business Cycles and Economic Growth [M]. New York 1958.

Edwards J S S, Weichenrieder A J. Ownership concentration and share valuation [J]. German Economic Review, 2004, 5 (2): 143 -171.

Erickson M, Wang S W. Earnings management by acquiring firms in stock for stock mergers [J]. Journal of Accounting & Economics, 1999, 27 (2): 149 -176.

Faccio Mara. Politically Connected Firms [J]. The American Economic Review, 2006, 96 (1): 369 -386.

Faccio, M., Masulis, R. W. The Choice of Payment Method in European Mergers and Acquisitions [J]. The Journal of Finance, 2005, 60 (3): 1345 -1388.

Fama E F, Jensen M C. Separation of Ownership and Control [J]. Journal of Law & Economics, 1983, 26 (2): 301 -325.

Fan Joseph P. H. Price Uncertainty and Vertical Integration: An Examination of Petrochemical Firms [J]. Journal of Corporate Finance, 2000, (6): 345 -376.

Fee C. E., S. Thomas. Sources of Gains in Horizontal Mergers: Evidence from Customer, Supplier and Rival Firm [J]. Journal of Financial Economics, 2004, 74: 423 -460.

Finkelstein, S.. Power in Top Management Teams: Dimensions Measurement, and Validation [J]. Academy of Management Journal, 1992, 35 (3): 505 -538.

Fishman, Michael J. Preemptive bidding and the role of the medium of payment in takeover contest: theory and evidence from the U. K. [J]. European Financial Management. 2000, 6 (4): 423 -440.

Florian Geiger, Dirk Schiereck. The Influence of Industry Concentration on Merger

Motives—Empirical Evidence from Machinery Industry Mergers [J]. Journal of economics and finance, 2014, 38 (1): 27 - 52.

Fritz Machlup. Theories of the Firm: Marginalist, Behavioral, Managerial [J]. American Economic Review, 1967, 57 (1): 1 - 33.

Fuller K., Netter J., and Stegemoller M. What do returns to acquiring firms tell us? Evidence from firms that make many acquisitions [J]. Journal of Finance, 2002, (57): 1763 - 1793.

Gailotti E. and Generale A., 2001, "Does Monetary Policy Have Asymmetric Effects? A Look at the Investment Decisions of Italian Firms", Working Paper, European Central Bank.

Geiger, F., Schiereck, D.. The Influence of Industry Concentration on Merger Motives - Empirical Evidence from Machinery Industry Mergers. Journal of Economics and Finance, 2014, 38 (1): 27 - 52.

Gentry, R. J., Shen, W.. The Impacts of Performance Relative to Analyst Forecasts and Analyst Coverage on Firm R&D Intensity [J]. Strategic Management Journal, 2013, 34 (1): 121 - 130.

Gertler M. S., Gilchrist.. Monetary Policy, Business Cycles, and the Behavior of Small Manufacturing Firms [J]. The Quarterly Journal of Economics, 1994, 109: 309 - 340.

Gertler, M., & Gilchrist, S. The Role of Credit Market Imperfections in the Monetary Transmission Mechanism: Arguments and Evidence [J]. The Scandinavian Journal of Economics, 1993, 95 (1), 43 - 64.

Ghosh D., Olsen L. Environmental uncertainty and managers' use of discretionary accruals [J]. Accounting Organizations & Society, 2009, 34 (2): 188 - 205.

Ghosh, Aloke. Does Operating Performance Really Improve Following Corporate Acquisitions? [J]. Journal of Corporate Finance, 2001, 7: 151 - 178.

Giannetti M., Burkart M. & T. Ellingsen. What You Sell is What You Lend? Explaining Trade Credit Contracts [J]. The Review of Financial Studies, 2010, 24 (4): 261 - 1298.

Goldberg W. Mergers: motives, modes, methods [M]. Gower, Nichols Pub. Co. 1983.

Graham, J. R., Harvey, C. R.. The Theory and practice of Corporate Finance: Evidence from the Field [J]. Journal of Financial Economies, 2001, 60 (2 - 3): 187 - 243.

Grant, Robert: The resource - Based Theory of Competitive Advantage: Implication for Strategy Formation [J]. California Management Review, 1991, 114 -135.

Greenwald Bruce, Joseph E Stiglitz, and Andrew Weiss. Informational Imperfections in the Capital Market and Macroeconomic Fluctuations [J]. American Economic Review, 1984, 74: 194 -199.

Grinstein Y., Hribar P.. CEO compensation and incentives: Evidence from M&A bonuses [J]. Ssrn Electronic Journal, 2004, 73 (1): 119 -143.

Grossman S. And O. Hart. The Costs and Benefits of Ownership: A Theory of Vertical and Lateral Integration [J]. Journal of Political Economy, 1986, 94 (4): 691 -719.

Habeck M M, Kröger F, Träm M R. After the merger: seven strategies for successful port - merger integration [J]. Acta Cytologica, 1975, 39 (5): 1071 -3.

Hansen, R. G. A theory for the choice of exchange medium in the market for corporate control [J]. Journal of Business, 1987, 60 (1): 75 -95.

Hanson M, Hurst E, Park K. Does monetary policy help least those who need it most? [R]. Wesleyan Economics Working Papers, 2006.

Harford J. Corporate cash reserves and acquisitions [J]. Journal of Finance, 1999, 54: 1969 -1997.

Harford J. What Drives Merger Waves? [J]. Journal of Financial Economics, 2005, (77): 529 -60.

Harford, J., Mikkelson, W., Partch, M.. The Effect of Cash Reserves on Corporate Investment and Performance in Industry Downturns [R]. University of Washington, Working Paper, 2003.

Hart O. and Moore J. Property Rights and the Nature of the Firm [J]. Journal of Political Economy, 1990. 98 (6): 1119 -1158.

Haspealagh, P, & Jemison. D. B. Managing acquisitions: Creating Value through corporate renewal [M]. New York: The Free Press, 1991.

Haspeslagh Philippe C, Jemison David B. Managing Acquisitions: Creating Value [J]. Through Corporate Renewal, New York: the Free Press, 1991: 132 -138.

Healy, Paul M., Krishna G. Palepu, Richard S. Ruback. Does Corporate Performance Improve after Mergers [J]. Journal of Financial Economics, 1992, 31: 135 -175.

Heimcriks, K. H., Duysters, G.. Alliance capability as a mediator between experience and alliance performance: An empirical investigation into the alliance capability development process [J]. Journal of Management Studies, 2007, 44 (1): 25 -49.

Hemerling J, Michael D, Michaelis H. China's global challengers: The strategic implications of Chinese outbound M&A [J] . Boston Consulting Group, 2006.

Heron, Randall, Erik Lie. Operating Performance and the Method of Payment in Takeovers [J] . Journal of Financial and Quantitative Analysis, 2002, 37 (1): 137 - 155.

Higgins H N, Bhanot K, Bohren O, et al. The Performance of Merger Acquirers: Evidence from Japan's Banking Crisis in the 1990s [J] . 2010.

Hoberg G, Phillips G. Product Market Synergies and Competition in Mergers and Acquisitions: A Text - Based Analysis [J] . Social Science Electronic Publishing, 2008, 23 (10): 3773 - 3811.

Hoberg G, Phillips G. Real and Financial Industry Booms and Busts [J] . Social Science Electronic Publishing, 2010, 65 (1): 45 - 86.

Hoitash U, Hoitash R, Bedard JC. Corporate governance and internal control over financial reporting: a comparison of regulatory regimes [J] . The Accounting Review, 2009, 84 (3): 839 - 867.

Hou, K., and D. Robinson. Industry Concentration and Average Stock Returns [J] . Journal of Finance, 2006, 61 (4): 1927 - 1956.

Hu C X. Leverage, Monetary Policy, and Firm Investment [J] . Economic Review, 1999, 2 (2): 32 - 39.

Hyukseung Shin. The Effect of Market Structure and Conduct on the Incentive for a Horizontal Merger [J] . Journal of Economic Development, 2000, 25 (1): 127 - 144.

Irvine, P., and J. pontif. Idiosyncratic Return Volatility, Cash Flows, and Product Market Competition [J] . Review of Financial Studies, 2009, 22 (3): 1149 - 1177.

Itzkowitz J. Customers and cash: How relationships affect suppliers' cash holdings [J] . Journal of Corporate Finance, 2013, 19 (1): 159 - 180.

Jenny F., A. P. Weber. 1980. The Determinants and Effects of Mergers: An International Comparison [M] . Cambridge: Oelgeschlager, Gunn&Hain, 133 - 162.

Jensen and Meckling. Theory of the Firm Managerial Behavior, Agency Costs and Ownership Structure [J] . Journal of Financial Economics, 1976, 3 (4): 305 - 360.

Jensen B. M. C., Meckling W.. Theory of the firm: managerial behaviour, agency costs and ownership structure [M] //Economics Social Institutions. Springer Netherlands, 1976: 305 - 360.

Jensen M C, W H Meckling. Theory of firm: managerial behavior, agency costs and ownership structure [J] . Journal of Financial Economics, 3, 1976, pp. 305 - 360.

Jensen M C, Meckling W H. Theory of the Firm: Managerial Behavior, Agency

Costs and Ownership Structure. Journal of Financial Economics, 1976, 3 (4): 305 - 360.

Jensen M C. Agency Costs of Free Cash Flow, Corporate Finance, and Takeovers. [J] . Social Science Electronic Publishing, 1986, 76 (2): 323 - 329.

Jensen M C. Takeovers: Their Causes and Consequences [J] . Journal of Economic Perspectives, 1988, 2 (1): 21 - 48.

Jensen M. C.. Agency Costs of Free Cash Flow, Corporate Finance, and Takeovers. [J] . American Economic Review, 1986, 76 (2): 323 - 29.

Jensen Michael C. The modern industrial revolution, exit, and the failure of internal control systems [J] . The Journal of Finance, 1993, (3): 831 - 881.

Jensen. The Modern Industrial Revolution, Exit and The Failure of Internal Control System [J] . Journal of Finance, 1993, 3 (48): 831 - 880.

John N. Friedman. Stock Market Driven Acquisitions: Theory and Evidence [J] . NBER. Working Paper. 2004. 11.

Jung K, Kim Y C, Stulz R. Timing, investment opportunities, managerial discretion, and the security issue decision [J] . Journal of Financial Economics, 1996, 42 (2): 159 - 186.

Kale J. R. & H. Shahrur. Corporate Capital Structure and the Characteristics of Suppliers and Customers [J] . Journal of Financial Economics, 2006, 83 (2): 321 - 366.

Kalecki M. The Principle of Increasing Risk [J] . Economica, 1937, 4 (16): 440 - 447.

Karampatsas N, Petmezas D, Travlos N G. Credit ratings and the choice of payment method in mergers and acquisitions [J] . Journal of Corporate Finance, 2014, 25 (2): 474 - 493.

Kashyap A K, Lamont O A, Stein J C. Credit Conditions and the Cyclical Behavior of Inventories [J] . Quarterly Journal of Economics, 1994, 109 (3): 565 - 592.

Kashyap A K, Stein J C. What Do a Million Observations on Banks Say about the Transmission of Monetary Policy? [J] . American Economic Review, 2000, 90 (3): 407 - 428.

Kashyap A K, Stein J C, Wilcox D W. Monetary policy and credit conditions: evidence from the composition of external finance [J] . American Economic Review, 1993, 83: 78 - 98.

Kastrinaki Z., Stoneman P.. Merger Cycles: A Frequency Domain Approach [J] . Oxford Bulletin of Economics and Statistics, 2013, 75 (2): 259 - 275.

Kedia S, Ravid S A, Pons V. Vertical Mergers and the Market Valuation of the Benefits of Vertical Integration [J]. Social Science Electronic Publishing, 2009.

Kim, J., B. Y. Song, and L. Zhang. Internal Control Weakness and Bank Loan Contracting: Evidence from SOX Section 404 Disclosures [J]. The Accounting Review, 2011, 86 (4): 1157-1188.

Klein B, Crawford R. G and A. Alchian. Vertical Integration, Appropriable Rents, and the Competitive Contracting Process [J]. Journal of Law and Economics, 1978, 21 (2): 297-326.

Kobeissi N., Sun X. and Wang H. Z. Managerial labor-market discipline and the characteristics of merger and acquisition transactions [J]. Journal of Business Research, 2010, 63 (7): 721-728.

Korajczyk R. A., Levy A.. Capital structure choice: macroeconomic conditions and financial constraints [J]. Journal of Financial Economics, 2003, 68 (1): 75-109.

Kothari, S. P., X. Li and J. E. Short, The Effect of Disclosures by Management, Analysts and Financial Press on Cost of Capital, Return Volatility and Analyst Forecasts: A Study Using Content Analysis [J]. Accounting Review, 2009. 84 (5): 1639-1670.

Lang L H P, Stulz R, Walkling R A. Managerial performance, Tobin's Q, and the gains from successful tender offers [J]. Journal of Financial Economics, 1989, 24 (1): 137-154.

Lee C Y, Chang H Y. How do the combined effects of CEO decision horizon and compensation impact the relationship between earnings pressure and R&D retrenchment? [J]. Technology Analysis & Strategic Management, 2014, 26 (9): 1057-1071.

Lehn Kenneth, Annette Poulsen. Free Cash Flow and Stockholder Gains in Going Private Transactions [J]. The Journal of Finance, 1989, 44 (3): 771-787.

Lev, Baruch and Theodore Sougiannis. The Capitalization, Amortization and Value-Relevance of R&D [J]. Journal of Accounting and Economics. 1996, 22 (2): 107-138.

Levy A., Hennessy C.. Why does capital structure choice vary with macroeconomic conditions? [J]. Journal of Monetary Economics, 2007, 54 (6): 1545-1564.

Levy, D. T. The Transaction Cost Approach to Vertical Integration: An Empirical Examination [J]. Review of Economics and Statistics, 1985, 67: 438-445.

Lewellen W, Loderer C, Rosenfeld A. Merger decisions and executive stock ownership in acquiring firms [J]. Journal of Accounting & Economics, 1985, 7 (1): 209-231.

Li, H., and L. A. Zhou. Political Turnover and Economic Performance: The Incentive Role of Personnel Control in China [J]. Journal of Public Economics, 2005, 89: 1743 - 1762.

Lieberman, M. B. Determinants of Vertical Integration: An Empirical Test [J]. Journal of Industrial Economics, 1991, 39: 451 - 466.

Lin, J. Y., F. Cai, and Z. Li. Competition, Policy Burdens, and State - Owned Enterprise Reform [J]. American Economic Review, 1998, 88: 422 - 427.

Liu J. T, M. W Tsou, P. Wang. Differential cash constraints, financial leverage and the demand for money by firms in a developing country [J]. Journal of Women's Health. 2003.

Loughran T, Vijh A. Do long - term shareholders benefit from corporate acquisitions? [J]. Journal of Finance, 1997, (52): 1823 - 1850.

Louis H. Earnings management and the market performance of acquiring firms [J]. Journal of Financial Economics, 2004, 74 (1): 121 - 148.

Love I., L. A. Preve, V. Sarria - Allende. Trade Credit and Bank Credit: Evidence From Recent Financial Crises [J]. Journal of Financial Economics, 2007, 83: 453 ~ 469.

Lu, Z. F., J. G. Zhu, and W. N. Zhang. Bank discrimination, holding bank ownership, and economic consequences: evidence from China [J]. Journal of Banking and Finance, 2012, 36 (2): 341 ~ 354.

Luedi T. China's track record in M&A [J]. The McKinsey Quarterly, 2008 (3): 75 - 81.

Macchiavello R. Financial Constraints and the Costs and Benefits of Vertical Integration [J]. Social Science Electronic Publishing, 2008.

Maksimovic, Vojislav, and Sheridan Titman. Financial Policy and Reputaition for Product Quality [J]. Review of Financial studies, 1991, 2: 175 - 200.

Malmendier U., and G. Tate.. Who Makes Acquisitions? CEO 0verconfdence and the Market's Reaction [J]. Journal of Finance Economics, 2008, (89): 20 - 43.

Mang, P. Y. Exploiting Innovation Options: An Empirical Analysis of R&D - intensive Firms [J]. Journal of Economic Behavior and Organization, 1998, 35: 229 - 242.

Martin, K. J. The method of payment in corporate acquisitions, investment opportunities, and management ownership [J]. Journal of Finance, 1996, 51: 1227 - 1246.

Martin Pesendorfer M. Horizontal Mergers in the Paper Industry [J]. Rand Journal of Economics, 2003, 34 (3): 495 - 515.

Martynova M S Oosting, L Renneboog. The Long - term Operating Performance of

European Mergers and Acquisitions [N] . Workingpaper available on SSRN, 2006, 2: 45 -60.

Martynova M., Renneboog L. A.. Century of Corporate Takeovers: What Have We Learned and Where Do We Stand? [J] . Journal of Banking and Finance, 2008, 32 (10): 2148 -2177.

Masulis R W, Wang C. Corporate Governance and Acquirer Returns [J] . Journal of Finance, 2007, 62 (4): 1851 -1889.

Matsushima N, Sato Y, Yamamoto K. Horizontal mergers, firm heterogeneity, and R&D investments [C] . Institute of Social and Economic Research, Osaka University, 2009, 13: 959 -990.

Megginson W. L., Netter J. M. From State to Market: A Survey of Empirical Studies on Privatization [J] . Journal of Economic Perspective, 2001, (6): 203 -225.

Menno P. Financing Constrains in Mergers and Acquisitions: Methods of Payment, Leverage Change and Firm Performance [D] . 2011.

Meschi P X, Metais E. International acquisition performance and experience: A resource - based view. Evidence from French acquisitions in the United States (1988 - 2004) [J] . Journal of International Management, 2006, 12 (4): 430 -448.

Meyer J R, Kuh E. The Investment Decision [M] . Cambridge 2014.

Mikkelson W H, Partch M M. Do persistent large cash reserves hinder performance? [J] . Journal of Financial and Quantitative Analysis, 2003, 38 (2): 275 -294.

Milbourn T. T., Boot A. W. A., Thakor A. V.. Megamergers and Expanded Scope: Theories of Bank Size and Activity Diversity [J] . Journal of Banking & Finance, 1999, 23 (2 -4): 195 -214.

Mishkin F S. The Channels of Monetary Transmission: Lessons for Monetary Policy [J] . Nber Working Papers, 1996.

Mitchell M. L., Mulherin J. H.. The impact of industry shocks on takeover and restructuring activity [J] . Journal of Financial Economics, 1996, 41 (2): 193 -229.

Mojon B., Smets F. and Vermeulen P. Investment and Monetary Policy in the Euro Area, Journal of Banking and Finance, 2002, 26, 2111 ~2129.

Mojon B., Smets F., Vermeulen P.. Investment and monetary policy in the euro area [J] . Journal of Banking & Finance, 2002, 26 (11): 2111 -2129.

Myers Stewart C, Nicholas S Majluf. Corporate Financing and Investment Decisions When Firms Have Information That Investors Do Not Have [J] . Journal of Financial Economics, 13, 1984, pp. 187 -221.

Netter J, Stegemoller M, Wintoki M B. Implications of data screens on merger and acquisition analysis: a large sample study of mergers and acquisitions from 1992 to 2009 [J]. Review of Financial Studies, 2011, 24 (7): 2316 - 2357.

Nicholls - Nixon. L. Y. Woo. Technology Sourcing and Output of Established Firms in a Regime of Encompassing Technological Change [J]. Strategic Management Journal, 2003, 24 (7): 651 - 666.

Nickell S J. Competition and Corporate Performance. [J]. Journal of Political Economy, 1993, 104 (4): 724 - 746.

Oliner S D, Rudebusch G D. Is there a broad credit channel for monetary policy? [C]. Board of Governors of the Federal Reserve System (U. S.), 1996: 63 - 77.

Opler T, Pinkowitz L, Williamson R, et al. The determinants and implications of corporate cash holdings [J]. Journal of Financial Economics, 1999, 52 (1): 3 - 46.

Osma, B. G., Young, S.. R&D Expenditure and Earnings Targets [J]. European Accounting Review, 2009, 18 (1): 7 - 32.

Parker M. Dividing organizations and multiplying identities [J]. Sociological Review, 1997, 45 (S1): 114 - 138.

Peng W Q, Wei K C, Yang Z S. Tunneling or propping: evidence from connected transactions in China [J]. Journal of Corporate Finance, 2011, 17 (2): 306 - 325.

Petersen M A, Rajan R G. Trade Credit: Theory and Evidence [J]. Review of Financial Studies, 1997, 10 (3): 661 - 691.

Poncet S. A Fragmented China: Measure and Determinants of Chinese Domestic Market Disintegration [J]. Review of International Economics, 2005, 13 (3): 409 - 430.

Poncet, S. A Fragmented China: Measure and Determinants of Chinese Domestic Market Disin - tegration [J]. Review of International Economics, 2005, (13): 409 - 430.

Porter M. E. Competitive Strategy: Techniques for Analyzing Industries and Competitors [J]. Social Science Electronic Publishing, 1980, (2): 86 - 87.

Profitability of Product Bundling in the Context of Negotiations [J]. Journal of Business, 2004, 77 (4): 639 - 674.

Rahman H, Yung K, Sun Q. Acquirer's earnings quality and the choice of payment method in mergers and acquisitions [J]. Managerial Finance, 2013, 39 (10): 979 - 1000.

Rajan R., L. Zingales. Financial dependence and growth [J]. American Economic Review, 1998, 88 (3): 559 ~ 586.

Ralph Byington, Jo Ann Christensen, William Jerome McGee. M&A Checklists for a Post - SOX World [J] . The Journal of Corporate Accounting & Finance, 2006, 17 (2): 31 -36.

Rhoades S A. Efficiency effects of horizontal (in - market) bank mergers [J] . Journal of Banking & Finance, 1993, 17 (2 -3): 411 -422.

Rhodes - Kropf M. , Robinson D. , Viswanathan S. . Valuation Waves and Merger Activity: The Empirical Evidence [J] . Journal of Financial Economics, 2005, 77 (3): 561 -603.

Rhodes - Kropf M. , Viswanathan S. . Market Valuation and Merger Waves [J] . Journal of Finance, 2004, 59 (6): 2685 -2718.

Richardson, S. Over - investment of Free Cash Flow [J] . Review of Accounting Studies, 2006, 11 (23): 159 -189.

Riyanto Y E, Toolsema L A. Tunneling and propping: a justification for pyramidal ownership [J] . Journal of Banking & Finance, 2008, 32 (10): 2178 -2187.

Roll R. The Hubris Hypothesis of Corporate Takeovers [J] . Journal of Business, 1986, 59 (2): 197 -216.

Roll R. The Hubris Hypothesis of Corporate Takeovers [J] . Journal of Business, 1986, 59 (2): 197 -216.

Roll, Richard. The Hubris Hypothesis is of Corporate Takeovers [J] . Journal of Business, 1986, p74 -91.

Rondi, L. , Sack, B. , Schiantarelli, F. , & Sembenelli, A. Firms' Financial and Real Responses to Monetary Tightening: Evidence for Large and Small Italian Companies Giornale degli Economisti a Annali di Economic, 1998 (57), pp. 35 -64.

Ross S A. The Determination of Financial Structure: The Incentive - Signalling Approach [J] . Bell Journal of Economics, 1977, 8 (1): 23 -40.

Rumelt R P. Strategy, structure, and economic performance [J] . Journal of Behavioral Economics, 1974 (75): 91 -92.

Saravia J. . Merger Waves and the Austrian Business Cycle Theory [J] . Ssrn Electronic Journal, 2014.

Schmidt K M. Managerial Incentives and Product Market Competition [J] . Review of Economic Studies, 1997, 64 (2): 191 -213.

Scott Richardson. Over - investment of free cash flow [J] . Review of Accounting Studies, 2006 (11): 159 -189.

Sebora, T. C. , Cornwall, J. R. . Expected Utility Theory Vs. Prospect Theory: Implications For Strategic Decision Makers [J] . Journal of Managerial Issues, 1995, 7 (1): 41 -61.

Sensarma R, Ghosh S. Net Interest Margin: Does Ownership Matter? [J] . Vikalpa the Journal for Decision Makers, 2004, 29 (1): 41 -48.

Seung Hee Choi. , Bang Nam Jeon. . The impact of the macroeconomic environment on merger activity: evidence from US time - series data [J] . Applied Financial Economics, 2011, 21 (4): 233 -249.

Shahrur H. Industry Structure and Horizontal Takeovers: Analysis of Wealth Effects on Rivals, Suppliers and Corporate Customers [J] . Journal of Financial Economics, 2005, 76: 61 -98.

Shenoy J. An Examination of the Efficiency, Foreclosure, and Collusion Rationales for Vertical Takeovers [J] . Management Science, 2013, 58 (8): 1482 -1501.

Shleifer A, Vishny R W. Politicians and Firms [J] . Quarterly Journal of Economics, 1994, 109 (4): 995 -1025.

Shleifer A, Vishny R W. The grabbing hand: government pathologies and their cures [J] . American Economic Association Papers & Proceedings, 1998, 87 (2): 354 -358.

Shleifer A. State versus Private Ownership [J] . Nber Working Papers, 1998, 12 (4): 133 -150.

Shleifer A. , Vishny R. W. . Equilibrium Short Horizons of Investors and Firms [J] . American Economic Review, 1990, 80 (2): 148 -53.

Shleifer A. , Vishny R. W. . Takeovers in the 60s and 80s: Evidence and Implications [J] . Strategic Management Journal, 1991, 12 (2): 51 -5.

Slusky A. R. , R. E. Caves. Synergy, Agency and the Determinants of Premia Paid in Mergers [J] . Journal of Industrial Economics, 1991, 39 (3): 277 -296.

Stephen J. and Nickell S. Competition and Corporate Performance [J] . Journal of Political Economy, 1996, 724 -746.

Stulz R M, Walkling R A, Song M H. The Distribution of Target Ownership and the Division of Gains in Successful Takeovers [J] . Journal of Finance, 1990, 45 (3): 817 -833.

Stulz, R. Managerial control of voting rights: financing policies and the market for corporate control [J] . Journal of Financial Economics, 1988, 20, (1): 25 -54.

Stulz, R. Managerial discretion and optimal financing policies [J] . Journal of Financial Economics, 1990, (26): 3 -27.

Technology Analysis & Strategic Management, 2014, 26 (9): 1057 -1071.

Teece, D J, and Pisano, G. The dynamic capabilities of firm: An int roduction [J] . Indust rial and Corporate Change, 1994, 3 (3): 537 -561.

Teece, D J, Pisano, G, and Shuen, A. Dynamic capabilities and st rategic management [J]. St rategic Management Journal, 1997, 18 (7): 509 -533.

Teece, D. J. Explicating dynamic capabilities: The nature and miernfoundations of (sustainable) enterprise peformance [J]. Strategic management Journal, 2007, 28 (13): 1319 -1350.

Tittenbrun J. Private versus public enterprise: in search of the economic rationale for privatisation [J]. Janus Publishing Company, London, 1996.

Travlos N G. Corporate Takeover Bids, Methods of Payment, and Bidding Firms' Stock Returns [J]. Journal of Finance, 1987, 42 (4): 943 -963.

Vijag Karan, Mohsen Sharifi. Will SOX kill the deal? [J]. Journal of Corporate Accounting & Finance, 2006, 17 (2): 37 -44.

Wansley J W, Lane W R, Yang H C. Gains to Bidder Firms in Cash and Securities Transactions [J]. Financial Review, 1987, 22 (4): 403 -414.

Williamson O E. The Economic Institutions of Capitalism. Firms, Markets, Relational Contracting [M]. China Social Sciences pub, 1999.

Williamson, O. E. Corporate finance and corporate governance [J]. Journal of finance, 1998, 43: 567 -591.

Young Alwyn. The Razor's Edge: Distortions and Incremental Reformin the People's Rupublic of China [J]. Quarterly Journal, 2000, (115): 1091 -1136.

Zhang, Y., Gimeno, J.. Earnings Pressure and Competitive Behavior: Evidence from the US Electricity Industry [J]. Academic of Management Journal, 2010, 53 (4): 743 -768.

Zhu L. & Y. Fan. A real options - based CCS investment evaluation model: Case study of China's power generation sector [J]. Applied Energy, 2011, 88 (12): 4320 -4333.

白俊，连立帅．国企过度投资溯因：政府干预抑或管理层自利？[J]．会计研究，2014 (2): 41 -48.

卞志村，杨全年．中国货币政策效应的区域性配给均衡分析 [J]．金融研究，2010 (9): 34 -50.

曾爱民，傅元略，魏志华．金融危机冲击、财务柔性储备和企业融资行为——来自中国上市公司的经验证据 [J]．金融研究，2011 (10): 155 -169.

曾康霖，陈志，程婧，刘楹．我国货币资金流动的区域差异分析 [J]．上海金融，2006 (9): 4 -6.

曾庆生，陈信元．国家控股、超额雇员与劳动力成本 [J]．经济研究，2006 (5): 74 -86.

陈栋，陈运森．银行股权关联、货币政策变更与上市公司现金管理［J］．金融研究，2012，(12)：122－136.

陈蕾．内部控制有效性的强制披露述评——英国的经验与启示［J］．财会月刊，2005，30：46－47.

陈仕华，姜广省，卢昌崇．董事联结、目标公司选择与并购绩效——基于并购双方之间信息不对称的研究视角［J］．管理世界，2013，(12)：117－132＋187－188.

陈仕华，马超．高管金融联结背景的企业贷款融资：由A股非金融类上市公司观察［J］．改革．2013（4）：111－119.

陈信元，黄俊．政府干预、多元化经营与公司业绩［J］．管理世界，2007(1)：92－97.

陈玉罡，李善民．资产专用性影响并购的超边际分析［J］．中山大学学报(社会科学版)，2009，49（1）：204－208.

程小可，杨程程，姚立杰．内部控制、银企关联与融资约束——来自中国上市公司的经验证据［J］．审计研究，2013，(5)：80－86.

程小伟，吴家舵．上市公司横向并购及其实证研究［J］．上海经济研究，2007（7）：91－96.

道格拉斯·诺思．制度、制度变迁与经济绩效（中译本）［M］．上海：三联书店，1994.

德怀特·贾菲，约瑟夫·斯蒂格利茨：《信贷配给》［M］，载于弗里德曼和哈恩主编：《货币经济学手册（第2卷)》．北京：经济科学出版社，2002.

邓建平，曾勇．金融生态环境、银行关联与债务融资——基于我国民营企业的实证研究［J］．会计研究，2011，(12)：33－40.

邓建平、曾勇、何佳，关联并购重组：根源与后果［J］，管理学报，2011，8：1238－1246.

董志勇，黄迈，周铭山．我国货币政策区域效应的度量与成因分析［J］．经济理论与经济管理，2010（10)：34－40.

杜大伟．2006年世界银行报告——中国政府治理、投资环境与和谐社会：中国120个城市竞争力的提高［C］中国投资环境论坛．2006.

樊纲，王小鲁，张立文等．中国各地区市场化相对进程报告［J］．经济研究，2003（3)：9－18.

樊纲，王小鲁，朱恒鹏．中国市场化指数．各省区市场化相对进程2011年度报告［M］．经济科学出版社，2011.

樊纲，王小鲁，朱恒鹏．中国市场化指数——各地区市场化相对进程2007年度报告［M］．北京：经济科学出版社，2007.

方芳，闫晓彤．中国上市公司并购绩效与思考［J］．经济理论与经济管理，2002，V（8）：43－48.

方红星，金玉娜．公司治理、内部控制与非效率投资：理论分析与经验证据［J］．会计研究，2013（7）：63－69.

方军雄．政府干预、所有权性质与企业并购［J］．管理世界，2008（9）：118－123.

方明月．资产专用性、融资能力与企业并购——来自中国A股工业上市公司的经验证据［J］．金融研究，2011，（5）：156－170.

冯根福，吴林江．我国上市公司并购绩效的实证研究［J］．经济研究，2001（1）：54－61.

傅传锐．我国上市公司总体并购活动与金融市场的关联性分析［J］．福建论坛（人文社会科学版），2012（7）：44－48.

傅传锐．中美股票市场周期波动的联动性研究——基于频带分解的新证据［J］．福州大学学报（哲学社会科学版），2012（2）：36－44.

傅颀，汪祥耀，路军．管理层权力、高管薪酬变动与公司并购行为分析［J］．会计研究，2014（11）：30－37.

干胜道，胡明霞．管理层权力、内部控制与过度投资［J］．审计与经济研究，2014，（5）：40－47.

高洪深．区域经济学［M］．北京：中国人民大学出版社，2006.

顾露露，Robert Reed. 中国企业海外并购失败了吗？［J］．经济研究，2011，46（7）：116－129.

桂琦寒，陈敏，陆铭，陈钊．中国国内商品市场趋于分割还是整合：基于相对价格法的分析［J］．世界经济，2006（2）：20－30.

郭其友，陈银忠．人民币汇率升值下的输入型通货膨胀——基于递归SVAR模型的经验分析［J］．经济学家，2011（8）：83－89.

郭其友，陈银忠．中国紧缩性与扩张性货币政策的区域效应研究［J］．当代经济科学，2011（2）：10－17.

郭永清．我国上市公司资产并购绩效实证分析［J］．青海金融，2000（6）：41－44.

国务院发展研究中心企业研究所课题组，陈小洪，张文魁．我国资本市场并购重组的特点与政策建议［J］．中国发展观察，2009（2）：15－17.

洪道麟、刘力、熊德华，多元化并购、企业长期绩效损失及其选择动因［J］．经济科学，2006（5）：63－73.

胡昌生，池阳春．投资者情绪、资产估值与股票市场波动［J］．金融研究，2013（10）：181－193.

胡国柳，胡珺，李少华．政府控制、政府层级与企业并购绩效［J］．预测，2015，34（1）：54－59.

胡磊．我国企业并购决策研究——基于产权角度［J］．中国商贸，2012，36：54－55.

黄俊，陈信元．集团化经营与企业研发投资——基于知识溢出与内部资本市场视角的分析［J］．经济研究，2011，（6）：80－92.

黄寿昌，杨雄胜．内部控制报告、财务报告质量与信息不对称——来自沪市上市公司的经验证据［J］．财经研究，2010，（7）：81－91.

黄兴孪，沈维涛．政府干预、内部人控制与上市公司并购绩效［J］．经济管理，2009（6）：70－76.

黄志忠，谢军．宏观货币政策、区域金融发展和企业融资约束——货币政策传导机制的微观证据［J］．会计研究，2013（1）：63－69.

江龙，刘笑松．经济周期波动与上市公司现金持有行为研究［J］．会计研究，2011（9）：40－46.

姜付秀、张敏、陆正飞、陈才东．管理者过度自信、企业扩张与财务困境［J］．经济研究．2009（1）：131－143.

蒋科．中国货币政策传导渠道实证分析：1998－2008［J］．世界经济情况，2009.3：65－68.

雷辉，胡发基，郝艳艳，SIT小组．2007．上市公司不同并购类型风险与绩效的实证研究［J］．财经理论与实践．28（146）：66－70.

雷星晖，张淇．不变收益率模型与公司购并绩效分析［J］．上海管理科学，2002（5）：30－33.

李井林，刘淑莲，韩雪．融资约束、支付方式与并购绩效［J］．财务与会计，2014，（8）：114－124.

李井林，刘淑莲，杨超．家族控制、支付方式与并购绩效关系的经验研究［J］．财经论丛，2013，（1）：76－82.

李井林．宏观经济环境对并购活动的影响——基于时间序列数据的经验研究［J］．经济与管理，2014（6）：87－94.

李蕾，宋志国．基于因子分析法的我国上市公司并购绩效实证研究［J］．技术经济与管理研究，2009（6）：16－19＋22.

李青原，王永海．资产专用性与公司资本结构——来自中国制造业股份有限公司的经验证据［J］．会计研究，2006（7）：66－71.

李青原，王永海．资产专用性与公司资本结构——来自中国制造业股份有限公司的经验证据［J］．会计研究，2006（7）：66－71.

李青原、田晨阳、唐建新、陈晓，公司横向并购动机：效率理论还是市场势力理论——来自汇源果汁与可口可乐的案例研究［J］，会计研究，2011，5：58－64.

李青原．公司并购协同效应，影响成本与资产专用性［J］．2005.

李青原．资产专用性与公司纵向并购财富效应——来自我国上市公司的经验证据［J］．南开管理评论，2011（6）：116－127.

李善民，周小春．2007. 公司特征、行业特征和并购战略类型的实证研究［J］．管理世界，3：130－136.

李善民，朱滔．中国上市公司并购的长期绩效——基于证券市场的研究［J］．中山大学学报（社会科学版），2005，45（5）：80－86.

李善民，毛雅娟，赵晶晶．高管持股、高管的私有收益与公司的并购行为［J］．管理科学，2009（6）：2－12.

李善民．中国上市公司资产重组绩效研究［J］．管理世界，2004（8）：18－19.

李善同，侯永志，刘云忠等．中国国内地方保护问题的调查与分析［J］．经济研究，2004，（11）：78－84.

李姝、叶陈刚、翟睿．重大资产收购关联交易中的大股东“掏空”行为研究［J］，管理学报，2009，4：513－519.

李万福，林斌，宋璐．内部控制在公司投资中的角色：效率促进还是抑制？［J］．管理世界，2011（2）：81－99.

李维安，陈钢．高管持股、会计稳健性与并购绩效——来自沪深A股上市公司的经验证据［J］．审计与经济研究，2015，30（4）：3－12.

李维安，韩忠雪．民营企业金字塔结构与产品市场竞争［J］．中国工业经济，2013，01：77－89.

李晓华．产业组织的垂直解体与网络化［J］．中国工业经济，2005（7）：28－35.

李增泉，余谦，王晓坤．掏空、支持与并购重组——来自我国上市公司的经验证据［J］．经济研究，2005（1）：95－105.

林毅夫，刘明兴，章奇．政策性负担与企业的预算软约束：来自中国的实证研究［J］．管理世界，2004（8）：81－89.

林钟高，李菊娣，徐虹等．关系投资、内部控制与大股东资金占用［J］．会计与经济研究，2014（2）：35－51.

刘飞．我国货币政策区域效应实证研究［J］．四川大学学报（哲学社会科学版），2007，（2）：33－40.

刘凤委，李琳，薛云奎．信任、交易成本与商业信用模式［J］．经济研究，2009，（8）：60－72.

刘红霞，韩嫄．企业并购模式的比较分析［J］．财经理论与实践，2003，24（2）：52－54.

刘佳．我国区域经济发展水平与投资环境的综合评价［D］．西南财经大学，2008.

刘启亮，罗乐，张雅曼，陈汉文．高管集权、内部控制与会计信息质量［J］．南开管理评论，2013，16（1）：15－23.

刘少波．控制权收益悖论与超控制权收益——对大股东侵害小股东利益的一个新的理论解释［J］．经济研究，2007，（2）：85－96.

刘淑莲，张广宝，耿琳．并购对价方式选择：公司特征与宏观经济冲击［J］．审计与经济研究，2012，27（4）：55－65.

刘淑莲，张广宝，施继坤．管理层为何频繁发起并购：过度自信抑或个人私利？［C］第四届海峡两岸会计学术研讨会论文集，2012.

刘星，吴雪姣．政府干预、行业特征与并购价值创造——来自国有上市公司的经验证据［J］．审计与经济研究，2011，06：95－103.

卢峰，姚洋．金融压抑下的法治、金融发展和经济增长［J］．中国社会科学，2004，（01）：42－55.

卢锐，魏明海，黎文靖．管理层权力、在职消费与产权效率——来自中国上市公司的证据［J］．南开管理评论，2008（5）：85－92.

卢锐．管理层权力、薪酬差距与绩效［J］．南方经济，2007，（7）：60－70.

卢锐．管理层权力、薪酬与业绩敏感性分析——来自中国上市公司的经验证据［J］．当代财经，2008（7）：107－112.

卢永艳．宏观经济因素对企业财务困境风险影响的实证分析［J］．宏观经济研究，2013，（5）：53－58.

陆正飞，杨德明．商业信用：替代性融资，还是买方市场？［J］．管理世界，2011（4）：6－14.

陆正飞，祝继高．货币政策、企业成长与现金持有水平变化．管理世界，2009（3）：52－58.

罗党论，甄丽明．民营控制、政治关系与企业融资约束——基于中国民营上市公司的经验证据［J］．金融研究，2008，（12）：164－178.

马文秀，王蕾．西方企业兼并浪潮的特点及对我国的启示［J］．世界经济与政治，1998（6）：58－61.

牟韶红，李启航．高管权力、内部控制与审计定价［J］．第八届中国管理学年会——会计与财务分会场论文集，2013.

纳超洪．管理权力、自由裁量性投资与高管薪酬——基于中国上市公司的实证研究［D］，暨南大学博士论文，2009.

纳鹏杰，纳超洪．企业集团财务管控与上市公司现金持有水平研究［J］．会计研究，2012（5）：29－38.

倪中新，花静云，武凯文．我国企业的“走出去”战略成功吗？——中国企业跨国并购绩效的测度及其影响因素的实证研究［J］．国际贸易问题，2014，(8)：156－166.

帕特里克·高根．兼并、收购与公司重组［M］．北京：机械工业出版社，2004.

潘红波，夏新平，余明桂．政府干预、政治关联与地方国有企业并购［J］．经济研究，2008（4）：41－52.

潘红波，余明桂．支持之手、掠夺之手与异地并购［J］．经济研究，2011(9)：108－120.

彭方平，王少平．我国利率政策的微观效应——基于动态面板数据模型研究［J］．管理世界，2007（1）：24－29.

乔薇，李瑞敏．政府干预、同属管辖与自利性股权转让市场反应研究——基于控制权转让溢价和内幕交易的视角［J］．经济评论，2011（5）：57－78.

邱伟年，欧阳静波．外资并购与民营并购绩效的比较研究——基于1995－2009年经验数据［J］．国际贸易问题，2011，08：144－153.

权小锋，吴世农，文芳．管理层权力、私有收益与薪酬操纵［J］．经济研究，2010（11）：73－87.

饶品贵，姜国华．货币政策波动、银行信贷与会计稳健性［J］．金融研究，2011（3）：51－71.

饶品贵，姜国华．货币政策对银行信贷与商业信用互动关系影响研究［J］．经济研究，2013（1）：68－82.

饶品贵，姜国华．货币政策信贷传导机制——基于商业信用与企业产权性质的证据［C］，中国青年会计学者学术研讨会．2012.

饶品贵．货币政策、融资决策及其经济后果研究［M］．大连：东北财经大学出版社，2014.

申俊喜，曹源芳，封思贤．货币政策的区域异质性效应——基于中国31个省域的实证分析［J］．中国工业经济，2011（6）：36－46.

盛朝晖．中国货币政策传导渠道效应分析：1994—2004［J］．金融研究，2006（7）：22－29.

盛明泉，张春强．基于不同并购类型的企业并购价值效应研究［J］．商业经济与管理，2011，1（9）：74－80.

宋常，黄蕾，钟震．产品市场竞争、董事会结构与公司绩效——基于中国上市公司的实证分析［J］．审计研究，2008（5）：55－60.

宋旺，钟正生．我国货币政策区域效应的存在性及原因——基于最优货币区理论的分析［J］．经济研究，2006（3）：46－58.

宋献中，周昌仕．股权结构、大股东变更与收购公司竞争优势——来自中国上市公司的经验证据［J］．财经科学，2007（5）：32－40.

苏文兵，李心合，李运．公司控制权、信息不对称与并购支付方式［J］．财经论丛，2009，(9)：67－73.

孙福全．企业兼并与破产［M］．中国经济出版社，1995.

孙世攀，赵息，李胜楠．股权控制、债务容量与支付方式——来自我国企业并购的证据［J］．会计研究，2013，(4)：52－57＋96.

孙铮，朱国泓．财务会计概念框架的形式转换：冲突及其缓解——兼论《基本准则》的修订及其支撑系统的建构［J］．财经研究，2005，(11)：52－60.

索彦峰，范从来．货币政策能够影响贷款供给吗？——来自银行资产组合行为的经验证据［J］．经济科学，2007（6）：57－65.

索彦峰，陈继明．中国货币政策的区域效应研究——来自信用观点的解释［J］．当代经济科学．2007（6）：1－9.

谭劲松，郑国坚，彭松．地方政府公共治理与国有控股上市公司控制权转移——1996—2004年深圳市属上市公司重组案例研究［J］．管理世界，2009，(10)：135－151.

唐建新，卢剑龙，余明桂．银行关系、政治联系与民营企业贷款——来自中国民营上市企业的经验证据［J］．经济评论，2011，(3)：51－58.

唐绍祥．我国并购浪潮假说的实证检验［J］．财贸经济，2006（9）：75－80.

唐绍祥．我国总体并购活动与宏观经济变量的关联性研究——对我国并购浪潮成因的分析［J］．数量经济技术经济研究，2007，24（1）：83－91.

唐绍祥．我国总体并购活动与宏观经济变量的关联性研究——对我国并购浪潮成因的分析［J］．数量经济技术经济研究，2007，24（1）：83－91.

唐要家，反垄断经济学理论与政策［M］．北京：中国社会科学出版社，2008.

唐跃军．供应商/经销商议价能力与公司绩效——来自2005—2007年中国制造业上市公司的经验证据［J］．中国工业经济，2009，(10)：67－76.

田祖海，张恬嘉．跨国并购、区位选择与中国区域经济发展［J］．武汉金融，2007（11）：25－27.

万良勇，胡璟．网络位置、独立董事治理与公司并购——来自中国上市公司的经验证据［J］．南开管理评论，2014，17（2）：64－73.

汪增群，束庆年．货币政策区域非对称效应最新研究进展［J］．中国社会科学院研究生院学报，2007，(6)：19－24.

王菁，程博．外部盈利压力会导致企业投资不足吗？［J］．会计研究，2014，(3)：33－40.

王民治．我国上市公司并购方式效应分析［J］．经济问题探索，2005（12）：

77－79.

王铭利．货币政策、公司治理与盈余管理［J］．商业研究，2012（2）：55－64.

王铭利．货币政策与上市公司盈余管理——一个基于公司治理视角的研究［J］．上海金融，2012（1）：44－52.

王善平，李志军．银行持股、投资效率与公司债务融资．金融研究，2011，(5)：184－193.

王先柱，金叶龙．货币政策能有效调控房地产企业“银根”吗？——基于财务柔性的视角［J］．财经研究，2013，39（11）：69－79.

王先柱，刘洪玉．货币政策、实际控制人类型和房地产上市公司现金持有水平变化，当代经济科学，2011.5：66－73.

王雄元，王鹏，张金萍．客户集中度与审计费用：客户风险抑或供应链整合［J］．审计研究，2014（6）：72－82.

王永钦，张晏，章元等．中国的大国发展道路——论分权式改革的得失［J］．经济研究，2007（1）：4－16.

王振山，王志强．我国货币政策传导途径的实证研究．财经问题研究，2000，12：60－63.

魏露．不同并购模式下公司并购绩效的实证研究［D］．西南财经大学，2013.

邬德政，刘鸿渊，段龙龙．政府职能转型视角下国企改革的目标价值取向研究［J］．管理世界，2015（2）：178－179.

吴雪姣．政府干预、行业特征与并购价值创造［D］．重庆大学，2012.

席鑫，谌昕．上市公司并购绩效的影响因素的实证研究［J］．工业技术经济，2010，29（9）：140－146.

夏新平，邹朝辉，潘红波．不同并购动机下的并购绩效的实证研究［J］．统计与决策，2007，(1)：79－80.

谢惠贞．我国企业选择并购支付方式的因素分析［J］．集团经济研究，2007(11S)：36－37.

谢震，艾春荣．分析师关注与公司研发投入——基于中国创业板公司的分析［J］．财经研究，2014，40（2）：108－119.

辛清泉，林斌，王彦超．政府控制、经理薪酬与资本投资［J］．经济研究，2007（8）：110－122.

邢立全，陈汉文．产品市场竞争、竞争地位与审计收费——基于代理成本与经营风险的双重考量［J］．审计研究，2013（3）：50－58.

胥朝阳，高国．上市公司横向并购绩效的实证分析——基于2004年深沪数据［J］．武汉纺织大学学报，2007，20（12）：67－70.

徐波，姜秀珍，吴清．中国企业跨国并购的支付方式及其影响［J］．经济问题探索.2005,(6):41-43.

徐淳厚,闫伟东,温丹.我国零售业供商积怨关系的探讨与解决之道[J].北京工商大学学报(社会科学版),2006,(5):11-16.

徐虹,林钟高,李倩.内部控制、关系型交易与非效率投资[J].南京审计学院学报,2014a,(5):75-85.

徐虹,林钟高,韦慧玲.内部控制审计鉴证对财务分析师盈利预测误差的影响[J].河北经贸大学学报,2014b,35(1):63-72.

徐虹,林钟高,芮晨.产品市场竞争、资产专用性与上市公司横向并购[J].南开管理评论,2015,18(3):48-59.

徐虹.市场化进程、产权配置与上市公司资产剥离业绩效——基于同属管辖交易视角的研究[J].南开管理评论,2012(3):110-121.

宣扬.货币政策对公司融投资水平的影响研究——基于债务保守作用的分析[D].南京师范大学,2013.

杨波,张佳琦.中国企业海外并购决定因素的实证[J].统计与决策,2016(16):173-177.

杨道广,张传财,陈汉文.内部控制、并购整合能力与并购业绩[J].审计研究,2014,(3):43-50.

杨德明,林斌,王彦超.内部控制、审计质量与代理成本[J].财经研究,2009,(12):40-49.

杨棉之,孙超.企业内部控制、政治风险与跨国并购绩效——基于SEM的实证分析[J].科学决策,2014(4):1-15.

杨小凯,黄有光,张玉纲.专业化与经济组织[M].经济科学出版社,1999.

姚长辉,严欢.关于并购对我国上市公司经营业绩影响的分析[J].经济科学,2004(5):67-76.

于江,尹建华.企业间网络中敲竹杠行为机理及对策研究[J].管理科学,2009,22(4):50-55.

于淞.地方政府干预对企业并购绩效的影响研究[D].苏州大学,2010.

于则.我国货币政策的区域效应分析[J].管理世界,2006(2):18-22.

余鹏翼,王满四.国内上市公司跨国并购绩效影响因素的实证研究[J].会计研究,2014,(3):64-70+96.

袁晓旭.政府干预与企业并购绩效研究综述[J].中国证券期货,2012,03:254.

张春红.上市企业并购重组与股价波动因素分析——以A股市场企业重大并购重组事件为例[J].中国注册会计师,2015,(6):57-61.

张芳芳,刘淑莲.现金持有、并购决策与并购绩效[J].山西财经大学学报，2015，04（37）：103－114.

张欢．产品市场竞争与上市公司盈余管理方式研究［D］．西南财经大学，2014.

张会丽，陆正飞．上市公司经营业务分布是否影响盈余质量？——基于上市公司及其整体子公司相对业务规模的考察［J］．财经研究，2012（8）：72－83.

张会丽，吴有红．内部控制、现金持有及经济后果［J］．会计研究，2014（3）：71－78.

张继德，纪佃波．从ST天一（000908）看我国上市公司涉矿并购的动机［J］．会计之友，2013，36：122－125.

张晶，张永安．主并方股权结构与并购支付方式的选择［J］．金融理论与实践，2011，（6）：7－11.

张敏，刘颛，张雯．关联贷款与商业银行的薪酬契约［J］．金融研究，2012，（5）：108－122.

张鸣，郭思勇．高管薪酬利益驱动下的企业并购——来自中国上市公司的经验证据［J］．财经研究，2007（12）：103－111.

张洽．CEO薪酬、权力寻租与并购绩效——基于我国上市公司的实证分析［J］．中南财经政法大学学报，2013（5）：115－122.

张睿．我国上市公司不同并购模式下并购绩效的实证研究［D］．西北大学，2012.

张胜．供应商—客户关系与资产结构——来自我国制造业上市公司的经验证据［J］．会计论坛，2013，（1）：89－99.

张新．《上市公司收购管理办法》价值取向和操作流程［J］．新财富，2002（12）：86－94.

张新．并购重组是否创造价值？——中国证券市场的理论与实证研究［J］．经济研究，2003，（6）：20－29＋93.

张雪芹．我国上市公司并购方式的探析——对横向并购的探析［J］．北方经济，2009（10）：58－59.

张翼，乔元波，何小锋．我国上市公司并购绩效的经验与实证分析［J］．财经问题研究，2015，（1）：60－66.

张志勇，刘喆．产品市场竞争、竞争地位与并购类型的实证研究［J］．广西财经学院学报，2012（5）：89－95.

张志勇．产品市场竞争对企业并购的影响研究［D］．石河子大学，2013.

章卫东，张洪辉，邹斌．政府干预、大股东资产注入：支持抑或掏空［J］．会计研究，2012，（8）：34－40.

赵息，张西栓．内部控制、高管权力与并购绩效［J］．南开管理评论，2013，16（2）：75－81.

赵息，高源．我国房地产业并购交易特征对并购绩效的影响［J］．天津大学学报（社会科学版），2017，19（2）：119－124.

赵息，佟欣娉．并购企业支付方式选择与内部控制、资本结构——基于logistic回归模型的实证研究［J］.2014，16（03）：36－40.

赵秀云，鲍群．供应商与客户关系是否影响企业现金持有水平——基于制造业上市公司面板数据的实证分析［J］．江西财经大学学报，2014，（5）：41－48.

郑军，林钟高，彭琳．货币政策、内部控制质量与债务融资成本［J］．当代财经.2013，（09）：142－151.

郑竹青，谢赤．交易特征视角下企业并购绩效影响因素研究［J］．求索，2016，（8）：115－119.

周斌，王文举．中国上市公司并购非上市公司合作博弈分析——基于非传统并购动因的解释［J］．经济与管理研究，2005，12：68－71.

周昌仕．政府控制下的公司并购模式及绩效研究［D］．暨南大学，2008，博士论文.

周黎安．晋升博弈中政府官员的激励与合作——兼论我国地方保护主义和重复建设问题长期存在的原因［J］．经济研究，2004（6）：33－40.

周小春，李善民．并购价值创造的影响因素研究［J］．管理世界，2008，（05）：134－143.

周英章、蒋振声．货币渠道、信用渠道与货币政策有效性［J］．金融研究，2002，（9）：34－43.

朱红军，汪辉．并购的长期财富效应——经验分析结果与协同效应解释［J］．财经研究，2005（9）：102－113.

朱立芬．中外公司并购支付方式选择影响因素的比较分析［J］．上海金融，2007，（4）：72－74.